A Fondo

Curso Superior de Español para Extranjeros
Lengua y Civilización

María Luisa Coronado González
Javier García González
Alejandro R. Zarzalejos Alonso

SGEL

SOCIEDAD GENERAL ESPAÑOLA DE LIBRERÍA, S. A.

Primera edición en 1994
Sexta edición en el 2000

Produce: SGEL - Educación
Avda. Valdelaparra, 29
28108 Alcobendas (Madrid)

Cubierta: Erika Hernández
Maqueta e ilustraciones: L. Carrascón
Fotografías: Agencia EFE. Archivo SGEL

ISBN: 84-7143-500-4
Depósito legal: M. 43.765-2000
Printed in Spain - Impreso en España

Fotocomposición: MonoComp, S.A.
Impresión: SITTIC, S.A.
Encuadernación: Rústica Hilo, S.L.

Con nuestro sincero agradecimiento a:

Enriqueta Antolín; Agencia EFE; Juan José Millás; César Justel; Alfalit; Guisasola Editing; El Comercio; Josefina Rodríguez de Aldecoa; Dolores Juliano; Revista Integral; Gonzalo Robledo; Josep-Vicent Marqués; Revista Marie Claire; Nicolás Sánchez Albornoz; Diario El País; J. Corredor-Matheos; América 92 (Sociedad Estatal Quinto Centenario); Eduardo Galeano; José Ignacio Wert; Diario 16; Revista Perfil; Pregón de la Sierra; Cambio 16; Diario Ya; Oasis, S. L.; Seix Barral, S. A.; Historia 16; José Rollán Riesco; Antonio Gala; Ediciones Cátedra; Revista Muy Interesante; Ediciones Destino; Fernando Díaz-Plaja; Agencia Literaria Carmen Balcells; Diario Hoy; Manuel Rivas; Sonia González; Diario El Mundo; Ricardo y Nacho; Revista de Muface; Comunidad Escolar; Fondo de Cultura Económica; Romeu; Polygram; Nuevo Mester de Juglaría; Emi-Odeón, S. A.; Gabinete Caligari; BMG Ariola, S. A.; L. Eduardo Aute; J. M. Serrat; Allegro Ediciones Musicales; Taller 83; Ediciones Quiroga, S. L.; Arroz, S. O. S.; Don Simón; P. M. I.; Navidul; Flora; RNE; TVE-1, Tele-5, TVE-2; Telemadrid.

Presentación

A fondo es un curso avanzado de español como lengua extranjera. Su utilización prepara a los estudiantes para superar pruebas de aptitud en el conocimiento de la lengua española, como el Diploma Superior de Español como Lengua Extranjera del Ministerio de Educación y Ciencia de España.

Este método consta, además de este Libro del Alumno, de otras dos partes: el Libro del Profesor, con indicaciones metodológicas y las claves de los ejercicios, y las grabaciones en cassette correspondientes a cada unidad.

El Libro del Alumno tiene dieciocho unidades temáticas en las que se combina el trabajo lingüístico con información cultural sobre España y los demás países de habla hispana. Cada unidad es independiente y, por tanto, no sería necesario seguir el orden en que aparecen, aunque sí sería conveniente empezar el curso por la primera unidad, puesto que en ella se tratan aspectos generales sobre el español y su presencia en el mundo.

En cada una de las unidades hay siete secciones destinadas cada una a un fin concreto: desarrollar la comprensión lectora y auditiva, la expresión oral y escrita, ampliar el vocabulario (con atención a los modismos y otras expresiones) y profundizar en los temas gramaticales que siguen planteando problemas en los niveles avanzados.

También se incluyen cuatro secciones de repaso a lo largo del libro en las que se revisan los contenidos de un grupo de unidades. Obviamente, para utilizar estas secciones sí es necesario haber seguido el libro en el orden propuesto por los autores.

LOS AUTORES

IV. ¡Lo que hay que oír!?	V. Materia prima	VI. Dimes y diretes	VII. A tu aire
Variedades fonéticas del español.	Diferencias gramaticales entre el español de América y el de España.	Expresiones para hablar de la comprensión e incomprensión de un mensaje.	Monedas *hispánicas.* *Escenas de un mundo sin Colón.* Una carta a tu profesor.
Suspiros de España (canción).	Pronombres relativos.	Modismos para hablar de las buenas y malas relaciones. Modismos para hablar de cualidades o defectos.	Palabras escondidas: Capitales de provincias españolas. Gentilicios y comunidades autónomas españolas.
Publicidad.	SER y ESTAR con participios. Verbos con LE.	Fórmulas sociales.	Escribir un artículo periodístico: *Suecos y españoles...* Relaciones sociales. Condiciones de la ONU para lograr la felicidad.
Chulos de playa.	SE (I)	Contrarios parciales: Algunos adjetivos.	Representación: un viaje. *Conoce tus derechos:* viajar en avión. Diseñar y redactar un folleto de una agencia de viajes.
Presente y futuro del folclore.	SE (II)	Modismos procedentes del mundo taurino.	*Los diez mandamientos* (canción). *Toros sí, toros no.*
Argentina: Breve historia del siglo XX.	Perífrasis verbales terminativas: Historia de Hispanoamérica en el siglo XX Pretérito imperfecto e indefinido.	Adverbios en -MENTE asociados a adjetivos o verbos.	*Las diez pistas* (juego). Sucesos *históricos.* Entrevista a un personaje histórico.
Entrevista a Fernando Botero	Construcciones enfáticas con artículo. Verbos con y sin preposición.	Modismos y expresiones procedentes del mundo artístico.	Concurso: Arte hispanoamericano y español. Escribir un poema.
Amor de madre (canción).	PONER(SE) y sus construcciones. Verbos de cambio.	Modismos con el verbo PONERSE (la vergüenza y la ira). Verbos derivados de adjetivos que expresan cambio de cualidad de estado.	Hacer cumplidos y contestar a ellos. Escribir una carta a un periódico. Discusión familiar.
Trabajadoras del Metro.	Masculino y femenino. POR y PARA.	Modismos para hablar de tópicos sobre hombres y mujeres.	Discusión: *¿Quién fue más culpable?* Escribir un ensayo: *La edad, el amor y los contactos.* (Anuncios por palabras.) Asesina de mi vida (canción).

	I. ¿Tú qué crees?	II. Con textos	III. Palabra por palabra
10 **EL MUERTO** **AL HOYO...**	El tiempo libre en España.	Carmen Maura (actriz). La ludopatía. Juan Luis Guerra (cantante).	Los deportes.
11 **EN MARTES...**	La adivinación.	La astrología. *El retorno de las brujas.*	El horóscopo. Adjetivos para hablar del carácter.
12 **DE TODO HAY...**	La religión en España.	La religión azteca. *Reliquias y milagros.* *Santos para todo.*	Lectura del diccionario: términos relacionados con la religión.
13 **A LA CAMA NO** **TE IRÁS...**	Recuerdos del colegio.	*Cómo ser un buen invitado.* *Y ahora, ¿qué hacemos con los niños?* *El juguete bélico.*	Adjetivos para hablar de los buenos o malos modales.
14 **A BUEN** **ENTENDEDOR...**	Medios de comunicación.	*Viva la televisión.* *La televisión produce violencia.* *Ficción.* *Teletexto.*	Verbos de lengua.
15 **TANTO TIENES...**	Los precios y los sueldos en las grandes ciudades.	*Decálogo del buen consumidor.* *Ser como ellos.* *Negocios de andar por casa.*	Léxico relacionado con operaciones bancarias.
16 **A DIOS** **ROGANDO...**	El trabajo.	¿A qué se dedican? *La trampa de las palabras.* *Los empresarios los prefieren jóvenes y con poca experiencia.*	Lectura del diccionario: Herramientas.
17 **NO HAY MAL...**	Vivir en el campo, la ciudad o sus afueras.	*No cuentes conmigo.* *La ciudad de México: La fatalidad elegida.* *Las campanas de la discordia.*	Personas y lugares de la ciudad.
18 **QUIEN MAL** **ANDA...**	El medio ambiente.	*Declaración universal de los derechos del animal.* *La guerra contra...* *Aparentemente inocuo.*	Ahorro de energía.

IV. ¡Lo que hay que oír!	V. Materia prima	VI. Dimes y diretes	VII. A tu aire
La lotería en España.	Subjuntivo (I) *Que yo sepa...* SER/ESTAR + adjetivo + QUE.	Expresiones equivalentes a *pasarlo bien/mal.* Usos pronominales del verbo PASAR.	Redactar un folleto publicitario: *Discoteca para niños.* Discusión: *Virtudes del deporte.* La lotería: Completar un fragmento de una novela.
Un caso de bilocación y teleportación.	La expresión de la conjetura.	Métodos, personas y objetos relacionados con lo sobrenatural.	Supersticiones. *Los misterios del aura.* Escribir un mensaje interestelar.
La religión en Guatemala.	Subjuntivo (II) *Pase lo que pase... Te guste o no...*	Modismos procedentes del mundo de la religión.	Las bodas en España. Un mito del pueblo *sumo*: Relatar un mito.
Esos locos bajitos (canción).	La obligación: DEBER/TENER QUE. La expresión del mandato.	Eufemismos.	*Problemas con ciertos platos.* Ser profesor.
La ética periodística y la libertad de expresión.	Organizadores del discurso (I): Introductores.	Titulares de periódicos.	Un concurso televisivo. Una rueda de prensa.
Los *oreros* de Costa Rica.	Organizadores del discurso (II): Causa y consecuencia.	La jerga del mundo de la economía.	Simulación: Un Consejo de Administración.
La segunda jornada laboral.	Construcciones condicionales. La preposición A y el complemento directo.	Modismos y palabras para hablar de la actitud ante el trabajo.	*Currículum vitae.* Trabajo en parejas: Situaciones laborales.
La soledad en la gran ciudad.	DE y DESDE. Enlaces causales. Verbos con DE y sin DE.	Modismos relacionados con el campo.	El tráfico: *Sin noticias de Gurb.* Los semáforos: *Cartas de amor de un sexagenario voluptuoso.* ¿Cuántas cosas son necesarias para...?
La conservación de la naturaleza.	Perífrasis verbales con valor incoativo. Enlaces temporales.	Modismos para calificar a las personas, en los que aparece algún animal.	Concurso: *Naturaleza y medio ambiente en Hispanoamérica y en España.* Una carta de protesta. Problemas ecológicos de tu población.

Actividad

PREPARATORIA 1

Como puedes ver en el índice, cada unidad de este libro tiene como título la primera mitad de un refrán. Busca en la columna de la derecha la segunda parte y el tema que trata la unidad (a veces la rima puede ayudarte).

1.	Hablando...	A.	*con su pareja.* (HOMBRES Y MUJERES)
2.	En todas partes...	B.	*en la viña del Señor.* (RELIGIÓN)
3.	A quien come y canta, ...	C.	*no hay nada escrito.* (LAS ARTES)
4.	Con pan y vino...	D.	*mal acaba.* (MEDIO AMBIENTE)
5.	Donde fueres, ...	E.	*y el vivo al bollo.* (EL OCIO)
6.	Agua pasada...	F.	*se entiende la gente.* (EL MUNDO DEL ESPAÑOL)
7.	Sobre gustos...	G.	*se anda el camino.* (TURISMO)
8.	De tal palo, ...	H.	*ni te cases ni te embarques.* (LO OCULTO)
9.	Cada oveja...	I.	*y con el mazo dando.* (EL TRABAJO)
10.	El muerto al hoyo...	J.	*algún sentido le falta.* (VIDA COTIDIANA)
11.	En martes...	K.	*tal astilla.* (LAS GENERACIONES)
12.	De todo hay...	L.	*sin saber una cosa más.* (EDUCACIÓN)
13.	A la cama no te irás...	LL.	*cuecen habas.* (LOS PUEBLOS DE ESPAÑA)
14.	A buen entendedor...	M.	*tanto vales.* (ECONOMÍA)
15.	Tanto tienes, ...	N.	*haz lo que vieres.* (TRADICIONES)
16.	A Dios rogando...	Ñ.	*que por bien no venga.* (LA CIUDAD Y EL CAMPO)
17.	No hay mal...	O.	*no mueve molino.* (HISTORIA CONTEMPORÁNEA)
18.	Quien mal anda, ...	P.	*pocas palabras bastan.* (LOS MEDIOS DE COMUNICACIÓN)

PREPARATORIA 2

Aprende a aprovechar tu libro

Con ayuda del índice, contesta a estas preguntas:

1. ¿Qué secciones de las unidades te ayudarán más a:

    a. *ampliar vocabulario?*
    b. *mejorar la comprensión auditiva?*
    c. *desarrollar la escritura?*
    d. *que tu expresión sea más correcta?*

2. ¿Qué unidad consultarías para obtener información (de España o de Hispanoamérica) sobre:

    a. *los horarios?*
    b. *el carácter de la gente?*
    c. *las relaciones familiares?*
    d. *las aficiones?*
    e. *la situación de la mujer?*
    f. *el mundo laboral?*

3. ¿Qué página o páginas del libro podrías consultar para encontrar la siguiente información? (Aunque, realmente, para tener toda la información tendrás que haber terminado el libro).

    a. *Cuándo se dice* fue construido *y* cuándo *estuvo construido.*
    b. *La diferencia entre* trayecto y recorrido.
    c. *El nombre de la moneda que se usa en Chile.*
    d. *Cómo puedes contestar cuando alguien te dice: ¡Qué guapo/a estás!*
    e. *¿Detrás de* está claro que *se usa indicativo o subjuntivo?*
    f. *¿En qué se diferencia un* adivino *de un* mago?
    g. *¿Cuántas lenguas se hablan en España?*
    h. *Un modelo de anuncio de trabajo.*
    i. *Palabras que son diferentes en América y España.*
    j. *¿Cuántos años gobernó Franco en España?*
    k. *La diferencia entre* volverse y hacerse.
    l. *¿Cuándo se usa* antiguo *y* cuándo *anticuado?*
    ll. *¿Cómo es un bar español?*
    m. *¿Cómo se llama el lugar donde se juega al tenis?*
    n. *¿Se dice* ayudar a su felicidad *o* ayudar su felicidad?
    ñ. *¿Por qué se dice* la tele se ha roto *y no* la tele ha roto?
    o. *Las palabras que debes conocer si quieres sacar dinero con tu tarjeta de crédito.*

I. ¿Tú qué crees?

Antes de empezar el curso, lee este anuncio:

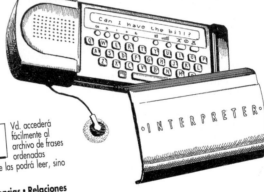

— ¿Por qué has decidido venir a esta clase, en lugar de comprarte
un traductor electrónico?

— ¿Crees que el «Interpreter» puede ser el mejor profesor,
como dice el anuncio?

— Este tipo de máquinas, ¿hará innecesario el aprendizaje de
idiomas en el futuro?

— ¿Qué sería mejor: un traductor electrónico o una lengua universal?

— ¿Algún día se hablará una sola lengua en el mundo? ¿Cuál será?
Si crees que no ocurrirá, ¿sería bueno que ocurriera?

II. Con textos

1. Crecimiento y nueva dimensión.

A. El texto que vas a leer más adelante trata sobre la lengua española. Vamos a ver cuánto sabes sobre ella. Forma grupo con otros compañeros; tu grupo tiene diez minutos para contestar a las preguntas de la derecha:

El profesor te dirá cuántas preguntas ha acertado tu grupo, pero no cuáles. Comprueba cuáles son correctas y cuáles no, haciendo una lectura rápida del texto que tienes en la página siguiente (no importa si faltan algunas palabras; sin ellas puedes también obtener la información necesaria).

a. Su uso, ¿aumentará o disminuirá?

b. ¿Cuánto tiempo hace que nació?

c. ¿En qué época se difundió más geográficamente?

d. ¿Cuándo se utilizó más como vehículo de comunicación internacional?

e. La independencia de los países americanos, ¿hizo aumentar o disminuir el número de hablantes en el siglo XIX?

f. ¿En cuántos continentes se ha hablado y se habla el español?

g. En el último medio siglo, ¿ha aumentado o disminuido el número de hablantes del español en América? ¿Y el de hablantes de las lenguas indígenas?

B. De las expresiones que están subrayadas en el texto, cuatro se refieren al español y dos a América. ¿Cuáles son?

C. Hemos suprimido del texto original algunas expresiones o palabras que sirven para enlazar frases o párrafos. Ahora vas a tratar de reconstruirlo.

Para que te sea más fácil, te indicamos si lo que falta está en el grupo **A** o en el grupo **B**.

En algunos casos, hay más de una posibilidad.

GRUPO A	GRUPO B
— a pesar de	— en particular
— sin embargo	— sobre todo
— mientras que	— primero
— en cambio	— en una segunda fase
— mientras	— por lo que se ha visto
— a la par que	— en vez de
— a la vez que	— es decir
— al contrario	— al punto de

CRECIMIENTO Y NUEVA DIMENSIÓN

El español ha cobrado en este siglo presencia internacional y ha recuperado su brillo literario

La amenaza que algunos ven planear sobre el español no se justifica por la vitalidad que la lengua demuestra. Malformaciones y defectos abundan en su empleo, pero por lamentables que sean no empañan la capacidad expansiva del idioma común de españoles y americanos. Una mirada hacia atrás suele llevar al nostálgico a sentir que cualquier tiempo pasado fue mejor; el ojo del historiador niega,
5 (A) _____ (1), que haya sido así en este caso.

El lenguaje popular del alto Ebro, puesto por escrito por primera vez hace un milenio, no ha dejado desde entonces de ser empleado por un número creciente de hablantes, prueba de una ductilidad para la comunicación qué pocas lenguas tienen. En el inevitable proceso de simplificación del mapa lingüístico del mundo, el español no figura entre sus víctimas. Este idioma, relativamente joven, no ha
10 sido arrinconado o descartado por contacto con otros. (B) _____ (2) quedar relegado ha ido ocupando el lugar de otras lenguas.

En su primer medio milenio de existencia, *el castellano* se difundió por buena parte del *solar ibérico*. (A) _____ (3) se distanciaba de su matriz latina. (A) _____ (4) ganar en uso, personalidad y prestigio a medida que pasaba el tiempo, nunca logró dejar de compartir
15 funciones con el latín. En la Edad Media, y hasta más tarde, éste siguió gozando del reconocimiento como *lengua formal y culta*, en especial para la comunicación escrita del derecho, la religión y el pensamiento.

En el segundo medio milenio, *la lengua de Castilla* aceleró su difusión y ahondó su implantación en etapas sucesivas. (B) _____ (5), en el siglo XVI, se propaló *Atlántico de por medio* y en los archipiélagos de Filipinas y Micronesia. Los expulsados de España por razones religiosas lo
20 llevaron asimismo consigo al norte de África y Mediterráneo oriental, y allí lo perpetuaron dentro de núcleos cerrados. El que mucho abarca poco aprieta. Su difusión rápida no pudo traducirse, en un primer momento, en una penetración social profunda. Dentro del espacio que abrazó, el español pasó a ser una lengua ante todo urbana y minoritaria. Tanto en América como en otros continentes fue el medio de expresión de las capas sociales superiores de origen hispano, de su administración y cultura,
25 (A) _____ (6) las masas rurales continuaron haciendo uso de *la variedad de lenguas indígenas propias*. (A) _____ (7) se difundía geográficamente y pasaba a ser conocido cada vez más como español; *el habla vernácula de Castilla* cobró dignidad, (B) _____ (8) convertirse en lengua internacional para la cultura, los negocios y la relación. Es la época en la que los embajadores de España hablaban en su idioma en las cortes extranjeras.

30 El auge del español en campos que había restado al latín se cuenta por decenios y no por siglos. Durante los siglos XVIII y XIX su brillo se atenuó por efecto de la pérdida del poderío económico y político de España y de la consiguiente menor influencia en el orden cultural. Su debilitamiento relativo no supuso, (A) _____ (9), una contracción. El español preservó el ámbito ocupado antes; su implantación, en cambio, se intensificó. Abarcó lo mismo, pero apretó más, siguiendo los
35 términos *del dicho citado*. El incremento que la población experimentó entonces, (B) _____ (10) en *el Nuevo Mundo,* se volcó espontánea y mayormente en favor de este idioma, (A) _____ (11) éste ganaba terreno en las capas rurales que lo habían ignorado antes. La construcción de las nuevas nacionalidades después de la emancipación forzó a las masas indígenas a integrarse en la cultura urbana. Uno de los vehículos, la educación básica, contribuyó
40 a generalizar el español.

➤ Un hecho que pasa por lo general desapercibido es que los hispanohablantes fueron muchos más un siglo después de la independencia que en el momento de la ruptura con *la antigua metrópoli,* y que lo fueron no sólo en cifras absolutas, lo que se explica por la inercia del simple incremento demográfico, sino también en proporción a la población total de las nuevas naciones. En el siglo XIX, el idioma
45 español caló más en América bajo la égida de los criollos emancipados que en tres siglos de dominación colonial.

Para el lingüista todas las lenguas tienen gran valor, pero es evidente que unas desempeñan históricamente un papel mayor que otras. Por otra parte, su difusión, el volumen de población que las habla, las funciones que cumplen y las aplicaciones que tienen, así como el respaldo institucional que reciben, van cambiando con el tiempo y modifican la posición relativa de cada una. El español ha pasado, (B) ▓▓▓▓▓▓ (12), por una fase rápida de difusión espacial hasta topar con límites, (A) ▓▓▓▓▓▓ (13) iba arrancando del latín mayores funciones. (B) ▓▓▓▓▓ (14), el español ha crecido en cambio hacia adentro. Su papel de lengua de relación internacional se redujo, aunque el número y la proporción de hablantes no disminuía; (A) ▓▓▓▓▓▓ (15), aumentaba, y de modo considerable. El español siguió creciendo, aunque en condiciones distintas.

En el último medio siglo, y en lo previsible para el futuro más cercano, confluyen impulsos diversos. Por un lado, la reciente explosión demográfica ha hecho crecer más precipitadamente aún que antaño el número de parlantes en las respectivas variantes que el español ha adquirido en Hispanoamérica. El uso de las lenguas indígenas ha aumentado al mismo tiempo. (A) ▓▓▓▓▓▓ (16), de los dos conjuntos, es el hispano el que más lo ha hecho en proporción. Este grupo, que ronda en la actualidad los 300 millones, está previsto que alcanzará los 550 millones hacia el año 2025, (B) ▓▓▓▓▓▓ (17), en la próxima generación.

Este crecimiento impresionante ha venido acompañado por cambios en otras esferas. La independencia de los países americanos ha fragmentado un bloque político e idiomático, pero el par de decenas de naciones que han surgido de este proceso se comunican entre sí en la lengua propia e incluso presionan para poder emplearla en los foros internacionales. El español ha recuperado por ese camino su dimensión internacional, política y también de negocios, pero además el español ha recuperado su brillo literario en nuestro siglo, gracias (B) ▓▓▓▓▓▓ (18) a la creación hispanoamericana.

(Nicolás Sánchez-Albornoz, en EL PAÍS)

D. Si unes un elemento de cada columna, podrás formar nueve frases que se corresponden, en su contenido, con afirmaciones hechas en el texto que has leído. Deberás usar varias veces algunos elementos de la columna **A**.

A

— La toma del poder de los criollos en América
— Su mal uso por parte de algunas personas
— El español
— El uso del español
— La caída del imperio

B

— atenuó
— ronda
— no empaña
— no se implantó
— caló más hondo
— respaldó
— no figura
— arrancó con dificultad
— se difundió

C

— entre las lenguas destinadas a desaparecer.
— los 300 millones de hablantes.
— el prestigio internacional que tuvo durante dos siglos.
— su capacidad de expansión.
— de forma extensiva en el norte de África.
— su uso como lengua de cultura al latín.
— aceleradamente en el siglo XVI.
— la expansión del español.
— en el siglo XIX en América.

E. Hablando del idioma español, ¿puede decirse que «Quien mucho abarca, poco aprieta»?

2. Gozo y zozobra en Nuevo Méjico.

A. Fíjate en el título de este artículo. ¿Qué puede tener que ver Nuevo Méjico con el idioma español? ¿Qué puede hacerle sentir gozo al autor? ¿Y zozobra?

Comprueba si tus ideas son correctas leyendo los párrafos primero y último del texto.

B. Lee ahora todo el artículo y busca la siguiente información:

    a. *¿Cuál es la lengua oficial en Nuevo Méjico?*
    b. *¿En qué lengua se edita la información turística?*
    c. *¿Hay gente que usa el español como vehículo de comunicación más usual?*
    d. *¿Cuáles son las dos razones por las que el autor defiende la recuperación del español en Nuevo Méjico?*

GOZO Y ZOZOBRA EN NUEVO MÉJICO

nversión de S21.000 millones durante el sexenio 1994-1999, ...erpara generación de empleo, aude dmento del nivel de renta y desaformrrollo sostenible y equilibrio del Sn, almedio rural.
:mpres El consejero de Agricultura, rami constituye "una apuesta de futuicaráro de la agricultura", y uno de sus ntes principales objetivos es la diversinistahcación y modernización produc- qutiva para garantizar la generación ns de rentas en el medio rural.

El sistema montañoso que tenemos delante se llama *Sangre de Cristo;* el pico más alto tiene el nombre de *Las Truchas.* Hemos salido de *Los Álamos,* hemos pasado por *Española,* por *Santa Clara,* hemos visto *El Pajarito,* hemos subido al funicular de las montañas *Sandía,* hemos oído el ruido de las aguas del *Río Grande* o *Bravo,* y a un lado de nuestro recorrido se quedó otro nombre entrañable para quien esto escribe: el de *Mora.* Vamos camino de *Santa Fe,* una de las ciudades más antiguas de los Estados Unidos, y pasaremos por *Madrid,* antiguo pueblo minero.

Por supuesto, estamos en Nuevo Méjico, una de cuyas más importantes poblaciones es *Albuquerque,* que se llama así, naturalmente, por el casi homónimo ducado extremeño*, salvo que en el siglo XIX el nombre americano perdió con el uso la primera erre. ¿Seguirán perdiendo letras

* Se refiere al ducado de Alburquerque, de Extremadura (España).

los nombres hispánicos que hoy llenan estos mapas y los indicadores de las autopistas?

El viajero español celebra y hasta siente una especial emoción al ver tantos nombres «nuestros». Pero lamenta que el empleo de la lengua que fue común, hablada y escrita, se esté perdiendo. Cuando este Territorio se convirtió en Estado, en 1912, se estableció la cooficialidad de los dos idiomas, el inglés y el español, lo mismo que en su bandera figuran signos indios combinados con «los colores rojo y dorado de la Reina Isabela de Castilla».

Pero lo cierto es que hoy día no se encuentran libros, ni aun folletos en español, sino muy raramente. En Albuquerque nos hemos alojado con esplendidez en «*La Posada*», que es un magnífico hotel, uno de los primeros que hizo Conrad Hilton, que por cierto era de *San Antonio,* Nuevo Méjico. El huésped, que contempla con gusto el patio y las habitaciones donde lo español y lo mejicano se

16

combinan con belleza, recibe una breve historia del establecimiento. Pero esa historia sólo está escrita en inglés. El departamento de turismo del Estado se desvive en atender a los visitantes y quien esto escribe ha sido beneficiario de sus atenciones y testigo de sus esfuerzos por conseguir que Nuevo Méjico sea conocido en el mundo. Sus paisajes bellísimos y llenos de contrastes (desde el desierto hasta el bosque y las montañas nevadas), su artesanía con la plata y la turquesa como símbolo, sus fiestas, sus hoteles, su comercio... pueden hacerlo posible. Pero pensando en que muchísimos de esos potenciales visitantes son españoles e iberoamericanos, tendrán que procurar que personas y textos expliquen los encantos de Nuevo Méjico en español.

Ciertamente hay minorías, a veces amplias, a veces muy selectas, que siguen hablando nuestra lengua. Prueba de ello es el semanario «El hispano», que se edita en Albuquerque, en el que además de informar en nuestra común lengua, se la defiende. En uno de sus números de octubre he visto su protesta, invocando la condición bilingüe, porque una cadena de peluquerías prohibía a sus empleadas usar el español.

Estoy seguro de que este turismo que ellos propugnan puede suponer una recuperación usual del español. Ellos, que están orgullosos de sus antiguas iglesias de la época colonial, de sus muestras de arquitectura hispanoamericana, de sus costumbres y de sus héroes con apellidos castella-

nos, vascos o catalanes, lo estarán también de esta reliquia viva —que no residuo— de la lengua española.

En Santa Fe se celebra la fiesta de «La Zozobra» (así, en castellano), en la que al quemar un muñeco enorme se quiere que ardan con él todas las zozobras, las angustias. A mí me gustaría que en la próxima edición de este festejo se quemara esa zozobra que yo tengo de que, cuando están aumentando en el mundo los hispanoparlantes, pueda descender su número en este hermoso y esperanzado país de Nuevo Méjico, bien llamado «tierra del encanto».

(Alejandro Fernández Pombo, en YA)

C. ¿Verdadero o falso?
¿Dónde se dice en el texto?

	V	F
a. La ciudad de Albuquerque se llama exactamente igual que unos duques de Extremadura.		
b. Las autoridades encargadas del turismo de Nuevo Méjico hacen todo lo posible para que los turistas queden satisfechos.		
c. La lengua española en Nuevo Méjico es un resto de otros tiempos, pero no por eso está muerta.		
d. Actualmente Nuevo Méjico intenta promocionarse como zona turística.		

17

3. Español de aquí, español de allá.

A. ¿Conoces alguna diferencia entre el español que se habla en los diferentes países americanos y el que se habla en España? Díselo al resto de la clase.

B. Aquí tienes dos anécdotas que ejemplifican los dos principales aspectos de esa diferencia; ¿cuáles son?

«Don Jacinto era hijo único y sólo había tenido dos mujercitas: Carmela, que tenía carácter fuerte, y Estela, que era la bondad personificada. Ambas hermanas fueron educadas en el antiguo colegio de San Pedro, aunque los varios idiomas que aprendieron bien para viajar mucho a Europa y sacarle un gran provecho, pero que en cada viaje hablaron mal y entendieron peor, los estudiaron en casa con las señoritas Scott, Stein, Stefano y Sonalet. Toda una coincidencia de eses, decía siempre doña Carmela Falcón de Foncuberta, soltando al mismo tiempo interminables carcajadas que realmente sacaban de quicio a don Jacinto, que tan bien conocía el carácter travieso y tan poco solemne de su esposa, lo cual era terrible en las grandes ocasiones, y sobre todo en los banquetes del palacio de gobierno. Don Jacinto jamás olvidó, por ejemplo, aquel banquete en que el Presidente Benavides tenía a doña Carmela sentada a su derecha, mientras que él estaba sentado a la izquierda de doña Paquita, la esposa del Presidente, y clarito oyó cuando doña Carmela soltó lo de la coincidencia de eses, obligando al Mariscal Benavides a acompañarla en su carcajada y seguro también a imaginar que lo que en realidad estaba imaginando doña Carmela era que se trataba de toda una coincidencia de heces.»

(Fragmento del relato *Dos señoras conversan*, de Alfredo Bryce Echenique, escritor peruano)

«Cuando llegué, en 1924, en el mercado me ponía a discutir con un tano[1] que vendía verduras —cuenta Paula Merino, una malagueña que lleva sesenta años en Argentina—. Le pedía pimientos y el tano me decía a mí, el esaborío[2], que yo no sabía castellano. ¡Que yo no sabía castellano! Decía: "Ma[3], qué pimientos ni pimientos, se llaman morrones." Y me quería enseñar a mí. "Morrones son los coloraos[4]. Los verdes son pimientos, que te enteres. Burro, más que burro." Así cada día.»

(Fragmento del artículo «Las otras tías de América», de Llum Quiñonero, en *Marie Claire*)

[1] En Argentina, coloquialmente, persona de origen italiano.
[2] Pronunciación popular de «desaborido» (persona de carácter indiferente o sosa) típica de Andalucía.
[3] Palabra italiana que significa «pero».
[4] Pronunciación coloquial de «colorados».

III. Palabra por palabra

Ya sabes que algunas cosas tienen nombres diferentes en América y España. A continuación te damos los de algunas de las más utilizadas en distintos países americanos. Busca qué palabra americana corresponde a cada una de las subrayadas en los siguientes textos, escritos en español de España:

papa - carne de res - camarón - saco - aretes - destapador - gancho para ropa - cobija - carro - estampilla/timbre - boleto - bocina/altoparlante - computadora - plomero - carro - manejar - tomar/agarrar - plata - enojarse - demorarse - pena

«El otro día fui con mi novia a un restaurante. Pedimos unas *gambas* y un guiso de *carne de vaca* con *patatas*. *Tardaron* más de una hora en servírnoslo y tuvimos que tomar vino porque un *fontanero*, que estaba haciendo reparaciones, había cortado el agua. Yo *me enfadé* y me puse a gritar. A la hora de pagar me di cuenta de que no llevaba *dinero*. ¡Qué *vergüenza*!»

«La última vez que compré algo por catálogo se confundieron y me lo sirvieron todo mal. Yo había pedido unos *pendientes* y me llegó un *abrebotellas*. En vez de una *americana* me enviaron una *manta* de lana y una *percha* para colgarla. Además tuve que pagar yo los *sellos* para devolver el encargo. Y todo por culpa de la técnica. Odio los *ordenadores*.»

«A mí me gusta *conducir*, sobre todo mi *coche*, pero el jueves pasado mis amigos insistieron en ir al campo en tren. Llegamos a la estación con retraso y ya estaban anunciando nuestro tren por el *altavoz*, así que tuvimos que correr para poder comprar el *billete* y *coger* el tren a tiempo. Al final, el viaje fue fantástico y mucho más tranquilo que en coche.»

A pesar de este ejercicio, recuerda que:

— No hay un solo «español de América».
— No hay un solo «español de España».
— Algunas de las palabras que se usan más en América se usan también en algunas partes de España (por ejemplo, *aretes* se dice también en algunas zonas de Andalucía) y viceversa.
— A veces la misma palabra tiene sentidos diferentes en España y América (por ejemplo, *pena*).
— En algunos casos se usan las mismas palabras, con el mismo significado, pero en contextos diferentes (por ejemplo, en España sí se dice *tomar un café*).

IV. ¡Lo que hay que oír!

Vas a escuchar a seis hablantes de español de diferentes zonas, en este orden:

	1	2	3	4	5	6
Una /r/ fuerte especial						
Pronunciación especial de la /l/.						
Pronunciación especial de la /ll/ y la /y/ consonante						
Pronuncia la /z/ y /ce, ci/ igual que la /s/						
No pronuncia la /s/ a final de palabra						
No pronuncia algunas consonantes finales, como /r/ y /d/						
Aspira la /s/ delante de la consonante						
Hace un sonido fuerte para /j/ y /ge, gi/						
Hace una /ch/ muy fuerte						

1. Argentina
2. Costa Rica
3. Cuba
4. Andalucía
5. Castilla
6. Cataluña

Marca en el cuadro las características de su pronunciación.

¿Cuáles se parecen más entre sí?

Señala cuáles de las siguientes frases son más propias del español de América y cuáles del de España:

1a. *Este viaje va a terminar mal, te digo. Ya murieron Aquino y Argüello. Y no sabemos todavía lo que nos espera. Recién hicimos la mitad del camino.*

b. *Ya se ha agotado la mitad de las provisiones y acabamos de hacer tan sólo la mitad del camino.*

2a. *Tú eres capaz de cualquier cosa.*

b. *Pero si vos sos capaz de pegar fuego a un río.*

3a. *Recién no más ascendió y quiere acreditarse.*

b. *Acaba de llegar hace poco.*

4a. *Pesco por pescar no más.*

b. *Hago esto sólo por entretenerme.*

5a. *Levántate de una vez y tráeme lo que te he pedido.*

b. *Despertá de una vez y traé las herramientas.*

6a. *—No te preocupes: la policía ya viene hacia aquí.*

b. *—No viene... murmuró ella.*
   —Ya estará viniendo.

7a. *Vete ya y ten cuidado.*

b. *Elija usted mismo a sus compañeros. Vaya no más y buena suerte.*

8a. *¡Tábano de porquería!... Ahora que nos olió, lo vamos a tener encima todo el día.*

b. *Ahora que nos ha visto, no nos va a dejar en paz.*

9a. *Yo lo llevaba con su cadena y todo. Me lo arrancharon, lo metieron al camión, se lo robaron.*

b. *Me empujaron y me robaron el bolso sin que yo pudiera hacer nada.*

10a. *Ya he recogido esta mañana la carta en la estafeta de Correos.*

b. *¿Se lo recogieron esta mañana al lanudito?*

11a. *Saluda de mi parte a tu familia.*

b. *Y salúdela mucho a la niña.*

12a. *Maldita sea, juez... Tengo dos días de estar buscándolo.*

b. *Llevo dos días llamándote y no hay nadie en tu casa.*

13a. *No tengo ni idea de adónde vamos.*

b. *¿Adónde estamos yendo? No me dices nada, todo lo haces solo.*

14a. *Hasta ahora puedo contestar su grata de enero del corriente año, debido a que mis atenciones profesionales absorben todo mi tiempo.*

b. *Hasta ahora no he podido llamarte. Tenía muchísimo trabajo.*

15a. *Tienes que darte cuenta de que la policía os perseguirá y nunca podréis dormir tranquilos.*

b. *Si vieras qué malo es el viejo que los manda a ustedes.*

16a. *Para eso estoy, muchachos. Tendrán su camino vecinal, se los prometo.*

b. *Tranquilos. Esto lo arreglo yo en cuanto hable con vuestro jefe. Os lo prometo.*

17a. *Tú y tu amigo estáis un poco locos.*

b. *Sí, aquel último día tú y él estuvieron juntos.*

18a. *No te quiero ver acá. Ahora mismo te vas y me dejás sola.*

b. *No te quiero ver más aquí. Déjame.*

VI. Dimes y diretes

1. Busca en los diálogos giros que sirvan para expresar lo que tienes a la derecha:

a. *Comprendo lo que me estás explicando.*
b. *Dejar de entender una historia o una explicación por distracción.*
c. *Dejar de comprender.*
d. *Entiendo todo, pero necesito que me expliques algo determinado.*
e. *No entiendo el chiste.*
f. *No comprendo nada.*
g. *No comprendo el lenguaje que utilizas.*
h. *No entiendo nada porque es nuevo o extraño.*
i. *No he entendido nada.*
j. *¿Comprendes lo que te digo / te dicen?*

— *¿Me ayudas a traducir esta carta? Está en ruso y yo **no me entero de nada**.*
— *A ver... Pues yo **tampoco entiendo ni jota**.*

— *En ese cartel han omitido una tilde diacrítica.*
— *¿Qué dices? ¡**Habla en cristiano**!*
— *Que se les ha olvidado poner el acento.*

— *¿Quién es ése que sale ahora? Yo **he perdido el hilo** de la película. Me he dormido un momento y...*

— *¿Por qué no te ríes? ¿No te ha gustado el chiste?*
— *Pues o **no lo cojo** o no tiene gracia.*

— *¿Tú **te estás enterando** de algo de la conferencia?*
— *Mira, yo **me he perdido** hace media hora.*

— *Es que a mí todo esto me **suena a chino**.*
— *Sí, yo **tampoco entiendo ni papa**.*

— *... y eso es lo que lo hace funcionar. ¿**Me sigues**?*
— *Sí, **te sigo**, pero **no me ha quedado muy claro** lo del cable de conexión.*

— *¿Te has enterado de algo en la clase? Yo **no me he enterado de nada**.*
— *Yo también **me he quedado igual que estaba**. Yo, en cuanto empieza a hablar en francés, **no entiendo ni palabra**.*

2. Completa las siguientes frases con dos de las posibilidades que te damos; la otra no tiene sentido en ese contexto.

A. *Estoy intentando leer un libro de física cuántica y   .*

    a) *todo me suena a chino.*
    b) *no habla en cristiano.*
    c) *no entiendo ni papa.*

B. *Explícame otra vez el chiste porque   .*

    a) *he perdido el hilo.*
    b) *no lo cojo.*
    c) *no me entero.*

C. *Yo ya   . Hasta aquí lo entendía todo, pero ahora...*

    a) *me he perdido.*
    b) *no entiendo ni jota.*
    c) *me he quedado igual que estaba.*

D. *   el segundo ejercicio. ¿Me lo puedes repetir?*

    a) *no me ha quedado claro.*
    b) *no sigo.*
    c) *no he entendido bien.*

E. *—¿Hasta aquí lo entiendes todo?*
    —Sí,   .

    a) *te sigo.*
    b) *me he enterado de todo.*
    c) *igual que estaba.*

1. Si lees en estos círculos en el sentido de las agujas de reloj, podrás encontrar los nombres de las monedas de veinte países donde se habla español.

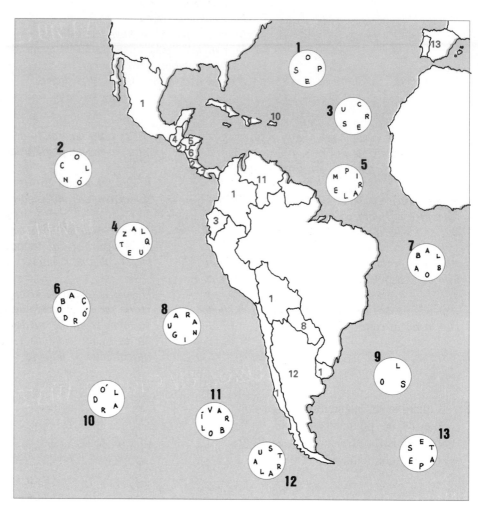

El número de cada moneda se corresponde con el de los países donde se usa. Fíjate en el mapa y, con ayuda de tus compañeros, completa el cuadro:

PAÍS	MONEDA	PAÍS	MONEDA
Argentina		Venezuela	
Paraguay		Cuba	
Guatemala		Chile	
Colombia		Costa Rica	
Nicaragua		Ecuador	
México		Uruguay	
España		Puerto Rico	
Panamá		Perú	
República Dominicana		Bolivia	
Honduras		El Salvador	

2. Escenas de un mundo sin Colón.

Lee estos fragmentos
de un relato de
Guillermo Cabrera Infante:

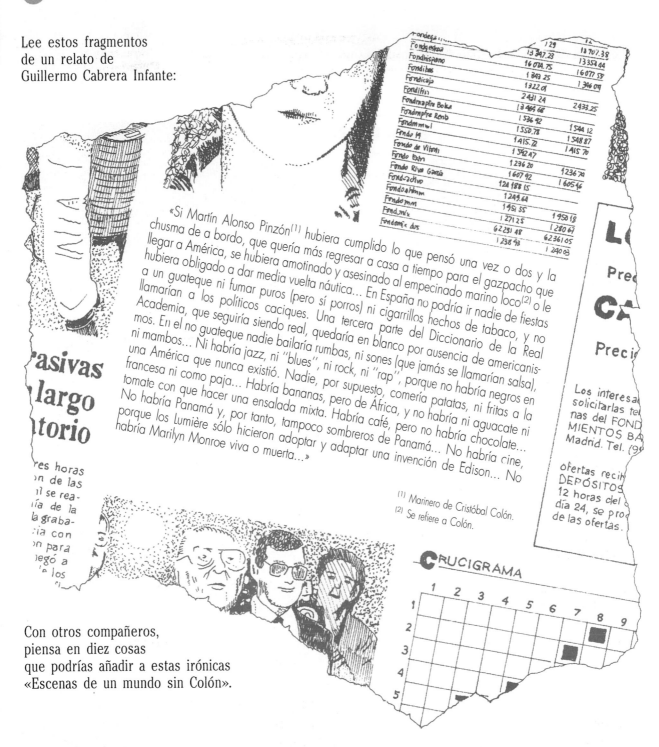

«Si Martín Alonso Pinzón[1] hubiera cumplido lo que pensó una vez o dos y la chusma de a bordo, que quería más regresar a casa a tiempo para el gazpacho que llegar a América, se hubiera amotinado y asesinado al empecinado marino loco[2] o le hubiera obligado a dar media vuelta náutica... En España no podría ir nadie de fiestas a un guateque ni fumar puros (pero sí porros) ni cigarrillos hechos de tabaco, y no llamarían a los políticos caciques. Una tercera parte del Diccionario de la Real Academia, que seguiría siendo real, quedaría en blanco por ausencia de americanismos. En el no guateque nadie bailaría rumbas, ni sones (que jamás se llamarían salsa), ni mambos... Ni habría jazz, ni "blues", ni rock, ni "rap", porque no habría negros en una América que nunca existió. Nadie, por supuesto, comería patatas, ni fritas a la francesa ni como paja... Habría bananas, pero de África, y no habría ni aguacate ni tomate con que hacer una ensalada mixta. Habría café, pero no habría chocolate... No habría Panamá y, por tanto, tampoco sombreros de Panamá... No habría cine, porque los Lumière sólo hicieron adoptar y adaptar una invención de Edison... No habría Marilyn Monroe viva o muerta...»

[1] Marinero de Cristóbal Colón.
[2] Se refiere a Colón.

Con otros compañeros,
piensa en diez cosas
que podrías añadir a estas irónicas
«Escenas de un mundo sin Colón».

3. Escríbele una carta a tu profesor y cuéntale por qué estás en esta clase, qué te interesa aprender en este curso, cómo te gusta aprender y cómo no, qué te resulta más difícil del español y todo lo que se te ocurra sobre este tema.

1. ¿Tú qué crees?

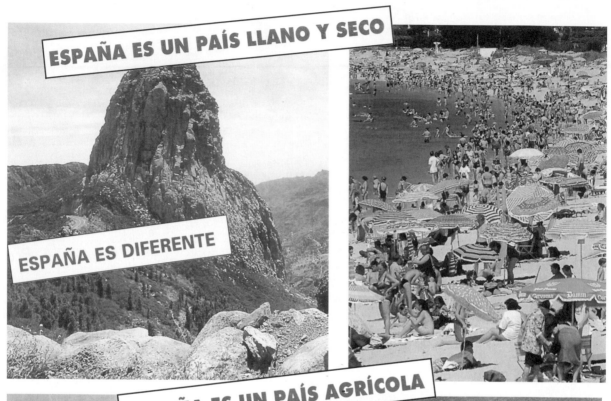

ESPAÑA ES UN PAÍS LLANO Y SECO

ESPAÑA ES DIFERENTE

ESPAÑA ES UN PAÍS AGRÍCOLA

España, país de contrastes

En España hay sol 360 días al año

COMUNIDAD AUTÓNOMA ESPAÑOLA	DÍAS DE LLUVIA ANUALES	POBLACIÓN ACTIVA (%)			
		Agricultura	Industria	Construcción	Servicios
Asturias	195	13,3	22,7	11,8	52,2
Cantabria	200	12,4	24,1	9,0	54,6
Baleares	110	3,8	15,3	13,3	67,6
Canarias	60	7,6	8,2	9,2	73,7
Extremadura	100	22,5	10,9	13,9	52,7
Murcia	88	13,5	21,5	10,8	53,9
Navarra	160	7,0	34,4	7,9	50,8
La Rioja	130	12,4	31,9	8,9	46,9
Comun. Valenciana	105	7,6	27,5	9,5	55,5

(Datos del año 1991. Fuente: ANUARIO EL PAÍS 1992)

II. Con textos

1. Las otras lenguas.

A. El artículo 3 de la Constitución española dice:

1. El castellano es la lengua española oficial del Estado. Todos los españoles tienen el deber de conocerla y el derecho a usarla.
2. Las demás lenguas españolas serán también oficiales en las respectivas Comunidades Autónomas de acuerdo con sus Estatutos.
3. La riqueza de las distintas modalidades lingüísticas de España es un patrimonio cultural que será objeto de especial respeto y protección.

¿Sabes cuáles son «las demás lenguas españolas» y dónde se hablan?

LENGUA	LUGARES	PORCENTAJE DE HABLANTES

B. Lee el apartado **ÚLTIMAS CIFRAS** del artículo que tienes en la página siguiente y completa este cuadro:

C. Actualmente, la palabra inglesa *zapping* se utiliza mucho en España; se dice que una persona hace *zapping* cuando cambia con frecuencia de canal mientras ve la televisión. El artículo que vas a leer se titula «Aumenta el *zapping* lingüístico en España». ¿Qué puede significar *zapping* lingüístico? Después de contestar, lee el párrafo que encabeza el artículo.

D. Lee el resto del artículo. A medida que vas leyendo, escribe detrás de las frases siguientes **C**, **G** o **V**, según se refieran al catalán, al gallego o al vasco.

a. *Su uso se ha extendido en los últimos años.*

b. *No hay problemas de convivencia con el castellano.*

c. *Hay mucha gente que habla solamente esta lengua, aunque entiende el castellano.*

d. *Algunos piensan que debe hablarse solamente esa lengua, y no el castellano.*

e. *Las perspectivas de desarrollo culto de la lengua son buenas, aunque no es una tarea sencilla.*

f. *Muchos de sus hablantes recurren con frecuencia al uso de préstamos de otras lenguas.*

g. *Mucha gente, cuando lo habla, introduce palabras castellanas con algún propósito, conscientemente.*

h. *El nombre que se le da en esta lengua es* euskera.

i. *Algunas personas que no lo hablan y viven en esas zonas no se sienten obligadas a aprenderlo.*

j. *Muchos de sus hablantes no lo dominan suficientemente.*

AUMENTA EL «ZAPPING» LINGÜÍSTICO EN ESPAÑA

Comienzan a mezclarse con naturalidad el castellano, catalán, gallego o vasco

ANDRÉS F. RUBIO. Santander.

Se agudiza el contacto de lenguas en España. Los lingüistas reunidos esta semana en Santander para hablar del español y sus lenguas vecinas, califican como pormenores o anécdotas las periódicas y ditirámbicas polémicas de uno u otro bando del nacionalismo idiomático. Sí les importa, sin embargo, el significativo crecimiento del *zapping* lingüístico. El cambio de canal lingüístico aumenta entre las lenguas españolas: catalano-hablantes que introducen pala-bras en castellano con intención o se pasan al castellano, y a la inversa; gallegos que realizan el negocio lingüístico con la mayor naturalidad; padres vascos que hablan entre ellos en castellano, pero con sus hijos en euskera.

(...) En opinión del lingüista **Francesc Vallverdú,** la convivencia lingüística en Cataluña consiste en evitar dos peligros extremos. En primer lugar, los que dicen que la salvación del catalán sólo es posible con la gradual desaparición del castellano, incluso como segunda lengua. En segundo lugar, los que dicen que en Cataluña deben mantenerse dos clases de ciudadanos: los catalanohablantes, que deben dominar el catalán y el castellano, y los no catalanohablantes, que sólo deben dominar el castellano y, en todo caso y si lo desean, pueden aprender el catalán. «Ambos extremos son peligrosos: el primero, porque va contra la dinámica universal del multilingüismo y porque no tiene en cuenta que en Cataluña el 40 por 100 de la población tiene el castellano como lengua familiar; y el segundo, porque sería la perpetuación de una discriminación y un atentado contra las aspiraciones de la inmensa mayoría de los ciudadanos de Cataluña.»

En Galicia, según el filólogo **Guillermo Rojo,** «con toda naturalidad se pasa de gallego a castellano, que están más próximos que catalán y castellano». Rojo piensa que en Galicia no existen grandes problemas, «y la política que se está aplicando es menos intensa que la de Cataluña porque la situación es muy diferente, sobre todo en lo que se refiere al prestigio de la lengua, que en el caso del gallego ha sido una lengua de pobres». «El proceso de dignificar la lengua es más largo y complicado; se ve un camino no fácil pero no excesivamente conflictivo.»

La situación en el País Vasco es la más especial, y el *zapping* lingüístico se produce, a veces, en un sentido negativo, según el filólogo **Pello Salaburu,** «con gente que comienza en euskera y por inseguridad cambia al castellano». Cita el caso frecuente de padres que, no habiendo cultivado lo suficiente el euskera, hablan entre ellos en castellano, y en euskera con sus hijos. «Nadie pone en duda una transformación clara hacia el aumento de los vascohablantes», dice Salaburu. Salaburu no ve a corto plazo una sociedad bilingüe en Euskadi y se siente preocupado por el empobrecimiento del euskera, debido a que el hablante, en vez de acudir a los mecanismos internos de su propio idioma, escoge el *zapping* y traduce la palabra castellana o la francesa por su cuenta y riesgo.

ÚLTIMAS CIFRAS

Los participantes en el curso *El español y sus lenguas vecinas* dieron en Santander los últimos datos idiomáticos, procedentes de encuestas aproximativas. Francesc Vallverdú dijo sobre el conocimiento y uso del catalán en Cataluña, sobre datos del censo de 1991, que lo entiende un 92,5 por 100 de la población (90 por 100 en 1986), lo habla un 67 por 100 (64 por 100 en 1986) y lo escribe un 36,4 por 100 (31,5 por 100 en 1986). Según otros datos de 1986, en el País Valenciano era catalanohablante el 49 por 100 de la población, y el 71 por 100 en las islas Baleares. Vallverdú matiza que cuando se dice que el catalán avanza, «no debe inferirse necesariamente que el castellano retroceda. Los catalanohablantes siempre han sabido hablar, leer y escribir en castellano: lo que está cambiando es que el grupo castellanohablante se equipara cada vez más al grupo tradicional catalanohablante».

El caso de Galicia es de bilingüismo casi total, según Guillermo Rojo, sobre datos que se están procesando actualmente. El 99 por 100 de la población dice que entiende las dos lenguas, y es capaz de hablar gallego el 94,2 por 100. Emplea el gallego como lengua habitual un 67,2 por 100, y como única lengua de relación un 34,8 por 100.

Pello Salaburu utilizó datos del Gobierno vasco de 1986: en dicha comunidad autónoma, de 2,1 millones de personas, el 25 por 100 se considera vascohablante y el 18 por 100 dice entender esa lengua. Juntando la Comunidad Autónoma vasca, la Comunidad Foral de Navarra y las tres provincias francesas del Departamento de los Pirineos Atlánticos, de un total de 2,8 millones de personas, un 23 por 100 se considera vascohablante y otro 16 por 100 dice conocer el euskera. Salaburu dijo que en la Comunidad Autónoma vasca ha aumentado un 5 por 100 el número de hablantes durante los últimos cinco años.

(EL PAÍS)

HISTÓRICA SENTENCIA DE

2. El español y los siete pecados capitales.

A. A continuación se reproduce un fragmento de un libro titulado *El español y los siete pecados capitales.* Fíjate en el refrán que da título al texto *(Más reluce el humo en mi tierra que el fuego en la ajena);* ¿de cuál de los siete pecados (avaricia, ira, soberbia, lujuria, gula, envidia y pereza) se hablará en esta parte de la obra?

B. Haz una lectura rápida del texto para poder contestar a estas preguntas:

a. *¿Qué actitudes aborrecen los españoles?*
b. *¿Qué situaciones sacan de quicio a los españoles?*
c. *¿Qué hechos les producen consternación?*

«Más reluce el humo en mi tierra que el fuego en la ajena»

En este aspecto todos los españoles reaccionan de forma parecida, por distinta que sea su educación y su vida; de la misma manera contesta el viajero internacional y refinado que el que no ha salido nunca del pueblo. Veamos, por ejemplo, a **Juan Valera,** diplomático, hombre dado a los clásicos y que nadie puede tachar de patriotero cuando comenta un libro americano, *The land of the Castanet* (La tierra de las castañuelas):

Otra terrible manía del señor Taylor (H. C. Chatfield-Taylor) es la que muestra contra las corridas de toros, a las que fue no obstante y se divirtió viéndolas. Lo que es yo gusto tan poco de dichas corridas, que nunca voy a presenciarlas, como no he ido en los EE. UU. a divertirme en ver a dos ciudadanos romperse a puñetazos el esternón y las quijadas para deleite de los cultos espectadores; mas no por eso diré que mientras entre los yankees se estilen tales juegos, no será posible que se civilicen y seguirán siendo bárbaros y feroces. El señor Taylor declara, en cambio, que nosotros, sólo porque toleramos las corridas de toros, somos incapaces de civilización en su más alto sentido.

La nota no tiene desperdicio. El señor Valera, como español, puede no ir y aun aborrecer las corridas de toros, pero que las describa y juzgue uno de fuera, le saca de quicio (...).

Cuando el Orgullo español enseña su casa al extranjero, lo hace siempre en la seguridad de que es algo totalmente distinto, y el visitante no debe en absoluto intentar pasar de espectador a actor. Cuando alguien, casi siempre anglosajón, intenta mostrar su entusiasmo entrando físicamente en el ambiente, la reacción es normalmente fría. Una muchacha aplaudiendo el baile flamenco, es vista con agrado. La misma muchacha, arrojándose al tablado y tratando de imitar los pasos, produce consternación. Le parece al español que están caricaturizando algo muy suyo (no importa que sea catalán o vasco, sigue siendo «suyo») y no le hace gracia ninguna.

Yo recuerdo a un americano que iba a montar a la Casa de Campo de Madrid. Tenía un hijo de unos diez años y lo había vestido «de corto»[1]. El niño, rubio, gordinflón, con ojos azules, iba muy serio a caballo con sombrero ancho, chaquetilla y zahones[2], siguiendo a su padre, ataviado de la misma guisa. Estoy seguro de que al buen señor le animaba la mejor de las intenciones y estaba convencido de que su gesto *«go native»*, vestir, actuar como los indígenas del país que visitaba, le granjearía la simpatía de todos. Y lo que producía era una sorda irritación. «*¿Ha visto "usté"?* —me decían los mozos de la cuadra—. *¿Ha visto "usté" el pajolero*[3] *del niño? ¡Qué "pedrá" tiene*[4]*!»* (...)

Por otro lado, y en contraste con ese recelo, para el español todo extranjero es un huésped. Yo no conozco otro pueblo con más amplio concepto de la hospitalidad y más que en la casa propia (...), en la calle, en el bar, en el restaurante. Tan metido está en la entraña del pueblo el papel de anfitrión, que en los restaurantes, en esa graciosa lucha por alcanzar la nota, típica en todas partes, al indígena le basta decir a media voz: *El señor es forastero*, para que la cuenta llegue directamente a sus manos (...).

Pero el extranjero hará bien en recordar siempre que lo es. Cuando el recién llegado, engañado por la cordialidad y confianza con que el indígena le habla, se lanza a exponer su opinión sobre la vida o la política del país, inmediatamente notará enfriarse el ambiente.

(Fragmentos de *El español y los siete pecados capitales*, de Fernando Díaz-Plaja)

El Rey subr

nadie pue
of the Castan...

Otra terrible manía del señor Taylor (
tra contra las corridas.

La nota no tiene desperdicio. El señor
aun aborrecer las corridas de toros, pe
fuera, le saca de quicio (...).

---

[1] *Vestido de corto:* con el traje típico andaluz de montar, con chaquetilla corta.
[2] *Zahones:* protectores, generalmente de cuero, que cubren los pantalones por delante, usados para montar a caballo.
[3] *Pajolero* (coloquial): impertinente, molesto.
[4] *Tener una pedrá* (coloquial): merecerse una pedrada (o cualquier otra clase de golpe).

Yo recuerdo a un americano que iba (
Madrid. Tenía un hijo de unos diez año
niño, rubio, gordinflón, con ojos azules, (
ancho, chaquetilla y zahones[2].

Mad
niño
ar

C. ¿Qué pruebas aporta el autor para apoyar estas ideas?

a. *Al español no le gusta que los extranjeros critiquen u opinen sobre sus costumbres.*

b. *Tampoco le gusta que intenten imitarlas.*

c. *El español es un pueblo sumamente hospitalario y generoso.*

28

D. Fíjate en el paréntesis que aparece al final del cuarto párrafo. ¿Por qué dice el autor: *No importa que sea catalán o vasco, sigue siendo «suyo»?*

E. Se dice que la soberbia y la envidia son los pecados capitales más característicos de los españoles. ¿Cuál crees tú que lo es de tu país? ¿Por qué no escribes algo sobre ese tema?

3. España cañí.

A. Imagina que tienes que escoger cinco imágenes representativas de España para un reportaje periodístico. ¿Qué aparecería en esas fotografías?

Comenta tu estereotipo de España con el resto de la clase. ¿Todo el mundo ha escogido imágenes similares?

B. ¿Crees en los estereotipos? ¿Son buenos, divertidos, perjudiciales, negativos...? Lee el último párrafo del artículo que se reproduce a continuación; para su autora, ¿son positivos o negativos?

C. Lee ahora el resto del artículo. Detrás de algunas palabras te damos, entre paréntesis, dos definiciones; piensa cuál es la correcta. Intenta no utilizar el diccionario.

ESPAÑA CAÑÍ

(Extracto)

«Decir que España ha cambiado enormemente en los últimos quince años es una obviedad. Algunos cambios son para bien, otros no tanto. Contemplando el fenómeno en conjunto, la mejora parece indudable: por primera vez en la historia de este país, está echando raíces la democracia, y estamos saliendo al fin de un atraso y aislamiento de dos siglos. Pero por todo ello ha habido que pagar un alto precio. Mirando la situación **en lo menudo** (a. en general; b. en sus detalles), hay nuevas costumbres **deleznables** (a. elogiables; b. despreciables), prepotencias ridículas. No todo lo que brilla es oro, desde luego.

Pero de lo que no cabe duda es de que, para mal y para bien, nuestra sociedad es muy distinta de la que antaño fue. Pues bien, esto que es una pura evidencia para todos nosotros, parece ser una realidad difícil de aceptar para los países que nos rodean. Los europeos nos han congelado en una imagen de **pandereta** (a. instrumento musical de percusión, redondo, usado sobre todo en Navidad; b. plato típico de Castilla, famoso internacionalmente) *y guerra civil, de viejos* **enlutados** (a. muy pobres; b. vestidos de negro) *y con* **boina** (a. gorra achatada de lana; b. instrumento musical de viento formado por una bolsa de piel y

tres tubos), *de* **crucifijos** (a. pendientes en forma de cruz; b. imagen de Cristo en la cruz), *monjas y* **puñales** (a. armas cortas de acero; b. manteles de artesanía hechos con los puños). *Decidieron hace muchísimos años cuál era la especificidad de lo español:*

un pueblo pobre, inculto, dictatorial, irracional y retrasado. Y se niegan a abandonar el estereotipo.

Y así, estoy harta de dar conferencias y participar en mesas redondas por Europa, y que siempre te formulen las mismas y tópicas cuestiones: ¿y cómo influye la guerra civil en los escritores jóvenes españoles? ¿Y cómo se las arregla una mujer para sobrevivir con el machismo español? ¿Y la represión contra ETA (típica pregunta de una audiencia francesa)? ¿Y todas esas autopistas que se están construyendo y que están haciendo tanto daño ecológico (típica pregunta de una audiencia alemana)?

Y entonces hay que volver a explicar todo una y otra vez desde el principio; y decirles que la guerra civil terminó hace más de cincuenta años y que los llamados escritores jóvenes hemos nacido todos mucho después, de modo que la guerra civil ya no forma parte de nuestras vivencias directas, de la misma manera que la II Guerra Mundial no **gravita** (a. desaparece; b. influye) inexorablemente sobre los escritores jóvenes franceses, ni la pérdida del imperio indio sobre los británicos. Que el sexismo de la España de hoy es equiparable al de cualquier país

europeo, y que ETA no es un heroico movimiento de liberación, sino una banda de
asesinos. Y que, efectivamente, la construcción de autopistas puede dañar el ecosistema,
pero que resulta curioso que no se hayan
planteado semejante preocupación en su país,
en esa Alemania, o Bélgica, u Holanda, re-
cosidas por **cicatrices** (a. señales de una he-
rida que quedan en la piel; b. filas, hileras,
colas) de asfalto.

¡Son tan cómodos los estereotipos! Te
ahorran el esfuerzo de tener que pensar y te
tranquilizan con su **espejismo** (a. imagen
falsa, engañosa, creada por la ilusión; b.
imagen nítida e invertida, como la que reflejan los espejos) de un mundo inmutable.
Además, estos estereotipos de pueblos retrasa-
dos y miserables son doblemente útiles, por-

que engordan el etnocentrismo y el orgullo
patrio, y te hacen sentir superior al vecino.
Es un comportamiento profundamente humano; también los españoles, por supuesto,
aplicamos el mismo estereotipo a otros pueblos, y nos negamos a reconocer su evolución
y sus avances.»

(Rosa Montero, en EL PAÍS semanal)

D. Estos son los resultados de una encuesta sobre la imagen de los españoles en España y fuera de ella. ¿En qué coinciden con el artículo que has leído?

RASGOS POSITIVOS		
AUTOASIGNACIÓN		NOS VEN LOS EXTRANJEROS
Abiertos	60,7	59,9
Divertidos	54,9	82,5
Creativos	50,4	18,5
Amables	40,4	59,9
Generosos	18,1	26,2
Inteligentes	18,1	2,5
Trabajadores	13,9	4,2
Progresistas	13,6	13,9
Innovadores	12,5	4,5
Jóvenes	9,5	12,5
Eficaces	3,9	1,7
NS/NC	1,1	3,3

RASGOS NEGATIVOS		
AUTOASIGNACIÓN		NOS VEN LOS EXTRANJEROS
Chapuceros	73,3	45,1
Ruidosos	68,8	68,0
Atrasados	35,1	58,5
Vagos	31,5	35,4
Soberbios	22,3	13,1
Ignorantes	17,8	22,0
Intransigentes	12,8	4,2
Sucios	12,3	15,3
Groseros	10,3	7,0
Pobres	7,5	21,4
Antipáticos	1,9	0,8
NS/NC	1,1	12,8

(Revista TIEMPO)

III. Palabra por palabra

* Éste es un tópico sobre los gallegos, para indicar que nunca se pueden saber sus intenciones.

EN EL DÍA DE LA PATRIA GALLEGA
(Fragmento)

«Conozco tailandeses que, cuando te los encuentras en una escalera, nunca sabes si suben o bajan*. He detectado comportamientos supuestamente mexicanos entre arraigados aborígenes del
Ampurdán. Colecciono madrileños tan tacaños como se dice que
son los catalanes o los escoceses. También podría hacer una lista
de catalanes gandules y de catalanes generosos. Es decir, no creo

demasiado en las idiosincrasias con fronteras, y la psicología de los pueblos anda un tanto desconcertada desde que todos los pueblos, o casi todos, ven los mismos programas de televisión, participan en las mismas relaciones de producción y realizan sus compras en cualquier *Hipercor* (es un decir).»

(Manuel Vázquez Montalbán, en EL PAÍS)

 1. Aunque sea cierto lo que has leído antes, la verdad es que a los habitantes de algunas zonas de España se les suelen atribuir ciertas cualidades y defectos que sería bueno que conocieras.

Lee la descripción que te damos de los andaluces, aragoneses, castellanos, catalanes, gallegos, madrileños y vascos, y, de acuerdo con ella, busca en la lista de la derecha los adjetivos que podrían usarse para explicar de qué tiene fama cada pueblo.

andaluces

Tienen fama de estar siempre de fiesta y de hacer reír a los demás. Ofrecen todo lo que tienen sin pensárselo dos veces. Les cuesta trabajar. Cuando hablan de las cosas suelen deformar la realidad, aumentándola. Lo suyo no es estar tristes.

aragoneses

Es difícil que cambien de opinión. A veces se empeñan en hacer cosas que van contra la lógica y la prudencia, o que pueden ofender a los demás. No son nada perezosos. No mienten ni engañan, siempre dicen lo que piensan.

castellanos

No derrochan, les gusta conformarse con lo estrictamente necesario. Tienen mucho amor propio, llegando incluso a ser altivos. Son poco dados a la risa. Son tradicionales en sus ideas y costumbres.

catalanes

No son nada generosos. Sienten satisfacción por lo propio y a veces lo consideran superior a lo de los demás. Tienen iniciativa y decisión para acometer negocios y empresas. Les gusta lo que es útil y provechoso.

gallegos

Están apegados a creencias antiguas sin fundamento racional. No se fían de nada ni de nadie. Son reacios a aceptar lo que es distinto o nuevo. Son diligentes y no hacen ascos al trabajo. Dan rodeos para expresar sus ideas u opiniones. Demuestran el amor y el afecto con facilidad.

madrileños

Son insolentes y presumidos. Se consideran más poderosos y con más derechos que los demás. Acogen bien a los de fuera. Gastan demasiado.

vascos

Les gusta comer mucho y bueno. Están muy apegados a su zona y a sus gentes. Son robustos. No tienen término medio. Son francos, pero ásperos, sin delicadeza. Tampoco se ríen mucho.

alegres
brutos
cariñosos
comilones
chulos
emprendedores
fuertes
hospitalarios
poco directos
rudos
supersticiosos
trabajadores *
amantes de su tierra
cariñosos
conservadores
derrochadores
exagerados
generosos
juerguistas
prácticos
serios *
tacaños
vagos
austeros
cerrados
chistosos
desconfiados
extremistas
honrados
orgullosos *
prepotentes
sinceros
testarudos
secos

(*lo necesitarás dos veces)

2. Las personas descritas a continuación, ¿serían un buen ejemplo del estereotipo de su zona?

a. *Un aragonés tramposo.*
b. *Un catalán derrochador.*
c. *Un gallego que contesta a una pregunta con otra.*

d. *Un andaluz bromista.*
e. *Un madrileño humilde.*
f. *Un castellano muy efusivo.*
g. *Un vasco débil.*

IV. *¡Lo que hay que oír!*

SUSPIROS DE ESPAÑA

1. Fíjate en el título de la canción que vas a escuchar. ¿Quién crees que suspira? ¿Qué razones puede tener?

Oye la canción y comprueba tus respuestas.

2. Escucha otra vez la canción e intenta completar la definición de España con el máximo de información.

Completa tus respuestas con las de otros compañeros.

España es:

España tiene...

3. Decide si las siguientes afirmaciones son verdaderas o falsas. Quizá tengas que volver a oír la canción para completar tus respuestas:

	V	F
El autor está triste porque se marcha de España.		
El autor se lleva consigo su amor.		
El autor siempre pensará en España.		
El autor volverá a España para morir.		
El autor no quiere volver a España.		
El autor probablemente está en América.		

V. _Materia prima_

que

> Se usa **que** cuando nos referimos a personas o cosas ya nombradas, y aparece sin preposición:

Quiero presentarte a un compañero **que** _trabaja conmigo._
El asunto, **que** _ya habíamos discutido hacía tiempo, quedó zanjado._

---

el / la / los / las que

---

a. Cuando nos referimos a personas o cosas ya nombradas, y aparece con una preposición*:

Éste es el chico **del que** _te hablé._

b. Cuando nos referimos a personas o cosas en las construcciones CUANTIFICADOR + DE + RELATIVO especificativas:

Varios de los que **vinieron eran conocidos tuyos.**

c. Cuando hacemos una referencia general, no explícita, a personas:

El que _diga lo contrario, se equivoca._
Hablo **para el que** _quiera escucharme._

d. En la construcción TODO + RELATIVO referida a personas:

Todo el que _quiera venir, debe apuntarse antes._

e. Cuando eliminamos un sustantivo referente a personas o cosas ya utilizado o supuesto por el contexto:

La _(lavadora)_ **que** _sale buena dura más de veinte años._
_De_ **los** _(ventiladores)_ **que** _tenemos, éste es el mejor._

---

* En registros muy cultos, a veces se omite el artículo, pero solamente cuando la preposición tiene una sílaba.

(no confundir con los usos de **que**).

---

el / la / los / las / cual(es)

---

a. En registros cultos, cuando nos referimos a personas o cosas ya nombradas en oraciones **explicativas** sin preposición:

Ha dimitido el diputado Luis Carvajal, **el cual** _hasta hace poco ostentaba la presidencia de la comisión._

b. En registros cultos, cuando nos referimos a personas o cosas ya nombradas y aparece una preposición:

Luis es alguien **en el cual** _se puede confiar._

c. Cuando nos referimos a personas o cosas en las construcciones CUANTIFICADOR + DE + RELATIVO **explicativas**:

Vinieron muchos policías, **varios de los cuales** _se dedicaron a interrogar al vecindario._

---

quien(es)

a. En registros cultos, cuando nos referimos a personas ya nombradas en oraciones **explicativas** sin preposición:	*Ha dimitido el diputado Luis Carvajal,* **quien** *hasta hace poco ostentaba la presidencia de la comisión.*
b. En registros cultos, cuando nos referimos a personas ya nombradas y aparece con preposición:	*Juan es alguien* **en quien** *se puede confiar.*
c. Cuando hacemos una referencia general, no explícita, a personas:	**Quien** *diga lo contrario, se equivoca.* *Hablo para* **quien** *quiera escucharme.*

lo que

a. Cuando hacemos una referencia a cosas cuyo género no está determinado (o no interesa determinar), a conjuntos de cosas diversas, a acciones, conceptos, situaciones o frases:	**Lo que** *trajo no servía para nada.* *Dijo un montón de disparates,* **lo que** *no te extrañaría si lo conocieras.* **Lo que** *quiero es que te calles.* *Gástalo en* **lo que** *quieras.*
b. Cuando nos referimos a conjuntos de cosas, ideas, acciones o frases en las construcciones CUANTIFICADOR + DE + RELATIVO **especificativas**:	*Mucho de* **lo que** *pasó fue culpa tuya.*
c. En la construcción TODO + RELATIVO referida a cosas o a conjuntos de cosas, ideas, acciones o frases **especificativas**:	*Todo* **lo que** *trajo fue una botella de vino.*

lo cual

a. Cuando nos referimos a acciones, conceptos o frases conocidos o supuestos sin preposición, en oraciones **explicativas**:	*Dijo un montón de disparates,* **lo cual** *no te extrañaría si lo conocieras..*
b. Con preposición, cuando nos referimos a ideas, acciones o frases conocidas o supuestas, pero sólo en registros cultos:	*Es algo* **para lo cual** *no parecía haber sido preparado.*
c. Cuando nos referimos a ideas, acciones o frases en las construcciones CUANTIFICADOR + DE + RELATIVO **explicativas**:	*Aquí se han cometido muchos desmanes,* **de muchos de los cuales** *él tiene la culpa.*
d. En la construcción TODO + RELATIVO referida a cosas, ideas, acciones o frases, en oraciones **explicativas**:	*Trajo unas aceitunas y un poco de vino,* **todo lo cual** *desapareció rápidamente.*

Hacer.

Actividad

Elige el relativo más adecuado según el contexto. Puede haber varias opciones válidas.

✓ 1. Nunca se hablará lo bastante sobre ___ lo que ___ sucedió en aquellos días.

     a. _que_   b. _lo que_   c. _lo cual_

✓ 2. No es con ése con ___ el que ___ tienes que hablar.

     a. _el que_   (b. _quien_)   c. _el cual_

✓ 3. Con ___ quien ___ tienes que hablar es con Juan.

     a. _el que_   b. _el cual_   c. _quien_

✓ 4. Ninguno _de_ ___ los que ___ vinieron supo decirme dónde estabas.

     a. _los cuales_   b. _los que_   c. _lo que_

✗ 5. Detuvieron a varios sospechosos, algunos de ___ los cuales ___ tenían antecedentes.

     — a. _quienes_   b. _los que_   c. _los cuales_

✓ 6. Todo ___ lo que ___ te dije era verdad.

     a. _que_   b. _lo que_   c. _lo cual_

✓ 7. Los amigos ___ que ___ desaparecen cuando se les necesita, no son verdaderos amigos.

     a. _quienes_   b. _los que_   c. _que_

✗ 8. Los soldados del rey Carlos, ___ los que ___ poco antes habían protagonizado los sangrientos sucesos referidos anteriormente, se lanzaron a uno de los saqueos más violentos que recuerda nuestra historia.

     (a. _quienes_)   b. _los que_   c. (_que_)

✓ 9. Tus amigas eran muy simpáticas. ___ La que ___ _or_ no me pareció muy habladora fue tu prima.

     a. _La que_   b. _La cual_   c. _Quien_

✓ 10. ___ Quien ___ deba entregar algún documento, tiene que pasar por el registro.

     a. _El cual_   b. _Quien_   c. _El que_

11. Parece que se ha arrepentido de ___ lo que ___ hizo, ___ lo cual ___ no impide que lo denunciemos.

     a. _lo que_   b. _que_   c. _lo cual_

     a. _lo cual_   b. _lo que_   c. _que_

12. *Es un amigo de* **que/quien** *te puedes fiar.*

    a. *que*   b. *el que*   c. *quien*

13. *Puedo enseñarle muchos muebles.* **Los que** *no vea en el escaparate, se los puedo mostrar en el catálogo.*

    a. *Los que*   b. *Los cuales*   c. *Que*

14. *Los resultados están por debajo de* **lo que** *había pensado.*

    a. *lo cual*   b. *que*   c. *lo que*

15. *De* **lo que** *puedes estar seguro, es de que todo va a salir bien.*

    a. *lo cual*   b. *que*   c. *lo que*

VI. Dimes y diretes

1. **Fíjate en las siguientes expresiones.** Intenta averiguar si significan que existe una buena relación entre las personas o lo contrario y anótalas en la columna correspondiente (hay cuatro de cada).

    a. *Llevarse como el perro y el gato.*
    b. *Estar a partir un piñón.*
    c. *Tener la guerra declarada a alguien.*
    d. *Llevarse a matar.*
    e. *Estar a buenas (con alguien).*
    f. *Estar a malas (con alguien).*
    g. *Hacer buenas migas (con alguien).*
    h. *Ser uña y carne.*

Llevarse bien	**Llevarse mal**

¿Cómo se llevan entre sí los habitantes de las distintas regiones de tu país? ¿Y los habitantes de tu país con los de los países vecinos?

2. **A.** Une cada expresión con su significado:

1. Irse por las ramas.
2. Hablar por los codos.
3. Tener cara de pocos amigos.
4. Rascarse el bolsillo.
5. Tirar la casa por la ventana.
6. Ir a lo suyo.
7. Ir dándoselas de algo.
8. Tener buen saque.
9. Estar hecho un roble.
10. Ser más terco que una mula.

a. *Comer mucho.*
b. *Derrochar en una ocasión determinada.*
c. *Estar fuerte de salud.*
d. *Hablar mucho.*
e. *Ir presumiendo de algo.*
f. *No ser directo.*
g. *Poner dinero, pagar.*
h. *Ser testarudo.*
i. *Ser egoísta.*
j. *Ser serio.*

B. Recuerda los estereotipos de la sección **Palabra por palabra** e intenta ver a qué pueblos de España podrías aplicar las expresiones del ejercicio anterior.

a. *Los _____ tienden a irse por las ramas.*
b. *Los _____ tienen fama de hablar por los codos.*
c. *Los _____ suelen tener cara de pocos amigos.*
d. *A los _____ les cuesta rascarse el bolsillo.*
e. *No es fácil imaginarse a un _____ tirando la casa por la ventana, pero a un _____ sí.*
f. *Los _____ tienden a ir a lo suyo.*
g. *Los _____ siempre van dándoselas de algo.*
h. *Lo normal en un _____ es que tenga buen saque y esté hecho un roble.*
i. *Los _____ suelen ser más tercos que una mula.*

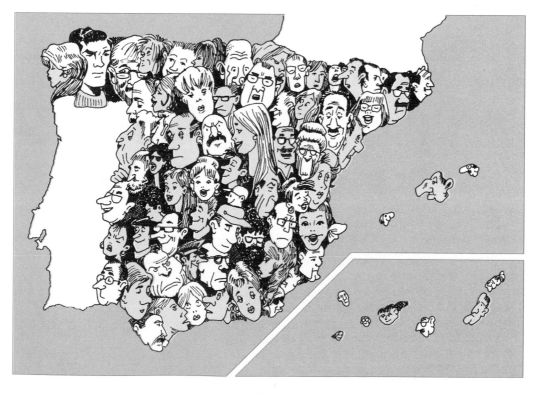

A. En el mapa faltan muchos nombres de capitales de provincia de España. Todos esos nombres están escondidos en las frases que tienes debajo; búscalos (igual que en el ejemplo). No tengas en cuenta los acentos, que pueden estar cambiados.

1. *No fabriqu**ES PAÑA**les, sino pañuelos.*
2. *Los volcanes arrasan tan de repente que apenas dan tiempo para escapar.*
3. *Como somos buenos, si él gozara, gozaríamos todos con él.*
4. *Leer me distrae, pero cuando leo no puedo jugar.*
5. *En una carrera nunca se retrasa la manca, sino la coja.*
6. *Cuando el moroso ría, ten cuidado, porque puedes dejar de cobrar.*
7. *Yo no la vi, la oí ni la llamé, pero a pesar de todo vino.*
8. *Construí un iglú gota a gota, hielo a hielo.*
9. *Coger onagros es mucho más fácil que coger asnos.*

10. *No será el águila, sino el buitre, el que cace restos de animales.*
11. *En Hamburgo, siempre que quieres, puedes comer hamburguesas.*
12. *Un español en Japón te ve dramático, pero en España es el japonés el que te ve así.*
13. *No practiques el terror en señal de protesta.*
14. *Con un suave cacareo llama la gallina a sus polluelos.*
15. *No seas desordenado y deja en su sitio los libros.*
16. *El demonio dice: «Sé vil las veces que quieras y mentiroso las que puedas».*
17. *En este mundo injusto la raza negra nada se parece a la blanca, cuando de igualdades se trata.*
18. *Si está en el almacén, sacad, izad e introducid la mercancía en el barco.*
19. *El búho, que miraba con fijeza, moraba en el hueco de un árbol.*
20. *Si es preciso, remad ridículamente, pero no dejéis de remar.*
21. *Es natural que, si yo le invito, ría mis chistes.*
22. *Acordó bañarse una vez a la semana.*
23. *Un empleado de ferrocarriles segó vías de tren, dejándolas limpias de malas hierbas.*
24. *Cuando me cuentan un chiste siempre me pasa igual: Me ría o no me ría, quedo mal.*
25. *Con Mohamed y con Alí canté hermosas canciones árabes.*
26. *Los niños no tenían miedo de aquel ogro ñoño e infantil.*
27. *Suele equivaler «ida y vuelta» en los billetes de tren a una reducción del 20 %.*
28. *En un corral vallado lidió el más famoso torero de Colombia.*
29. *Bañó un medicamento antigripal en cianuro y se lo tomó.*
30. *Para aplaudir hay que juntar las palmas de las manos.*

B. Con ayuda de un mapa y consultando con tu profesor, completa las siguientes frases con los nombres de las provincias que corresponden a cada comunidad autónoma española (te damos el número de provincias de cada comunidad; en algunos casos la comunidad y la provincia reciben el mismo nombre y son una sola).

1. Los andaluces son de (8):
2. Los aragoneses son de (3):
3. Los asturianos son de (1):
4. Los baleares son de (1):
5. Los canarios son de (2):
6. Los cántabros son de (1):
7. Los castellano-manchegos son de (5):
8. Los castellano-leoneses son de (9):
9. Los catalanes son de (4):
10. Los valencianos son de (3):
11. Los extremeños son de (2):
12. Los gallegos son de (4):
13. Los madrileños son de (1):
14. Los murcianos son de (1):
15. Los navarros son de (1):
16. Los vascos son de (3):
17. Los riojanos son de (1):

1. ¿Tú qué crees?

El televisor es el bien de consumo que más abunda en los hogares españoles —está presente en un 97 por 100 de las casas—, por encima incluso de la lavadora —presente en un 95 por 100—... Teléfono hay en un 76 por 100 de las viviendas... También un 76 por 100 es el porcentaje de posesión de vivienda propia. Un 68 por 100 de las familias dispone de automóvil..., y un 14 por 100, de segundo vehículo... Un 42 por 100 dispone de equipo musical de alta fidelidad; un 37 por 100, de aspiradora; un 14 por 100, de horno microondas; un 13 por 100, de ordenador personal y segunda residencia, y un 10 por 100, de cámara de vídeo.

(EL PAÍS)

España tiene casi tantos bares como el resto de los países de la Comunidad Europea juntos, según datos referidos al censo de establecimientos del período 1989-1990.

(EL PAÍS)

En España se está produciendo un cambio de costumbres en el beber. Los licores, y sobre todo la cerveza, están desplazando al vino, «pese a que esta bebida ha estado siempre presente, incluso en nuestros ritos religiosos», asegura el filósofo Julián Marías.

(Ya)

...los españoles gastamos en alimentación casi siete billones y medio de pesetas, de los que cinco billones y medio... fueron a parar al abastecimiento doméstico... Del resto, el 24 por 100... fue a parar a establecimientos hosteleros y de restauración...

En los últimos veinte años se ha pasado de una alimentación basada fundamentalmente en el consumo de cereales y legumbres, aceite de oliva, patatas, frutas y hortalizas de temporada, huevos y un consumo de leche poco importante, a una alimentación en la que disminuye la proporción de cereales y patatas, se duplica el gasto en carne y aumenta considerablemente el de leche y sus derivados.

(Ya)

Muchos visitantes suelen pensar a veces que los tomamos por sordos o que estamos enojados, ya que la costumbre campesina de hablar alto y haciendo ademanes, por la necesidad de vencer distancias con la voz, pasa del campo a la ciudad y de una a otra generación.

De ahí que nuestra forma de protestar utilice métodos que distan mucho de parecerse a una protesta en Suiza o Estados Unidos. Mientras ellos acostumbran caminar despacio o detenerse frente al lugar, generalmente en silencio, con una pancarta donde manifiestan su sentir, nosotros vociferamos, nos expresamos con ademanes bruscos y corremos de un lugar a otro para llamar la atención sobre lo que protestamos.

Al visitar iglesias, los caballeros se descubren en señal de respeto. Las damas no tienen obligación de cubrirse la cabeza como antes, aun cuando muchas usan todavía mangas y mantillas al asistir a un oficio religioso. Puede interpretarse como ofensa entrar al templo con pantalones cortos o ebrio.

Es costumbre cenar más tarde de lo que generalmente se estila en otros países. De modo que usted puede hacer reservaciones para después del cine, teatro, la pelota o cualquier otro evento.

(«LA COTICA», Guía Nacional de Turismo de la República Dominicana)

ÍNDICES DE EL ESPECTADOR

Cerveza
Ron y aguardiente
Brandy
Importados
Vinos nacionales e importados

- 2.200.000 cajas
- 50.000 cajas
- 500.000 cajas
- 15 millones de cajas
- 1.500 millones de litros

Consumo de licores (*)

(*) Datos anuales sobre Colombia

(EL ESPECTADOR)

«HORARIOS: Desayuno, de 8.00 a 10.00 a.m., comida, de 2.00 a 4.00 p.m., y cena, de 9.00 a 11.00 p.m. Las discotecas están en su punto entre las 12 de la noche y las 2.00 a.m. Los bancos están abiertos desde la 9.00 a.m. hasta la 1.30 p.m., de lunes a viernes. Las casas de cambio están abiertas hasta más tarde. Muchas tiendas abren hasta las 7.00 u 8.00 p.m.

PROPINAS: Se suele dejar a los camareros el 10-20 por 100 de la cuenta si el servicio no está incluido. A los botones se les da 150-200 pesos por maleta. A los taxistas no se les deja propina a no ser que se les alquile por horas.»

(TURISMO DE MÉXICO)

El 56 por 100 de los jóvenes madrileños con edades comprendidas entre los 16 y los 19 años que aún viven con sus padres, afirma que puede pasar la noche fuera de casa sin ningún problema, «aunque no les guste a sus progenitores».

(EL PAÍS)

El matrimonio es el estado civil preferido por los españoles, según una encuesta del Centro de Investigaciones Sociológicas (CIS), que pone de manifiesto que el 62 por 100 de la población está casada, frente al 1 por 100 que declara convivir en pareja, o un 2 por 100 de separados y divorciados que no se han vuelto a casar. El 26 por 100 permanecen solteros.

(EL PAÍS)

ra. En estos cartones se representan de-
tan deliciosas escenas de la vida madr
madrileños del siglo XVIII

Por lo general, los locales comerciales inician sus actividades a las 7:30 u 8:00 h., hasta las 12:00 o 12:30 h.; y por la tarde, desde las 15:00 a las 19:30 ó 20:00 h. Acostumbran cerrar los sábados por la tarde y domingos. Los supermercados y algunos grandes almacenes abren en horario ininterrumpido desde las 8:00 h. hasta las 20:00 h.

(Catálogo oficial del Pabellón de Paraguay, Exposición Universal de Sevilla)

1. Tú y usted.

A. El texto que vas a leer trata de las diferencias entre **tú** y **usted** en España. Antes, con ayuda de algún libro, de tus compañeros y tu profesor, vas a informarte sobre el uso de los tratamientos en español. Completa las afirmaciones de la derecha con las palabras **vosotros, ustedes, tú, vos** y **usted** (no debes repetir ninguna):

a) En muchas zonas de Hispanoamérica, para el trato familiar, no se usa ▓▓▓▓▓▓ sino ▓▓▓▓▓▓ . Curiosamente, este tratamiento se utilizaba antiguamente en España como forma de respeto.

b) Actualmente, se usa más ▓▓▓▓▓▓ en Hispanoamérica que en España.

c) En Hispanoamérica (y también en Canarias y en Andalucía occidental) nunca se emplea el tratamiento ▓▓▓▓▓▓ . En plural se dice siempre ▓▓▓▓▓▓ .

Cuando estés seguro de tus respuestas, completa este cuadro:

		ESPAÑA	AMÉRICA
SINGULAR	Familiaridad		
	Cortesía		
PLURAL	Familiaridad		
	Cortesía		

B. Lee ahora el texto. En los huecos, escribe **tú** (o **tuteo**) o **usted**.

—¿Me da fuego?

—En seguida os complazco, distinguida dama.

Si hay que mantener una distancia, un respeto inmerecido o no expresable para el resto del discurso, el gesto
5 o **ademanes**, prefiero el vos* al ▓▓▓▓▓▓ (1). En el colegio, para ponerme de rodillas, me hablaban de ▓▓▓▓▓▓ (2).

Metido en estudios sobre la juventud, uno de mis problemas es el delimitar cuándo acaba esto de ser jo-
10 ven. ¿A los 25 años? ¿A los 30, puesto que hasta esa edad los porcentajes de **paro** son muy elevados? El paro reju-

RELACIONES PERSONALES

EL TÚ Y EL USTED

Una distinción que ya sólo sirve para fastidiar

venece, algo es algo. ¿Al casarse? En las culturas rurales, y a menudo en las urbanas, a las mujeres se les viene de golpe encima, en cuanto se casan, el chaparrón de ser
15 tratadas de igual a igual por las más viejas **comadres**.

Bueno, uno de los más claros indicadores de cuándo una persona ya no es joven es el momento en que todo el mundo le habla de ▓▓▓▓▓▓ (3).

—¿Me da fuego?
20 —Mira, enana, que sólo hayas podido acumular 17 años no te autoriza a considerarme un marciano. Aunque te parezca un **carroza**, soy joven de espíritu, domino dos

jergas juveniles y una carcelaria, hago yoga y **«footing»** *y me conservo ágil y saludable.*

Es inútil. Uno de los más irremediables distintivos de la juventud es el de destrozarse la salud sin consecuencias visibles inmediatas. Jamás con tu régimen macrobiótico (reformado) serás tan joven como el chaval que **se atiborra** de pastelillos rellenos de televisión. Puede que estés más sano o que seas menos imbécil, pero ya no eres joven.

Claro que eso no es motivo para que dejen de hablarte de __________ (4). Yo empecé a darme cuenta de que no era joven un día **aciago** de octubre en

que los alumnos de ese curso aparecieron por la facultad predispuestos al __________ (5) más ofensivo. En la vida académica de mi facultad, bastante joven ella, el __________ (6) se utilizaba sólo con algún catedrático antiguo, en cualquiera de sus acepciones. (...) Yo había sido educado en la facultad de Derecho, donde se le hablaba de usted a todo el mundo, menos a la estatua de Luis Vives.

Conforme concluían los sesenta y venían los setenta, mi mundo se pobló de estudiantes que querían ser obreros y de obreros que **empollaban** por mor de la emancipación de la clase. El __________ (7) avanzaba como anticipo de una sociedad igualitaria. Entre los estudiantes y yo, más que una diferencia escasa de años lo que había era una diferencia escasa de actitudes. Luego empezaron a llegar alumnos neoapáticos, posconservadores y parapragmáticos, que ponían cara de interrupción televisiva. Muchos llegaron hablándome de __________ (8) y, bueno, si venían a preguntar sólo qué iba para el examen, tampoco importaba tanto.

Curiosos **avatares** estos del tú y el usted en la Universidad, el mundo o la familia. *Querida madre: faltaría a mis sagrados deberes filiales si dejase de felicitar a* __________ (9), *como lo hago con el mayor respeto, por el próximo día de su santa patrona...* Así reza uno de los modelos de carta que propone Faustino Paluzié en su *Guía de la mujer*, alrededor de 1886. Un fino modelo de espontaneidad con la **vieja**. (...)

Ignoro si alguien ha reconstruido la diversificada cronología social de la pérdida del __________ (10) hacia los padres. Mi tío Joaquín, que en paz descanse, hablaba de usted a su madre, mientras que mi hermano y yo le hablábamos de tú. Mi tío Joaquín defendía el __________ (11) con argumento sólido: *Es más fácil decir papá vete a la mierda, que papá váyase usted a la mierda.* En realidad parece más práctico, por **contundente** y definitivo, lo segundo, supuesto el deseo de enviar al padre al cuerno.

El usted y el tú tradicionales de los que los actuales no son sino **hilachas** irritantes, tenían funciones de clase, no sólo de edad y reverencia. *¿A quién trataremos de* __________ (12)*?*, preguntaba Federico Bosch y Sierra en su *Prontuario de urbanidad* (declarado de texto en 1903, reeditado al menos hasta 1915). *A los demás superiores nuestros y aun a los iguales con quienes no tengamos suficiente intimidad.* Cabe, pues, inferir que existían «inferiores», y a ellos debía, podía o solía tratárseles de __________ (13). No todo el mundo tenía «inferiores», sobre todo los «inferiores». (...) En la práctica, los camareros vinieron a hacer de inferiores para quien no los tenía. El camarero vino a ser —aún lo es cuando se deja— una especie de «inferior» colectivizado, de servicio público. En mi adolescencia me irritaba oír a algún compañero de colegio de pago hablarle de __________ (14) a un profesional de la hostelería que podría ser su abuelo. (...)

Ahora que quienes estamos entre los 35 y los 45 años nos tuteamos con el mismísimo Leviatán, o sea, con casi todos los ministros y consejeros autonómicos, hablarse de __________ (15) con alguien carece de toda emoción. (...) Quedan las **astillas** hirientes del doble tratamiento. Queda el __________ (16) como odiosa condición posibilitadora de que alguien, porque se tutea contigo, puede ser maleducado. Queda el __________ (17) para marcar estúpidamente edades o estados civiles. Y quedan aún __________ (18) **impresentables**: como el del señor mayor (por ejemplo, camarero) a la mujer atractiva desconocida o el del policía al sospechoso.

(Josep-Vicent Marqués, en EL PAÍS semanal)

* El «vos» al que se refiere el autor es el «vos» de respeto utilizado antiguamente en España.

C. Busca en el texto la palabra en negrita que se corresponde con cada uno de los significados del recuadro. Intenta deducirlo por el contexto en que se halla la palabra.

D. El autor de este artículo, ¿prefiere el **tú**, el **usted** o los dos, cada uno con su uso adecuado? Señala en qué frases o palabras del texto te basas para dar tu respuesta.

> a. *Desgraciado, muy malo.*
> b. *Estudiar mucho, especialmente antes de un examen.*
> c. *Transformaciones, cambios.*
> d. *Gesto hecho con la cabeza o las extremidades.*
> e. *Deporte que consiste en correr a ritmo lento.*
> f. *Vergonzoso, indigno.*
> g. *Resto insignificante que queda de algo.*
> h. *(Coloquial) Persona vieja o anticuada.*
> i. *Fragmento que salta de alguna cosa que se rompe, especialmente si es de madera.*
> j. *En un pueblo, vecina y amiga íntima de una mujer.*
> k. *Que produce gran impresión en el ánimo, convenciéndolo.*
> l. *Desempleo, falta de trabajo.*
> m. *Llenarse en exceso (especialmente de comida).*
> n. *Coloquialmente, madre.*

E. ¿Qué forma, **tú** o **usted**, usarías en estas situaciones? Improvisa una frase en la que utilices el tratamiento adecuado.

— Le preguntas la hora a un chico de unos dieciocho años en la calle.
— Le preguntas a un señor mayor dónde está una calle.
— Un amigo español, de tu edad, te presenta a un/a amigo/a.
— Alguien de tu edad se dirige a ti llamándote de usted.
— Le preguntas algo a un policía.
— Pides una bebida en una discoteca (el camarero es muy joven).
— Pides la cuenta en un restaurante.

F. Imagina que quieres hablar de **tú** a alguien con quien siempre usas **usted** (y él también contigo). ¿Qué podrías decirle?

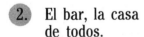 2. El bar, la casa de todos.

A. En un párrafo del artículo que vas a leer, el autor dice: «*El bar español es efervescente, agitado, variopinto, pringoso, tumultuoso, deliciosamente sucio. Pero, sobre todo, es ruidoso, estrepitoso, alborotado.*» ¿Podrías agrupar todos estos adjetivos en cuatro bloques que expresen: **a.** movimiento de gente; **b.** falta de limpieza; **c.** diversidad; **d.** ruido?

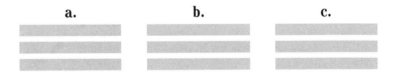

¿Podrías aplicar estos adjetivos a los bares de tu país?

Si la respuesta es **no**, busca cinco adjetivos apropiados para ellos.

B. Lee ahora el texto y busca palabras o frases que apoyen las anteriores afirmaciones del autor, agrupándolas en los cuatro bloques anteriores; basta con que escribas **a, b, c** o **d** en el margen, como en los ejemplos que te damos.

El bar, la casa de todos

*Es Madrid ciudad bravía
que, entre antiguas y modernas,
tiene trescientas tabernas
y una sola librería.*

Algunas cosas han cambiado en la ciudad bravía desde comienzos del siglo XVII, cuando se hizo popular el anterior epigrama. Madrid ya no tiene sólo una librería, sino 5 cientos: 587 recogen las **páginas amarillas** de la guía telefónica. Tampoco tiene 70.000 habitantes, como en 1625, sino 3.200.000. Pero, más importante que todo, aquellas 300 tabernas —391, según datos exactos de 10 los cronistas— se han multiplicado por 60; hoy funcionan en Madrid 23.000 establecimientos de hostelería, donde los españoles acuden a satisfacer una de las más notables obsesiones nacionales: comer y beber fuera; 15 *picar, tapear,* desayunar.

Si durante muchos años —siglos, en realidad— la buena mesa fue privilegio de nobles y **pudientes**, los últimos 20 años produjeron una revolución que ha enrique- 20 cido los menús y los ha puesto al alcance de prácticamente toda la población. Pésele a quien le pese al norte de los Pirineos, a España se la reconoce hoy como uno de los lugares del mundo donde con más variedad y 25 exquisitez se come. En el corazón de esta agitada colmena de sopas, cocidos, frituras, gazpachos, mariscadas, bocadillos, **tapas**, tortillas y arroces, impera uno de los más curiosos factores de la España insólita: el bar.

30 El bar español no es como el inglés: un sitio reposado para paladear un whisky mientras se comenta el último partido del Arsenal; tampoco es como el café parisino, donde los clientes procuran exhibir su gesto 35 más interesante y su cara más inteligente. No es el bar irlandés, en cuya atmósfera húmeda y ácida podrían recogerse litros evaporados de cerveza si lo permitieran los abotagados clientes. El bar español es distinto a la 40 cantina mexicana, aprisco de machos cabríos dispuestos a jugarse la vida a balazos por el amor de una *chula*. Ni es el piano bar norteamericano, remanso de *martinis* silenciosos y plantas tropicales de plástico.

45 El bar español es efervescente, agitado, variopinto, pringoso, tumultuoso, deliciosamente sucio. Pero, sobre todo, es ruidoso, estrepitoso, alborotado. (d)
—¡Una de *bravas*[(1)], oiga!
—¡Calamares, Pepe!
—¡Oído, cocina!

50 Después de Japón, España es el país más ruidoso del mundo, y los bares son una de las principales chirimías de ese atronador concierto. (...)
—¡Pasen al fondo, jóvenes!
—¡Chaval, que llevo diez minutos!
—¡Manolo, dos con leche y uno solo!
55 —¡Marchando una de chopitos!
—¿Me cobras?

En los bares españoles la gente bebe y come de pie, pero hace ruido y fuma en todas las posiciones. Un televisor, entronizado en una repisa vecina a la de San Pancracio[(2)], muele noticias, *culebrones*[(3)] y partidos de fútbol de sol a luna. La gente 60 lo mira sólo a ratos, pero se sentiría huérfana si no estuviera allí monologando como un perpetuo loro electrónico. La gente arroja papeles al suelo, escupe huesos y cosas (b) peores, pide cerveza a gritos, festeja con risas estentóreas, se saluda con alaridos de esquina a esquina, juega a las *tragaperras*, blasfema, critica al Gobierno. En el bar, la gente a veces liga, tutea a quien no conoce, lee los diarios y comenta indignada y 65 vociferante los asuntos del mundo y de la existencia con el vecino. (...)

El bar español es sitio de hombres, mujeres y hasta de niños, que muchas veces duermen indiferentes en el cochecito mientras sus padres conversan en la **barra** hasta

la madrugada. Lo sería también de perros, si éstos no hubieran sido expulsados injustamente de la vida social por arbitrarios decretos de los ayuntamientos. De vez 70 en cuando, un chucho rebelde y/o hambriento viola la ley y entra atraído por el olor de las albóndigas.

El bar español es sitio familiar, de amigos, de compañeros de trabajo, de estudiantes, de solitarios, de vecinos, de enamorados, de tíos[(4)] que pasaban por ahí y les acometió la tentación de tomarse una cañita o un chato[(5)]. El bar es el agitado 75 templo donde se cumple a lo largo del día una agitada ceremonia social. Alrededor de la **barra**, que es el altar, unos catecúmenos abigarrados, charladores y bulliciosos consumen la doctrina de *cafelitos*[(6)], cañas, copas de anís, farias[(7)], bocadillos, aceitunas, boquerones en vinagre, orejas de cerdo y *bocatas*[(8)] de calamares que imparten

los camareros más eficientes del mundo, acolitados por moscas omnipresentes y
80 activas. En el piso, **serrín**, servilletas sucias, colillas y huesos de aceitunas: a mayor
abundancia, mayor prestigio. (...)

Hay momentos del día —en el desayuno, en el aperitivo, a la noche— en que los
bares españoles, tan curiosamente similares a los de algunos países de África, parecen
hervir de gente. No sólo llama la atención lo populosos, sino lo numerosos. Según
85 leyendas que corren —leyendas de bar, precisamente— hay más bares en Madrid que
en toda la Comunidad Europea. No ha sido hallada la cifra oficial que respalde esta
afirmación tan socorrida, pero sí está publicado que hay más bares entre la glorieta
de Atocha y Antón Martín que en toda Noruega. Las **páginas amarillas** de Madrid
incluyen 7.305 bares. José Luis Guerra, portavoz de la Federación Española de Res-
90 taurantes, Cafeterías y Bares, prefiere ser realista: «Es imposible conocer su número
exacto», dice. En 1988, esta entidad hizo un cálculo conservador según el cual había
en España cerca de 153.000 bares; es decir, un bar por cada 248 personas. Pero no se
incluyeron en la cifra las peñas andaluzas, los bares de empresas o instituciones, ni
miles de **chiringuitos** regados por las costas.
95 Lo que resulta evidente es que no hay prácticamente aldea española, por pobre
que sea, que no tenga al menos un bar. Un bar que puede ser tan austero como para
ofrecer tan sólo vino y aceitunas; o tan **surtido** como los modernos bares de carretera, que lo mismo ofrecen la inveterada tortilla de patatas que el último casete de
ópera de José Carreras, las codornices escabechadas o los llaveros donde se lee
100 *I* ♥ *Spain*.

El bar es apenas la más popular estrella de la constelación de establecimientos
misericordiosos que en España se dedican a dar de beber al sediento y dar de comer
al hambriento. También pertenecen a ella las tabernas, figones, tascas, mesones,
chiringuitos, bodegas, fondas, cervecerías, pubs, discopubs, cafés, cafeterías y, por
105 supuesto, los restaurantes, que, aunque llegaron de Francia hace apenas un siglo, hoy
constituyen uno de los atractivos turísticos más importantes del país. (...)

Pero, mientras turistas y personas **de medios** acuden a los grandes restaurantes
donde una cena no baja de 10.000 pesetas **por barba**, los españoles comunes y
corrientes —los que nunca hablarán de gastronomía, sino de comidas— siguen gi-
110 rando en torno al bar, sucesor del café, sucesor de la taberna, sucesor de la fonda.
Cuando aparecieron los primeros, hace algo más de medio siglo, se pensó que serían
barras adultas y un tanto **picaronas** para beber licores. Locales perfectos para *agasajos
postineros,* como Agustín Lara dijo de Chicote, el bar más famoso de la península
Ibérica. Quizás fueron así en un principio. Pero con el tiempo se han convertido en
115 ese adorable híbrido de comedor, casino, tienda, cantina, lugar de reunión y hasta
guardería infantil, que ha hecho de ellos el sistema digestivo de la España insólita.

(Daniel Samper Pizano, en CAMBIO 16)

C. ¿Podrías explicar ahora por qué el autor decía que
los bares españoles son *deliciosamente sucios*?

D. Completa el siguiente cuadro con la información del texto sobre los bares españoles:

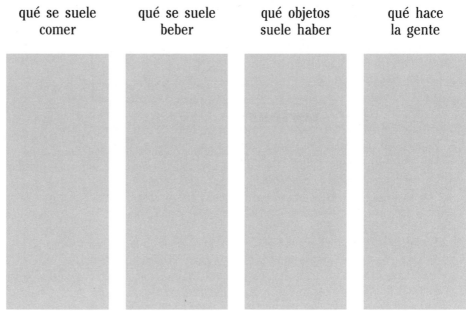

qué se suele comer	qué se suele beber	qué objetos suele haber	qué hace la gente

E. Completa las siguientes frases con palabras que estén en negrita en el texto. Puede haber palabras que se repitan, y frases en las que sean aceptables dos palabras.

a. Normalmente desayuno en la cafetería de abajo, pero no tengo tiempo para sentarme, así que me tomo un café y una tostada en la ▓▓▓▓▓▓▓ y me voy corriendo.

b. Cuando llueve y está entrando gente en el edificio, el portero echa ▓▓▓▓▓▓▓ en el portal.

c. La ▓▓▓▓▓▓▓ no estaba muy ▓▓▓▓▓▓▓: aceitunas, patatas fritas y calamares era todo lo que había.

d. Son 5.000 pesetas, así que tocamos a 1.000 ▓▓▓▓▓▓▓.

e. Deja que pague él; para eso es una persona ▓▓▓▓▓▓▓.

f. ¿Y por qué no, en vez de ir a un restaurante, nos vamos de ▓▓▓▓▓▓▓?

g. Todos los veranos monta un ▓▓▓▓▓▓▓ en la playa, y sólo con eso se está haciendo de oro.

h. —¿Sabes si hay algún cerrajero por aquí cerca?
   • No tengo ni idea. Mira en las ▓▓▓▓▓▓▓.

i. Si no ▓▓▓▓▓▓▓ tanto entre comidas, seguro que adelgazarías sin tener que hacer régimen.

F. ¿Qué es lo que más te ha sorprendido de los bares españoles? Coméntalo con el resto de la clase.

3. Vecinos.

A. Si vivieras en un bloque de viviendas con muchos vecinos, ¿qué cosas que hicieran éstos podrían molestarte? Haz una lista con varios compañeros. Después toda la clase hará una lista común.

B. ¿Cuáles de las cosas que tienes en la lista ocurrieron en la historia que viene a continuación?

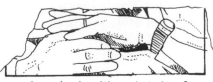

Vecinos

Era la ilusión de su vida. Tener un pisito en Arturo Soria, la zona *pija* de la ciudad. «Un chollo, chico». Tres habitaciones, salón comedor, dos baños, cocina completa y amplio recibidor. Todo por 25 millones de pesetas. No está nada mal, pese a que la recesión se había encargado ya de
5 parar la escalada de los precios. Un pequeño jardín y una piscina para patos completaban el panorama. Todo perfecto.

Los problemas vendrían más tarde, y no estaban escritos en ninguna parte. Una pintada en la tapia le dio la primera pista: «Los del cuarto A son unos capullos». Pensó que se trataba de una broma de chiquillos, pero
10 se equivocó. Efectivamente, los del cuarto A eran unos capullos. Y los del tercero, y los del segundo, y los del primero. La mayor parte de los vecinos parecían sacados de un libro de terror doméstico. El que no tenía un niño que lloraba sin parar 24 horas sobre 24, como si se tratara de un *drugstore*, subía y bajaba las escaleras constantemente acompañado de una jauría
15 de perros o se pasaba el día llamando a la Policía Municipal para protestar porque la niña del quinto no dejaba de aporrear el piano. La casa, definitivamente, estaba en guerra.

Alistados en dos bandos enemigos, los vecinos vivían con la única obsesión de hacerse la puñeta. Unos pensaban que el edificio era su finca
20 particular y actuaban con ese convencimiento. Fueron los que se ocuparon de establecer un estricto horario y un férreo reglamento en la pista de tenis, los que decidían las horas generales de calefacción y, sobre todo, quienes los sábados, fiestas y días de guardar invadían los soportales, armados con una terrible barbacoa, dispuestos a comerse una tremenda
25 sardinada que a la postre acababa en una rotunda borrachera, con coral incluida. Ése era precisamente el momento en el que *las fuerzas de paz* del otro bando aprovechaban para llamar al 092[1] y empezar a regar las plantas de las terrazas a manguera abierta con la sana intención de mojar a los cantantes. Así un día y otro día.
30 De modo que a los seis meses Ricardo había recibido más de una indirecta para alistarse en alguno de los bandos contendientes. En las primeras juntas de vecinos a las que asistió —se convocaban con urgencia y cada mes, aunque siempre con el mismo orden del día repleto de dimes y diretes— se vio envuelto en un enfrentamiento directo al viejo estilo de
35 la guerra fría. El bando de los del **A** se enzarzaba sistemáticamente contra el bando de los del **B**, en un recuerdo de lo que eran aquellas viejas peleas escolares en las que los alumnos se liaban a mamporros exclusivamente por el hecho de que sus apellidos comenzaran por **d** o por **n**[2].

Su intento de permanecer al margen resultó baldío. Le invitaron a to-
40 mar café los del piso de abajo; a una copa los de la puerta de al lado; a comer la señora del tercero derecha, y a una timba de cartas, que acabó como el rosario de la aurora, los del bajo interior, que, dicho sea de paso,

eran los más simpáticos de todos. Con independencia, naturalmente, de la po-
45 sición que mantuvieran en el conflicto local. Mosqueado por tanta amabilidad, cogió papel y lápiz y echó cuentas: su voto no era decisivo. El Club de Amigos de la Sardinada estaba en amplia mino-
50 ría, pero hacían lo que les daba la gana. De modo que su participación no cambiaría nada en la tensa relación de fuerzas. A la altura a que se había llegado, la casa era una auténtica anarquía;
55 cada cual hacía lo que le venía en gana, con la única condición de que molestara al contrario, siempre jaleado por los de su propio bando.

Al año tiró la toalla. El pisito era
60 mono, le costó relativamente barato —aunque los del banco le sacaban un ojo de la cara con lo de la hipoteca— y estaba en un sitio inmejorable, pero no podía soportarlo más. A las siete y me-
65 dia de la mañana empezaba la jarana, y antes de las tres de la madrugada nadie podía pegar ojo. Cuando los *malos* trasnochaban, los *buenos* —que, como es natural, se pasaban la noche pegando
70 porrazos en las paredes— salían a la escalera cantando y con la radio a todo meter a las siete de la mañana. Tenía, de siempre, muy mala opinión de las comunidades de vecinos, pero nunca
75 pensó que la cosa pudiera llegar tan lejos. Desde luego ninguno de sus amigos conocía un caso igual.

Pensó vender el piso. Pensó también poner una denuncia en el juzgado
80 o extirparse directamente los tímpanos, pero eso no sería más que el primer paso de una inmensa cadena de autolesiones que sin duda le hubieran llevado directamente a un asilo para minusválidos. Finalmente decidió atacar...

(Alberto Anaut, en EL PAÍS semanal)

[1] Número de teléfono de la Policía Municipal.
[2] Hace referencia a la costumbre de los colegios de dividir a los alumnos en distintas aulas, según su apellido.

C. Intenta deducir por el contexto el significado de las palabras y expresiones coloquiales de la izquierda y relaciónalas con la columna de la derecha (algunas significan lo mismo).

a.	*pijo (l. 1)*	1.	*Con mucha energía, volumen o fuerza.*
b.	*chollo (l. 2)*	2.	*Golpear.*
c.	*aporrear (l. 16)*	3.	*Golpes.*
d.	*acabar como el rosario de la aurora (l. 42)*	4.	*Cobrar mucho dinero a otra persona por un objeto o servicio.*
e.	*jalear (l. 57)*	5.	*Ganga, oportunidad.*
f.	*sacar un ojo de la cara (l. 62)*	6.	*Propio de los que dan mucha importancia a los signos externos de riqueza.*
g.	*jarana (l. 65)*	7.	*Jaleo, juerga.*
h.	*a todo meter (l. 71)*	8.	*Finalizar algo con una pelea o discusión.*
i.	*porrazos (l. 70)*	9.	*Animar, aplaudir.*
j.	*mamporros (l. 37)*		

D. Vamos a ver cómo andas de memoria. Sin mirar el texto, relaciona los elementos de los dos cuadros siguientes respetando el contenido de lo que has leído. Haz todas las combinaciones posibles.

a.	Los vecinos de los dos bandos	1.	*no deseaba implicarse en ningún bando, pero no lo consiguió.*
		2.	*cantaban cuando estaban bebidos.*
b.	Los trasnochadores	3.	*pensaba que casi todos los demás eran unos imbéciles.*
		4.	*ponían la radio a todo volumen muy temprano.*
c.	Había un vecino que	5.	*un año después de comprar la casa, decidió abandonar toda idea de vivir tranquilo en ella.*
d.	Los madrugadores	6.	*buscaban continuamente fastidiarse unos a otros.*
		7.	*tenía muchos perros.*
e.	El nuevo vecino	8.	*discutían por todo en las reuniones de la comunidad.*
		9.	*sospechaba que le invitaban para conseguir la mayoría de opinión.*
		10.	*solamente podían dormir entre las tres y las siete y media de la noche.*

Ahora comprueba con tus compañeros y con el texto. Señala en qué líneas está la información de las frases anteriores.

E. Como habrás observado, el texto está incompleto, porque falta el final. Sólo tu profesor sabe qué hizo el protagonista del relato. ¿Qué hubieras hecho tú en su caso? Escribe tu propio final.

1. Como puedes ver en la sección **A tu aire,** de esta unidad, los españoles dedican una media de 48 minutos diarios al cuidado de su cuerpo. Parte de ese tiempo seguramente lo pasan intentando librarse de algunas de las siguientes cosas. ¿Se te ocurre cómo? Elige de entre la lista de soluciones una o varias, o aporta las que se te ocurran. Puedes aplicar la misma solución a más de un problema.

Si no quieres tener	puedes
michelines,	*usar un champú especial.*
arrugas,	*hacer gimnasia.*
barriga,	*usar un jabón especial.*
bolsas en los ojos,	*maquillarte.*
callos en los pies,	*darte masajes.*
canas,	*ir al podólogo.*
caspa,	*usar una crema.*
cicatrices,	*inyectarte colágeno.*
espinillas,	*operarte.*
estrías,	*depilarte.*
flaccidez,	*teñirte.*
granos,	*utilizar mascarillas.*
lunares,	*hacerte una liposucción.*
orzuelos,	*utilizar zapatos adecuados.*
patas de gallo,	*hacerte un estiramiento de piel.*
pecas,	*hacerte una limpieza de cutis.*
vello,	*ir a una sauna/tomar baños*
verrugas,	*de vapor.*

2. Mantener la línea también lleva su tiempo. ¿Cuáles de las palabras que aparecen a la derecha podrías utilizar para describir a una persona gorda y cuáles para una delgada? Usa el diccionario y anota los matices que diferencian unas palabras de otras. Presta especial atención a las que tienen asterisco, ya que los matices son más importantes.

¿GORDO O DELGADO?

corpulento	*obeso*	*demacrado **	*lleno*
famélico *	*rollizo*	*escuálido*	*desmejorado **
esbelto	*escuchimizado*	*orondo*	*menudo **
desmirriado	*grueso*	*esquelético*	*rechoncho **

Vas a oír los textos de cinco anuncios publicitarios de alimentos o bebidas muy comunes. En todos se dice el nombre de la marca, pero no el producto. ¿Podrías deducir cuál es en cada caso?

Flora

PMI

SOS

Navidul

Don Simón

V. Materia prima

1. Ser o no ser: Esa es la cuestión.

A. Utiliza **ser** o **estar** en las siguientes frases (en algunos casos pueden aparecer ambos):

a. *Fumar en los hospitales* _____ *prohibido desde hace unos años.*

b. *Fumar en los lugares públicos* _____ *prohibido por el Gobierno hace unos años.*

c. *El equipo local* _____ *colocado ahora en muy buena posición en la tabla de clasificación.*

d. *Todos sus primos* _____ *colocados en la Administración por sus amigos.*

e. *Usted* _____ *visto por varios testigos. No lo puede negar.*

f. *El caso* _____ *visto para sentencia.*

g. *El altercado* _____ *eficazmente resuelto por la policía.*

h. *El asunto* _____ *resuelto. Ya no hay más que hablar.*

i. *Siempre* _____ *un profesor muy solicitado por sus alumnos.*

j. *No se preocupe. Ya* _____ *solicitada su pensión. Sólo tiene que esperar.*

k. *Ya* _____ *todo dicho. No hay más que hablar.*

l. *Y esto* _____ *dicho por un ilustre profesor.*

51

B. Señala cuál de las dos formas propuestas es la adecuada en cada una de las frases:

a. *La urbanización*   *construida desde hace varios años.*

    1. *está*   2. *ha sido*

b. *El contrato*   *adjudicado a una empresa particular por el Gobierno.*

    1. *está*   2. *ha sido*

c. *Este coche*   *diseñado por un equipo de expertos.*

    1. *está*   2. *ha sido*

d. *Todo el casco viejo de la ciudad*   *reconstruido gracias al dinero de particulares.*

    1. *está*   2. *ha sido*

e. *No se preocupe: el problema*   *resuelto en cuanto llamen al fabricante.*

    1. *estará*   2. *habrá sido*

f. *Los informes*   *enviados ese mismo día por todos los departamentos.*

    1. *estaban*   2. *habían sido*

g. *Los jugadores del equipo local, con su rapidez característica, ya*   *colocados en sus puestos.*

    1. *están*   2. *han sido*

h. *Los contendientes ya*   *situados en sus puestos por los jueces.*

    1. *están*   2. *han sido*

i. *El problema*   *solucionado por los expertos antes del día 10.*

    1. *estará*   2. *habrá sido*

C. Con algunos de los sustantivos y los participios que te proponemos, redacta la noticia (completamente irreal) cuyos titulares te ofrecemos a la derecha. Utiliza **ser** o **estar** según creas más conveniente.

— *prohibido*
— *comentado*
— *respetado*   — *juez*
— *acusado*   — *compañeros*
— *aplaudido*   — *suceso*
— *vigilado*   — *noticia*
— *querido*   — *prohibición*
— *protagonizado*   — *fumadores*
— *condenado*   — *ciudadanos*
— *perdonado*   — *asociación antitabaco*
— *refugiado*   — *policía*
— *encontrado*   — *perros rastreadores*
— *detenido*   — *lugares públicos*

«*Detenido por cuarta vez un fumador por encender un cigarrillo en el cine. Las asociaciones de fumadores protestan y amenazan con enviar a sus afiliados a fumar en lugares públicos. El acusado huye antes del juicio y se refugia en un estanco.*»

2. A mí esto no me gusta.

En español hay una serie de verbos, que en general sirven para expresar gustos u opiniones, y que deben ir acompañados de los pronombres **me, te, le,** etc., con función de objeto indirecto. Este objeto indirecto actúa de sujeto psicológico, aunque no funcione como tal:

Me gusta el fútbol (aunque **yo** es quien piensa la acción y **el fútbol** es lo aludido, **me** es el objeto indirecto y **el fútbol**, el sujeto).

A. En algunos casos, estos verbos tienen diferente significado según sea obligatoria o no la aparición del pronombre. Enlaza a continuación los elementos de la columna **A** con los de la columna **B** que creas más adecuados:

A	B
Tocar	*todo el mal que ha hecho.*
Tocarle a alguien	*en la balanza.*
Caer bien	*la trompeta.*
Caerle bien alguien	*camiones del extranjero.*
Tirar	*con una escopeta.*
Tirarle a alguien	*todo lo que es nuevo.*
Salirle a alguien	*de su casa.*
Salir	*después de un salto.*
Chocar	*un grano en la nariz.*
Chocarle a alguien	*a su suegro.*
Pesar	*la lotería.*
Pesarle a alguien	*con otro coche.*
Importar	*la familia.*
Importarle a alguien	*mucho lo que hace su hijo.*

B. Completa las siguientes frases:

a. *Vosotros, si ▨ cae en gracia alguien, le perdonáis todo.*

b. *Ese traje ▨ queda bien. Cómpratelo.*

c. *De acuerdo. ▨ viene bien esa hora a mi mujer y a mí.*

d. *Lo que es a mí, ▨ da igual.*

e. *Si ▨ parece a ustedes, podemos ir marchándonos.*

f. *¿No ▨ molesta que siempre esté chillándoos el jefe?*

g. *Por lo menos a mí ▨ resulta difícil comprenderlo a veces.*

h. *No ▨ apetece ir al teatro. ¿Por qué no lo dejamos para mañana? Tal vez tenga más ganas.*

i. *¿No ▨ da vergüenza lo que habéis hecho?*

j. *Cuando veo el escaparate de la charcutería, ¡ ▨ entra un hambre!*

k. *A Roberto ▨ encanta oír esas cosas.*

l. *▨ sabe mal lo que le has hecho a mi amigo.*

NOTA: Salvo con **ocurrírsele,** (con el que es obligatorio siempre que aparezca el pronombre) o con los verbos con diferencia de significado de la actividad **A**, la aparición del pronombre depende del contexto:

Obligatorio:
El objeto indirecto es concreto, especialmente si se trata de un pronombre tónico o de un nombre propio:
Esto me gusta a mí mucho.
¿Le gustó a Elena el regalo?

Puede aparecer o no:
La referencia es muy general:
La música (le) gusta a todo el mundo.

No aparece:
Se omite el sujeto psicológico (es decir, el objeto indirecto) intencionadamente o no:
¡Dan unas ganas de pegarle un puñetazo!
Parece que gusta mucho esta canción.

En todos los casos, si el objeto indirecto con preposición **a** aparece antes del verbo, debe usarse el pronombre átono:
A todo el mundo le gusta la música.

1. ¿Cuáles de las expresiones de abajo se utilizan para:

A. *Preguntar cómo está el otro y contestar (5)?*
B. *Despedirse (2)?*
C. *Responder a una presentación (1)?*
D. *Recibir a las visitas (2)?*
E. *Expresar condolencia (3)?*
F. *Negar algo que te dicen (2)?*

G. *Expresar que se está dispuesto a hacer un favor (4)?*
H. *Rechazar una oferta de ayuda (1)?*
I. *Quitar importancia a algo (1)?*
J. *Contradecir a alguien (1)?*
K. *Saludar (2)?*

El número entre paréntesis te indica cuántas de cada tipo tienes que encontrar.

a. *Como si estuvieras en tu casa.*
b. *Dale recuerdos a...*
c. *Estás en tu casa.*
d. *Le doy mi más sentido pésame.*
e. *No se moleste.*
f. *No, si no es ninguna molestia.*
g. *No somos nada.*
h. *Para eso están los amigos.*
i. *Para eso estamos.*
j. *Perdona que te lleve la contraria, pero...*
k. *Pues ya ves.*
l. *Saluda a... de mi parte.*

ll. *Te acompaño en el sentimiento.*
m. *Tirando / Tirandillo (informales) (En América: Más o menos / Ahí vamos).*
n. *Ya nos conocíamos de vista / de oídas.*
ñ. *¿Cómo te va?*
o. *¡Dichosos los ojos! (enfático).*
p. *¡Hombre, no es para tanto!*
q. *¡Hombre! ¿Tú por aquí?*
r. *¡Ni hablar!*
s. *¡No faltaría más!*
t. *¡Qué más quisiera yo!*
u. *¿Qué quieres que te diga?*
v. *¿Qué es de tu vida?*

Sería muy útil que copiaras las expresiones en listas agrupadas según su función comunicativa.

2. Ahora, utiliza con tu compañero las expresiones que acabas de aprender. Elige una lista de situaciones (**A** o **B**) y él trabajará con la otra. Es importante que **no mires** las situaciones de tu compañero. El símbolo > indica que eres tú el que empieza a hablar.

LISTA A

a. > Tu amigo te ha invitado a su casa. Entras y lo saludas.
b. Estás muy triste porque se ha muerto un amigo tuyo.
c. > Necesitas que tu compañero te ayude a terminar los ejercicios de gramática.
d. > Te encuentras a tu compañero en la calle. Hace mucho que no lo ves. Conoces bien a su familia.
e. No estás dispuesto a aceptar los planes que te propone tu amigo.

LISTA B

a. Has invitado a tu compañero a tu casa. Quieres que se sienta cómodo.
b. > Llegas a clase y saludas a tu compañero. Pregúntale qué tal está.
c. No tienes nada que hacer ahora mismo y te gusta mucho la gramática.
d. Te encuentras a tu compañero en la calle. Él se acerca a saludarte.
e. > Has tenido una idea estupenda: que tu compañero venda su coche para poder ir juntos de vacaciones con el dinero.

1. Las estadísticas comparativas que tienes a continuación acompañaban a
un artículo titulado **«Suecos y españoles, los que más tiempo
dedican a relaciones sociales»**. ¿Por qué no escribes tú el artículo
utilizando los datos de los cuadros? Intenta usar todos los fragmentos
del artículo que te damos (aunque no tienes que hacerlo necesariamente en este orden).

— *«Los españoles son los europeos que más tarde se levantan de la cama...»*
— *«Se confirma con esta encuesta que el español es una persona extravertida, ya
que...»*
— *«Parece que el español emplea una gran parte de su tiempo de ocio en...»*
— *«Tampoco consigue llegar a la media europea en horas de trabajo, ya que...»*
— *«El ritmo temporal de vida del ciudadano español continúa siendo distinto al...»*
— *«Las mayores diferencias entre los países europeos analizados se registran en...»*

Empleo del tiempo en 20 países europeos

Tiempo por habitante y día

	Mínimo	Máximo	Media europea	España
Dormir	7 h 21 m Grecia	8 h 27 m Bélgica	8 h 3 m	8 h 17 m
Cuidado del cuerpo	31 m Finlandia	1 h 14 m Ex RDA	58 m	48 m
Trabajo doméstico	3 h 22 m Finlandia	5 h 21 m Ex RDA	4 h 29 m	4 h 27 m
Ver la televisión	2 h 2 m Checos.	3 h 50 m R. Unido	3 h 4 m	3 h 18 m
Otros medios de comunicación	1 h 5 m Italia	5 h 12 m Suecia	2 h 42 m	1 h 18 m
Descanso	43 m Suecia	2 h 39 m Grecia	1 h 33 m	1 h 54 m
Desplazamiento al trabajo	21 m Grecia	47 m Polonia	40 m	39 m
Ocio	28 m Portugal	1 h 37 m Holanda	1 h 4 m	58 m
Trabajo	3 h R. Unido	5 h 31 m Checos.	4 h 21 m	3 h 45 m
Relaciones sociales	59 m Hungría	2 h 44 m Suecia	1 h 52 m	2 h 29 m

Horarios medios por países

	Levantarse	Desayuno	Comienzo trabajo	Almuerzo	Cena	Acostarse
Dinamarca	6.45	7.30	8.15	12.00	18.00	23.35
Noruega	7.00	7.30	8.00	11.30	16.30	23.30
Suecia	6.15	7.30	8.00	12.00	17.00	23.15
R. Unido	7.00	8.15	9.00	13.00	18.00	23.30
Bélgica	7.15	7.30	8.30	12.30	18.15	23.00
Francia	7.00	7.30	8.30	12.30	20.00	23.30
Alemania	6.45	7.45	8.00	12.30	18.45	23.10
Ex RDA	6.15	7.00	8.00	12.30	18.45	22.50
Luxemburgo	7.00	7.30	8.00	12.30	18.45	23.20
Holanda	7.00	7.45	8.15	12.30	18.00	0.00
Suiza	6.45	7.45	8.00	12.30	18.45	23.15
Italia	7.00	7.45	8.15	13.30	20.00	23.20
Portugal	7.00	8.00	8.30	13.00	20.00	23.30
España	**8.00**	**8.30**	**9.00**	**13.30**	**21.30**	**0.15**
Checoslov.	5.45	7.00	7.15	12.30	19.00	23.00
Hungría	5.45	7.00	7.15	12.30	19.00	23.05

(EL PAÍS)

2. La ONU ha precisado cuáles son las condiciones mínimas que los hombres necesitan en su vida diaria para obtener lo que se considera el estado de felicidad. Ahora te damos la lista de esas condiciones, pero entre ellas hay algunas que son falsas; ¿cuáles? Discútelo con la clase.

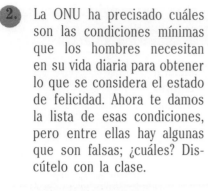

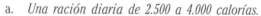

a. *Una ración diaria de 2.500 a 4.000 calorías.*
b. *Una batería de utensilios de cocina por unidad familiar.*
c. *Tres conjuntos de traje y chaqueta y tres pares de zapatos por individuo.*
d. *10 litros de agua al día.*
e. *Un habitáculo de seis metros cuadrados como mínimo, que ofrezca una mínima protección de la intemperie.*
f. *Escolarización de al menos seis años y educación continuada para el adulto.*
g. *Una biblioteca pública por cada 200.000 habitantes.*
h. *Una radio por familia.*
i. *Un televisor por cada 100 habitantes.*
j. *Una bicicleta por unidad familiar.*
k. *Distancia máxima de 7 kilómetros hasta la red de transportes públicos.*
l. *10 médicos y 50 camas de hospital por cada 100.000 habitantes, más 10 dólares por persona y año para medicamentos.*
ll. *Un trabajo para poder mantener a la unidad familiar.*
m. *Un sistema de seguridad social que cubra las enfermedades.*

1. ¿Tú qué crees?

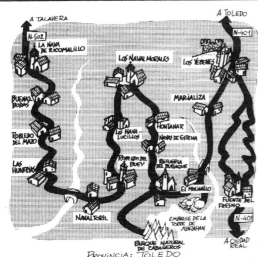

— ¿Qué productos se anuncian aquí?
— ¿Qué significan, según el diccionario, las expresiones: *ponerse las botas, ir a por todas* y *llegar a buen puerto*?

— En estos anuncios, además de ese significado, esas expresiones tienen otro sentido. ¿Cuál?
— Con otros compañeros, haz un anuncio semejante al de **Ponte las botas**, sobre tu ciudad o región.

II. Con textos

1. Turismo en Hispanoamérica.

Los siguientes textos son fragmentos de folletos turísticos de estos cinco países hispanoamericanos: Argentina, Costa Rica, El Salvador, Guatemala y Perú. ¿De qué país habla cada fragmento?

B

Un gigante por conocer.
Que no sorprenda a los forasteros que los propios ▨▨▨▨▨▨▨ —más de 30 millones diseminados en 2.776.888 km² — vean a su país como a un gigante apenas descubierto. Tan amplia es la diversidad de sus horizontes. ▨▨▨▨▨▨▨ es la grandeza americana que reúne todos los climas, todas las vegetaciones. Y todas las razas: a partir del siglo pasado y hasta la última postguerra, los inmigrantes —especialmente europeos— encontraron en ▨▨▨▨▨▨▨ una tierra de paz y de sosiego. Una tierra prometida.

A

En realidad, ▨▨▨▨▨▨▨ es el país ideal: Usted puede salir de la capital, desayunar en la playa, almorzar en la montaña, disfrutar por la tarde en un hotel del lago y gozar nuevamente de las variadas diversiones de la ciudad por la noche; todo esto durante las 24 horas de un mismo día. ¡Es increíble! ¡En su próximo viaje visite ▨▨▨▨▨▨▨ !, y lo recibiremos con los brazos abiertos.

C

En el corazón de ▨▨▨▨▨▨▨ , emerge una hilera montañosa que recorre, desde el extremo noreste hasta el del sureste, el territorio del país.

Las cordilleras volcánicas —Guanacaste, Tilarán y Central—, están separadas entre sí por desfiladeros y valles profundos que se hunden entre las montañas. La cordillera de Talamanca cruza la región sur de ▨▨▨▨▨▨▨ , e incluso penetra en la parte norte de Panamá; en ella se elevan los macizos montañosos más altos del país. La mayoría de las faldas y laderas se mantiene en su condición natural; solamente, de vez en cuando, jirones de pastizales ofrecen indicios de que el hombre ha estado allí.

Entre el extremo norte de la cordillera de Talamanca y la cordillera volcánica Central se localiza el Valle Central —corazón de ▨▨▨▨▨▨▨ en el verdadero sentido de la palabra— que alberga a más del 60 por 100 de la población, la mayoría residente en San José (capital de la nación) y en las ciudades más populosas y cercanas de las provincias de Cartago, Heredia y Alajuela. A una altura que oscila entre los 915 al oeste y los 1.525 metros al este sobre el nivel del mar, el valle es una alfombra tapizada de variados y preciosos paisajes combinados con la riqueza de los campos agrícolas y el paisaje de la ciudad.

La campiña se inclina precipitadamente hacia la vertiente del Pacífico. El terreno en declive está erosionado por los ríos de rápidas y cristalinas corrientes que vitalizan el paisaje. En el noroeste (Península de Nicoya), los excursionistas descubren kilómetros de playas arenosas que invitan a descansar y disfrutar del sol tropical. En las verdes sabanas de Guanacaste —apenas tierra adentro—, se pueden apreciar numerosos hatos de ganado habitualmente pastando indiferentes ante los ojos de los visitantes.

La franja costera está formada por colinas bajas, con una angosta y fértil llanura que se prolonga a lo largo del litoral del Pacífico. Esta costa mide más de mil kilómetros, incluyendo sus múltiples bahías, esteros, penínsulas y serranías costeras que forman puntas al internarse en el mar.

D

En ▮▮▮▮▮▮▮▮▮▮ es posible vivir en un ambiente donde se combinan lo moderno y el encanto del pasado legendario.

La cultura maya, una de las más importantes de Hispanoamérica, floreció en ▮▮▮▮▮▮▮▮▮▮ y se mezcló con la de los conquistadores españoles para dar como resultado una extraordinaria gama de tradiciones y costumbres que se remontan a los más lejanos tiempos.

Chichicastenango es actualmente el sitio donde con mayor énfasis se revela ese fenómeno, sobre todo en la fusión de ritos prehispánicos y católicos. Fue precisamente en esta ciudad donde se encontró una de las versiones del Popol Vuh, libro sagrado que recoge antiguas historias quichés y que hoy en día se conoce como «la Biblia americana».

En Antigua, ese sincretismo produjo las más bellas y cautivantes leyendas de los tiempos coloniales que aún se transmiten de generación en generación. Quienes hoy la visitan experimentan de inmediato la sensación de misterio y reposo que la rodea.

Tan importante es el espíritu legendario de este país que sus mayores escritores lo han universalizado en obras literarias, como en el caso de Miguel Angel Asturias, cuyas «Leyendas de ▮▮▮▮▮▮▮▮▮▮» han merecido el apelativo de «historias-sueños».

▮▮▮▮▮▮▮▮▮▮ es un país de magia, tal como lo describieron los primeros cronistas y los viajeros que la conocieron no sólo por el esplendor y belleza de su clima y sus paisajes, sino por el espíritu de fantasía que siempre ha puesto de manifiesto en sus elaborados rituales religiosos y en la forma de ser de su pueblo.

Tikal, Antigua, Chichicastenango, el lago de Atitlán, Ciudad de ▮▮▮▮▮▮▮▮▮▮..., lugares en donde las leyendas del pasado se proyectan en el porvenir.

E

Las mismas maravillas de ▮▮▮▮▮▮▮▮▮▮ que asombraron a Cieza de León están a su alcance hoy, con la misma majestad en la víspera del siglo XXI que en el siglo XVI, los restos del imperio incaico, y de las culturas moche, chimú y otras más..., la fascinante selva amazónica, con la mayor riqueza de flora y fauna en la tierra..., las espectaculares cumbres nevadas, lagunas cristalinas y cañones profundos de los Andes. Y hoy, las vibrantes culturas de los descendientes de los incas y las tribus amazónicas que mantienen las tradiciones de sus antepasados. Todo está a la mano.

Ningún país del mundo puede igualar la variedad de atractivos que ofrece ▮▮▮▮▮▮▮▮▮▮. Ahora le invitamos a seguir el arco iris de la bandera inca y descubrir la grandeza de un país que a usted le espera con los brazos abiertos.

Antes de leer otra vez con más detenimiento, pasa a la sección **III** (**Palabra por palabra**), que te ayudará a entender estos textos.

2. **La isla que escapó de Ibiza**

A. Lee este primer texto y toma algunas notas sobre cómo te imaginas que pueden ser unas vacaciones en la isla de Formentera: qué atracciones turísticas tiene, qué tipo de personas la visita. ¿Te parece un centro turístico convencional? ¿Te apetecerían unas vacaciones allí?

«... el viajero coincide con los excursionistas de un día, madrileños o alemanes, con las abuelas que han acudido a la consulta médica en Ibiza o con las parejas de treintañeros que suspiran por unas vacaciones en playas de aguas transparentes y de nostálgicos paseos en bicicleta...»

B. Lee ahora este texto para comprobar tus deducciones:

La isla que escapó de Ibiza

Olvidada de las grandes urbanizaciones, bloques de cemento y aeropuertos, ha protegido con uñas y dientes su territorio, es decir, su único patrimonio. Unas restrictivas normas
5 urbanísticas, que impiden construir si no se dispone de una extensa parcela, y la ausencia de edificios de más de cuatro alturas, mantienen intactos los encantos que sedujeron a inquietos artistas y curiosos trotamundos a co-
10 mienzos de los años setenta.

El campo, todavía milagrosamente poblado de pinos, honra a los griegos que concedieron el nombre de «*pitiusas*» (pinosas) a estas islas mediterráneas, o los cultivos de trigo, que rin-
15 den homenaje a los romanos que bautizaron con el «*frumentum*» a Formentera, se muestran inmediatamente a los ojos del sorprendido visitante. Silencio y calma seducen a aquellos que, tranquilos y respetuosos, tan sólo
20 aspiran al descanso y al pleno disfrute de la naturaleza.

Pese a que sus históricas actividades económicas no pasan de ser en la actualidad un pasatiempo o una dedicación a tiempo parcial,
25 los isleños salen, al igual que antes, a pescar calamares y langostas; mantienen pequeños rebaños de cabras y ovejas y han explotado hasta fecha muy reciente sus famosas salinas.

De todos modos, el turismo se ha impues-
30 to como principal fuente de ingresos para la inmensa mayoría de los casi 4.000 habitantes que residen todo el año en la isla. (...)

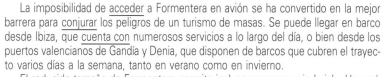

La imposibilidad de acceder a Formentera en avión se ha convertido en la mejor barrera para conjurar los peligros de un turismo de masas. Se puede llegar en barco
35 desde Ibiza, que cuenta con numerosos servicios a lo largo del día, o bien desde los puertos valencianos de Gandía y Denia, que disponen de barcos que cubren el trayecto varios días a la semana, tanto en verano como en invierno.

El reducido tamaño de Formentera permite incluso recorrer a pie la isla. Un perímetro de costa de 68 kilómetros y una distancia máxima de Oeste a Este de apenas
40 20, brindan la posibilidad de utilizar cualquier medio de transporte. La elección sólo obedece a las posibles prisas en un territorio donde todo invita a la languidez y a la sana modorra.

Toda la isla aparece salpicada de negocios de alquiler de bicicletas, motos, utilitarios y hasta furgonetas. Sólo un consejo: precaución. La convivencia de bicicletas y
45 rápidos coches puede ocasionar más de un disgusto cuando algún aspirante a corredor de fórmula 1 se comporta como si estuviese en un circuito.

Junto a las tiendas de alquiler de vehículos quizás sean los locales de artesanía los establecimientos más abundantes. Al margen de los clásicos cestos y artículos de mimbre que marcaron la llamada moda ibicenca hace ya 20 años, los jerséis de punto
50 se hallan entre las ofertas artesanas más atractivas. Vistosos colores y un meritorio trabajo manual invitan a llevarse una prenda para cuando apriete el frío y Formentera esté lejana. (...)

La acampada libre está prohibida y la isla tampoco dispone de instalaciones de camping, una situación que se repite en muchos otros puntos de las Baleares. Sin
55 embargo, la oferta hotelera es lo suficientemente amplia como para satisfacer todos los gustos y necesidades. (...)

Quizás el punto débil de Formentera sea la asistencia sanitaria. Como ocurre en tantas zonas turísticas, el equipamiento técnico y las dotaciones están pensadas para un pequeño municipio, que se desborda con la llegada de miles de turistas, especial-
60 mente en julio y agosto. Así, algunas veces, cuando las tormentas propias del invierno hacen su aparición, Formentera se queda aislada por mar y la lancha-ambulancia resulta inútil para evacuar enfermos o heridos con rapidez hasta Ibiza. Por ello, la reivindicación de un helicóptero y de una pista de despegue se ha convertido en una de las principales reclamaciones isleñas.

(Miguel Ángel Villena, en EL PAÍS)

C. Algunas de las siguientes palabras o expresiones podrían aparecer en el texto significando lo contrario de las que están subrayadas. Escribe las parejas de opuestos, teniendo en cuenta que te sobrarán siete.

permiten - atraer - honor - impropias - vacío - borde - carece de - no tiene - débilmente - presión - salir de - isla - dinamismo - sal - Ibiza - despabilamiento.

D. Relaciona las palabras que te han sobrado del ejercicio anterior con éstas, que también son del texto:

salinas - ibicenca - apriete - evacuar - isleños - honra - desbordar.

¿Puedes explicar qué significan en el texto estas siete palabras?

E. Fijándote en el contexto en el que aparecen, podrás emparejar las siguientes palabras y expresiones del texto con su significado aproximado.

1.	*urbanizaciones* (l. 1)	a.	*se debe*
2.	*patrimonio* (l. 4)	b.	*atrajeron*
3.	*parcela* (l. 6)	c.	*viajero incansable*
4.	*sedujeron* (l. 8)	d.	*ofrecen*
5.	*trotamundos* (l. 9)	e.	*herencia*
6.	*no pasan de ser* (l. 23)	f.	*son simplemente*
7.	*brindan* (l. 40)	g.	*conjuntos residenciales*
8.	*obedece* (l. 41)	h.	*porción de tierra*

3. Remedios para volar.

A. Vas a leer un texto de Gabriel García Márquez que trata de distintos métodos para librarse del miedo a volar. ¿Cuál utilizas tú? ¿Qué ventajas e inconvenientes ves en los remedios del recuadro?

— *Concentrarse en la película que proyectan.*
— *Beber alcohol.*
— *Leer.*
— *Escuchar la música que ofrecen en el avión.*

B. Compara tus notas con las de un compañero y con las anécdotas del texto. ¿Cuál de los métodos que propone García Márquez te parece mejor?

Remedios para volar

Una vez más he hecho el disparate que me había propuesto no repetir jamás, que es el de dar el salto del Atlántico de noche y sin escalas. Son doce horas entre paréntesis dentro de las
5 cuales se pierde no sólo la identidad, sino también el destino. Esta vez además fue un vuelo tan perfecto, que por un instante tuve la certidumbre de que el avión se había quedado inmóvil en la mitad del océano e iban a tener que
10 llevar otro para transbordarnos. Es decir, siempre me había atormentado el temor de que el avión se cayera, pero esta vez concebí un miedo nuevo. El miedo espantoso de que el avión se quedara en el aire para siempre.
15 En esas condiciones indeseables comprendí por qué la comida que sirven en pleno vuelo es de una naturaleza diferente de la que se come en tierra firme. Es que también el pollo —muerto y asado— va volando con miedo, y las burbu-
20 jas de la champaña se mueren antes de tiempo, y la ensalada se marchita de una tristeza distinta. Algo semejante ocurre con las películas. He visto algunas que cambian de sentido cuando se vuelven a ver en el aire, porque el
25 alma de los actores se resiste a ser la misma y la vida termina por no creer en su propia lógica. Por eso no hay ninguna posibilidad de que sea buena ninguna película de avión. Más aún: cuanto más largas sean y más aburridas, más
30 se agradece que lo sean, porque uno se ve forzado a imaginarse más de lo que ve y aun a inventar mucho más de lo que se alcanza a ver, y todo eso ayuda a sobrellevar el miedo.
Semejantes remedios son incontables. Tengo una amiga que no logra dormir desde varios
35 días antes de embarcarse, pero su miedo des-

aparece por completo cuando logra encerrarse en el excusado del avión. Permanece allí tantas horas como le sea posible, leyendo en un so-
40 siego sólo comparable al del ojo del huracán, hasta que las autoridades de a bordo la obligan a volver al horror del asiento. Es raro, porque siempre he creído que la mitad del miedo al avión se debe a la opresión del encierro, y en
45 ninguna parte se siente tanto como en los servicios sanitarios. En los excusados de los trenes, en cambio, hay una sensación de libertad irrepetible. Cuando era niño, lo que más me gustaba de los viajes en los ferrocarriles «bana-
50 neros» era mirar el mundo a través del hueco del inodoro de los vagones, contar los durmientes entre dos pueblos, sorprender los lagartos asustados entre la hierba, las muchachas instantáneas que se bañaban desnudas debajo de
55 los puentes. La primera vez que subí a un avión —un bimotor primitivo de aquellos que hacían mil kilómetros en tres horas y media— pensé, con muy buen sentido, que por el hueco de la cisterna iba a ver una vida más rica que la de
60 los trenes, que iba a ver lo que ocurría en los patios de las casas, las vacas caminando entre las amapolas, el leopardo de Hemingway petrificado entre las nieves del Kilimanjaro. Pero lo que encontré fue la triste comprobación de que
65 aquel mirador de la vida había sido cegado y que un acto tan simple como soltar el agua implicaba un riesgo de muerte.
Hace muchos años superé la ilusión generalizada de que el alcohol es un buen remedio
70 para el miedo al avión. Siguiendo una fórmula de Luis Buñuel, me tomaba un martillazo de Martini seco antes de salir de casa, otro en el aeropuerto y un tercero en el instante de decolar. Los primeros minutos del vuelo, por su-
75 puesto, transcurrían en un estado de gracia cuyo efecto era contrario al que se buscaba. En realidad, el sosiego era tan real e intenso, que uno deseaba que el avión se cayera de una vez para no volver a pensar en el miedo. La expe-
80 riencia termina por enseñar que el alcohol, más que un remedio, es un cómplice del terror. No hay nada peor para los viajes largos: uno se calma con los dos primeros tragos, se emborracha con los otros dos, se duerme con los dos si-
85 guientes, engañado con la ilusión de que en

realidad está durmiendo, y tres horas después se despierta con la conciencia cierta de que no ha dormido más de tres minutos y que no hay nada más en el futuro que un dolor de cabeza
90 de diez horas.

La lectura —remedio de tantos males en la tierra— no lo es de ninguno en el aire. Se puede iniciar la novela policiaca mejor tramada, y uno termina por no saber quién mató a quién ni
95 por qué. Siempre he creído que no hay nadie más aterrorizado en los aviones que esos caballeros impasibles que leen sin parpadear, sin respirar siquiera, mientras la nave naufraga en las turbulencias. Conocí uno que fue mi vecino
100 de asiento en la larga noche de Nueva York a Roma, a través de los aires pedregosos del Ártico, y que no interrumpió la lectura de **Crimen y castigo** ni siquiera para cenar, línea por línea, página por página; pero a la hora del desayuno
105 me dijo con un suspiro: «Parece un libro interesante». Sin embargo, el escritor uruguayo Carlos Martínez Moreno puede dar fe de que no hay nada mejor que un libro para volar. Desde hace veinte años vuela siempre con el mismo
110 ejemplar casi desbaratado de **Madame Bovary,** fingiendo leerlo a pesar de que ya lo conoce casi de memoria, porque está convencido de que es un método infalible contra la muerte.

Siempre pensé que no hay un recurso más
115 eficaz que la música, pero no la que se oye por el sistema de sonido del avión, sino la que llevo en un magnetofón con auriculares. En realidad, la del avión produce un efecto contrario. Siempre me he preguntado con asombro quiénes

120 hacen los programas musicales del vuelo, pues no puedo imaginarme a nadie que conozca menos las propiedades medicinales de la música. Con un criterio bastante simplista, prefieren siempre las grandes piezas orquestales relacio-
125 nadas con el cielo, con los espacios infinitos, con los fenómenos telúricos. «Sinfonías paquidérmicas», como llamaba Brahms a las de Bruckner. Yo tengo mi música personal para volar, y su enumeración sería interminable.

130 Tengo mis programas propios, según las rutas y su duración, según sea de día o de noche, y aun según la clase de avión en que se vuele. De Madrid a Puerto Rico, que es un vuelo familiar a los latinoamericanos, el programa es exac-
135 to y certero: las nueve sinfonías de Beethoven. Siempre pensé —como he dicho antes— que no había un método más eficaz para volar, hasta esta semana de mi infortunio, en que un lector de Alicante me ha escrito para decirme que
140 ha descubierto otro mejor: hacer el amor tantas veces como sea posible en pleno vuelo. De esto —como en las telenovelas— vamos a hablar la semana entrante.

(Gabriel García Márquez, en EL PAÍS)

C. Las siguientes palabras aparecen en el texto con un sentido que no es literal. ¿Puedes explicar qué significan aquí?

el excusado (l. 38)
los durmientes (l. 51)
un martillazo (l. 71)

D. Busca cómo se han expresado las siguientes ideas en el texto:

a. *Las personalidades de los actores de las películas que se proyectan en los aviones parecen distintas.*
b. *Es bueno que las películas sean malas, porque estimulan la imaginación del viajero y así le ayudan a superar el miedo.*
c. *Fue una desilusión comprobar que el hueco del inodoro del avión estaba tapado.*
d. *Me di cuenta de que no era verdad lo que opina mucha gente, de que...*
e. *Los que más miedo tienen son los hombres que leen sin demostrar sus emociones, sin cerrar los ojos, mientras el avión se hunde entre corrientes de aire.*

1. Lee esta narración de un viaje. Si te fijas, verás que algunas de las cosas que se cuentan son imposibles: ¿cuáles?

> *Primero caminamos durante cinco kilómetros a través del embalse de* Valdepeñas, *hasta llegar a una senda muy estrecha que se adentraba en el arroyo* Riópar. *Anduvimos unos cuatro kilómetros y luego subimos la falda de una campiña. En la cumbre de una montaña descansamos media hora y descendimos por la otra ladera. Abajo se extendía una enorme serranía, que atravesamos hasta llegar a nuestro destino: el valle de* Carmona.

2. A la derecha tienes una lista de nombres que designan accidentes geográficos. Escoge diez palabras cuyo significado desconozcas; averigua qué significan con ayuda del diccionario e inventa una narración semejante a la del apartado **1**, con elementos verosímiles e inverosímiles. Escríbela y dásela a un compañero: él tendrá que descubrir en tu escrito las cosas que son imposibles, y tú harás lo mismo con el suyo.

desfiladero	*macizo*	*pastizal*
cordillera	*sabana*	*litoral*
bahía	*estero*	*laguna*
cañón	*sendero*	*vereda*
colina	*promontorio*	*cerro*
charca	*pantano*	*estanque*
riachuelo	*península*	*desembocadura*

3. Elige la opción que te parezca correcta para completar cada frase:

A. *Perdí la cartera en   del trabajo a mi casa.*

    a) *la ruta*   b) *la jornada*   c) *el trayecto*

B. *Aún no hemos decidido qué   seguiremos en el viaje, así que no puedo decirte si pasaremos por Córdoba.*

    a) *trayectoria*   b) *trayecto*   c) *itinerario*

C. *Hoy no funcionan los trenes de largo   .*

    a) *trayecto*   b) *recorrido*   c) *itinerario*

D. *La policía ha conseguido descubrir cuál fue   de la bala.*

    a) *la ruta*   b) *el itinerario*   c) *la trayectoria*

E. *En el mapa está   que debes seguir.*

    a) *la trayectoria*   b) *la ruta*   c) *la jornada*

F. *Se estropeó el autobús un kilómetro antes de llegar al colegio, y tuvimos que hacer el resto de   a pie.*

    a) *el recorrido*   b) *el itinerario*   c) *la trayectoria*

G. *Sus admiradores conocen perfectamente* ▓▓▓▓▓▓ *de su vida.*

   a) *el trayecto*   b) *la trayectoria*   c) *el itinerario*

H. *Para atravesar la sierra a pie, tuvimos que hacer* ▓▓▓▓▓▓ *de 40 kilómetros.*

   a) *jornadas*   b) *itinerarios*   c) *trayectorias*

I. *Próxima estación: Plaza de Castilla. Correspondencia con líneas 2 y 3. Fin de* ▓▓▓▓▓▓ .

   a) *trayecto*   b) *jornada*   c) *itinerario*

J. *El avión tuvo que desviarse de su* ▓▓▓▓▓▓ *a causa de la niebla.*

   a) *ruta*   b) *recorrido*   c) *trayecto*

IV. ¡Lo que hay que oír!

A. Las dos palabras de la derecha pueden tener varios significados. Escucha la cinta una vez y piensa cuál de las definiciones que te damos se corresponde con el uso de la palabra en la grabación:

chulo:
1. *Insolente, atrevido.*
2. *Hombre que trafica con mujeres públicas.*
3. *Presumido.*

macarra:
1. *Hombre que trafica con mujeres públicas.*
2. *De mal gusto, de baja clase.*
3. *Pendenciero, agresivo.*

B. En el reportaje aparecen muchos sustantivos y adjetivos aplicados a los *chulos de playa.* Siguiendo las pistas que te damos, ¿podrías completar estas listas?

sustantivos

P ▓▓▓▓▓▓*
F ▓▓▓▓
B ▓▓▓▓▓▓**
E ▓▓▓▓***
M ▓▓▓▓▓****

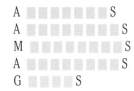

adjetivos

A ▓▓▓▓▓▓S
A ▓▓▓▓▓▓S
M ▓▓▓▓▓▓S
A ▓▓▓▓▓▓S
G ▓▓▓S

C. Une cada verbo con el sustantivo que lo acompaña en la grabación que has oído (si es necesario, escúchala otra vez). Algunos de los sustantivos aparecen en el ejercicio anterior (te lo indicamos con asteriscos).

a. *despertar*   1. *
b. *desarrollar*   2. **
c. *lucir*   3. ***
d. *marcar*   4. ****
e. *pasear*   5. *culto*
f. *levantar*   6. *envidia*
g. *profesar*   7. *pasiones*

D. Algunos de los verbos de la primera columna podrían combinarse con otros sustantivos de la segunda. ¿Sabes cuáles?

Se o no se, ésa es la cuestión (I)

El uso de los pronombres **me, te, se**, etc., cuando no son reflexivos, es uno de los aspectos que más diferencian el español de distintas zonas. En el español americano el uso de estos pronombres se extiende a verbos que en el español de España no aparecen normalmente con ellos: verbos como *amanecerse, robarse, huirse, enfermarse, soñarse, regresarse, de-* *volverse* (volver a un lugar), *tardarse, dilatarse, demorarse* (emplear mucho tiempo), *recordarse*. Por el contrario, en otros casos, no se utiliza **se** con verbos que en el español de España sí lo llevan normalmente; así, por ejemplo: *marchar(se)* o *ir(se)*. Aquí te presentamos algunos casos bastante extendidos y fáciles de comprender.

1. Con verbos transitivos

A. Lee las siguientes frases e intenta deducir por qué y con qué valor se usa el pronombre o, por el contrario, no se utiliza en los diferentes casos:

a. *Te has comido lo que tenía preparado en la nevera para cenar.*
b. *¡Oye! Creo que te has bebido mi café.*
c. *Cuando quiero, me fumo un cigarrillo.*
d. *Casi todos los días me tomo un té para desayunar.*
e. *Se comió todo lo que le sirvieron.*
f. *Se bebió casi todas las botellas de cerveza que había en la nevera.*
g. *Me he fumado hoy más de dos paquetes.*
h. *Come todos los días en el mismo restaurante.*
i. *Bebe siempre vino de la misma marca.*
j. *Siempre fuma de la misma marca.*
k. *No. gracias, no tomo café.*

B. Ahora que ya has deducido cuáles pueden ser los valores del pronombre, responde: ¿qué dirías en las siguientes situaciones?:

Ej.: Un amigo tuyo ha escrito una novela y te la ha dejado para que la leas durante el fin de semana.

— *Está muy bien: me la he leído (entera) en dos días.*

a. Estás perdido en el desierto y tienes una sed horrible.
b. Hoy no has podido comer y vuelves a casa por la noche a cenar.
c. Hoy te has levantado con resaca. Cuéntanos por qué.
d. Tu vecino de asiento en el tren no para de fumar.
e. Estás en un restaurante con un amigo que come muy despacio. Lleva un cuarto de hora con el postre y tú tienes prisa.
f. Ayer hubo una fiesta en tu casa y hoy no tienes ni comida ni bebida.
g. Acabas de volver de viaje y quieres demostrar a tus amigos que has visitado y recorrido muchos sitios.
h. Tu marido/mujer ha jugado a las cartas y ha perdido muchísimo dinero. Estás muy enfadada/o.
i. Aunque mañana tienes un examen, hoy has decidido pasear con los amigos porque ya has estudiado bastante.
j. Anoche cenaste en un buen restaurante, y explicas a tus amigos lo bien que comiste.
k. Has tenido que preparar un trabajo sobre los anuncios de televisión, y has estado todo el día viendo programas.

2. Con verbos intransitivos

Utiliza un pronombre en las frases siguientes, si crees que es necesario. (En algunos casos puede haber varias soluciones)

a. Cuando empieza la película en la televisión, _____ duermo.

b. Pararemos en aquel hotel del año pasado donde _____ dormimos tan bien.

c. Mientras están los anuncios de la televisión _____ duermo un poco.

d. Mi bisabuelo _____ murió en la guerra de Cuba por una bala enemiga.

e. No hay remedio: _____ muere.

f. El camino _____ muere en las faldas de la montaña.

g. _____ Estará de viaje más de una semana.

h. Antonio _____ estará aquí todo el tiempo que quiera.

i. ¡Está _____ quieto, por favor!

j. _____ Quedamos en la puerta del cine a las ocho y todavía no ha llegado.

k. _____ Quedamos en la puerta del cine hasta que llegó.

l. _____ Salimos rápidamente para el hospital cuando nos enteramos de la noticia.

m. _____ Salimos del concierto a la media hora: era insoportable.

n. Cuando quieras _____ vamos de aquí.

ñ. Cuando quieras _____ vamos a casa.

o. Ve _____ por esa calle: es más corto el camino.

VI. Dimes y diretes

1. Si pones delante de estas palabras los prefijos **in- (im-)** o **des-**, podrás formar otras nuevas de significado opuesto a las primeras. Utiliza el diccionario y anota el significado de las palabras con prefijo:

propio	modesto
mortal	cumplido
civil	culto
cuidado	envuelto

2. Muchas de estas palabras tienen significado contrario solamente en algunos usos. Esto ocurre con todos los adjetivos anteriores. Señala en cuáles de las frases siguientes podrías utilizar el contrario que tienes anotado en el apartado **1**:

A. a) Es propio de ti hacer eso.
   b) Vive en casa propia.

B. a) El ser humano ha creado obras inmortales.
   b) El ser humano es inmortal.

C. a) La arquitectura civil está poco representada en esta exposición.
   b) Su civil comportamiento arregló la situación.

D. a) La casa está bastante descuidada.
   b) La nueva situación le cogió descuidado.

E. a) Vive rodeado de gente inculta.
   b) La casa está rodeada de tierras incultas.

F. a) Es demasiado modesto cuando habla de sí mismo.
   b) La nueva política obtuvo modestos resultados.

G. a) Es muy cumplido con todas sus amistades.
   b) La promesa quedó cumplida.

H. a) Es una persona muy desenvuelta.
   b) El paquete llegó desenvuelto.

3. En las frases del ejercicio anterior que no has señalado, podrías utilizar como contrarios los adjetivos que están a continuación. Busca la frase a la que corresponden.

militar		excelente
prevenido	cultivado	ajeno
grosero	perecedero	apocado

1. Con tres o cuatro compañeros, vas a preparar un guión para una representación corta en clase, relacionada con un viaje. Los miembros del grupo serán los protagonistas, pero el resto de la clase deberá tomar parte activa en la representación. Por ejemplo, el grupo puede ser la tripulación de un avión, y el resto de la clase, los pasajeros. El grupo puede también escribir tarjetas para otros miembros de la clase, donde se les indique el papel que deberán representar.

2. Conoce tus derechos.

Aquí tienes unos fragmentos de un billete de avión:

A. ¿Cuánto dinero te pagaría la compañía aérea si perdiera tu equipaje de 20 kilos en un viaje de Barcelona a Nueva York?

B. ¿Qué puede suceder si uno no cancela su plaza a tiempo?

C. ¿Cómo te puede informar la compañía de un cambio en los horarios de un vuelo que tienes reservado?

D. ¿Podrías llevar las siguientes cosas contigo dentro de la cabina del avión?: una bolsa de 45 × 30 × 20, un abrigo, un bolso pequeño, un paraguas, una cámara fotográfica y una cuna.

E. Si tuvieras tu billete y tu reserva, ¿podrías no tener derecho a subir en el avión? ¿Qué sucedería?

AVISO SOBRE CANCELACIÓN DE PLAZAS. En caso de tener su plaza debidamente reservada y de que por alguna circunstancia no pudiera hacer uso de ella, le rogamos que, bien por teléfono, personalmente o a través de su agente, proceda a la cancelación de la misma. Con ello facilitará el viaje a otro pasajero evitando que la plaza salga vacía, así como la posible penalización por no cancelar a tiempo su reserva.

A LA LLEGADA A PUNTOS DE TRÁNSITO. Se ruega a los señores pasajeros que, a la llegada, comprueben las reservas de su próxima escala, o del viaje de regreso, y comuniquen su dirección temporal al transportista, a fin de ser advertidos de cualquier información que pudiera interesarles.

EQUIPAJE DE MANO - AVISO IMPORTANTE
Como medida de precaución y seguridad se le permite llevar en cabina una sola pieza de equipaje, cuyo tamaño no exceda de 50 × 40 × 25 cm. También puede llevar los siguientes objetos:
Un bolso de señora o una cartera pequeña,
Un abrigo, una capa o una manta de viaje,
Un paraguas o un bastón,
Un par de muletas,
Una cámara fotográfica pequeña o unos prismáticos.
Una cuna portátil o una silla de ruedas totalmente plegable, que a título gratuito normalmente se lleva en bodega de equipajes.

AVISO SOBRE LIMITACIONES DE RESPONSABILIDAD POR EQUIPAJE
La responsabilidad por pérdida, retraso o daño del equipaje está limitada, a menos que se haya declarado un valor más alto y hayan sido pagados los cargos adicionales. Para la mayoría de los viajes internacionales (incluidos tramos domésticos de recorridos internacionales) el límite de responsabilidad es aproximadamente 9,07 US$ por libra (20,00 US$ por kilo) para el equipaje facturado y 400 US$ por pasajero para el equipaje no facturado. Para viajes realizados totalmente entre puntos de los Estados Unidos, el límite mínimo de responsabilidad es de 1.250 US$ por pasajero. Para ciertos tipos de artículos puede declararse una valoración superior. Los transportistas no aceptan responsabilidad por artículos frágiles, valiosos o perecederos. Puede obtenerse información adicional del transportista.

---

3. Forma grupo con otros dos o tres compañeros para planear y redactar un folleto informativo de una agencia especializada en organizar viajes de luna de miel. En él deberán aparecer los programas detallados, día por día, de las actividades, hoteles y lugares que se van a visitar, así como la modalidad de viaje y el precio.

1. Dos de las comunidades autónomas españolas con más lluvia son:

   a) La Rioja y Murcia.   b) Asturias y Cantabria.   c) Baleares y Extremadura.   d) Ceuta y Melilla.

2. ¿Cuál de estas provincias no es andaluza?

   a) Almería.   b) Cádiz.   c) Albacete.   d) Huelva.

3. ¿Cuál de estas comunidades autónomas españolas tiene más provincias?

   a) Galicia.   b) Aragón.   c) Castilla-León.   d) Castilla-La Mancha.

4. En España hay _____ bares que en todo el resto de los países de la Comunidad Europea juntos.

   a) más   b) el mismo número de   c) muchos más

5. En México es mejor ir a una discoteca _____

   a) antes de las doce de la noche.   b) después de las 2 de la mañana.   c) entre las doce y las dos.   d) a media tarde

6. El _____ de los españoles posee su propia vivienda.

   a) 42%   b) 97%   c) 76%

7. El _____ de los españoles declara vivir en pareja (sin estar casados).

   a) 1%   b) 20%   c) 34%

8. En la mayoría de los países de habla hispana es normal cenar entre las _____ y las _____ de la noche.

   a) 6 / 8   b) 7 / 9   c) 9 / 11

9. El bolívar es la moneda de _____

   a) Chile.   b) México.   c) Argentina.   d) Venezuela.

10. ¿Sabrías nombrar 15 países donde el español es lengua oficial?

    _____

11. En España, muchos hombres viejos que viven en el campo llevan _____

    a) panderetas.   b) puñales.   c) boinas.   d) crucifijos.

12. No le convencerás. Es más terco que una mula.

    a) testarudo   b) chulo   c) prepotente   d) austero

13. Al romperse la mesa saltaron _____ y se le clavaron en la mano.

    a) astillas   b) hilachas   c) migas   d) piezas

14. Con razón no adelgaza. Dice que está a régimen y se _____ de pasteles.

    a) empapa   b) empolla   c) atiborra   d) ahoga

15. No tengo hambre, sólo voy a _____ un poco.

    a) tapear   b) picar   c) agasajar   d) tragar

16. En verano ponen _____ en el parque que hay al lado de casa.

    a) un chiringuito   b) una taberna   c) un café   d) una cafetería

17. Cuando estalló la guerra, muchos jóvenes se _____ voluntariamente en uno de los dos bandos.

    a) establecieron   b) ocuparon   c) alistaron   d) enzarzaron

18. Aunque todos sus vecinos estaban peleados, ella y su familia intentaron permanecer _____ de las discusiones.

   a) al margen
   b) a mamporros
   c) a todo trapo
   d) a todo meter

19. Me ha salido _____ en un ojo.

   a) un callo
   b) vello
   c) caspa
   d) un orzuelo

20. Es un hombre grande y _____.

   a) desmejorado.
   b) menudo.
   c) robusto.

21. Se cree muy _____, pero a mí no me hace gracia.

   a) juerguista
   b) chistoso
   c) derrochador

22. Están a partir un piñón.

   a) Están hechos un roble.
   b) Tienen buen saque.
   c) Son uña y carne.

23. Es un derrochador. A la primera ocasión, _____.

   a) tira la casa por la ventana.
   b) se va por las ramas.
   c) se rasca el bolsillo.

24. Eso no es hambre; es _____.

   a) avaricia.
   b) ira.
   c) soberbia.
   d) gula.

25. _____ las corridas de toros. Las odio con toda mi alma.

   a) Aborrezco
   b) Me consternan
   c) Saco de quicio
   d) Me deleitan

26. Tiene la cara llena de cicatrices.

   a) señales de heridas.
   b) granos o espinillas.
   c) manchas.

27. Esta tarde _____. Hay que ganar como sea al otro equipo.

   a) nos pondremos las botas.
   b) vamos a ir por todas.
   c) llegaremos a buen puerto.

28. No defendió débilmente sus intereses, sino todo lo contrario, _____.

   a) con uñas y dientes.
   b) con languidez.
   c) con despabilamiento.

29. Seguramente harán _____ en estos terrenos.

   a) una parcela
   b) una urbanización
   c) un patrimonio

30. La mejor manera de _____ el peligro es hacer las cosas sin cuidado.

   a) conjurar
   b) atraer
   c) carecer de
   d) disponer de

31. Ayer nos bañamos en el _____.

   a) macizo.
   b) estanque.
   c) cerro.
   d) pastizal.

32. Fue difícil y laborioso subir _____.

   a) la colina.
   b) el litoral.
   c) la bahía.

33. Anduvimos sin dificultad por _____ viendo las montañas que se extendían a nuestro lado.

   a) la laguna
   b) el pantano
   c) el desfiladero
   d) la desembocadura

34. Tras _____ de carrera, aún no hay un claro líder en la vuelta ciclista a España.

   a) varias rutas
   b) varios itinerarios
   c) varias jornadas
   d) varios recorridos

35. El balón siguió una _____ muy extraña y despistó al portero.

   a) ruta
   b) trayectoria
   c) jornada

36. No le gusta que le digan lo mucho que vale. Es una persona _____.

   a) apocada.
   b) prevenida.
   c) modesta.

37. El huracán no tuvo efectos desastrosos porque la población estaba _____.

   a) ajena.
   b) provista.
   c) prevenida.
   d) cuidada.

38. No se _____ las nuevas normas hasta mediados del mes que viene.

 a) atenuarán   b) empañarán   c) implantarán   d) respaldarán

39. Se desvive por su familia.

 a) No se preocupa de   b) Se desespera con   c) Se preocupa mucho por

40. —¿A que tiene gracia el chiste? —Pues yo _____

 a) no lo he cogido.   b) no he entendido ni papa. c) no entiendo ni jota.

41. No es que sea difícil de entender, es que me he distraído y _____ .

 a) me he quedado igual   b) no me he enterado   c) he perdido el hilo.
    que estaba.   de nada.

42. ¡Hombre! _____ Cuánto tiempo sin verte.

 a) ¡Dichosos los ojos!   b) Pues ya ves.   c) No es para tanto.

43. Me ha dicho Luis que se ha muerto tu suegro. _____ .

 a) Para eso estamos.   b) ¿Qué quieres que   c) Te acompaño en el
                             te diga?   sentimiento.

44. Este horario no me _____ nada bien.

 a) queda   b) viene   c) cae   d) lleva

45. Todo _____ tenga algo que decir, que levante la mano.

 a) lo que   b) el que   c) lo cual   d) que

46. No estoy de acuerdo con _____ dices.

 a) el cual   b) lo que   c) lo cual   d) el que

47. Llegaron unos señores _____ insistieron en verte.

 a) los que   b) que   c) los cuales

48. Han hecho un estudio de mercado y parece que la canción que más _____ en general es «Amor por ti».

 a) les gusta   b) le gusta   c) gusta

49. Elige la forma correcta: _____

 a) El ladrón fue/estuvo   b) Esta cuestión ya ha   c) Aquella máquina es/está
    visto por varias   sido/ha estado discutida   muy bien diseñada.
    personas.   anteriormente.

50. Se pensaba que este año iba a crecer el paro. _____ , no ha sido así.

 a) Sin embargo   b) Al contrario   c) Por otro lado

51. «Recién llegamos» (Am.) significa lo mismo que:

 a) Llegaremos pronto.   b) Ya estamos llegando.   c) Acabamos de llegar.

52. No más llegó (Am.), quiere volverse.

 a) No llegó a su destino   b) No llegó todavía.   c) Nada más llegar.
    nunca.

53. No lo puedo remediar. Cuando voy a una conferencia, al poco tiempo de empezar _____ .

 a) duermo.   b) me duermo.

54. ¿A qué hora _____ ?

 a) nos quedamos   b) quedamos

1. ¿Tú qué crees?

¿Para qué crees que sir-
ven estos objetos?

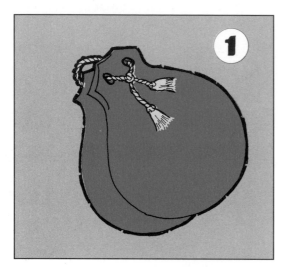

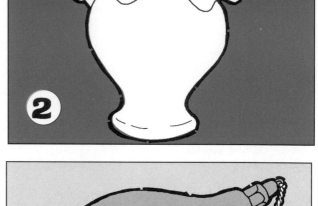

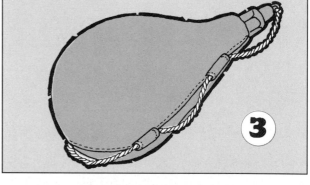

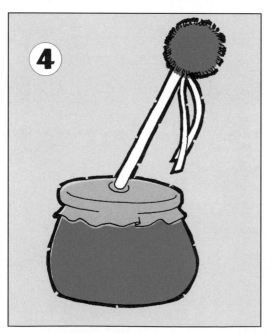

1. Los Sanfermines.

Busca rápidamente en el texto las respuestas a los dos siguientes ejercicios:

B. Une las fechas con los acontecimientos:

A. Explica brevemente qué son y en qué orden transcurren estos actos:

— encierros
— riau-riau
— chupinazo
— pobre de mí

s. XIV	Inauguración de la plaza de toros de Pamplona.
s. XIX	El *montón* más sangriento.
1590	Primer encierro por la calle de la Estafeta.
1628	Primeros encierros en Pamplona.
1867	Se celebran las primeras ferias y corridas.
1922	San Fermín pasa a celebrarse el 7 de julio.
1975	El *riau-riau* duró 5 horas y 25 minutos.
1980	Merienda de 200 platos.

Veinte cosas que debe saber acerca de los Sanfermines

1. A las doce en punto del 6 de julio, desde el Ayuntamiento de Pamplona, un concejal grita: «¡Viva san Fermín!», y prende el *chupinazo*. Este año es el 500 aniversario de las fiestas.

Hasta 1590, San Fermín se celebraba el 10 de octubre.

2. Al trasladar la fiesta del santo al 7 de julio, coincidía con dos citas multitudinarias: las ferias comerciales y los festejos taurinos, que empezaron en 1385. El *chupinazo* es nuevo: data de 1901.

3. Navarra ha sido siempre tierra de toros. Los encierros se iniciaron a mediados del siglo XIX.

4. Las meriendas en la plaza son habituales. En 1628, en una corrida de ¡12 toros!, el virrey ofreció una merienda de 200 platos.

5. En «Sanfermines» se consumen más de tres millones de litros de bebidas.

6. Tras el cohete, el segundo acto «sanferminero» es el *riau-riau*: recorrido a pie de la corporación municipal hasta la iglesia de San Lorenzo.

7. ¿El suplicio del *riau-riau*? Hacer durar el paseo lo máximo posible. El récord fue en 1980: para un trayecto de 10 minutos se tardaron cinco horas y 25 minutos. La banda municipal interpretó el «Vals de Astráin» (con el estribillo de *riau-riau*) 170 veces.

8. Las peñas «sanfermineras» nacieron de las cuadrillas de amigos, que juntaban dinero durante todo el año para las fiestas. Actualmente hay 15 peñas, con unos 4.000 socios.

9. Los pamploneses son los españoles con más carnés de socio. Además de peñas y sociedades gastronómicas (unas 40) hay ¡60.000 asociados a clubes deportivos y 33.000 federados a distintos deportes...!

10. La plaza de toros de Pamplona, inaugurada en 1922, tiene 19.500 localidades. El abono (del 6 al 14 de julio) en barrera de sombra cuesta 65.125 pesetas. La localidad más barata vale 6.800.

11. Pamplona y sus alrededores disponen de unos 200 restaurantes y unas 2.500 camas. Es la única ciudad europea que permite dormir en parques públicos en fiestas.

12. En el encierro se disparan tres cohetes. El primero anuncia que se abren los corrales. Otro señala que toros y cabestros están en la calle. Cuando ya han entrado al toril, suena el tercero.

13. Desde el año 1867, los toros se corren por la calle de la Estafeta. El recorrido es de 825 metros, y el encierro dura de dos a tres minutos.

14. Dos formas de correr el encierro: *colocarse* («Ir avanzando lentamente, dejando que los demás te pasen, hasta que huelas a toro»), y *meterse* («Rápidamente, sin que los toros se fijen y correr junto a ellos»).

15. ¿Lo ideal para un corredor experimentado? Correr 40 o 50 metros «en las astas». ¿Lo peor? Salir en las fotos de los periódicos pegado a los cabestros.

16. Se han producido 12 muertes desde que comenzaron los encierros.

17. El *montón* (caída multitudinaria) más sangriento se produjo en 1975: un muerto y 16 heridos graves.

18. Hay en Pamplona 18 camas de hospital por cada 1.000 habitantes: el récord europeo.

19. Hay un encierro en silencio: el *encierrillo*. Se celebra la noche anterior a la corrida, cuando los pastores llevan a los toros desde los corrales del Gas hasta los de Santo Domingo.

20. «*Pobre de mí, que se acaban las fiestas de San Fermín*», se canta el 14 de julio. Antes, muchos mozos rompían «tradicionalmente» con sus novias durante las fiestas.

(EL PAÍS semanal)

C. ¿Qué dos formas de correr en los encierros se describen en el texto?

D. ¿Por qué crees que lo peor es «salir en las fotos de los periódicos pegado a los cabestros»?

E. ¿Qué es lo que te ha sorprendido más de los *Sanfermines*?

2. El mezcal.

Las siguientes frases componen un texto que habla sobre el **mezcal**. Ordénalas para saber qué es y cómo se hace. La primera frase es la que encabeza el texto.

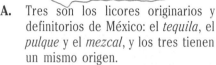

A. Tres son los licores originarios y definitorios de México: el *tequila*, el *pulque* y el *mezcal*, y los tres tienen un mismo origen.

B. Hemos llegado al *mezcal* puro, en bruto. El proceso de embotellado es tan colorido como la misma bebida, y la tierra que la alberga. (...)

C. Ya los aztecas la cultivaban y aprovechaban, no sólo para el *mezcal* —que también— sino para obtener hilos y cuerdas de sus fibras, papel de su pulpa y agujas y ganchos de sus espinas.

G. El *maguey* se sigue cultivando actualmente en Oaxaca, y su periodo de crecimiento oscila entre ocho y doce años.

H. Ésta tiene un cierto aspecto de piña tropical, aunque con un peso que varía entre 50 y 100 kilos; en la sangre de sus entrañas está el *mezcal*.

I. La planta del *maguey,* de aspecto gigantesco y amedrentador, con frecuencia asociada erróneamente a la familia de los cactus, por sus espinas y color verde oscuro.

J. Éstos se recolectan también de la planta, pues tienen una función imprescindible. El gusano que entre las raíces del *maguey* creció, encuentra su tumba en el néctar que del *maguey* sale.

K. La última fase del proceso es la destilación por alambique.

D. Cada botella de *mezcal* incorpora en su interior el correspondiente gusano, que presta al licor su jugo y su esencia, al tiempo que sirve como símbolo de autenticidad.

E. El *mezcal* destinado al comercio y exportación es envasado en botellas de cristal, con su etiqueta correspondiente, para ser distribuidas dentro y fuera del país (...).

F. Para extraerlo, se divide en cuatro partes y se entierra en un horno excavado en el suelo, alosado con piedras refractarias. Las piñas se cubren con las hojas del *maguey*, más piedras y tierra, y permanecen allí cociéndose, durante dos o tres días.

L. Pasado ese tiempo, la enorme planta es seccionada a machetazos y desenterrada su raíz.

Ll. Falta, empero, el último detalle, lo que da al *mezcal* su personalidad. Durante el proceso de extracción de las raíces de *maguey*, no es infrecuente encontrar viviendo en las mismas una respetable cantidad de pequeños gusanos rojos.

M. Terminada la cocción, las piñas son maceradas en un molino de piedra, y de allí se pasa a la fermentación, que dura varios días.

(V. Fernández de Bobadilla, en MUY INTERESANTE)

(fragmento)

3. «Villancicos».

A. Uno de los dos textos está a favor de los villancicos y el otro en contra. ¿Cuál es cuál? Subraya las palabras que te hayan ayudado en tu decisión.

B.

a) Busca qué palabra de la columna **A** aparece relacionada en el texto con una de la columna **B** y únelas con flechas.

b) Las palabras que aparecen cerca de una que desconoces te pueden ayudar a deducir lo que ésta significa. Busca ahora en la columna **C** sinónimos de las palabras de la columna **A**:

A	B	C
regocijo	hijo	de la Navidad
copla	celebra	alegría
navideño	almacenes	niño
alba	Navidad	comercio (despectivo)
mercachifla	cantada	canción
zagalejo	mañana	amanecer

Villancicos

①

Copla de regocijo: el villancico celebra el nacimiento de un niño y está hecho para los niños. Navideño y sentimental. Joyas de aquella lírica y canción tradicional que sobreviven malamente y contra corriente, a punto de ahogarse en la mercachifla de los almacenes de la Navidad. Que reviven gracias al boca a boca. Copla sencilla para ser cantada por todo el mundo. Ahora que tan poco se canta. Villancico villano, villancico divino, tocado casi siempre por la gracia de una melodía que se aprende sin querer y una letra que es poesía sin saber. «Zagalejo de perlas, hijo del alba, ¿dónde vais, que hace frío, tan de mañana?» Le pasa al villancico lo que a la copla española, que apenas se renueva y tenemos que beber y volver a beber como los peces en el río por ver a Dios nacido. No importa (...)

Un villancico nos remite siempre al niño que fuimos y seguimos siendo, a pesar de tantas cicatrices. Para entrar en el reino de los cielos hemos de hacernos como niños. Y para cantar villancicos también. O para leerlos (Luis Rosales, Rafael Alberti, Gerardo Diego...). Para recuperar la inocencia y el juego de unas palabras que renuevan la emoción y el misterio de Belén, año cero.

Amancio Prada

②

Símbolo que resume el horror de las Navidades hasta el colmo del espanto, el villancico es un muerto viviente, un resto de música popular que se niega a desaparecer en el océano de la música pop. Si la Navidad es la antifiesta, porque se empeña en resucitar por un día un fantasma (la familia) que el resto
5 del año ignora todo el mundo, el villancico es la anticanción, porque pretende resucitar un espíritu que se perdió con el mundo rural en el que fue concebido y en donde poseyó una vez un significado.

Hoy en día sufrimos el villancico en una doble modalidad. En primer lugar hemos de padecer la versión zambombera (o villancico caliente), en forma de
10 primo lejano que, ebrio de cava, sidra, o cosas peores, entona el «Por el camino que lleva a Belén...» a mitad de una de esas comilonas desganadas que ritman el angustioso transcurrir de las así llamadas fiestas navideñas.

El susodicho primo suele carecer de oído musical, lo cual agrava el de por sí espantoso espectáculo que interrumpe la de por sí espantosa cena de Noche-
15 buena o almuerzo navideño.

Y luego viene la versión «cool», que remata la faena. Es la modalidad que perfora el tímpano de nuestra sensibilidad venida a menos desde los altavoces de los grandes almacenes e hipermercados, el villancico en videoclip, el «Jingle bells» tecnopop y tardoelectrónico, el «Pero mira cómo beben» en versión
20 de fondona diva operística, los cantos a la paz y demás parafernalia ideológica servidos en salsa moderna. Dicho de otro modo, el disimulo y la mentira llevados a sus más extremas consecuencias.

En cualquiera de sus formas, una pesadilla sonora por cuya desaparición brindaré el siete de enero, fecha en la que me organizo secretamente la gran
25 fiesta, pues por fin tengo algo que celebrar: ¡todo un año por delante sin tener que «celebrar» la Navidad!

(Enrique Murillo, en BABELIA)

C. Piensa si las siguientes afirmaciones sobre el texto ① son verdaderas o falsas:

El autor opina que hay que defender los villancicos porque son:

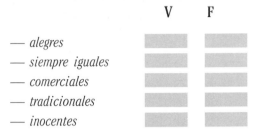

	V	F
— *alegres*		
— *siempre iguales*		
— *comerciales*		
— *tradicionales*		
— *inocentes*		

D. ¿Cuál de éstos te parece el mejor resumen del texto ②?

> **a.** El villancico es un resto de música popular que debería desaparecer. Su presencia es falsa, como la Navidad, porque ambos pertenecen a una cultura que ya ha desaparecido. Solemos oír dos tipos de villancicos igualmente horribles: el del pariente borracho que no sabe cantar y el electrónico de los grandes almacenes.

> **b.** El villancico es un monstruo que revive cada Navidad. La familia ya no existe, como tampoco existe la música popular, así que tanto los villancicos como la Navidad son falsos. Además, no se puede escuchar un buen villancico: o los cantan los borrachos, o son malas versiones de las canciones tradicionales.

E. Une cada palabra o expresión con el significado que tiene en el texto ②.

a.	*colmo* (l. 1)	1.	*insiste*
b.	*espanto* (l. 1)	2.	*champán*
c.	*se empeña* (l. 4)	3.	*mencionado*
d.	*resucitar* (l. 4)	4.	*ya*
e.	*concebido* (l. 6)	5.	*máximo*
f.	*ebrio* (l. 10)	6.	*creado*
g.	*cava* (l. 10)	7.	*gorda*
h.	*susodicho* (l. 13)	8.	*horror*
i.	*de por sí* (l. 14)	9.	*revivir*
j.	*fondona* (l. 20)	10.	*borracho*

F. Lee el primer texto en voz alta a tu compañero, quien, sin mirar el libro, tendrá que escribir siete palabras positivas. Luego él te leerá el segundo y tú tendrás que anotar siete palabras negativas. Después comprueba si has escrito bien las palabras, y pregunta a tu compañero si está de acuerdo en que tienen sentido positivo o negativo.

G. ¿Con cuál de los dos textos estás más de acuerdo?

Palabra por palabra

1. Aquí tienes dos textos que hablan sobre la comida típica andaluza y la comida típica colombiana. Averigua de cuál de los dos lugares son las siguientes comidas y escríbelas en los huecos sin repetir ninguna:

yuca	ajiaco
fríjoles	aceite de oliva
mazamorra	chanquetes
gachas	arepa
migas	calderetas

En la zona costera caribeña, se come mucho arroz y pescado. También se consume mucho lo que llamamos «␣␣␣␣␣␣␣␣␣␣␣␣», que es una harina de maíz que, una vez hecha la masa, se fríe y se come con huevos o carne picada; es típico de Cartagena. Otro plato popular es el que se hace a base de *patagón*, un tipo de plátano muy grande que también se come frito. O los platos preparados con ␣␣␣␣␣␣␣␣␣␣, que es una batata larga. En Bogotá, son típicos la sopa de ␣␣␣␣␣␣␣␣␣ o la ␣␣␣␣␣␣␣␣ de maíz. Otra cosa que se consume mucho son los ␣␣␣␣␣␣␣␣␣ o judías rojas con garra, lo que aquí llaman *panceta*. Es un plato de la zona de Antioquia.

(LECTURAS, Especial Recetas de Cocina)

La cocina andaluza es una mezcla de ligereza y gracia, aceite y fritos. Zuloaga llegó a decir que «*los andaluces han llegado a freír la espuma del mar*», refiriéndose a los ␣␣␣␣␣␣␣␣␣␣. Julio Camba escribió: «*Los fritos andaluces son una cosa perfecta, y no hay, no ha habido y no habrá en el mundo cocina que les iguale*». Pero no todo se refiere a fritos y gazpachos. Hay que recordar las tradiciones de los conventos andaluces, donde durante generaciones han conservado el legado árabe de exquisitas tradiciones de la dulcería. A ello sumemos el vino de Jerez, finos, Moriles, Montilla, brandis. Y, por último, el ␣␣␣␣␣␣␣␣␣␣, aportado originariamente por las legiones romanas y desconocido por las celtas, que empleaban grasas animales. El panorama de la cocina andaluza se completa con un sinnúmero de platos de primerísima calidad, entre los que se encuentran ␣␣␣␣␣␣␣␣, guisados de toro, cocidos, cazuelas, ␣␣␣␣␣␣␣␣ y ␣␣␣␣␣␣␣ .

(YA dominical)

2. Aquí tienes las recetas del **gazpacho** andaluz y la **sopa de ajiaco** bogotana, pero, antes de experimentarlas, tendrás que separarlas y ordenarlas (consulta la lista de ingredientes):

— *Mezclar el pan mojado con todos los demás ingredientes, una vez troceados, así como con el aceite, el vinagre y la sal.*
— *Añadir agua fría; la cantidad depende de si gusta más o menos espeso.*
— *Pelar las patatas y cortarlas en rodajas. Añadir poco a poco a la olla, cuidando de que no se deshagan.*
— *Poner a hervir, en agua fría, el pollo y los huesos de ternera.*
— *Poner el pan en remojo.*
— *Se sirve acompañado de crema de leche, alcaparras y aguacates cortados en dados, en recipientes aparte.*

— *Servir con pimiento, pepino, cebolla, tomate y pan, todo en recipientes por separado y cortado en cuadraditos pequeños.*
— *Cortar las cebollas en trocitos e incorporar a la cocción junto con las especias.*
— *Cuando el pollo esté blando, sacar y deshuesar. La carne se agrega al ajiaco o caldo. En los últimos hervores añadir las mazorcas de maíz cortadas en rodajas.*
— *Batirlo todo bien.*

Ingredientes (para cuatro personas)	
gazpacho andaluz	**ajiaco**
— 3/4 de tomates maduros	— Un pollo
— Un pepino	— 4 cebollas
— Un pimiento mediano	— 4 mazorcas de maíz verde
— Un poco de cebolla	— 4 patatas
— Un diente de ajo	— Huesos de ternera
— 100 gr. de miga de pan	— Hierbas para aderezar
— 6 cucharadas de aceite de oliva	— Un poco de comino
— 3 cucharadas soperas de vinagre	— Pimienta blanca
— Agua	— Crema de leche
— Sal	— Alcaparras
	— Aguacates

3. Vamos a ver cuántos nombres de comidas recuerdas. Escucha a tu profesor, que te va a proponer un juego.

IV. ¡Lo que hay que oír!

Vas a oír un fragmento de un programa de radio donde se habla sobre la progresiva desaparición del folclore en España.

1. Antes de escuchar, imagina cuáles de los temas de la lista de la derecha van a aparecer en la conversación. Señálalos.

2. Escucha ahora la grabación y señala qué temas de los anteriores aparecen en la conversación.

a. *Todas las costumbres de los distintos países tienden a uniformarse.*
b. *La gente ya no se identifica con su folclore.*
c. *En los libros de hace sólo un siglo se mencionan costumbres que ya se han perdido.*
d. *En España ya sólo quedan unas pocas fiestas tradicionales.*
e. *Los jóvenes prefieren la música de discoteca a la folclórica.*
f. *Las tradiciones ya no se pasan de padres a hijos; los que las mantengan en el futuro serán estudiosos conscientes de querer mantener el folclore.*
g. *La gente no entiende el folclore.*
h. *Los jóvenes ya no participan en las fiestas populares.*
i. *Ahora el folclore ha pasado a ser un espectáculo en manos de profesionales.*

Se o no se, ésa es la cuestión (II)

1. **Se** obligatorio.

> **A.** No existe el verbo sin **se**:
>
> | Arrepentirse, jactarse, vanagloriarse, quejarse, dignarse, atreverse, suicidarse, desperezarse, fugarse, etc. |
>
> *Me arrepentí de haber venido.*
>
> **B.** El uso del pronombre implica cambio de estructura (con preposición) y de significado del verbo:
>
> | Acordar/acordarse de, parecer/parecerse a, prestar / prestarse a, ocupar/ocuparse de, decidir/decidirse por, etc. |
>
> *Acordaron verse más tarde.*
> *Se acordó de que era mi cumpleaños.*
>
> **C.** El uso del pronombre implica cambio de estructura (con preposición); el significado básico se mantiene, pero hay diferencias de uso y de matiz:
>
> | Confesar/confesarse de, aprovechar/aprovecharse de, admirar/admirarse de, compadecer/compadecerse de, etc. |
>
> *Aprovechaste la ocasión.*
> *Te aprovechaste de las circunstancias.*

2. **Se** con sujeto inanimado + verbo transitivo usado como intransitivo.

> Se animiza el sujeto, y se oculta el verdadero agente de la acción, o se expresa desconocimiento de él.
>
> *Se ha roto la tele.*
> *La puerta se ha abierto.*

3. **Se** con sujeto animado + verbo transitivo usado como intransitivo

---

A. Con verbos que expresan acción mental, donde el sujeto sufre la acción por causa de un agente a veces no expreso:

> Enfadarse, despertarse, confundirse, desanimarse, liarse, emocionarse, alegrarse, etc.

Nos enfadamos con Juan (a causa de Juan).

B. Con verbos que expresan movimiento, donde se expresa voluntad del sujeto de realizar la acción, que le afecta en su totalidad:

> Levantarse, sentarse, moverse, asomarse, tumbarse, esconderse, etc.

Os levantasteis / Levantasteis la mano.

1. Relaciona las dos mitades de las columnas A y B para construir frases con sentido:

A	B
A. *Yo no me presto*	**1.** *que voy a hacer una foto.*
B. *Hay que aprovechar*	**2.** *a esos arreglos.*
C. *Es difícil decidir*	**3.** *veinte duros.*
D. *No muevas*	**4.** *las rebajas.*
E. *Pedro acostó*	**5.** *que había oscuridad para huir.*
F. *Por favor, préstame*	**6.** *lo que uno quiere ser en la vida.*
G. *La verdad es que no me decido por*	**7.** *los pies.*
H. *Se aprovecharon de*	**8.** *la libertad con el libertinaje.*
I. *Pedro se acostó*	**9.** *de piso.*
J. *No confundas*	**10.** *a sus hijos y apagó la luz.*
K. *No te muevas,*	**11.** *y durmió casi catorce horas.*
L. *No te confundas*	**12.** *ningún vestido.*

2. Contesta a estas frases excusándote u ocultando tu culpabilidad. Utiliza los verbos subrayados.

EJEMPLO: — *Has quemado el motor del coche.*
— *No he sido yo, se ha quemado solo.*

a. —*¡Mamá, mamá! Luis <u>ha despegado</u> el papel de la pared.*

b. —*Así que usted <u>estrelló</u> el coche contra el árbol.*

c. —*¿Fue usted el que <u>disparó</u> con la escopeta contra su mujer?*

d. —¡Ten cuidado! _Has derramado_ toda la leche por el suelo.
—

e. —Deja de tocar la radio, que la _vas a estropear_ igual que hiciste con el tocadiscos.
—

f. —Coloca bien la cortina. La _has descolocado._
—

g. —¿Por qué no _apagas_ bien el cigarrillo?
—

h. —Pero, ¿ya has vuelto a _romper_ el cristal?
—

i. —¿Es que no sabes _encender_ el calentador?
—

j. —Pero, ¿ni siquiera sabes _abrir_ un paquete?
—

También el **se** sirve para hacer chistes.
¿Entiendes éste?

—¡Mamá, mamá, las lentejas se están pegando!
— Pues déjalas que se maten.

VI. Dimes y diretes

¿Qué tienen en común todas estas palabras? ¿Sabes qué significan en la jerga a la que pertenecen?

capote   **_arrastre_**   **_barrera_**

coleta   **_puntilla_**

Aquí tienes una serie de frases hechas o modismos, en los que aparecen algunas de las palabras anteriores y otras relacionadas con el mismo tema. Consulta el diccionario para ver cómo se usan en la lengua hablada:

1. _cortarse la coleta_
2. _echar un capote a alguien_
3. _saltarse algo a la torera_
4. _estar para el arrastre_
5. _ver/mirar los toros desde la barrera_
6. _dar la puntilla a algo o a alguien_
7. _torear a alguien_

A la derecha puedes leer una carta de dimisión escrita por el jefe de un equipo de investigación y dirigida al director de la empresa para la que trabaja. Las palabras subrayadas equivalen, en la lengua hablada, a las siete frases hechas que acabas de ver; busca las equivalencias:

Y ahora, imagínate que eres Juan Carlos García Morales y que le cuentas todo esto a un amigo. ¿Cómo se lo contarías? (Intenta utilizar las expresiones que has aprendido.)

Sr. Director:

Por la presente le comunico mi decisión de dimitir de mi cargo de jefe del equipo de investigación de esta empresa, debido a los hechos que a continuación expongo.

Varios de los integrantes del equipo, <u>haciendo caso omiso</u> de nuestras normas, se han ausentado reiteradamente de su trabajo. Informado el jefe de personal, éste prefirió <u>delegar en mí la responsabilidad</u>, en lugar de enfrentarse con mis subordinados. Cuando tomé la decisión de sancionarles económicamente, <u>burlándose de mí</u>, no sólo persistieron en su conducta, sino que el resto del equipo, en vez de <u>apoyarme</u> en esos duros momentos, me amenazó con una huelga. Finalmente, mi ayudante <u>arruinó definitivamente</u> el proyecto cuando hace unos días abandonó la empresa sin haberme avisado previamente.

Por todo ello, y <u>habiendo llegado al agotamiento físico y mental</u>, he tomado la decisión irrevocable de <u>dimitir de mi cargo</u>.

Atentamente,

Juan Carlos García Morales.

VII. A tu aire

1. Los diez mandamientos.

Vas a oír una canción popular española llamada *Los diez mandamientos,* original de la provincia de Ávila y cantada por el grupo **Nuevo Mester de Juglaría**. Trata de averiguar con qué mandamientos ha cumplido el hombre que canta y con cuáles no. Para eso te damos el texto en español de los mandamientos:

I AMARÁS A DIOS SOBRE TODAS LAS COSAS
II NO TOMARÁS EL NOMBRE DE DIOS EN VANO
III SANTIFICARÁS LAS FIESTAS
IV HONRARÁS A TU PADRE Y A TU MADRE
V NO MATARÁS
VI NO COMETERÁS ACTOS IMPUROS
VII NO HURTARÁS
VIII NO DIRÁS FALSO TESTIMONIO NI MENTIRÁS
IX NO CONSENTIRÁS PENSAMIENTOS NI DESEOS IMPUROS
X NO CODICIARÁS LOS BIENES AJENOS
CIERRAN EN DOS : AMARÁS A DIOS Y AL PRÓJIMO COMO A TI MISMO.
ESTOS DIEZ MANDAMIENTOS SE EN... SOBRE TODAS LAS COSAS

2. Toros sí, toros no.

Éstas son dos cartas recibidas en un diario a raíz de la publicación de un artículo en contra de las corridas de toros:

En un artículo recientemente publicado por su diario, se dice que la fiesta de los toros sólo es apoyada por intelectuales trasnochados y horteras.

Solamente quiero preguntar si considera como tales a Américo Castro, Valle Inclán, Hemingway, Rafael Alberti, Gerardo Diego, Camilo José Cela, Antonio Gala, Pablo Picasso, García Lorca y Goya.

Cada uno es libre de opinar lo que quiera sobre este polémico tema, pero lo cierto es que todas estas personas amaron o aman las corridas de toros.

Aurelio Amable.
Madrid.

El hecho de que alguien haya conseguido la fama pintando o escribiendo, ¿implica que sus opiniones siempre son acertadas? Yo creo que no: todo el que defiende o encubre actos salvajes es un salvaje.

Nuestra sociedad ha cambiado, y gran parte de ella opina que no existe ninguna excusa para la tortura de otros seres vivos. Lo que el señor Amable no dice en su carta es que, probablemente, si muchos de los que él nombra vivieran hoy, no pensarían como pensaban. Esto es lo que significa el progreso, y los intelectuales forman parte de él.

Olvido Alegría Menéndez.
Badajoz.

Únete a otras cinco personas para formar un grupo. Las tareas que el grupo va a desarrollar serán las siguientes:

A. Cada persona del grupo adoptará una de las siguientes personalidades:

— *Un periodista de una revista taurina.*
— *Un periodista de una revista dedicada al mundo de la naturaleza.*
— *Un ganadero dedicado a la cría de toros de lidia.*
— *Un intelectual que defiende la tauromaquia como arte (por ejemplo,* Aurelio Amable*).*
— Olvido Alegría Menéndez, *la autora de una de las cartas.*
— *Un militante de un partido ecologista.*

B. Las cuatro últimas personas van a participar en una mesa redonda sobre el tema **Toros sí, toros no.** Los periodistas presentes pueden hacer preguntas al término de la discusión. Antes de ella, cada persona tiene 20 minutos para preparar los argumentos que utilizará para defender su postura ante el tema, y los periodistas igual para preparar sus preguntas.

C. Se desarrolla la discusión en unos 15 minutos (más 5 minutos para las preguntas de los periodistas).

D. Terminado el debate en grupo se comentará qué bando ha aportado más argumentos, el que estaba en contra o el que estaba a favor.

E. El grupo escribirá un artículo para un periódico sosteniendo la opinión que más argumentos a favor haya tenido durante el debate.

1. ¿Tú qué crees?

¿Qué crees que está pasando en las fotografías?

Todas ellas reflejan distintos momentos de la historia de España en el siglo XX. ¿Podrías ordenarlas cronológicamente?

1. Las últimas horas.

A. Forma un grupo con otros dos o tres compañeros y comenta con ellos cómo cambiaría tu forma de vida si tuvieras que vivir una guerra.

B. Con los temas que surjan, prepara una lista de problemas físicos y psicológicos que podrías sufrir en una situación de guerra.

C. Busca si hay alguna descripción de estos problemas en el texto.

LAS ÚLTIMAS HORAS

Se estaba en los últimos días del mes de febrero de 1939. El invierno había sido crudo, glacial. En aquel horizonte de carencias que azotaba los restos de la zona leal a la
5 República la búsqueda de calorías había sacrificado hasta esos bienes de propiedad familiar, conservados de generación en generación, como eran las colecciones del **«Nuevo Mundo»**, las obras completas de **Blasco Ibá-**
10 **ñez** y, en casos extremos, hasta muebles viejos, cómodas, estanterías desiertas de volúmenes convertidos en fuego de hogar o en combustible de cocina destinado a hervir un sopicaldo. La caza de alimentos llevaba a co-
15 mer gato por liebre y hasta los canes empezaban a escasear. Por los jirones de las tres mil quinientas casas deterioradas del casco urbano de Madrid, el frío se colaba inmisericorde haciendo la vida imposible. El hambre y
20 sus tristes consecuencias clínicas estaban provocando una asustante crecida de la mortalidad. En **«The Times»** del 15 de febrero se daba la cifra de 400 a 500 fallecimientos entre la población civil de Madrid por causa del
25 frío y las privaciones. Y entretanto, la existencia discurría entre las ruinas provocadas por los bombardeos, los cortes de fluido teñidos de azul. Las estaciones del Metro seguían siendo refugio nocturno para los que no tenían
30 techo y el hacinamiento y la falta de aseo fomentaban la aparición de esas plagas como la sarna o la tiña, resultantes del derrumbamiento de la arquitectura social. Los parásitos pro-
35 liferaban al estímulo de la suciedad.

Eran los signos más aparentes de la vida de unas gentes debilitadas por la desnutrición y las carencias de todo tipo, de las que eran buena muestra los escaparates vacíos, las tiendas deshabitadas y las largas colas para proveerse de los menguados víveres a los que había que acogerse ante el desmesurado coste que
40 en el mercado negro adquirían rarezas tales como los huevos o la carne, cualquiera que fuera su procedencia. La leche sólo se suministraba bajo receta médica para niños o enfermos. El día 19, los madrileños encajaron una nueva reducción en la ración de pan que se limitó a 100 gramos por persona. Las carnicerías del distrito de Buenavista anunciaron aquel mismo día el reparto de «despojos congelados».
45 La penuria llegaba a la vestimenta, el calzado, cuya falta dejaba incompleto el equipo de las últimas quintas llamadas a filas. Muchos reclutas calzaban alpargatas a falta de botas, y es que las privaciones estaban afectando hasta a los combatientes, que habían de conformarse con una ración de pan (lo único abundante), un caldo y un potaje de lentejas.
50 El estado de ánimo de la población madrileña pasaba del más indiferente abatimiento a la iracundia más colérica. Las colas eran fuentes de disputas; los refugios,

lugares propicios al alboroto y a la gresca. Y si la rabia se desahogaba contra los
fascistas, tampoco se exoneraba del improperio a unos responsables políticos a
quienes se tachaba de incompetencia en el reparto de los suministros. Hecho dra-
55 mático en el panorama humano era la apariencia vestimentaria de gentes con ropas
raídas hasta la consunción o de personas otrora obesas, en uso de unos trajes cuya
holgura les daba esperpénticas apariencias. (...)

Pese a todo, la cotidianeidad de la vida en la capital imponía unas obligaciones
que forzaban a desplazamientos en tranvías atestados, a hacer acto de presencia
60 en negociados, despachos y factorías y, si quedaba tiempo, a buscar refugio cálido
en algún café en busca de un aguachirle de cebada o de un caldo de enigmática
sustancia. *El Levante, el Comercial, el Negresco* aparecían poblados por una clientela entre la que había militares, funcionarios, jubilados, madrileños resistentes a
todas las evacuaciones, fieles custodios de un hogar cuyo abandono sería en bene-
65 ficio de algún refugiado. Aquellos momentos de finales de febrero eran propicios a
todas las especulaciones. (...)

Mucha gente, ansiosa de olvidar penas y desafiando alarmas y riesgos, buscaba
refugio en los cines (...) Tampoco los teatros estaban vacíos (...) El fumar las más
extrañas mixturas era cosa de lujo y si alguien tenía el desprendimiento de arrojar
70 una colilla, no faltaba viandante apresurado dispuesto a apoderarse del despojo.

(Rafael Abella, en DIARIO 16, suplemento semanal
«El final de la guerra, 50 años después»)

D. Intenta averiguar el significado de estas palabras buscando su relación con otras que ya conozcas.

asustante (l. 21)	crecida (l. 21)	privaciones (l. 25)
rarezas (l. 40)	penuria (l. 45)	vestimenta (l. 45)
iracundia (l. 51)	consunción (l. 56)	cotidianeidad (l. 58)
clientela (l. 62)	apresurado (l. 70)	ansiosa (l. 67)

Ejemplos: *carencias* → *carecer*.
inmisericorde → *misericordia*.

E. Las siguientes palabras pueden tener varios significados. Elige el que corresponde a su uso en el texto.

a.	*crudo* (l. 2)	1.	Que no está cocinado.
		2.	Frío y destemplado.
b.	*cómodas* (l. 11)	1.	Mesas con varios cajones.
		2.	Confortables.
c.	*encajaron* (l. 42)	1.	Ajustaron una cosa dentro de otra.
		2.	Aceptaron una molestia o perjuicio.
d.	*quintas* (l. 46)	1.	Que ocupan el quinto lugar.
		2.	Grupos de soldados que se incorporan al ejército en el mismo año.
e.	*desprendimiento* (l. 69)	1.	Generosidad.
		2.	Desunión.
f.	*colilla* (l. 70)	1.	Cola pequeña.
		2.	Resto que queda del cigarro después de fumarlo.

F. Haz cuatro grupos con estas palabras, según se refieran a la salud, la vivienda, la alimentación o la ropa y el calzado:

> *sopicaldo, hacinamiento, sarna, víveres, alpargatas, tiña, aguachirle, desnutrición, parásitos, ración, potaje, refugios.*

salud	vivienda	alimentación	ropa y calzado

2. Mesocracia.

A. Antes de leer el texto haz las siguientes actividades:

a. Con otros compañeros, prepara una pequeña charla (de aproximadamente un minuto) sobre uno de los temas siguientes (busca información en enciclopedias o libros especializados):

— *la Falange* (su relación con el franquismo).
— *el Opus Dei* (su relación con el franquismo).
— *el Movimiento Nacional.*
— *las principales leyes promulgadas en el período franquista.*

b. Busca en un diccionario las siguientes palabras y anota la definición:

— monarca:

— rey:

— mesocracia:

El franquismo a diez años vista
(fragmento)

Los españoles de a pie llegaron a impregnarse tanto de la personalidad y de los rasgos más característicos de su monarca (que no es lo mismo que rey) que daban como pronta y despreocupada respuesta, no exenta de
5 ironía, aquello tan sabido de que el franquismo era simplemente Franco. Pero ¿por qué Franco? ¿Cómo es posible que un hombre solo pueda, con el mero magnetismo de su persona —a la que nadie consideró jamás fascinante o seductora—, mantenerse durante ocho lustros en el

10 poder supremo de un Estado sin la menor concesión? ¿Qué explicación dar a la sumisión casi absoluta y tan prolongada de casi todo un pueblo a una figura que por sí sola no provocaba emoción alguna, excepto entre unos pocos?
15 La perplejidad sube de grado cuando se indaga la ideología, el sistema político y las fuerzas que sustentaron a Franco y el franquismo. ¿Era Franco un fascista? La respuesta es negativa, pese a toda la retórica de la pseudo-

Falange. ¿Su régimen fue una dictadura militar? Franco
20 alejó a los generales de la política, ya fuera por destitu-
ción o por prebenda, y formalmente contaba con unas
Leyes Fundamentales que limitaban en teoría su poder de
Jefe de Estado. Ahora bien, un ejército formado por Franco y combatiente con él fue siempre, en último extremo, el
25 arma disuasoria que el Generalísimo conservaba cuidadosamente.

¿Existía en España el férreo poder de un partido único
como en la Alemania nazi o en la Rusia soviética? El Movimiento Nacional era, en la práctica, inexistente, y el
30 poder intermedio entre Franco y España se lo repartían las
familias de monárquicos, falangistas, democristianos,
Opus Dei, tradicionalistas... y banqueros. ¿Impuso Franco
una ideología coherente y mesiánica a los españoles y
persiguió a quienes no la acataran? En absoluto. Franco
35 no tenía ideología alguna y no impuso nada. Se limitó tan
sólo a que nadie pudiera expresar en voz alta o pusiera
en práctica lo que pensaba si eso podía perjudicarle a él
en su única convicción: conservar el poder alcanzado tras
una cruenta guerra civil de tres años.

40 La apatía política de Franco resultó ser complementaria de la de los españoles frente a él. Era una carencia de
entusiasmo mutuo que, sin embargo, aparentaba ser un
pacto razonable. El apoliticismo de los españoles permitió
que Franco fuera «la Política». Suprimidas por la fuerza,
45 entre la guerra y la posguerra, las minorías democráticas
que desde el siglo pasado arrastraban la tradición de su
fracaso (1874, 1917, 1939), Franco no hizo más que
prolongar la vieja hegemonía de las clases medias españolas con su mentalidad característica: aspiración a la
50 tranquilidad (si bien *tranquilidad* viene de *tranca*); espera
aburrida en las ciudades muertas y llenas de nostalgia, en
las que *nunca pasa nada*; necesidad de apariencia, pues
la pobreza material y moral, junto con la sordidez de una
vida sin futuro, sin horizonte y sin imaginación, debe ocul-
55 tarse.

Conservar, simplemente conservar, que ya es mucho.
Ideología del resistir (del *blocao*, del *bunker*); pereza del
pensar (la España que embiste, cicatera y triste); miedo a
la luz, al aire y a la vida. Vivir no importa tanto como
60 mantener la posición. Vegetar en invernadero proteccio-

nista o en hibernación clínica. Llegar a muy viejo aunque
con esclerosis por falta de movimiento. Mientras tanto,
autoridad, mucha autoridad y orden. Mucho orden. Un
orden puntilloso y minúsculo, de cositas puestas en su sitio
65 con la obsesión casera de que no cambien de lugar, de
que todo el panorama de la casa esté fijo y quieto, pues
eso proporciona seguridad y paz. Paz de cemento, de
cementerio.

Esos rasgos moderados, cicateros, en definitiva co-
70 bardes, de la clase media tradicional española se com-
pensaron en la sublimación de los sueños de grandeza,
en la envidia al boato y a los blasones de una aristocra-
cia también perezosa, pero símbolo de un pasado de
dudosas glorias conquistadoras. Incluso la vivencia reli-
75 giosa experimentó esa disociación, pues en espera de un
Mesías salvador de tanta miseria, los ritos y la moral se
volvieron hipócritas, supersticiosos y necrófilos.

El alma mesócrata española sufre de siempre una depresión profunda: «*En este país no hay nada que hacer;
80 siempre ha sido igual; los españoles necesitamos una
mano dura y firme que nos conduzca*». Esa mano fue la
de Franco, cuyo pulso, dijo él, no temblaría. Cuando empezó a temblar por el mal de Parkinson, su régimen se
hundió y su clientela se dividió entre *fachas* nostálgicos (y
85 en varias ocasiones asesinos o golpistas) y oportunistas
demócratas de toda la vida, dispuestos a seguir sirviendo
a la restauración permanente de los grandes intereses
creados.

Pero sería pecar de un exceso de psicologismo definir
90 el franquismo únicamente en función de Franco. Es verdad
que fue una guerra civil sangrienta la que le prestó un
poder único sobre la población horrorizada, temerosa y
sin moral, pero tal guerra fue la culminación de un largo
proceso histórico durante el cual las clases dominantes en
95 España no se adaptaron, como en otros países europeos,
a las exigencias colectivas del desarrollo económico; no
estaban en condiciones de llevarlo a cabo en un sistema
de competencia y de participación popular y, en cambio,
conservaban suficiente poder para impedir incluso las re-
100 formas más moderadas.

(José A. González Casanova, en
Franco. Diez años después. HISTORIA 16)

B. Según el texto, ¿en
qué se diferenciaba el régimen de Franco de otras dictaduras europeas?

C. Haz una lista de los valores tradicionales de la clase media que Franco asumió. ¿Estás
de acuerdo con ellos? ¿Qué libertades se podrían perder al aceptarlos? (Consulta el párrafo
séptimo del texto siguiente para ver qué libertades fueron de hecho suprimidas.)

3. Apuntes sobre
la transición política.

A. En una primera lectura rápida del texto, busca la información que necesitas para ordenar cronológicamente los siguientes hechos:

> — *Desmilitarización.*
> — *El Rey renuncia a sus derechos en favor de una monarquía parlamentaria.*
> — *Aprobación de la nueva Constitución.*
> — *Implantación de libertades.*
> — *Legalización del PCE.*

B. ¿Cuándo ocurrieron los siguientes acontecimientos? Busca la fecha y completa con ello el cuadro histórico que aparece al final de este apartado, en el número **4**

> — *Decreto-Ley de Régimen Electoral.*
> — *Aprobación de la Constitución.*
> — *Proyecto de Ley para la Reforma Política.*
> — *Referéndum para la Reforma.*
> — *Primeras elecciones libres.*

C. Vas a escuchar una grabación en la que hablan de otros hechos ocurridos durante la transición a la democracia. Anota los datos necesarios para seguir completando el cuadro histórico.

D. Lee ahora el texto más detenidamente, para poder hacer la actividad que te proponemos en el apartado **E.**

APUNTES SOBRE
LA TRANSICIÓN POLÍTICA

(...) El período que se conoce como transición política está integrado por tres años que cambiaron políticamente a España: 1976, 1977 y 1978. El primero fue el año de la Reforma Política; el segundo, el de las primeras elecciones generales libres después de 40 años; el tercero, el año de la Constitución.

5   El proyecto de cambio de un sistema autoritario a una democracia plena, su articulación y desarrollo, constituyó una operación política de gran calado, arriesgada y difícil.

Era necesario, en primer lugar, plantear rotundamente el protagonismo político de la sociedad civil. En el anterior régimen las Fuerzas Armadas, consideradas vence-
10 doras de la guerra civil de 1936, asumían el papel de vigilante de la actividad pública y garante de los llamados Principios Fundamentales del Movimiento. Era preciso reinstaurar el carácter civil de la política, al mismo tiempo que iniciar una modernización de los ejércitos, que les situara en la posición que tienen los ejércitos en cualquier país democrático, y los convirtiera en instrumentos aptos para garantizar la
15 soberanía e independencia de España, defender su integridad y respetar la libre expresión de la voluntad popular.

Había que conectar con la moderna sociedad española, formada sin los prejuicios y dogmatismos que habían llevado a las generaciones anteriores a un sangriento conflicto civil, y lograr que, como pueblo, expresase su voluntad política con absoluta libertad. Después había que respetar esa voluntad y articularla institucionalmente.

En España la Corona constituyó el punto de apoyo imprescindible para llevar a cabo el cambio político. Para ello utilizamos los poderes que las Leyes Fundamentales del Régimen atribuían al Rey para, renunciando a ellos, establecer una monarquía parlamentaria y moderna que se convirtiera en referencia común de todos los españoles. Bajo la Corona había que introducir, como principio legitimador básico, el principio democrático de la Soberanía Nacional.

El proyecto político de la transición tuvo como meta ese gran objetivo que, en julio de 1976, describí como *«la devolución de la soberanía al pueblo español»,* de modo que los gobiernos del futuro fueron el resultado de la libre voluntad de la mayoría de los españoles.

Ese objetivo pasaba necesariamente por la implantación de las libertades de expresión e información, la regulación democrática de los derechos de asociación y reunión, la legalización de todos los partidos políticos, la amnistía de todos los llamados *«delitos políticos»* o *«de opinión»,* la celebración de unas elecciones generales libres —las primeras después de 40 años— y la regularización y aplicación de un sistema electoral que permitiera, en el Parlamento así elegido, la presencia de todas las fuerzas políticas que tuvieran apoyo significativo en el electorado, a fin de que con todas ellas se pudiera elaborar una Constitución válida para todos.

La realización de este proyecto implicaba una dificultad formal importante, ya que debía hacerse a partir de la legalidad vigente y para cambiar esa misma legalidad. (...)

La apuesta política era muy arriesgada y se producía en momentos de serias dificultades interiores: desórdenes, pretensiones involucionistas, secuestros de personalidades políticas, como **don Antonio María de Oriol** y el **general Villaescusa**, asesinatos como el de los abogados laboralistas de la calle de **Atocha** que pertenecían al **PCE**, etc. Había que hacer frente al acoso terrorista sin dejar de progresar en la reforma política.

Ésta exigía dos tácticas distintas: una para convencer a los grupos que pretendían la continuidad del régimen de la necesidad de la reforma; otra, para las fuerzas políticas de la entonces llamada oposición, para convencerles también de que la reforma abriría los caminos de la libertad que ellos demandaban. (...)

La devolución al pueblo español de su soberanía se consiguió con la aprobación por las Cortes Orgánicas, el 18 de noviembre de 1976, del Proyecto de **Ley para la Reforma Política**. En su breve articulado se establecía que, en el Estado español, la democracia se basaba en la supremacía de la ley, expresión de la voluntad soberana del pueblo, y se consagraban los derechos fundamentales de la persona como inviolables y vinculantes para todos los órganos del Estado; se creaba un **Congreso** y un **Senado**, elegidos por sufragio universal, directo y secreto, y se atribuía al Congreso la iniciativa para la reforma constitucional.

La Ley para la Reforma Política fue ratificada por el pueblo español en el referéndum nacional del 15 de diciembre de 1976. Desde su convocatoria hasta su celebración, los partidos y grupos de la oposición pudieron llevar a cabo, libremente, su campaña a favor del **NO** o de la abstención.

Aprobada la Reforma Política era preciso desarrollar un diálogo constructivo con las fuerzas políticas que emergían de una clandestinidad de casi 40 años. En todo momento me esforcé en comprender los puntos de vista

de sus líderes, aunque éstos interrumpieran las conversaciones o plantearan posiciones maximalistas.

La clave de la credibilidad interna y externa del proceso político de cambio era el reconocimiento del Partido Comunista. (...)

Reconocidos todos los grupos políticos, el Gobierno, recogiendo las garantías y aspiraciones de la oposición, promulgó el Decreto Ley de 18 de mayo de 1977, que establecía las bases del régimen electoral, y convocó las primeras elecciones generales libres después de 40 años, para el 15 de junio de 1977. (...)

La constitución de las Cortes democráticas vertebró la vida pública española a través de los partidos políticos y normalizó las relaciones Gobierno-Oposición en el marco de una nueva legalidad. La misión fundamental de las nuevas Cortes consistía en la elaboración de una **Constitución** desde el mayor acuerdo posible entre todos los partidos que habían alcanzado representación parlamentaria. No era la dialéctica del enfrentamiento político, sino

91

la práctica del consenso, del común acuerdo en las cuestiones fundamentales de Estado, lo que, en mi opinión, podía asentar con firmeza las bases de una democracia
110 moderna y, por tanto, la elaboración de nuestra norma fundamental. (...)

El siguiente año, 1978, es, ante todo, el año de nuestra **Constitución**. En ella los representantes del pueblo, libremente elegidos, encauzaron las grandes cuestiones na-
115 cionales, algunas tradicionalmente irresueltas, entre ellas:

— La organización de la convivencia española en un moderno Estado social y democrático de Derecho.
— La forma de Estado.
— El carácter no confesional del Estado.
120 — El autogobierno de las nacionalidades y regiones que integran España. (...)

A partir de la **Constitución** era necesario sustituir un Estado centralista por el Estado de las autonomías; pasar de una economía fuertemente intervenida a una etapa de
125 liberalización como complemento de nuestra integración en el mundo libre; modificar el sistema de relaciones sociales, organizar un poder judicial independiente, más rápido y eficaz; modernizar las fuerzas armadas, estructurar un nuevo sistema educativo y, en definitiva, conseguir
130 que toda la sociedad española hiciera de la libertad, igualdad y solidaridad los valores humanos y políticos más trascendentes.

Los gobiernos que presidí, los del señor **Calvo Sotelo** y, a partir de 1982, los gobiernos socialistas de **Felipe**
135 **González**, tuvieron que afrontar muchos de estos retos. Hoy España es un país con una democracia consolidada que tiene un lugar destacado en la Europa Comunitaria y que se ha proyectado plenamente al exterior, de manera especial en sus relaciones de vecindad y hacia Latinoamé-
140 rica.

(Adolfo Suárez, en **Cambio 16**)

E. En el siguiente resumen del texto de **A. Suárez** faltan algunas informaciones. ¿Puedes completar los huecos? Ten en cuenta que a veces necesitarás más de una palabra.

La transición abarca el período comprendido entre los años ▩▩▩ *(1) y* ▩▩▩ *(2). Esta reforma política era a la vez importante, arriesgada y difícil. En primer lugar, era necesario pasar el protagonismo político de las Fuerzas Armadas a la sociedad* ▩▩▩ *(3): el pueblo debía ser libre de expresar su* ▩▩▩ *(4).*

El ▩▩▩ *(5) fue un apoyo fundamental en el proceso de reforma, ya que renunció a los poderes que le otorgaban las leyes* ▩▩▩ *(6) de **Franco** para establecer una monarquía* ▩▩▩ *(7) y devolver al pueblo la* ▩▩▩ *(8) nacional.*

Para lograr el cambio político se implantaron las necesarias libertades de ▩▩▩ *(9),* ▩▩▩ *(10),* ▩▩▩ *(11) y* ▩▩▩ *(12). También se procedió a la legalización de los* ▩▩▩ *(13) y a la concesión de la* ▩▩▩ *(14) de todos los delitos políticos o de* ▩▩▩ *(15). Todo esto se produjo en una época de graves dificultades interiores, siendo uno de los momentos clave la legalización del **Partido*** ▩▩▩ *(16).*

Los pasos legales para la reforma se iniciaron con el ▩▩▩ *(17) del 18 de noviembre de 1976, que se convirtió en la **Ley para la Reforma Política**, ratificada en* ▩▩▩ *(18) el 15 de diciembre de* ▩▩▩ *(19). A continuación se promulgó el Decreto Ley del 18 de mayo de 1977, en el que se establecieron las bases del régimen* ▩▩▩ *(20), y se*

convocaron las primeras ▨▨▨▨▨▨▨ (21) democráticas en 40 años para el 15 de junio de
▨▨▨▨▨▨▨ (22). Las Cortes resultantes de estas elecciones tuvieron como misión fundamental
la elaboración de la ▨▨▨▨▨▨▨ (23); fue el ▨▨▨▨▨▨▨ (24), más que la dialécti-
ca del enfrentamiento político, la vía fundamental de acuerdo. La aprobación de la **Constitución**, en
▨▨▨▨▨▨▨ (25), dio paso a una nueva etapa de consolidación y reforma legal.

4. España en el siglo XX. Algunas fechas.

La Monarquía	1902	Comienzo del reinado de Alfonso XIII.
	1909	La «Semana Trágica»: rebelión obrera en Barcelona por el envío de tropas a Marruecos.
	1917	Primera huelga general organizada.
	1923	Dictadura del general Primo de Rivera, aprobada por el rey.

La República y la Guerra Civil	1931	Fin de la Monarquía y proclamación de la Segunda República.
	1934	Revolución obrera de octubre en Asturias.
	1936	Triunfo de las izquierdas en las elecciones. Comienzo de la Guerra Civil.
	1939	Fin de la Guerra Civil. Victoria del general Franco. Comienza la difícil posguerra.

La Dictadura franquista	1946	Aislamiento internacional de España. Desmantelamiento de la oposición al régimen.
	1953	Acuerdos con el Vaticano y Estados Unidos. Mejoras económicas y primeras huelgas.
	1962	Comienzo del crecimiento económico. Reorganización de la oposición democrática.
	1975	Muerte de Franco. Coronación de Juan Carlos I.

La Transición y la Democracia	1976	
	1977	
	1978	
	1979	
	1981	
	1982	
	1986	Ingreso de España en la OTAN y en la CEE.
	1992	Celebración de la Exposición Universal de Sevilla con motivo del V Centenario del Descubrimiento de América.

1. Completa el siguiente cuadro usando el diccionario si es necesario:

Nombre de forma de gobierno o dominio	Nombre referido a persona	Adjetivo
		burocrático
mesocracia		
	jerarca	
		monárquico
oligarquía		
	——	*anárquico*
	aristócrata	
democracia		
	plutócrata	

2. Fíjate ahora en la vocal en la que suena el acento y vuelve a agrupar todas las palabras bajo los siguientes esquemas de acento:

■ a-ia	■ a-i-a	■ a-a	■ o-a-a	■ a-i-o
mesocracia	*oligarquía*	*jerarca*	*aristócrata*	*burocrático*

Argentina.
Breve historia del siglo XX.

1. Lee este resumen sobre la historia reciente de Argentina, pero no intentes escribir nada antes de oír la cinta.

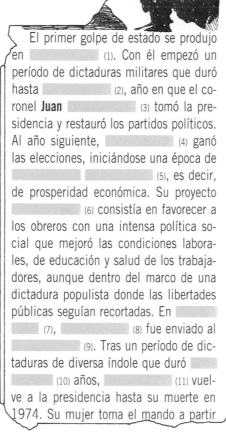

El primer golpe de estado se produjo en ░░░░░░░░ (1). Con él empezó un período de dictaduras militares que duró hasta ░░░░░░░░ (2), año en que el coronel **Juan** ░░░░░░░░ (3) tomó la presidencia y restauró los partidos políticos. Al año siguiente, ░░░░░░░░ (4) ganó las elecciones, iniciándose una época de ░░░░░░░░ ░░░░░░░░ (5), es decir, de prosperidad económica. Su proyecto ░░░░░░░░ (6) consistía en favorecer a los obreros con una intensa política social que mejoró las condiciones laborales, de educación y salud de los trabajadores, aunque dentro del marco de una dictadura populista donde las libertades públicas seguían recortadas. En ░░░░░░░░ (7), ░░░░░░░░ (8) fue enviado al ░░░░░░░░ (9). Tras un período de dictaduras de diversa índole que duró ░░░░░░░░ (10) años, ░░░░░░░░ (11) vuelve a la presidencia hasta su muerte en 1974. Su mujer toma el mando a partir

de ese momento, pero es relevada por **Videla** y su ░░░░░░░░ (12) militar en ░░░░░░░░ (13). Comienzan así ░░░░░░░░ (14) años de secuestros, ░░░░░░░░ (15) y ░░░░░░░░ (16) en los que la deuda exterior ░░░░░░░░ (17) y el país quedó ░░░░░░░░ (18). La dictadura tuvo un ░░░░░░░░ (19) final en la Guerra de ░░░░░░░░ (20), que provoca su caída y la convocatoria de elecciones en el año ░░░░░░░░ (21). De éstas sale elegido **Raúl Alfonsín**, del Partido ░░░░░░░░ (22), quien juzgó a los antiguos ░░░░░░░░ (23), produciéndose por ello las rebeliones militares de los llamados ░░░░░░░░ (24). El gobierno de **Alfonsín**, que no funcionó en el terreno ░░░░░░░░ (25), entrega el poder a otro gobierno civil (el del ░░░░░░░░ (26) **Carlos Menem**), hecho que no había sucedido en ░░░░░░░░ (27) años.

2. Escucha ahora la grabación y anota la información necesaria para completar el anterior resumen (ten en cuenta que las palabras que vas a oír no son exactamente las mismas que has leído).

3. ¿Podrías escribir un resumen parecido sobre la historia reciente de tu país?

4. Con tres de tus compañeros, elige cinco objetos de distintas décadas del siglo XX (por ejemplo, años 20, 50, 60, 70 y 80) que pudieran ser un símbolo de ese momento de la historia de tu país. Después, toda la clase decidirá cuáles de entre todos los objetos propuestos por los diversos grupos son los más representativos.

1. Grupos verbales que sirven para expresar el fin de una acción

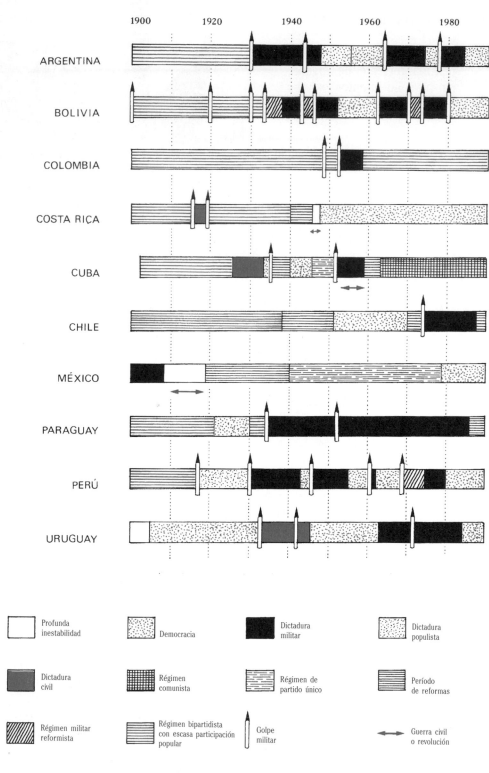

Profunda inestabilidad	Democracia	Dictadura militar	Dictadura populista	
Dictadura civil	Régimen comunista	Régimen de partido único	Período de reformas	
Régimen militar reformista	Régimen bipartidista con escasa participación popular	Golpe militar	Guerra civil o revolución	

A. Completa estas frases teniendo en cuenta la información del cuadro:

a. El ░░░░░░░░░░ de Colombia *ha acabado por aceptar* una reforma constitucional.

b. La primera etapa de reformas de la revolución cubana *vino a parar* en ░░░░░░░░ .

c. En Bolivia, ░░░░░░░░░░ *llevan dados* unos ░░░░░░ ░░░░░░ golpes de estado en este siglo.

d. La larga ░░░░░░░░░ paraguaya *dejó de existir* en 1989.

e. En Costa Rica, tras un período de reformas, *terminó habiendo* ░░░░░░░░ .

f. Pese a que Chile *había llegado a ser* uno de los países suramericanos con menos ░░░░░░░░ , en 1973 sufrió uno.

g. En Perú, ░░░░░░░░░ *ha terminado por aceptar* la existencia de un régimen democrático civil.

h. La revolución ░░░░░░░░░ *acabó siendo* una revolución institucionalizada en un partido único.

i. Todavía no *había acabado de consolidarse* ░░░░░░░░ en Argentina, en los años cincuenta y sesenta, cuando volvieron a surgir los ░░░░░░░░░ y las ░░░░░░░░ .

j. En ░░░░░░░░ momentos de su historia reciente, los gobiernos democráticos uruguayos *han dejado de gobernar* de modo no pacífico.

B. Fijándote en los grupos verbales escritos en cursiva en las frases anteriores, relaciona los elementos de estas dos columnas:

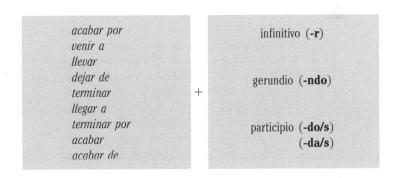

acabar por		infinitivo (**-r**)
venir a		
llevar		
dejar de	+	gerundio (**-ndo**)
terminar		
llegar a		
terminar por		participio (**-do/s**)
acabar		(**-da/s**)
acabar de		

C. Érase una vez un grupo de estudiantes que tenían muy claro lo que querían ser en la vida:

— David: *el primero de la clase, aunque no estudiaba mucho. Quería dedicarse a la política.*

— Ricardo: *adulaba a los profesores, y así conseguía buenas notas. Quería ser relaciones públicas.*

— Marta: *la estudiosa. Quería ser profesora de Universidad.*

— Juan Luis: *siempre hacía preguntas tontas a los profesores para hacerse notar. Quería continuar el negocio de su padre.*

— Jorge: *el guapo. No estudiaba nada, pero las profesoras casi siempre lo aprobaban. Quería ser abogado.*

— María: *ecologista y radical. Era la delegada de su clase. Quería ser bióloga.*

Pero ninguno consiguió ser lo que quería. Imagina qué fue de ellos y cuéntalo usando la mayor cantidad posible de las expresiones aparecidas en el ejercicio anterior (*acabar por, dejar de,* etc.).

2. Contar una historia. ¿Pretérito imperfecto o pretérito indefinido?

La historia que vas a leer parece un cuento de hadas, pero es un hecho real. Tu tarea consistirá en completar los huecos que hay en ella decidiendo en qué orden deben aparecer las frases que hemos entresacado. Estas frases, además, tienen el verbo en infinitivo; tendrás que pensar si hay que usar pretérito imperfecto o indefinido. El texto está dividido en tres partes, y en cada una faltan seis frases.

1

A. *No encontrar trabajo.*
B. *Asistir ese día al espectáculo.*
C. *Mermar la población.*
D. *Convertirse en teatro.*
E. *Restaurarse y engalanarse.*
F. *Asolar campos y hogares.*

En los primeros cinco años del siglo, Málaga sufrió la plaga de la filoxera, que estropeó viñedos y propiedades; la epidemia de la gripe, que ██████ ; la sequía de cuatro inviernos, que arruinó a los ya de por sí pobres agricultores, y la gran riada, que ██████ . No pocos establecimientos cerraron ante la situación. Justamente esto es lo que se vio obligado a hacer Ángel Delgado de los Cobos, padre de Victoria y Anita y propietario del café *La Castaña*, cuyo público dejaba cada día más a deber que a ganar.

En el Madrid de 1906 el dinero dio para poco. El padre ██████ y a los tres meses de haberse instalado, ninguno de los Delgado podía imaginar que la penuria que estaban sufriendo iba a ser la clave de su posterior buena suerte. En efecto, la acuciante miseria y el hambre incipiente hicieron que el recto y serio padre de Victoria y Anita consintiese en que sus retoños firmasen un contrato de una función por noche, como teloneras, en el Central-Kursaal, a razón de treinta reales* diarios. El Kursaal ofrecía «función entera»: comenzaba a las tres de la tarde, con el juego de pelota vasca, y duraba hasta las nueve de la noche, hora en la que el frontón ██████ .

En mayo de 1906 tuvo lugar un gran acontecimiento: el rey Alfonso XIII se casaba con Victoria Eugenia de Battemberg. La boda atrajo a la capital a numerosos y distinguidos invitados, por lo que los establecimientos ██████ . Lo propio hizo el Central-Kursaal, que decidió renovar decorados y trajes de baile. El encargado de la decoración fue el famoso pintor Leandro Oroz, muy amigo de la familia Delgado. La inauguración coincidió con la quincena de vísperas de la boda. El todo Madrid ██████ . Políticos, toreros, las lujosas «cocottes», los famosos, los ilustres y la bohemia contemplaron cómo dos hermanas inseguras, casi unas niñas, bailaban por sevillanas sin casi mirar al público. Los primeros en felicitarlas cuando, nerviosas, descendieron del escenario fueron los de la pandilla de intelectuales, formada, entre otros, por Leandro Oroz, los Romero de Torres, Valle-Inclán y Ricardo Baroja.

* Un real equivalía a la cuarta parte de una peseta.

2

A. *Huir del lugar.*
B. *Decidir acudir al frontón Kursaal.*
C. *Encontrarse un pintoresco oriental.*
D. *Resultar ilesos.*
E. *Ofrecérsele la cantidad de 100.000 pesetas.*
F. *Desarrollarse vertiginosamente.*

Para tan egregia boda llegaron delegaciones de toda Europa. Gran parte de la realeza y la nobleza europea había sido invitada. De la parisina Gare D'Orsay salió un tren especial para tan importantes viajeros, y entre ellos, formando parte de la comitiva británica, junto a los príncipes de Gales, ██████ : el maharajá de Kapurtala, Jagatjit Singh, de treinta y cinco años, verdadero personaje de *Las mil y una noches*.

Durante su estancia en España, el príncipe deseaba contemplar un partido de pelota vasca, por lo que ██████ . Jagatjit Singh ordenó reservar para esa noche un palco. A partir de ahí, los acontecimientos _____. El príncipe poco entendía de baile español, pero sus ojos no se apartaron de Anita. Al finalizar el baile, la joven recibió un ramo de camelias y un intérprete se acercó a sus padres para hablar con ellos. El maharajá invitaba a las hermanas a tomar algo en su mesa (invitación que excusó el padre, en razón de la edad de las niñas) y a presenciar el desfile de la boda real, el 31 de mayo, desde los balcones de su hotel. La familia aceptó. Ese día, el intérprete propuso a Anita ciertos favores para su señor a cambio de dinero y joyas. La muchacha insultó al hombre y _____. Al día siguiente recibió una carta del maharajá presentándole sus excusas.

El día señalado para la boda real, el anarquista Morral lanzó una bomba contra la ca-

rroza de los novios. Aunque los monarcas _____, los invitados pusieron tierra por medio. Lo mismo hizo el maharajá.

Pocos días después, Anita recibió una misiva en la que _____ si viajaba a París y pasaba una temporada con el príncipe. Ella rechazó la oferta. Ante la segunda negativa, el maharajá envió a su propio capitán de guardia con una carta, confesando, como relata Anita, que «le habían cautivado mis condiciones y me proponía casamiento».

3

A. Permanecer en la India diecinueve años.
B. Detenerse en el Nuevo Café de Levante.
C. Entusiasmar al soberano.
D. Concernir al mundo de las mujeres.
E. Traducirse al francés.
F. Deber separarse de su familia.

El pintor y amigo de la familia Leandro Oroz aconsejó a Anita que contestase al príncipe de puño y letra, para que éste supiese lo que ella pensaba sobre el particular. La muchacha escribió: *«Mi cerido rey, malegraré que esté usté bien, con la cabal salú que yo pa mí deseo...»* y se la leyó al pintor en voz alta. Oroz dijo que él la llevaría a Correos, y así lo hizo, pero antes _____ y contó a Valle-Inclán y demás contertulios lo ocurrido. Don Ramón dijo que semejante carta no se podía enviar. El autor de «Las sonatas» dictó un borrador, que todos contribuyeron a corregir y que luego _____.

Aquella misma noche, Romero de Torres, Oroz y Valle se reunieron en el Kursaal y convencieron a Anita y a su madre de que aceptasen el ofrecimiento del maharajá. La apasionada carta de Valle-Inclán _____, que hizo venir al jefe militar de la guardia de Kapurtala con el encargo de facilitar el traslado de Anita y familia a París.

Al cabo de seis meses, Anita era más bella, culta y distinguida. Poco después fue enviada tres meses a Bélgica y Suiza, y otros tres a Inglaterra, para lo cual, muy a pesar suyo _____. A su regreso, su alteza le entregó dos pulseras de brillantes y un anillo de platino. Era su regalo de prometida. Al día siguiente se celebró la boda civil. Pasado un tiempo, el maharajá partió hacia la India, con el fin de ultimar los preparativos de su segunda ceremonia, según el rito hindú.

En 1907, Anita partió hacia la India. En Kapurtala fue recibida con honores de maharaní. En la madrugada del 28 de enero de 1908 fue despertada para ser bañada y vestida de novia. Al amanecer, la ceremonia había terminado. Las fiestas duraron diez días y diez noches. Ese mismo año nació su único hijo, Ajit Singh.

Anita ▒▒▒▒▒▒▒▒▒▒▒▒▒▒▒▒▒▒▒▒ , tras los cuales los esposos firmaron un divorcio basado en motivos de salud y en los más de

veinte años de diferencia entre ambos. Su vida como maharaní fue exótica e interesante. Sus actividades sociales benéficas y sus aportaciones personales a la Primera Guerra Mundial fueron notorias. Amiga de Gandhi, defendió a ultranza nuevas leyes para la India, sobre todo en lo que ▒▒▒▒▒▒▒▒▒ ▒▒▒▒▒▒ . En 1926 volvió a Málaga, donde vivió hasta que murió, en 1962...

(Elisa Vázquez de Gey, en MARIE CLAIRE)

(extracto)

VI. Dimes y diretes

1. En la columna **B** hay una serie de adverbios que aparecen normalmente detrás de unos verbos determinados o delante de algunos adjetivos, pero no de otros. Relaciona cada palabra de la columna **B** con la palabra de la **A** o de la **C** con la que se usa más frecuentemente:

A	B	C
negarse	diametralmente	satisfecho
encomendar	terminantemente	conflictivo
reducir	tremendamente	conocido
contribuir	rotundamente	prohibido
resolverse	profundamente	opuesto
	satisfactoriamente	conmovido
	sobradamente	mermado
	decisivamente	
	drásticamente	
	plenamente	
	encarecidamente	
	sensiblemente	

2. Teniendo en cuenta lo que has leído en **Con textos** sobre la historia española del siglo XX, completa las siguientes frases utilizando uno de los adverbios de la lista anterior (intenta no repetir ninguno):

a. El invierno de 1939 en España fue ▒▒▒▒ ▒▒▒▒▒▒▒▒ crudo.

b. En febrero de 1939 la ración de pan en Madrid se redujo ▒▒▒▒▒▒▒▒▒ .

c. En las últimas horas de la guerra, mucha gente, ▒▒▒▒▒▒ ansiosa de olvidar sus penas, buscaba refugio en los cines.

d. En la guerra civil se enfrentaron dos Españas ▒▒▒▒▒▒ opuestas.

e. La apatía política de Franco resultó ser ▒▒▒▒▒▒▒▒ complementaria de la de los españoles frente a él.

f. Durante la etapa franquista, las libertades se vieron ▒▒▒▒▒▒ recortadas; por ejemplo, las manifestaciones estaban ▒▒▒▒▒▒ prohibidas.

g. En la transición política fue necesario, en primer lugar, afirmar ▒▒▒▒▒▒▒▒▒ el protagonismo político de la sociedad civil.

h. En España la Corona constituyó el punto de apoyo imprescindible para llevar a cabo ▒▒▒▒▒▒ el cambio político.

i. La aprobación de la Constitución impulsó ▒▒▒▒▒▒▒ el desarrollo de la democracia.

1. Las diez pistas.

Cada grupo va a preparar diez frases sobre un personaje famoso español o hispanoamericano; en ninguna de las frases aparecerá el nombre. Cada frase se irá leyendo; si otro grupo lo adivina con la primera frase, tendrá 10 puntos, si es con la segunda, nueve puntos, así sucesivamente. Pero primero, para ver cómo funciona este juego, tu profesor te va a dar un ejemplo.

2. Lee esta serie de sucesos «históricos». ¿Cuáles son verdaderos y cuáles falsos? Señálalo y compara tus respuestas con las de varios compañeros.

— *Antes de la llegada de los conquistadores españoles, las víctimas sacrificadas y devoradas cada año por el pueblo azteca oscilaban entre 15.000 y 250.000, según los expertos.*

— *En la España de Felipe III, los juegos de naipes estaban prohibidos por la ley. Sin embargo, eran muy populares en todas las clases sociales, e infinidad de españoles se entregaban a ellos con gran afición..., entre ellos el propio monarca.*

— *La esclavitud era corriente en España en los siglos XVI y XVII. En algunos casos, a los esclavos que eran más rebeldes o conflictivos se les tatuaba la mejilla para distinguir su condición. Las marcas podían ser una S y un clavo, una flor de lis, una estrella, las aspas de San Andrés o el nombre de su amo.*

— *Como consecuencia de la sequía que asolaba el departamento mexicano de Las Castañas, en 1833, el alcalde mayor del pueblo decretó:*

Art. 1.	Si en ocho días desde la fecha no llueve abundantemente, nadie irá a misa ni rezará.
Art. 2.	Si la sequía dura ocho días más, serán quemadas las iglesias, conventos, capillas...
Art. 3.	Si tampoco llueve en otros ocho días, serán degollados los clérigos, frailes, monjas, beatas y santurrones.

Además añadía: «Y por el presente se conceden facultades para cometer toda clase de pecados, para que el Supremo Hacedor entienda con quién tiene que vérselas.» *La noticia fue publicada en el diario «La Libertad». Afortunadamente, llovió.*

— *El banquete del Toisón de Oro que se ofreció a Carlos V en Barcelona, en 1591, consistió en 72 platos, y duró dos días.*

— *El emir Abd-I-Rahmann II de Córdoba sólo hacía el amor con mujeres vírgenes. Nunca repetía el acto sexual con la misma mujer. Al subir al trono en el año 882, ordenó que se arrancaran todos los viñedos de su reino, para acabar con los borrachos. Pero sus consejeros le recomendaron que no lo hiciera, pues la gente se embriagaría con mosto de higo.*

— *El tabaco puede ser de origen sudamericano, pero el cigarrillo se inventó en Sevilla. En el siglo XVI, los nobles fumaban cigarros, y tiraban las colillas en las calles. Los pobres las recogían, machacaban el tabaco y lo envolvían en láminas de papel para poder fumarlo.*

— *Cuentan que, pasada la Guerra Civil española, época en que el hambre hizo mella en la población, apareció en la madrileña plaza de Neptuno una pancarta junto al dios de los mares que decía: «O me dais de comer, o me quitáis el tenedor.»*

3. Si Fulano levantara la cabeza...

¿Qué pensaría Colón del mundo actual si resucitara? ¿Y qué dirían Emiliano Zapata o Simón Bolívar?

Cada grupo va a preparar una entrevista imaginando que va a tener la posibilidad de hablar con uno de estos personajes o con otro personaje histórico hispanoamericano o español que el grupo elija y sea conocido por toda la clase. Una vez terminado el guión de la entrevista, éste se pasará a otro grupo, que responderá a las preguntas como si fuera el personaje resucitado.

1. ¿Tú qué crees?

En tu país, ¿se lee ahora más o menos que antes? ¿A qué se debe?

entrevista

OPINA EL PÚBLICO

Estudiantes del Club de Periodismo de El Comercio preguntaron a varias personas sobre la lectura y el porqué consideran que los jóvenes han dejado de leer

Jorge Sánchez (estudiante): La lectura es un medio autodidáctico. Los jóvenes la hemos abandonado por las diferentes diversiones que existen hoy en día.

María Contreras (ama de casa): La lectura es algo muy útil para la vida, ya que por medio de ésta nos informamos de hechos de carácter social, político, económico, cultural, etc. Los jóvenes la han abandonado por dedicar demasiado tiempo a la televisión.

Carlos Herrera (médico): La lectura es algo muy importante porque a través de ella aprendemos y al mismo tiempo enriquecemos nuestro léxico. Los jóvenes han abandonado la lectura por la presión que existe en los diferentes colegios para que sólo se lean libros escogidos por los profesores.

Sonia Quiroz (estudiante): La buena lectura siempre nos servirá de mucho, porque es un medio de distracción. Los jóvenes no leemos por la falta de información de buenos libros.

César Dávila (maestro): La lectura nos ayuda a enriquecer nuestro vocabulario y a mejorar nuestra ortografía. Los jóvenes han dejado de leer porque sus padres no les han enseñado esta costumbre desde pequeños.

Aníbal Pombosa (psicólogo): La lectura es muy importante porque nos ayuda a relajarnos y a liberarnos del estrés que hemos acumulado durante todo el día. Los jóvenes no leen porque dedican su tiempo sólo a la música y a las fiestas.

Pablo Oñate (estudiante): La lectura nos ayuda a estar informados. Los jóvenes no leemos porque preferimos realizar otras actividades.

Hernán González (ingeniero): La lectura es muy importante porque nos enseña interminables aspectos de la vida y de la sociedad. Los jóvenes no leen porque están sumergidos en el mundo de la tecnología.

Jorge Ortiz (empleado público): La lectura es importante porque ayuda al ser humano a autoeducarse. Los jóvenes han abandonado la lectura porque se dedican a realizar otras actividades.

Manuel Caiza (carpintero): Con la lectura aprendemos a convivir y a conocer sobre otros pueblos del mundo. Los jóvenes han dejado de leer porque les aburre.

(N. Lasso, E. Sigüenza, A. Castro. Club de Periodismo EL COMERCIO) (ECUADOR)

¿Tú por qué crees que la lectura es importante? ¿Estás de acuerdo con alguna de las afirmaciones anteriores?

Los jóvenes de tu país, ¿leen mucho? ¿Se parece en algo la situación a la de Ecuador?

1. El pintor y su obra

Vas a leer varios textos cortos donde se habla de la obra de un pintor sin nombrarle. Teniendo en cuenta lo que dicen, ¿podrías relacionar cada texto con uno de los cuadros?

1. Miró

B Huérfano temprano de padres indígenas zapotecas, va a México, donde trabaja en un almacén de frutas en el barrio de la Merced. Este ambiente le marca profundamente y aparecerá en su pintura, con las líneas de sus formas y la vibración de sus colores: sandías, mangos, guayabas, papayas...

(Información Cultural. M.º DE CULTURA DE ESPAÑA)

A Desde Leonardo, todos sabemos que dibujar es entender, y yo también creo que el que entiende es capaz de dibujar, pero una cosa es dibujar los pellejos de las apariencias, y otra bien distinta dibujar las ideas, las imágenes de tu propia mente. ▇▇▇▇▇▇ ▇▇▇▇▇▇▇▇ sí lo ha hecho; ha dibujado su mundo interior con una tensión, una libertad y un rigor extraordinarios.

(Eduardo Chillida. *Visión del rebelde.* EL PAÍS)

2. Botero

3. Dalí

D ...se han hecho consustanciales a su pintura los personajes surgidos de la realidad iberoamericana y sus vivencias de juventud, todos los cuales componen una extensa galería de curas, monjas, cardenales y obispos, junto con militares, dictadores, ricos burgueses y desnudos femeninos en los que la gordura de sus «señoritas» alcanza un punto esplendoroso y ellas mismas nos inspiran una ternura sin límites.

(*Información Cultural*. M.º DE CULTURA DE ESPAÑA)

C Sólo hubo un tema que no entendió o no quiso entender: el mitológico. Cuando lo cultivó (...) lo hizo tan a ras del suelo y con tal ironía, que él mismo debió de sonreírse de sus producciones. Si el mundo de los dioses hubiera sido tal como lo reprodujo ▮▮▮▮▮▮▮▮▮▮▮▮, la Mitología hubiera durado lo que él tardó en representarla. Y la razón de que no sintiera ▮▮▮▮▮▮▮▮▮▮▮▮▮▮ ese mundo quimérico no fue la falta de imaginación, sino el apego españolísimo a la nuda realidad.

(A. J. Onieva y M. Carmen Esbri Álvaro. NUEVA GUÍA COMPLETA DEL MUSEO DEL PRADO)

4. Velázquez

5. Tamayo

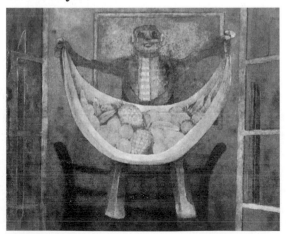

E ...utilizó formatos estrechos, verticales, superpoblados de figuras, casi sofocantes, con luz, color y movimientos exagerados. Las figuras son muy largas (el cuerpo contiene hasta doce veces el tamaño de la cabeza) y distorsionadas; la pincelada es muy suelta, casi caligráfica, y la técnica muy directa, con pincel grueso y abundantes retoques.

(Folleto del *Gabinete Didáctico Amigos del Museo del Prado*)

6. El Greco

7. Picasso

G ...aparecen los elementos espaciales representados como duros, y los temporales como figuras blandas. Junto a estas imágenes oníricas, producidas no tanto por efecto del sueño como por la búsqueda lúcida de «fotografiar» el propio sueño, aparecieron otros temas que llegaron a ser obsesivos; así, las imágenes refundidas o dobladas (...) y las formas simbólicas asociadas al sexo.

(A. Suárez y M. Vidal. HISTORIA UNIVERSAL DEL ARTE. Volumen IX)

F La perspectiva tradicional se ve violentamente alterada. El Cubismo, en efecto, destruye la perspectiva renacentista; en vez de un punto de vista único, propone una simultaneidad de visiones condensadas en una sola imagen, y la distinción entre objeto y espacio es anulada por la fusión de ambos. (...) Aparecen simultáneamente rostros con rasgos de perfil y de frente, o un punto de vista distinto para las figuras y la mesa, o una figura de espaldas con el rostro frontal. Al mismo tiempo, las figuras y el espacio que media entre ellas se enlazan con unos planos geométricos que anulan la profundidad.

(A. Suárez y M. Vidal. HISTORIA UNIVERSAL DEL ARTE. Volumen IX)

2. Museos gratuitos.

A. En tu país, ¿los museos del Estado son gratuitos para todo el mundo? ¿Crees que deben serlo?

B. Más adelante vas a leer dos textos: el primero, a favor de la gratuidad de los museos; el segundo, en contra. Antes de leerlos, ¿por qué no tratas de imaginar lo que van a decir, completando estas frases?

A FAVOR

— *La belleza no* _____.
— *Si hay que pagar, mucha gente* _____.
— *Que pague todo el mundo es contraproducente, porque precisamente* _____.

EN CONTRA

— *Si se paga, la gente* _____.
— *Si es gratis, mucha gente* _____.
— *La entrada debe ser gratuita solamente* _____.

C. Lee ahora detenidamente los dos textos y comprueba si han utilizado los argumentos que pensabas.

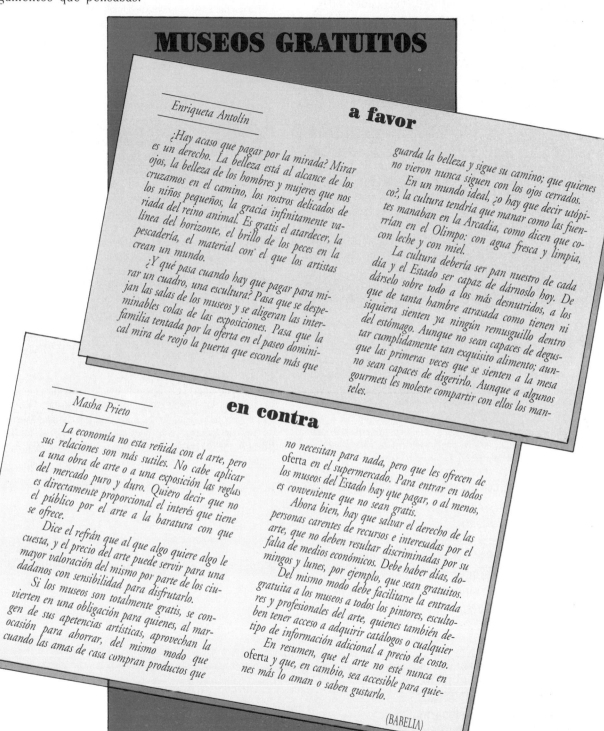

MUSEOS GRATUITOS

Enriqueta Antolín

a favor

¿Hay acaso que pagar por la mirada? Mirar es un derecho. La belleza está al alcance de los ojos, la belleza de los hombres y mujeres que nos cruzamos en el camino, los rostros delicados de los niños pequeños, la gracia infinitamente variada del reino animal. Es gratis el atardecer, la línea del horizonte, el brillo de los peces en la pescadería, el material con el que los artistas crean un mundo.

¿Y qué pasa cuando hay que pagar para mirar un cuadro, una escultura? Pasa que se despejan las salas de los museos y se aligeran las interminables colas de las exposiciones. Pasa que la familia tentada por la oferta en el paseo dominical mira de reojo la puerta que esconde más que

guarda la belleza y sigue su camino; que quienes no vieron nunca siguen con los ojos cerrados.

En un mundo ideal, ¿o hay que decir utópico?, la cultura tendría que manar como las fuentes manaban en la Arcadia, como dicen que corrían en el Olimpo: con agua fresca y limpia, con leche y con miel.

La cultura debería ser pan nuestro de cada día y el Estado ser capaz de dárnoslo hoy. De dárselo sobre todo a los más desnutridos, a los que de tanta hambre atrasada como tienen ni siquiera sienten ya ningún remusguillo dentro del estómago. Aunque no sean capaces de degustar cumplidamente tan exquisito alimento; aunque las primeras veces que se sienten a la mesa no sean capaces de digerirlo. Aunque a algunos gourmets les moleste compartir con ellos los manteles.

Masha Prieto

en contra

La economía no esta reñida con el arte, pero sus relaciones son más sutiles. No cabe aplicar a una obra de arte o a una exposición las reglas del mercado puro y duro. Quiero decir que no es directamente proporcional el interés que tiene el público por el arte a la baratura con que se ofrece.

Dice el refrán que al que algo quiere algo le cuesta, y el precio del arte puede servir para una mayor valoración del mismo por parte de los ciudadanos con sensibilidad para disfrutarlo.

Si los museos son totalmente gratis, se convierten en una obligación para quienes, al margen de sus apetencias artísticas, aprovechan la ocasión para ahorrar, del mismo modo que cuando las amas de casa compran productos que

no necesitan para nada, pero que les ofrecen de oferta en el supermercado. Para entrar en todos los museos del Estado hay que pagar, o al menos, es conveniente que no sean gratis.

Ahora bien, hay que salvar el derecho de las personas carentes de recursos e interesadas por el arte, que no deben resultar discriminadas por su falta de medios económicos. Debe haber días, domingos y lunes, por ejemplo, que sean gratuitos.

Del mismo modo debe facilitarse la entrada gratuita a los museos a todos los pintores, escultores y profesionales del arte, quienes también deben tener acceso a adquirir catálogos o cualquier tipo de información adicional a precio de costo.

En resumen, que el arte no esté nunca en oferta y que, en cambio, sea accesible para quienes más lo aman o saben gustarlo.

(BARELIA)

D. ¿Qué artículo te convence más? Comenta tu opinión con tus compañeros.

3. Sobre literatura y realidad.

A. Estos textos son fragmentos de novelas de Gabriel García Márquez. Lee cada uno y di si te parece un episodio:

¿real o imaginario?
¿fantástico o realista?
¿verosímil o inverosímil?

Una tía de Úrsula, casada con un tío de José Arcadio Buendía, tuvo un hijo que pasó toda la vida con unos pantalones englobados y flojos, y que murió desangrado después de haber vivido cuarenta y dos años en el más puro estado de virginidad, porque nació y creció con una cola cartilaginosa en forma de tirabuzón y con una escobilla de pelos en la punta. Una cola de cerdo que no se dejó ver nunca de ninguna mujer, y que le costó la vida cuando un carnicero amigo le hizo el favor de cortársela...

(CIEN AÑOS DE SOLEDAD)

(el general) ordenó establecer en cada provincia una escuela gratuita para enseñar a barrer, cuyas alumnas, fanatizadas por el estímulo presidencial siguieron barriendo las calles después de haber barrido las casas y luego las carreteras y los caminos vecinales, de manera que los montones de basura eran llevados y traídos de una provincia a la otra sin saber qué hacer con ellos, en procesiones oficiales con banderas de la patria y grandes letreros de *Dios guarde al purísimo que vela por la limpieza de la nación.*

(EL OTOÑO DEL PATRIARCA)

... ni siquiera un hombre de la escolta había escapado vivo de la encerrona sangrienta, nadie mi general, salvo el general Saturno Santos que estaba acorazado con sus ristras de escapularios y conocía secretos de indios para cambiar de naturaleza según su voluntad, maldita sea, podía volverse armadillo o estanque, mi general, podía volverse trueno, y él supo que era cierto porque sus baquianos más astutos le habían perdido el rastro desde la última Navidad, los perros tigreros mejor entrenados lo buscaban en sentido contrario.

(EL OTOÑO DEL PATRIARCA)

... entró el egregio general de división Rodrigo de Aguilar en bandeja de plata, puesto cuan largo fue sobre una guarnición de coliflores y laureles, macerado en especias, dorado al horno, aderezado con el uniforme de cinco almendras de oro de las ocasiones solemnes y las presillas del valor sin límites en la manga del medio brazo, catorce libras de medallas en el pecho y una ramita de perejil en la boca, listo para ser servido en banquete de compañeros por los destazadores oficiales ante la petrificación de horror de los invitados que presenciamos sin respirar la exquisita ceremonia del descuartizamiento y el reparto, y cuando hubo en cada plato una ración igual de ministro de la defensa con relleno de piñones y hierbas de olor, él dio la orden de empezar, buen provecho señores.

(EL OTOÑO DEL PATRIARCA)

... se llevaron el Caribe en abril, se lo llevaron en piezas numeradas los ingenieros náuticos del embajador Ewing para sembrarlo lejos de los huracanes en las auroras de sangre de Arizona, se lo llevaron con todo lo que tenía dentro, mi general, con el reflejo de nuestras ciudades, nuestros ahogados tímidos, nuestros dragones dementes...

(EL OTOÑO DEL PATRIARCA)

B. Lee las dos primeras frases del artículo de G. García Márquez que tienes en las páginas siguientes. ¿A quién crees que se refiere con las palabras *nuestra* y *nosotros*?

C. Las palabras de la derecha aparecen en el texto. ¿Sabes qué significan? Si no, puedes utilizar el diccionario para averiguarlo. A continuación, haz una primera lectura del artículo y escribe cada palabra en su lugar (en la forma adecuada).

delirio	*estigma*	*péndulo*	*sacudida*
invulnerable	*prófugo*	*reja*	*estampido*
profuso	*escabullirse*	*sincretismo*	*lava*
aguacero	*encrucijada*	*recorte*	*forrar*

Algo más sobre literatura y realidad

Un problema muy serio que nuestra realidad desmesurada plantea a la literatura es el de la insuficiencia de las palabras. Cuando nosotros hablamos de un río, lo más lejos que puede llegar un lector europeo es a imaginarse algo tan grande como el **Danubio**, que tiene 2.790 kilómetros. Es difícil que se imagine, si no se le describe, la realidad del **Amazonas**, que tiene 5.500 kilómetros de longitud. Frente a **Belén del Pará** no se alcanza a ver la otra orilla, y es más ancho que el mar **Báltico**. Cuando nosotros escribimos la palabra *tempestad*, los europeos piensan en relámpagos y truenos, pero no es fácil que estén concibiendo el mismo fenómeno que nosotros queremos representar. Lo mismo ocurre, por ejemplo, con la palabra *lluvia*. En la cordillera de **los Andes**, según la descripción que hizo para los franceses otro francés llamado **Javier Marimier**, hay tempestades que pueden durar hasta cinco meses. *Quienes no han visto esas tormentas*, dice, *no podrán formarse una idea de la violencia con que se desarrollan. Durante horas enteras los relámpagos se suceden rápidamente a manera de cascadas de sangre y la atmósfera tiembla bajo la* _____ (1) *continua de los truenos, cuyos* _____ (2) *repercuten en la inmensidad de la montaña.* La descripción está muy lejos de ser una obra maestra, pero bastaría para estremecer de horror al europeo menos crédulo.

De modo que sería necesario crear todo un sistema de palabras nuevas para el tamaño de nuestra realidad. Los ejemplos de esa necesidad son interminables. **F. W. Up de Graff**, un explorador holandés que recorrió el alto **Amazonas** a principios de siglo, dice que encontró un arroyo de agua hirviendo donde se hacían huevos duros en cinco minutos, y que había pasado por una región donde no se podía hablar en voz alta porque se desataban _____ (3) torrenciales. En algún lugar

de la costa caribe de **Colombia**, yo vi a un hombre rezar una oración secreta frente a una vaca que tenía gusanos en la oreja, y vi caer los gusanos muertos mientras transcurría la oración. Aquel hombre aseguraba que podía hacer la misma cura a distancia, siempre que le hicieran la descripción del animal y le indicaran el lugar en que se encontraba. El 8 de mayo de 1902, el volcán **Mont Pele**, en la isla **Martinica**, destruyó en pocos minutos el puerto de **Saint-Pierre** y mató y sepultó en _____ (4) a la totalidad de sus 30.000 habitantes. Salvo uno: **Ludger Sylvaris**, el único preso de la población, que fue protegido por la estructura _____ (5) de la

celda individual que le habían construido para que no pudiera escapar.

(...) Esa realidad increíble alcanza su densidad máxima en el **Caribe**, que, en rigor, se extiende (por el norte) hasta el sur de **Estados Unidos**, y por el sur, hasta **Brasil**. No se piense que es un _____ (6) expansionista. No: es que el **Caribe** no es sólo un área geográfica, como por supuesto lo creen los geógrafos, sino un área cultural muy homogénea.

En el **Caribe**, a los elementos originales de las creencias primarias y con-

cepciones mágicas anteriores al descubrimiento, se sumó la _____ (7) variedad de culturas que confluyeron en los años siguientes en un _____ (8) mágico cuyo interés artístico y cuya propia fecundidad artística son inagotables. La contribución africana fue forzosa e indignante, pero afortunada. En esa _____ (9) del mundo se forjó un sentido de libertad sin término, una realidad sin Dios ni ley, donde cada quien sintió que le era posible hacer lo que quería sin límites de ninguna clase: y los bandoleros amanecían convertidos en reyes, los _____ (10) en almirantes, las prostitutas en gobernadoras. Y también lo contrario.

Yo nací y crecí en el **Caribe**. Lo conozco país por país, isla por isla, y tal vez de allí provenga mi frustración de que nunca se me ha ocurrido nada ni he podido hacer nada que sea más asombroso que la realidad. Lo más lejos que he podido llegar es a trasponerla con recursos poéticos, pero no hay una sola línea en ninguno de mis libros que no tenga su origen en un hecho real. Una de esas trasposiciones es el _____ (11) de la cola de cerdo que tanto inquietaba a la estirpe de los **Buendía** en *Cien años de soledad*. Yo hubiera podido recurrir a otra imagen cualquiera, pero pensé que el temor al nacimiento de un hijo con cola de cerdo era la que menos probabilidades tenía de coincidir con la realidad. Sin embargo, tan pronto como la novela empezó a ser conocida, surgieron en distintos lugares de las Américas las confesiones de hombres y mujeres que tenían algo semejante a una cola de cerdo. En **Barranquilla**, un joven se mostró en los periódicos: había nacido y crecido con aquella cola, pero nunca lo había revelado, hasta que leyó *Cien años de soledad*. Su explicación era más asombrosa que su cola. *Nunca quise decir que la tenía porque me daba vergüenza,* dijo, *pero ahora, leyendo la no-*

vela y oyendo a la gente que la ha leído, me he dado cuenta de que es una cosa natural. Poco después, un lector me mandó el ████████ (12) de la foto de una niña de **Seúl**, capital de **Corea del Sur**, que nació con una cola de cerdo. Al contrario de lo que yo pensaba cuando escribí la novela, a la niña de **Seúl** le cortaron la cola y sobrevivió.

Sin embargo, mi experiencia de escritor más difícil fue la preparación de *El otoño del patriarca*. Durante casi diez años leí todo lo que me fue posible sobre los dictadores de **América Latina**, y en especial del **Caribe**, con el propósito de que el libro que pensaba escribir se pareciera lo menos posible a la realidad. Cada paso era una desilusión. La intuición de **Juan Vicente Gómez** era mucho más penetrante que una verdadera facultad adivinatoria. El doctor **Duvalier**, en **Haití**, había hecho exterminar los perros negros en el país, porque uno de sus enemigos, tratando de

escapar de la persecución del tirano, se ████████ (13) de su condición humana y se había convertido en perro negro. El doctor **Francia**, cuyo prestigio de filósofo era tan extenso que mereció un estudio de **Carlyle**, cerró a la República del **Paraguay** como si fuera una casa, y sólo dejó abierta una ventana para que entrara el correo. **Antonio López de Santa Anna** enterró su propia pierna en funerales espléndidos. La mano cortada de **Lope de Aguirre** navegó río abajo durante varios días, y quienes la veían pasar se estremecían de horror, pensando que aun en aquel estado aquella mano asesina podía blandir un puñal. **Anastasio Somoza García**, en **Nicaragua**, tenía en el patio de su casa un jardín zoológico con jaulas de dos compartimentos: en uno, estaban las fieras, y en el otro, separado apenas por una ████████ (14) de hierro, estaban encerrados sus enemigos políticos. **Martines**, el dictador

teósofo de **El Salvador**, hizo ████████ (15) con papel rojo todo el alumbrado público del país, para combatir una epidemia de sarampión, y había inventado un ████████ (16) que ponía sobre los alimentos antes de comer, para averiguar si no estaban envenenados. La estatua de **Morazán** que aún existe en **Tegucigalpa** es en realidad del mariscal **Ney**: la comisión oficial que viajó a **Londres** a buscarla resolvió que era más barato comprar esa estatua olvidada en un depósito, que mandar hacer una auténtica de **Morazán**.

En síntesis, los escritores de **América Latina** y el **Caribe** tenemos que reconocer, con la mano en el corazón, que la realidad es mejor escritor que nosotros. Nuestro destino, y tal vez nuestra gloria, es tratar de imitarla con humildad, y lo mejor que nos sea posible.

(G. García Márquez en EL PAÍS)

D. ¿Qué te parece más increíble: las anécdotas que cuenta en el artículo o los episodios de sus novelas? ¿Encuentras alguna semejanza entre ellos?

E. La literatura de G. García Márquez entra dentro del movimiento llamado *realismo mágico* o *lo real maravilloso*. ¿Puedes explicar ahora por qué se le llama así?

III. *Palabra por palabra*

1. Tanto el cine como el teatro tienen su vocabulario específico. ¿Puedes separar las siguientes palabras en tres listas: una para las que hacen referencia al cine, otra con las del teatro y una última con las que sirven para los dos?

acomodador
butaca
palco
bastidores
taquilla
telón

patio de butacas
escenario
vestuarios
apuntador
candilejas

pantalla
guión
primer plano
cartel
focos
tramoyista

¿Se te ocurre alguna palabra más que puedas añadir?

2. Elige una de las columnas de la derecha; tu compañero trabajará con la otra. Busca en el diccionario las definiciones de las palabras de tu lista mientras tu compañero busca las de la suya.

Cuando sepas lo que significan las palabras, trabaja con tu compañero para relacionar tus términos con los suyos.

Hay siete parejas de palabras que tienen alguna relación entre sí, como por ejemplo *partes de una puerta*.

A	B
canalón	*azotea*
alféizar	*cornisa*
muro	*desagüe*
rodapié	*dintel*
panel	*tabique*
quicio	*tablero*
buhardilla	*zócalo*

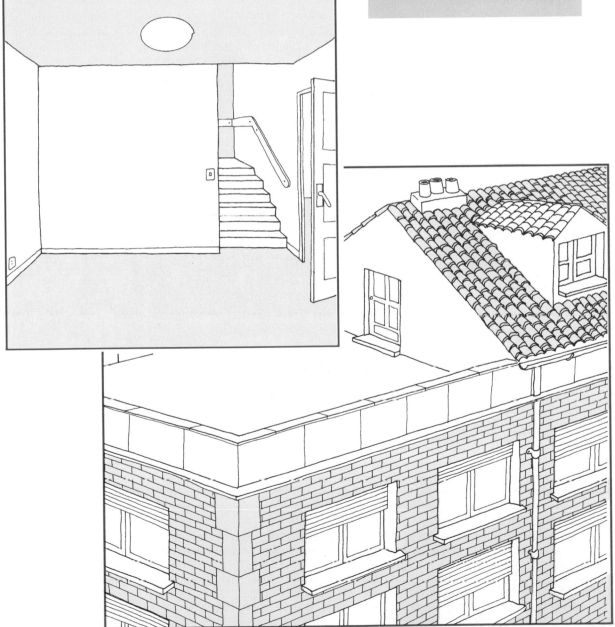

Vas a escuchar un fragmento de una entrevista al pintor colombiano **Fernando Botero**. Abajo tienes un resumen de lo que se dice en la entrevista, pero con algunas *«mentiras»*. Léelo antes de escuchar y señala lo que no te parezca cierto. Coméntalo con tus compañeros.

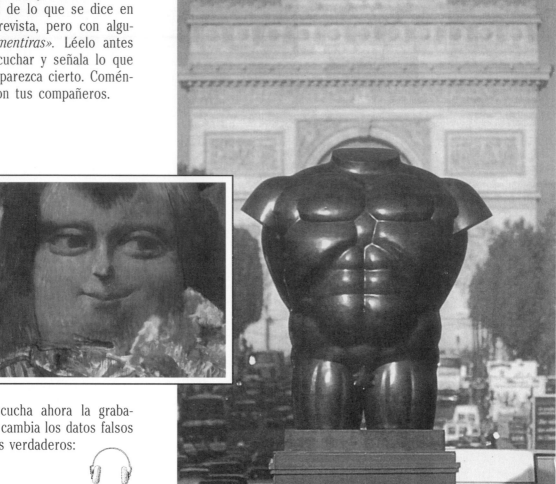

Escucha ahora la grabación y cambia los datos falsos por los verdaderos:

Fernando Botero se considera un autodidacta, aunque estudió varios cursos con el profesor Rafael Sáenz. También estudió un año en la Academia de Bellas Artes de San Fernando, pero casi no vio al profesor; allí había muy poco ambiente de trabajo, pero él trabajaba con una modelo todos los días. Como él pinta muy rápido, cosa que le pesa, un día que le sobró tiempo se puso a pintar el radiador con el que se calentaba; entonces llegó el profesor, que se llamaba Julio Moisés y era un magnífico pintor, y le dijo:«No hay que ser tan realista». Y, aunque esas palabras fueron lo único que aprendió en España, no le sorprendieron en absoluto.

También estudió en Florencia pintura al fresco. Durante varios días, el profesor, Pietro Coracci, les explicó cómo se preparaba la pintura para pintar al fresco, y nunca más volvió a la clase.

De todos modos, Fernando Botero piensa que a pintar se aprende pintando, leyendo y visitando museos, y que su aprendizaje fue como un juego. No cree que sus pinceladas sean perfectas, porque, cuanto más se conoce la pintura, más se da uno cuenta de que nunca se puede decir que se sabe pintar.

112

1. **¡Lo listo que eres!**

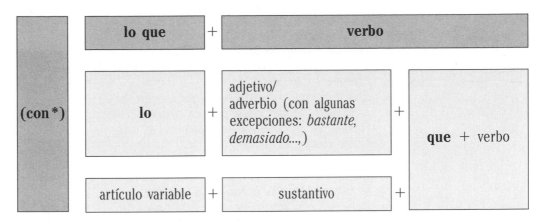

ponderan o destacan la cualidad, acción, situación, cantidad, etc., expresadas por el verbo, el adjetivo, el adverbio o el sustantivo, pero en mayor grado que otras construcciones ponderativas:

+	+ +	+ + +
Fumas mucho.	*¡Cuánto fumas!*	*¡Lo que fumas!*
Eres muy listo.	*¡Qué listo eres!*	*¡Lo listo que eres!*
Está muy lejos.	*¡Qué lejos está!*	*¡Lo lejos que está!*
Tengo mucha sed.	*¡Qué sed tengo!*	*¡La sed que tengo!*

---

*con se utiliza especialmente:

a.
Cuando lo contenido en **lo**/artículo... **que** destaca la causa por la que se afirma algo:

Con lo inteligente que eres, seguro que resuelves el problema enseguida.

(Seguro que resuelves el problema enseguida, porque eres muy inteligente.)

Hay que tener cuidado, sin embargo, al usar estas construcciones que, en general, se emplean con cierto matiz irónico negativo.

b.
Cuando hay una idea o frase con la que se contrasta o a la que se contrapone lo contenido en **lo**/artículo... **que**. Las dos frases, entonces, se enlazan con **y**:

Con el dinero que tiene y no es capaz de gastarse un poco en sus hijos.

(Tiene mucho dinero, pero no es capaz de gastarse un poco en sus hijos.)

o con **lo**/artículo... **que** aparece al final, destacado:

No es capaz de gastarse un poco en sus hijos. ¡Con el dinero que tiene!

Transforma las siguientes frases de modo que utilices los esquemas antes señalados de **(con) lo**/artículo... **que**:

    a. *¡Qué lento eres!*
    b. *¡Qué tarde se ha hecho!*
    c. *No sé cómo te ha podido pasar: eres muy cuidadoso.*
    d. *¡Qué bien se lo pasa!*
    e. *¡Qué lejos está tu pueblo! No vamos a poder ir.*
    f. *Tu pueblo está muy cerca, pero no vamos a poder ir.*
    g. *Cuando me dijo que era muy tarde me di cuenta de que llevábamos mucho tiempo hablando.*
    h. *Me gusta esa película porque es muy sincera.*
    i. *Era muy simpático antes, pero ahora se ha vuelto un antipático.*
    j. *Le felicitó porque lo había hecho muy bien.*
    k. *Aunque es muy inteligente, ¡qué poco trabaja!*
    l. *¡Qué lástima no haber llegado a tiempo! Tenía muchas ganas de verlo.*
    ll. *Trabaja mucho, pero gana muy poco dinero.*
    m. *Aunque eres muy inteligente, no entiendes nada de la vida.*

En español algunos verbos tienen diferente significado según aparezcan con una preposición determinada o no. Teniendo en cuenta esto, piensa si las siguientes afirmaciones son verdaderas o falsas:

    a. El mural de D. Rivera «*Sueño de una tarde de domingo en la alameda*» tuvo que estar *tendido de* una cuerda durante tres meses hasta que se secó.
    b. Luis Buñuel siempre *tendió hacia* un cierto surrealismo en todas sus películas.
    c. P. Picasso *se brindó* a realizar gratis el *Guernica* para apoyar la causa Republicana en la Guerra Civil española.
    d. Salvador Dalí siempre se negó a *brindar por* Franco.
    e. Muchos intelectuales españoles tuvieron que *hacerse a* una nueva vida lejos de España tras la Guerra Civil.
    f. Rafael Alberti, al principio, no pensaba en *hacerse* escritor.
    g. Camilo José Cela nunca *se prestó* a trabajar en la censura durante el régimen de Franco.
    h. Durante muchos años se *prestó* más atención al cine español en el exterior, en los festivales internacionales, que en el interior.
    i. Luis Buñuel nunca *reparó en* el carácter provocativo de sus películas.
    j. Parte del Museo del Prado tuvo que ser *reparada* tras la Guerra Civil, pues había sido bombardeada.
    k. Federico García Lorca *sirvió en* el ejército republicano durante la Guerra Civil española.
    l. Uno de los directores que *sirvió para* que se conociera el cine español en el extranjero en los años ochenta, fue Pedro Almodóvar.

¿Qué sabes de la personalidad de Don Quijote? ¿Y de la de Don Juan Tenorio?

Si un hombre es un mujeriego, podemos decir de él que es un *donjuán* o un *tenorio*. En cambio, si es una persona que lucha por ideales inalcanzables, podemos decir que es un *quijote*.

Decide si las siguientes afirmaciones tienen sentido. Fíjate en el ejemplo:

A Pedro se le dan muy bien las mujeres. Siempre tiene tres o cuatro novias a la vez. Pedro **es un donjuán**. **(Sí)**

a. *A Marta le salen los pasteles perfectos.* **Es una artista** *(de la cocina).*

b. *Juan es muy gracioso, siempre está contando chistes.* **Es un comediante.**

c. *El decorador me ha dejado el piso precioso.* **Es un auténtico pintamonas.**

d. *Pasamos unas vacaciones* **de película**. *Todo nos salió perfecto.*

e. *Me parece que* **estás haciendo un drama de esto**. *Estás exagerando.*

f. *María siempre canta cuando trabaja. Le gusta* **llevar la voz cantante.**

g. *David se parece mucho a su padre.* **Es su vivo retrato.**

h. —*Como el alcalde no les hacía caso, decidieron plantear el asunto directamente al ministro.*
   —*Así que, ¿*se fueron con la música a otra parte?*

i. *Esto es justo lo que necesitaba.* **Me viene que ni pintado.**

j. **No puedo ver** *a Teresa* **ni en pintura**. *La odio.*

k. *¡Tú aquí* **no pintas nada**! *No nos molestas en absoluto.*

l. *¡No te preocupes, hombre!* **Eso le pasa al más pintado.** *Le puede pasar a cualquiera.*

1. ¿Sabes mucho sobre arte hispanoamericano y español? Ahora tendrás oportunidad de demostrarlo. La clase se va a dividir en dos grupos y habrá un concurso cultural. Todas las preguntas y las respuestas correctas las tiene tu profesor. No te desanimes si no sabes muchas cosas; con esta competición puedes también aprender.

2. Fíjate en este poema. ¿Qué tiene de peculiar su forma?

A Fondo se escribió,
Felizmente terminó;
¡Oh, qué profunda emoción!
Nadie nos puede decir,
Después de tanto sufrir:
"Otro tenéis que escribir."

LOS AUTORES DE ESTE LIBRO

Con otros compañeros, vas a escribir un poema de las mismas características, con una palabra que te va a dar tu profesor.

1. ¿Tú qué crees?

— Teniendo en cuenta que estos niños son españoles, ¿a qué edad se irán de casa?

— ¿A qué edad suelen independizarse los jóvenes en tu país? ¿Hay mucha diferencia en comparación con España? Si es así, ¿a qué crees que se debe?

PARA CUANDO SE TE VAYAN DE CASA

PLAN FUTURA VIVIENDA

Para cuando llegue el momento, levanten el vuelo y piensen en su propia casa, tú querrás lo mejor para ellos. Por eso a partir de ahora te ofrecemos el nuevo Plan Futura Vivienda del Banco Hipotecario, el banco experto en la vivienda. Una solución exclusiva para que puedas conseguir en el futuro un hogar para tus hijos con toda la seguridad del mundo. Ahorrando poco a poco. Sin darte cuenta, mientras van creciendo. Ven al Banco Hipotecario o llama al **900 10 00 10.** *Pregunta por el "Plan Futura Vivienda"... y asegúrales un hogar.*

BCH
BANCOHIPOTECARIO
LA NUEVA BANCA PÚBLICA

— ¿Te parece una buena idea la del Banco Hipotecario? ¿Es un deber de los padres proporcionar una vivienda propia a los hijos?

— ¿A qué edad se jubila la gente en España? ¿Y en tu país? ¿Debería cambiar esta situación?

— ¿Crees que esa edad es un buen momento para aprender, como propone este centro de estudios? ¿Qué ventajas y desventajas tiene este tipo de enseñanza para los ancianos?

Disfrute ahora de su tiempo libre haciendo lo que más le guste

Haga lo que siempre deseó hacer

Es posible que hasta ahora usted haya tenido muchas ocupaciones y responsabilidades a causa de su trabajo, su familia, su hogar... Sin embargo, hoy, seguramente dispone de tiempo suficiente para poder dedicarse a todo aquello que siempre deseó.

Diviértase practicando y aprendiendo los secretos de su afición preferida

Dedíquese al arte de la Jardinería, el Dibujo, el Vídeo, la Fotografía... Son muchas las aficiones que ahora puede llevar a cabo, gracias a los Cursos a Distancia de CEAC que le enseñarán las técnicas y todos los secretos del tema que usted prefiera. Tranquilamente desde su casa, a la hora que más le apetezca. Y, sobre todo, de forma muy fácil y amena.

En su propio domicilio

Recibirá las Unidades Didácticas y todo el material de prácticas necesario para aprender fácilmente en su propio domicilio.

Disponga del consejo y asesoramiento de auténticos profesionales

Podrá consultar cualquier duda a profesionales especializados en cada tema. Por teléfono, por carta o personalmente, como usted quiera.

Condiciones muy favorables

CEAC tiene reservadas para usted unas condiciones de pago muy favorables, para que usted pueda recibir su Curso y abonarlo, con toda comodidad.

Con resultados garantizados

En pocos meses, usted habrá finalizado con éxito su Curso y recibirá el Diploma CEAC que acredite sus conocimientos.

Materias que usted puede aprender fácilmente y desde su hogar:

- Jardinería
- Fotografía
- Vídeo
- Dibujo y Pintura
- Dibujante general
- Dibujo artístico
- Dibujo de caricaturas
- Dibujo de historietas
- Dibujo humorístico
- Pintura al óleo
- Decoración
- Puericultura
- Inglés
- Francés
- Informática
- Esteticista
- Corte y Confección
- Electrónica y Microelectrónica
- Fontanería y electric.

— ¿Cómo te imaginas la vida después de la jubilación? Comenta con tus compañeros lo que te gustaría hacer cuando te jubiles.

— ¿Qué otras ideas se te ocurren para solucionar el problema del exceso de tiempo libre de los jubilados?

1. Ser joven hoy.

¿Cómo crees que son los jóvenes españoles? Rellena los huecos del dibujo con los porcentajes que creas apropiados, y después comprueba tus respuestas con los resultados de la encuesta. ¿Qué datos encuentras más sorprendentes?

Ser joven hoy:
Siete trazos para un boceto

TRABAJO. Una de las obsesiones generacionales de unas cohortes nacidas en el entorno de la primera crisis del petróleo, con su secuela de estancamiento y prolongada crisis de empleo. Aunque los últimos cinco años han aliviado un tanto la angustia estructural que ha supuesto la búsqueda del primer empleo, aún hay una larga cola de jóvenes «profesionales» de esa búsqueda (en 1984, el 8 por 100

importante al respecto es ver el grado de equiparación entre hombre y mujer respecto a la actividad: la tasa de trabajadores de 15 a 24 años es del 32 por 100 entre los varones y del 24 por 100 entre las mujeres, y lo que es aún más significativo, hay un 61 por 100 de mujeres de esa edad cursando algún estudio, frente a un 75 por 100 de varones.

POLÍTICA. El 88 por 100 de los jó-

El ▨% de los jóvenes de hoy no está apuntado a nada.

Para el ▨% las relaciones sexuales extramatrimoniales no están nunca justificadas.

El ▨% cree en Dios.

En la pareja optan por:
Mantenerse solteros ▨% ▨% No sabe/No contesta
Matrimonio civil ▨%
Unión "sin papeles" ▨%
▨% Matrimonio religioso

▨ de cada ▨ se sienten en la casa familiar felices y confiados.

Para el ▨% el Ejército debería ser profesional.

El ▨% de los jóvenes opta por los estudios.

de los jóvenes de 15 a 24 años eran buscadores de primer empleo, y el 6 por 100, parados que ya habían tenido ocupación; hoy son justo la mitad los buscadores y los parados). El 28 por 100 de los jóvenes de esa edad trabaja y el 59 por 100 estudia (de ellos, el 53 por 100 como actividad exclusiva, y el 6 por 100 compatibilizándolo con el trabajo.) Tal vez lo más

venes de 18 a 23 años prefiere que «*todos y cada uno nos interesemos por la política*», frente a un 12 por 100 partidario de que un «*hombre destacado tenga autoridad y decida por nosotros*» (la adhesión respectiva al principio democrático y al autoritario es del 79 por 100 y del 18 por 100 en la población adulta total). Sin embargo, tan elevada adhesión de

principio a la democracia coexiste con un nivel de desinterés personal no menor por su ejercicio: uno de cada dos jóvenes dice que la política no le interesa nada; hace apenas 14 años, en 1977, el porcentaje de jóvenes totalmente desinteresados por la política era (sólo) del 20 por 100. En menos de tres lustros de ejercicio democrático, hemos pasado de un 45 a un 18 por 100 de los que admiten algún interés. He ahí un dato para el urgente examen de conciencia de la llamada clase política: ¿hasta dónde mantener viva una democracia sin renovar el interés de quienes se integran en sus prácticas y ritos?

FAMILIA. Nueve de cada 10 se sienten en la casa (paterna) felices y confiados, 8 de cada 10 están muy o bastante compenetrados con sus padres y la mitad justa dice que su forma de pensar es sólo «algo» distinta (1 de cada 10 se manifiesta idéntico en forma de pensar a sus padres). Las mayores coincidencias se dan en la religión, la moral y las actitudes sociales.

PAREJA. Uno de los cambios demográficos más significativos de las últimas décadas en España es la caída, que protagonizan los jóvenes, de las tasas de nupcialidad y natalidad. Ha ganado aceptabilidad entre los jóvenes la unión de hecho (el 44 por 100 podría planteárselo y sólo el 3 por 100 lo desaprueba en términos cerrados para sí y para otros), pero el matrimonio (y además por la Iglesia) sigue siendo la forma de unión preferida: el 63 por 100 optaría personalmente por ella; el 15 por 100, por el matrimonio civil; el 13 por 100, por la unión consensual «sin papeles», y aún queda un 5 por 100 de célibes «vocacionales» que dicen que no piensan casarse ni unirse establemente a nadie. Sea como sea, en torno a las relaciones de pareja, los jóvenes manifiestan un puritanismo muy superior al de las generaciones precedentes: para un 61 por 100 de los jóvenes (un 44 por 100 en 1984), las relaciones sexuales extramatrimoniales no están nunca justificadas.

GRUPO. El 72 por 100 de los jóvenes españoles no está «apuntado» a nada; del resto, la mitad lo están a clubes deportivos, y los porcentajes de afiliación a organizaciones como partidos (1 por 100) o sindicatos (1 por 100) son ínfimos. En cambio, gana terreno la amistad: el porcentaje de quienes dicen tener muchos amigos y amigas ha crecido entre 6 y 8 puntos de 1984 a 1989.

DIOS. El 74 por 100 de los jóvenes españoles cree en Dios, si bien tal creencia se acompaña de una escasa confianza en la Iglesia como institución (el 29 por 100 confía *mucho* o *bastante* en ella) y una *práctica religiosa* minoritaria (apenas el 19 por 100 se define como católicos practicantes).

«MILI». Una de las claves de identificación es el rechazo al servicio militar: los partidarios de la *mili* son apenas un 15 por 100 de los jóvenes de 18 a 24 años (en la población adulta, los partidarios llegan al 33 por 100); para el 80 por 100, el Ejército debería ser exclusivamente profesional, y el 55 por 100 piensa que a los insumisos no habría que imponerles sanción alguna. No llega a uno de cada 10 el número de los que creen que el servicio militar sea «muy» útil, y el 60 por 100 lo considera «poco» útil o del todo inútil.

(José Ignacio Wert, en el PAÍS Semanal [extracto])

A. Compara a los jóvenes españoles de hoy con los de hace unos años. Todos los datos están en el texto.

Trabajo: 1984: Un ▒▒▒ % de los jóvenes buscaba su primer empleo.
Hoy: El ▒▒▒ %.

1984: El ▒▒▒ % de los jóvenes eran parados con experiencia laboral.
Hoy: El ▒▒▒ %.

Por tanto, los jóvenes de hoy pueden sentirse más ▒▒▒▒▒▒ .

Política: 1977: Al ▒▒▒ % de los jóvenes no le interesaba nada la política.
Hoy: El ▒▒▒ %.

1977: El ▒▒▒ % admitía algún interés por la política.
Hoy: El ▒▒▒ %.

Así que los jóvenes de hoy son más ▒▒▒▒▒▒▒ y están menos ▒▒▒▒▒▒ .

Pareja: 1984: Un ▨▨▨▨ % de los jóvenes pensaba que las relaciones sexuales extramatrimoniales no estaban nunca justificadas.

Hoy: El ▨▨▨▨ %.

Los jóvenes españoles se están volviendo más ▨▨▨▨▨▨▨▨ .

B. Basándote en estos y otros datos de la encuesta, ¿cuáles de estos adjetivos crees que sirven para definir a los jóvenes españoles de hoy? Justifica tus respuestas en un coloquio con tus compañeros.

esperanzado	*práctico*	*materialista*
romántico	*idealista*	*liberal*
ateo	*individualista*	*religioso*
comprometido	*reaccionario*	*creyente*
extravertido	*introvertido*	*revolucionario*
apolítico	*tolerante*	*optimista*
conformista	*gregario*	*puritano*
conflictivo	*conservador*	*progresista*

2. La última almendra.

A. Lee el primer párrafo del artículo de Antonio Gala que tienes en la página siguiente. ¿Cuál de estas frases te parece que lo resume mejor? Trabaja con tu compañero y compara tu respuesta con la del resto del grupo.

La vejez es la época más dura de la vida porque no tenemos oportunidad de remediar lo que hemos hecho mal.

Sólo nos damos cuenta de lo amarga que es la vida cuando llegamos a viejos.

Lo mejor de la vida tendría que venir al final, pero éste casi siempre resulta desagradable, y lo mejor sería morirse pronto.

B. Completa el cuadro con la información de los párrafos 2, 3 y 4.

Problemas de la vejez	Posibles soluciones	Pero...
	Prolongar su vida laboral.	
Los viejos se sienten inútiles.		*Lo que importa es la productividad, y si no producen, estorban.*
		Tienen su propia vida.
		Los jóvenes necesitan casas.
		Suelen funcionar mal.

La última almendra

El niño devoró a hurtadillas con fruición un puñado de almendras. Sólo le queda una; en ella se concentrará el sabor de todas; con ella se despide de las demás, que tanto le gustaron. La muerde, empieza a masticarla, y, sin seguir, la escupe. Es una almendra amarga. No hay ninguna con que quitarse el mal sabor de boca. El azar, no por primera vez, le ha gastado una broma... Al hombre, con la vida, le sucede lo mismo: se fue comiendo —de una en una, de dos en dos— su puñado de almendras, y en la vejez todo es ya irremediable. *Si yo hubiese sabido...,* se dice. ¿Qué habría cambiado? En cualquier caso, es tarde; la jugada está hecha; se ha perdido la apuesta; se levanta la timba. Envejecer sin mejorar es el mayor fracaso. Al niño le quedan muchas ocasiones; al viejo, no: sólo esa almendra que no se atreve ni a escupir. Para el niño la muerte es un fantasma, aunque muera mañana; para el viejo, aunque viva, no hay nada más real; ahí está, cara a cara frente a él. Y quizá sea la muerte el único remedio para tanto amargor; quizá la vida empieza a no valer la pena; quizá la inaplazable sea una liberación. Le invade la desgana. Con una mueca de asco, escupe al fin la almendra.

Cada día hay más viejos. En España llegan a seis millones; dentro de diez años habrá millón y medio más. ¿Qué esperan? ¿Cómo esperan? ¿Quién los ama? (...) La vejez es una enfermedad incurable; su mantenimiento, caro; su rendimiento, nulo. Los productivos de la sociedad se quejan del número creciente de improductivos... Bien; prolonguemos la vida laboral. No; no hay puestos de trabajo para tantos; al contrario, las jubilaciones se anticipan, y no se contrata a los mayores de cincuenta. La sociedad inventa nuevos viejos, envejece artificialmente a sus miembros, los amontona en sus desvanes... Pero ¿los prepara al menos con tiempo para el cese? No; todo está tramado hacia la utilidad: aquí no hay ya otro eje que el trabajo. ¿Por qué no concluye con él la vida entonces? Qué estorbo son los viejos: cumplieron su misión; dieron cuanto tenían que dar: hijos y esfuerzo; tuvieron su oportunidad y su alegría; ahora deben dejar sitio a los otros. ¿Por qué no hacen lo que cada vez más los ancianos japoneses: suicidarse, en un postrer y altivo gesto de samuráis?

La sociedad, que abdicó en el Estado sus derechos, ¿cómo no va a zafarse de sus obligaciones? Pero ¿de qué le sirven al Estado los viejos? Para él, ellos no tienen otra arma que su voto; una vez engañados, se les tacha. Quizá fuera hábil que, convertidos en una carga estéril, se les retirara su derecho a votar; así nos ahorraríamos el continuo y ascendente gasto de sus pensiones... Acaso su familia: ¿no fueron ellos quienes la crearon? Sí; pero ¿quién se lo mandó? Son responsables de ella; no han de impedir, por tanto, que se desarrolle con normalidad, sin el obstáculo que supondría cuidarlos, mantenerlos, estar pendientes de sus pesadeces. En la familia todos trabajan; nadie queda en la casa; los dormitorios son para los muchachos; la convivencia con viejos ensombrece... Bueno; pueden quedarse en la casa donde siempre vivieron: saben qué losa del pasillo se mueve, en dónde está la cómoda, cuántos pasos hay desde la puerta hasta los pies de la cama; los recuerdos no envejecen, los muertos no envejecen. Pero esas casas son demasiado valiosas para malgastarlas en uno o en dos viejos: hay matrimonios jóvenes que se darían con un canto en los dientes por ellas. Y además, ¿quién los cuidaría, tan inválidos? ¿Una asistente social? Al llegar una mañana se los encontraría muertos de un infarto, o gaseados por descuido, o con la pelvis rota. ¿Para qué está el teléfono? Eso se lo pregunta cualquiera: ¿para qué está el teléfono?

No, no. Sólo están los asilos para la última almendra. Pero nadie examina sus instalaciones, ni fija su dotación mínima, ni el personal cualificado, ni regula su asistencia. (...)

Lo que yo no comprendo es cómo los maduros no se dan cuenta de que ellos serán unos viejos aún más desdichados que sus padres: tienen menos hijos, sembraron menos, durarán más tiempo, y en efecto, como no se cansan de repetir, *las cosas han cambiado, la responsabilidad es ahora de todos, que para eso pagamos los impuestos.* Ignoran que el frío es inimaginable; sólo se siente cuando llega el invierno. Y tampoco comprendo cómo no se preparan los más jóvenes para envejecer con imaginación, con autonomía, con un remanente de curiosidad y de sorpresa. Como si la

vejez se desplomase de pronto: un cataclismo inesperado, un cáncer imprevisible, un viraje repentino. ¿Es verdaderamente así, o es que preferimos engañarnos
100 hasta entrar en las mismísimas fauces de la muerte? ¿Tan enemiga es esta sociedad que nos contagia a todos su fría indiferencia? ¿Por qué entonces, de una vez, no autorizar la eutanasia? Sería por lo menos más valiente. Porque, a lo mejor, si no, los viejos un día se
105 rebelan, y, con una sabiduría acumulada, se enfrentan a nosotros y nos dan con la última almendra en las narices.

(Antonio Gala, en EL PAÍS Semanal [extracto])

C. El último párrafo es un resumen de las ideas principales del texto. Analízalas completando las siguientes frases; utiliza las ideas, pero no las mismas palabras del texto.

— Los maduros ▬▬▬▬▬▬▬▬▬.
— Los más jovenes ▬▬▬▬▬▬▬.
— Probablemente ignoramos los problemas de la vejez porque ▬▬▬▬▬▬▬▬▬▬.
— Hay que afrontar el problema de la vejez porque ▬▬▬▬▬▬▬▬.

D. Sustituye las palabras subrayadas del texto por otras de esta lista. Ten en cuenta que las opciones no siempre son sinónimos, y que hay dos palabras por cada una de las que están subrayadas. Comprueba tu versión con la dc otros compañeros.

	desesperado	
contentarse (con)	expresión	jubilación
cambio	matarse por	dirigido
digno	puede que	llegar
tontería	evadirse	librarse
pereza	caerle a uno encima	orgulloso
revés	deleite	sigilosamente
gusto	gesto	despido
tal vez	furtivamente	manía
hastío	último	encaminado

E. ¿A qué hace referencia el autor con las expresiones

que no se atreve ni a escupir (1.16)
la inaplazable (1.21)?

¿Recuerdas algún eufemismo para hablar de lo mismo?

F. Explica la siguiente frase:

La sociedad inventa nuevos viejos, envejece artificialmente a sus miembros (1.34).

1. En este cuadro aparecen algunos adjetivos que usamos para hablar de la vejez. Consúltalo para completar las frases que están debajo (a veces hay más de una posibilidad).

	Viejo	Antiguo	Anciano	Decrépito	Envejecido	Arcaico	Remoto	Anticuado	Trasnochado	Mayor	Senil
Personas	+	(+)	+	+	+			+		+	+
Animales	+										
Objetos	+	+		+	+			+			
Hechos e ideas	+	+				+	+	+	+		
Pasado de moda		(+)						+	+		
Culto			+	+		+	+				+
Peyorativo		(+)		+					+	+	+
Eufemismo										+	
Decadencia física				+	+						+
Proceso					+						
Muy lejano en el tiempo						+	+				

A. Como casi todas las personas ▓▓▓▓▓▓▓▓, tiene unas ideas muy ▓▓▓▓▓▓▓▓.

B. Esa tradición proviene de tiempos ▓▓▓▓▓▓▓▓.

C. Tiene mal aspecto: lo encuentro muy ▓▓▓▓▓▓▓▓.

D. Esa escultura es de la época ▓▓▓▓▓▓▓▓ de nuestra civilización.

E. El Código Penal está ya ▓▓▓▓▓▓▓▓; necesita una reforma.

F. Ahora está de moda comprar muebles ▓▓▓▓▓▓▓▓ en las subastas.

G. Ya está muy ▓▓▓▓▓▓▓▓, y empieza a tener síntomas de demencia ▓▓▓▓▓▓▓▓.

2. Los adjetivos usados para hablar de la juventud y la niñez son muchos menos. Lee las frases siguientes, fíjate en los adjetivos subrayados y en cómo se usan:

— *Aunque ya tenía más de veinticinco años, su cara <u>aniñada</u> hacía que pasara por adolescente.*

— *Tienes un aspecto muy <u>juvenil</u> con ese vestido.*

— *No sé nada de literatura <u>juvenil</u>.*

— *No ha perdido todavía las ilusiones <u>juveniles</u>.*

— *A veces sus reacciones son <u>pueriles</u>: ¡mira que decirle esa tontería a su madre!*

— *Ahora se dedica a la moda <u>infantil</u>.*

— *¡Pero qué <u>infantil</u> eres! Te crees todo lo que te dicen.*

— *Es psicólogo, y está escribiendo un libro sobre las frustraciones <u>infantiles</u>.*

Ahora completa los cuadros siguientes usando el signo + (igual que en el cuadro del apartado 1):

Estos adjetivos se usan aplicados a:

	Personas		Nombres	
	Aspecto físico	Carácter	Concretos	Abstractos
Infantil				
Pueril				
Aniñado				
Juvenil				

Y además, hay que tener en cuenta que se usan:

	En la edad apropiada	Fuera de la edad apropiada	
	Siempre	Con sentido positivo	Con sentido negativo
Infantil			
Pueril			
Aniñado			
Juvenil			

Esta es la letra de una canción del grupo español **Gabinete Caligari**. Imagina qué palabras podrían aparecer en los huecos (la rima puede ayudarte a veces):

Amor de madre

Cuando era enano me ▨▨▨▨▨
la mano y me la besó.
Mi madre me enseñó
primero a caminar:
«Solo, ▨▨▨▨▨ andarás»,
y me hacía comer mirando un ascensor
que había en el patio ▨▨▨▨▨,
y a querernos los dos;
mi madre me enseñó
a no llorar en el colegio
cuando ella no podía estar,
a distinguir entre el ▨▨▨▨▨
que las personas me pudieran dar.
Mi madrecita me enseñó
a ver la vida como un ▨▨▨▨▨,
y la cara de Dios
mi madre me enseñó.
Ese amor de madre que me dio
su estilo, su clase, su voz;
me decía: «Que no te enamores jamás
de alguien que te pueda ▨▨▨▨▨»,
y llevaba ▨▨▨▨▨.
Mi madre me enseñó
a ▨▨▨▨▨ de la lluvia
con un paraguas de verdad,
a soportar todas las pullas
que los malajes me quisieran dar.

Compara y comenta con tus compañeros las soluciones que cada uno ha dado (hay muchas posibilidades correctas).

Ahora vas a escuchar la canción. Escribe lo que realmente dice al lado de lo que has escrito tú.

Cuando era enano me ▨▨▨▨▨
su amor de madre, su corazón.
Mi madre me enseñó
a cantar con emoción,
a no temer la ▨▨▨▨▨,
y la cara de Dios,
y la cara de Dios.
Mi madre me enseñó
a querernos los dos.

> «*Acabaré muriendo como un burgués, y me pone triste saberlo.*»
>
> (Jesús Puente, actor)

> «*Todo aquello que me enriquezca, que me produzca algo especial, que no controle, me pone a mil quinientos.*»
>
> (Luz Casal, cantante)

> «*Hablamos con indiferencia de días, de horas, de semanas, de meses. Cuando hablamos de años nos ponemos ya serios.*»
>
> (Antonio Gala, escritor)

Ahora completa estas frases:

— Me pongo triste cuando ▓▓▓▓▓▓▓▓▓▓▓▓ .
— Me pone nervioso/a que la gente ▓▓▓▓▓▓▓▓▓▓ .
— ▓▓▓▓▓▓▓▓▓▓▓▓ me pone/n melancólico/a.
— Me pongo furioso cada vez que ▓▓▓▓▓▓▓▓▓ .
— Me pongo colorado siempre que ▓▓▓▓▓▓▓▓ .

RECUERDA:

PONERSE

me pongo	nervioso	cuando	
te pones	furioso	cada vez que	+ indicativo
se pone	triste	siempre que	
⋮	⋮		

PONER

(a mí) me		furioso(a)	
(a ti) te	pone(n)	serio(a)	+ **el/la/los/las** + nombre
(a él / a ella) le		eufórico(a)	
⋮	pone	nervioso(a)	+ Infinitivo
		triste	**que** + subjuntivo

VERBOS DE CAMBIO	SIGNIFICADO	GENERALMENTE CON	EJEMPLOS
poner(se)	Cambio de estado (momentáneo).	Adjetivos de color, aspecto, estado de ánimo o salud: complemento preposicional:	*Se puso rojo.* *Se puso pálido.* *Se puso enfermo.* *Le ha puesto en ridículo.*
quedar(se)	Cambio de estado como resultado de un proceso (duradero).	QUEDARSE + adjetivos y complementos preposicionales:	*Se quedó contento.* *Se quedó sin dinero.*
		QUEDAR + participios y adjetivos sensoriales, de moda y evaluativos:	*El libro ha quedado terminado.* *El cuadro ha quedado perfecto.*
volver(se)	Cambio de cualidad o clase:	Adjetivos que expresan cualidad o ideas políticas, nacionalidad, defecto físico... y sustantivos con un artículo indeterminado:	*Se ha vuelto un hombre muy huraño.* *Se ha vuelto muy antipático.* *La diabetes le volvió ciego.*
hacer(se)	Cambio de cualidad. Cambio de estado o situación con participación activa del sujeto (voluntariedad y esfuerzo).	Adjetivos que expresan grados de una cualidad:	*Se hizo rico poco a poco.* *La tensión hizo la tarde insoportable.*
		Sustantivos y adjetivos que expresan clase (nacionalidad, profesión):	*Antes era abogado y ahora se ha hecho juez.*
convertir(se)	Cambio de clase o cualidad sin participación activa del sujeto.	Sustantivos:	*Se convirtió en el autor más cotizado.* *La bruja le convirtió en rana.*
llegar a ser/estar	Culminación de un proceso con o sin participación activa del sujeto.	LLEGAR A SER + sustantivos y adjetivos que expresan clase:	*Pese a todo, llegó a ser abogado.*
		LLEGAR A ESTAR + adjetivos y complementos preposicionales:	*Llegó a estar harto.*
pasar a ser/estar	Cambio de clase, estado o cualidad, en relación con la situación anterior.	Sustantivos y participios:	*Después de estar varios años como ayudante pasó a ser director.*

Actividades

1. Completa con la expresión o expresiones de cambio más apropiadas estas frases (puede haber varias posibilidades):

A. *¿Toda la vida siendo de derechas y ahora (tú)* ░░░░░░░░░░ *socialista?*

B. *Después de aquella carrera (yo)* ░░░░░░░░░░ *sin respiración.*

C. *Al conocer la noticia, (nosotros)* ░░░░░░░░░░ *tan contentos que comenzamos a gritar de alegría.*

D. *Hacía muchos años que no le veía, pero me parece que (él)* ░░░░░░░░░░ *una persona triste.*

E. *¡Al final lo conseguiste y (tú)* ░░░░░░░░░░ *profesor!*

F. *Lo más importante es que el cliente* ░░░░░░░░░░ *contento.*

G. *Parece que la sociedad* ░░░░░░░░░░ *loca.*

H. *Jesús* ░░░░░░░░░░ *enfermo y no pudo ir a trabajar.*

I. *Desde que encontró trabajo, Yolanda* ░░░░░░░░░░ *más sociable.*

J. *Con aquel estampido, casi (nosotros)* ░░░░░░░░░░ *sordos.*

K. *¿* ░░░░░░░░░░ *ustedes satisfechos?*

L. *Pese a sus buenas intenciones al principio, aquel gobernante* ░░░░░░░░░░ *un tirano.*

M. *Después de estudiar mucho, (él)* ░░░░░░░░░░ *ingeniero.*

N. *Si echas el líquido de este frasco en el agua, ésta* ░░░░░░░░░░ *roja y podrás usarla para teñir.*

Ñ. *El conserje* ░░░░░░░░░░ *rojo de ira.*

O. *Tras trabajar de secretario* ░░░░░░░░░░ *ayudante del director.*

2. Lee esta historieta y después, utilizando la mayor cantidad posible de verbos de cambio, di cuáles son las transformaciones que se han producido en esta pareja:

129

1. Vas a leer una discusión entre un padre y su hijo. Completa los círculos comentando las reacciones de los dos personajes con las expresiones:

PONERSE:

como un tomate
como un pimiento
como una fiera - hecho/a una fiera
como un energúmeno - hecho/a un energúmeno
como un basilisco - hecho/a un basilisco

1. El padre se pone →

— ¿Dónde estuviste el miércoles por la tarde?
— En el cole.
— ¿Estás seguro?
— Sí.
— No me mientas, que te arreo un sopapo que te estrello contra la pared.
— Que estuve en el cole.
— Golfo, que eres un golfo, que llevas tres semanas haciendo novillos.

(...)

← **2. El hijo se pone**

3. El padre se ha puesto →

— Como vuelvas a hacerlo, te juro que te vas a acordar de mí. Tú te crees..., uno sacrificado para darles unos estudios y ellos... Si es que me tomas por el pito del sereno... Pues ya te he dicho, como me vuelva a llamar el profesor diciéndome que te has saltado una clase, ya puedes correr, golfo, que eres un golfo.

(*Familia no hay más que una*, de Gomaespuma)

2. Hay muchos verbos que vienen de adjetivos y que significan *cambiar tomando la cualidad expresada por el adjetivo*. Por ejemplo, del adjetivo **rico** viene el verbo **enriquecer(se)** (hacerse [más] rico). Con ayuda del diccionario, completa este cuadro con los verbos derivados de los adjetivos:

barato   rojo   triste   blando
sucio   dulce   caro   oscuro

> ¡OJO! → En la lengua hablada es más común usar las construcciones con verbos de cambio («hacerse rico», «ponerse rojo») que estos verbos.

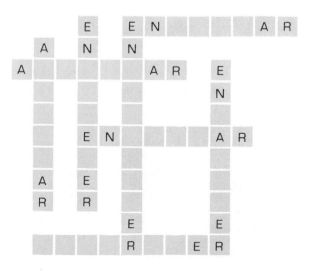

1. ¡Quién te ha visto y quién te ve!

Imagina que todos los alumnos de esta clase se reúnen dentro de cuarenta años porque el centro de estudios celebra una fiesta para sus ex-alumnos. Todo el mundo lleva muchos años sin verse. Busca un compañero; salúdale y hazle algún cumplido. Después cambia de pareja y habla con sinceridad sobre el aspecto del primer compañero.

Aquí tienes algunas fórmulas que te ayudarán:

CUMPLIDOS	RESPUESTAS
¡No has cambiado nada!	*Tú sí que estás igual.*
Estás igual...	*Tú, que me miras con buenos ojos.*
¡Qué bien te veo!	*Me vas a sacar los colores-poner colorado/a.*
Por ti no pasan los años.	*¡Menos coba!*
Estás hecho/a un/a chaval/a.	*No creas, los años no pasan en balde.*

Y DESPUÉS...

¿Has visto a...? ¡Qué viejo/a-envejecido/a está!
¡Pero si ni siquiera-no le-lo/la había reconocido!
¿Has visto lo viejo/a
      envejecido/a   que está...?
      cambiado/a
¡Ya no tenemos veinte años!

Se ha puesto como una vaca*
Está hecho/a un palillo*
Se ha quedado-está en los huesos*

* *Coloquial.*

2. Lee la siguiente carta dirigida a un periódico y después escoge una de las tres opciones que hay en la página siguiente. Asumiendo uno de los tres papeles, escribirás una carta al mismo periódico.

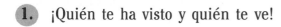

CARTAS AL DIRECTOR

Vecinos de arriba, vecinos de abajo.

He leído en su periódico un caso parecido al mío, que a continuación paso a relatar: mis vecinos de arriba, un matrimonio con dos hijos, causan sobre nuestras cabezas todo tipo de ruidos ensordecedores, como arrastres, golpes, galopadas, gritos, taconazos y un sinfín de insoportables sonidos, que acabarían por dañar el sistema nervioso de cualquier persona y, en nuestro caso, la tranquilidad familiar.

Aunque hemos transmitido nuestras justas quejas en multitud de ocasiones a los padres, éstos nos han hecho saber que, según la ley, durante el día se puede hacer toda clase de ruidos y que no nos quedaba más remedio que esperar pacientemente a que sus hijos se hicieran mayores.

Pese a todo, ahora que los niños han crecido, los ruidos no han hecho sino multiplicarse, pues ahora a los golpes y los gritos se ha unido la música de rock a todo volumen.

Francisco Muñoz de Santos. Valladolid

A. Eres el padre de los niños. Escribes al periódico para decir que tu vecino es un histérico y no aguanta nada. Cuenta alguna anécdota que te sucedió con él, para demostrarlo.

B. Tuviste el mismo problema que este hombre hace unos años, pero conseguiste solucionarlo. Cuenta cómo lo hiciste.

C. Vives en el mismo bloque que este señor y estás completamente de acuerdo con él. Tuviste un altercado con la misma familia a causa de los niños. Cuéntalo para apoyarle.

 3. Actividad oral:
Discusión familiar.

Representa con tus compañeros las siguientes situaciones en grupos de ocho. Cuatro personas representarán los personajes y los otros cuatro se sentarán detrás para actuar como consejeros.

SITUACIONES:

— El hijo mayor quiere comprarse una moto.
— El hijo mayor quiere que le den más dinero al mes.
— El hijo mayor quiere irse de vacaciones con sus amigos.

PAPELES:

— **El padre:** Intenta afirmar su autoridad, aunque en realidad es la madre la que toma la decisión final. Siempre dice que no a todo, se enfada fácilmente y grita mucho. Le preocupa el dinero más que los problemas en los que se puedan meter sus hijos.

— **La madre:** Sabe que al final se hará lo que ella diga, pero no le gusta que se sepa. No se altera fácilmente, pero no se rinde nunca. Le preocupa mucho la seguridad de sus hijos, pero es más comprensiva con sus necesidades. Intenta contentar al padre y a los hijos.

— **El/la hijo/a mayor:** Lo que más le importa es salirse con la suya, y es muy cabezota. Intenta convencer a sus padres por las buenas, pero cuando no lo consigue es capaz de cualquier cosa. Soborna y amenaza al pequeño para que le apoye.

— **El/la hijo/a pequeño/a:** Tiene un poco de miedo a su hermano mayor, pero disfruta viéndolo sufrir. Su única arma contra su hermano es contarles toda la verdad a los padres, pero a la vez sabe que todo lo que consiga su hermano mayor será un beneficio para él.

— **Consejeros:** Su función es dar continuamente nuevos argumentos a la persona a la que estén aconsejando, y advertir de las posibles consecuencias de lo que esté diciendo.

1. ¿Cuál de las siguientes afirmaciones sobre Madrid en los años de la guerra civil es falsa? ⬚

   a) Había dos zonas: la nacional y la republicana.
   b) En los últimos meses morían unas 450 personas al día.
   c) Llegó a faltar totalmente el pan.
   d) La gente acudía al cine y al teatro.

2. En el siglo XX en España ha habido: ⬚

   a) tres reyes.
   b) un gobierno democrático.
   c) dos dictaduras.
   d) un golpe de estado.

3. En Argentina: ⬚

   a) Nunca ha habido dos gobiernos democráticos seguidos.
   b) Sólo ha habido dictaduras militares en el siglo XX.
   c) El gobernante que más tiempo estuvo en el poder en el siglo XX fue Juan Domingo Perón.

4. El «chupinazo» de los Sanfermines es: ⬚

   a) un encierro.
   b) una peña.
   c) un riau-riau.
   d) un cohete.

5. El mezcal se extrae del: ⬚

   a) tequila.
   b) maguey.
   c) pulque.
   d) néctar.

6. Aunque los jóvenes españoles ⬚ la unión de hecho, la mayoría de ellos ⬚

   a) aceptan
   b) rechazan
   c) prefieren

   a) se casaría por la Iglesia.
   b) se casaría por lo civil.
   c) no se casaría.

7. Los jóvenes españoles ⬚ la democracia, pero ⬚ la política.

   a) prefieren
   b) rechazan
   c) tienen poco interés por

   a) no les interesa
   b) les interesa mucho
   c) rechazan

8. ¿Cuál de estos escritores no es americano? ⬚

   a) Alejo Carpentier.
   b) Mario Vargas Llosa.
   c) Nicolás Guillén.
   d) Miguel Delibes.

9. ¿Cuál de estas novelas no es de Gabriel García Márquez? ⬚

   a) «Cien años de soledad».
   b) «Los pasos perdidos».
   c) «El general en su laberinto».
   d) «El otoño del patriarca».

10. ¿Cuál de estas películas no fue dirigida por Luis Buñuel? ⬚

    a) «Tristana».
    b) «Bienvenido, Mr. Marshall».
    c) «El ángel exterminador».

11. ¿Cuál de estos pintores no es mexicano? ⬚

    a) Rufino Tamayo
    b) Diego Rivera.
    c) Fernando Botero.

12. El edificio que es sede del gobierno en Santiago de Chile se llama: ⬚

    a) Palacio de la Moneda.
    b) El Zócalo.
    c) La Casa Rosada.

13. Entró sigilosamente, ⬚, para que nadie se diera cuenta.

    a) con desgana
    b) a pie juntillas
    c) a hurtadillas.

14. Estudia, pero con _____. No pone entusiasmo.

    a) hastío.   b) desgana.   c) pereza.

15. Don Quijote llevaba ropas ya _____ para su época y defendía unas ideas _____ en su tiempo.

    a) anticuadas   a) seniles
    b) envejecidas   b) trasnochadas
    c) arcaicas   c) decrépitas

16. Aunque tiene un aspecto _____, ya tiene casi 16 años.

    a) aniñado   b) juvenil   c) pueril

17. Para que una bebida se convierta en alcohólica, tiene que pasar por un proceso de _____.

    a) fermentación   b) cocción   c) extracción   d) maceración

18. No creo que se atreva a quedarse él con todo. Eso ya sería el _____ de la desvergüenza.

    a) espanto   b) remate   c) colmo   d) total

19. No sé por qué te _____ en salir siempre sin abrigo. Con el frío que hace, te vas a constipar.

    a) niegas   b) insistes   c) obsesionas   d) empeñas

20. Para dar la soberanía al pueblo, es necesario _____ las libertades democráticas.

    a) plantear   b) implantar   c) conectar   d) ratificar

21. Estoy en un apuro y necesito que me _____

    a) des la puntilla.   b) cortes la coleta.   c) eches un capote.   d) torees.

22. Los años de la posguerra en España fueron de gran _____

    a) hacinamiento.   b) sarna.   c) cotidianeidad.   d) penuria.

23. Nunca se marchará de aquí. Tiene mucho _____ a su familia y a sus amigos.

    a) apego   b) retoque   c) acercamiento

24. Es _____ a todas las críticas que se le hacen.

    a) profuso   b) invulnerable   c) prófugo   d) asombroso

25. Ese proyecto parece más producto de _____ que algo ideado racionalmente.

    a) un estigma   b) un delirio   c) una encrucijada   d) un estampido

26. El estreno fue un desastre. A dos actores se les olvidó su papel y el _____ se había dormido, así que tuvieron que improvisar.

    a) tramoyista   b) acomodador   c) apuntador

27. Tuvieron que levantar varias veces _____ porque el público seguía aplaudiendo.

    a) el telón   b) las candilejas   c) el palco   d) los bastidores

28. *Llovía tanto que el agua caía a chorros por los* ▨

   a) *tabiques* b) *dinteles* c) *canalones* d) *quicios*

29. *Se lo pidió tan* ▨ *que no pudo negarse.*

   a) *tremendamente* b) *profundamente* c) *encarecidamente* d) *drásticamente*

30. *Su participación contribuyó* ▨ *al buen fin del trabajo.*

   a) *decisivamente* b) *satisfactoriamente* c) *terminantemente* d) *diametralmente*

31. *Cuando lo descubrieron, le dio vergüenza y se puso como* ▨

   a) *un basilisco.* b) *un tomate.* c) *un energúmeno.*

32. *No tires ese mueble. Me viene que* ▨ *para mi habitación.*

   a) *ni en pintura* b) *ni pintado* c) *ni el más pintado*

33. *Con el dinero que tiene,* ▨

   a) *no quiere comprarle una casa a su hijo.* b) *seguro que eso no es problema para él.* c) *pide limosma en la calle.*

34. *Con lo que he trabajado y* ▨

   a) *ahora me despiden sin ninguna explicación.* b) *me van a dar un sobresueldo.* c) *puedo comprarme la casa que quería.*

35. *Creo que* ▨ *claro lo que debéis hacer.*

   a) *ha quedado* b) *se ha puesto* c) *se ha hecho*

36. *Desde que* ▨ *funcionario,* ▨ *más orgulloso.*

   a) *se ha hecho* a) *se ha convertido en*
   b) *se ha puesto* b) *se ha puesto*
   c) *se ha vuelto* c) *se ha vuelto*

37. *Completa las frases con la preposición que corresponda:*

   a) *Yo no me presto* ▨ *hacer negocios sucios.*
   b) *Alfredo se ocupa* ▨ *los niños mientras su mujer trabaja.*
   c) *Al final nos decidimos* ▨ *el coche más barato.*
   d) *Por fin se han decidido* ▨ *pintar la casa.*
   e) *Miguel siempre está intentando aprovecharse* ▨ *los demás.*

38. *Nunca* ▨ *alcanzar lo que había soñado.*

   a) *llegó a* b) *terminó por* c) *acabó de* d) *acabó por*

39. *Usa* **me**, **te**, **se**, **nos** *o* **se** *donde sea necesario:*

   a) *La pareja* ▨ *fugó de la ciudad.* d) *Nunca* ▨ *arrepentiremos de esto.*
   b) *Si* ▨ *asomas a la ventana, lo verás.* e) *No* ▨ *admiro a los que sólo saben ganar dinero.*
   c) ▨ *ha escondido sus joyas.* f) *No he sido yo.* ▨ *ha roto solo.*

1. ¿Tú qué crees?

1. Compara estas dos invitaciones de boda. ¿En qué se parecen y en qué se diferencian?

①

Queridos amigos:
Nos casamos el próximo quince de marzo y os invitamos a nuestra boda, con el deseo de que estéis con nosotros en ese momento tan guapo.
Un beso:

Concha de la Hoz   y   Aradio

1991

Ceremonia:
A las doce menos cuarto de la mañana en la Sala de Audiencias del Juzgado de primera instancia n.º 6
c/ Llamaquique, s/n., Oviedo

Comida:
A las dos de la tarde en el Restaurante Casa Lobato, Carretera Monumentos - Naranco, Oviedo

(Rogamos nos comuniquéis la asistencia)

②

Sres. Rowan

Sres. Garrido Valdehita

Tienen el gusto de invitarles al próximo enlace de sus hijos

Daniel   e   Isabel

que se celebrará el 12 de Mayo, a las 12 de la mañana, en la Iglesia
Ntra. Sra. de las Delicias (P.º Delicias, 61).

Almuerzo: Salones «Hiroshima»
(a las 14'30 h.)
López de Hoyos, 114

Se ruega comuniquen asistencia

Madrid, 1990

¿Por qué crees que se casa la gente? ¿Son diferentes las razones para hombres y para mujeres? Piensa si tiene algo que ver con las siguientes declaraciones:

Vicente Mira, psiquiatra y psicoanalista, afirma que hombres y mujeres aman de forma radicalmente distinta. La diferencia radica en que en el hombre amor y deseo están completamente separados; mientras, la mujer ama lo que desea.

(Begoña Francoy, en MARIE CLAIRE)

2. España tiene fama de ser un país machista. ¿Qué te sugieren al respecto estos textos y los de la página siguiente?

A

La familia ideal es aquella en la que trabajan ambos cónyuges, según el 45 por 100 de los españoles

El 45 por 100 de los españoles considera que la familia ideal es aquella en la que tanto el hombre como la mujer trabajan fuera del hogar y se reparten las tareas domésticas, según el estudio «Las mujeres españolas: lo privado y lo público», basado en 2.500 entrevistas realizadas a personas de uno y otro sexo mayores de 18 años, publicado recientemente por el Centro de Investigaciones Sociológicas (CIS).

Según el estudio, la percepción de la mayoría de la población española es que las mujeres que trabajan fuera de casa realizan una doble jornada laboral y que ésta constituye un obstáculo para su promoción profesional. Sólo el 23 por 100 de los encuestados cita como la familia ideal aquella en la que la mujer trabaja menos horas fuera de casa y se ocupa en mayor medida de las tareas del hogar y del cuidado de los niños.

Nueve de cada diez consultados afirman que para la mujer es muy importante *tener un*

trabajo gratificante, mientras que proporciones muy similares consideran igualmente destacable *tener trabajo* (89%), *tener independencia económica* (87%) y *tener una pareja estable* (80%). Sin embargo, sólo el 69% de los entrevistados afirma que es importante para la mujer *ser madre*, mientras que *casarse* es citado por el 51 por 100.

Siete personas de cada diez afirman confiar en el ámbito profesional en la misma medida en un varón que en una mujer, aunque un 21 por 100 declara que tiene más confianza en los varones.

Cinco entrevistados de cada diez consideran necesaria la presencia de las mujeres en la vida política española, frente a un 32 por 100 que la califica como poco necesaria o improcedente.

(EL PAÍS)

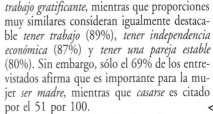

B

La Constitución Española dice:

ARTÍCULO 14.

Los españoles son iguales ante la ley, sin que pueda prevalecer discriminación alguna por razón de nacimiento, raza, sexo, religión, opinión o cualquier otra condición o circunstancia personal o social.

ARTÍCULO 15.

Todos tienen derecho a la vida y a la integridad física y moral, sin que, en ningún caso, puedan ser sometidos a tortura ni a penas o tratos inhumanos o degradantes.

ARTÍCULO 32.1.

El hombre y la mujer tienen derecho a contraer matrimonio con plena igualdad jurídica.

ARTÍCULO 35.1.

Todos los españoles tienen el deber de trabajar y el derecho al trabajo, a la libre elección de profesión u oficio, a la promoción a través del trabajo y a una remuneración suficiente para satisfacer sus necesidades y las de su familia, sin que en ningún caso pueda hacerse discriminación por razón de sexo.

Curso elemental para varones sensibles y machistas recuperables.

JOSEP-VICENT MARQUÉS
Edic. *Temas de hoy.*

¿Sigue pensando que la mujer que más le quiere es su madre? ¿Le resulta cada día más difícil comprender a las mujeres? ¿Cree que son ellas las que no le entienden? Aquí tiene el manual que está necesitando. Un divertido y completo curso de educación masculina que, organizado en prácticas lecciones, le propone reeducarse y convertirse en un varón aceptado por los suyos y por sí mismo. Éstos son algunos consejos:

• Adquiera un mínimo de conocimientos sobre supervivencia en el hogar. Abrir una pequeña lata no requiere titulación especial.

• No sea bruto. Si la ama, dígaselo. Coméntele lo que piensa de ella. Si la primera vez no se le ocurre nada agradable, siga insistiendo.

Pero si una vez terminado el libro todavía se identifica más con el león macho o el novio de la mantis religiosa que con la hembra de la especie humana, debería hacérselo mirar. Atrévase a seguir este curso, es sólo para hombres recios.

(DIARIO 16)

C. 41. Proporción que representan las mujeres en cada una de las especialidades o Facultades

Facultades	Cursos académicos 1984-85	1986-87
Bellas Artes	57,5	57,0
Ciencias	30,6	15,0
CC. Biológicas	55,2	56,0
CC. Físicas	24,1	24,0
CC. Geológicas	35,8	36,0
CC. Matemáticas	46,5	50,0
CC. Químicas	45,5	48,0
CC. Económicas y Empresariales	33,1	37,0
CC. de la Información	51,2	55,0
CC. Políticas y Sociología	53,2	56,0
Derecho	43,9	47,0
Derecho Canónico	15,4	17,0
Farmacia	68,4	71,0
Filosofía y Letras	66,0	67,0
Filología	71,6	74,0
Filosofía y CC. de la Educación	65,1	68,0
Geografía e Historia	60,3	60,0
Informática	33,1	34,0
Medicina	49,1	52,0
Psicología	69,4	73,0
Teología	23,0	21,0
Veterinaria	37,6	41,0
*CC. del Mar	—	53,0
*Odontología	—	53,0

*Especialidades creadas en el último curso académico.

Fuente: INE, Estadística de Educación Universitaria.
Curso 1986-87.
CIDE e Instituto de la Mujer, *La presencia de las mujeres en el sistema educativo,* Madrid, Instituto de la Mujer, 1988.

Este programa eminentemente práctico, es una oportunidad para realizar una profunda revisión individualizada de su proyecto empresarial, asesorada por profesores-consultores.

METODOLOGÍA

Formación en el Aula, sobre conocimientos básicos de gestión

Asesoría individualizada de su proyecto empresarial, con ayuda del profesorado de la EOI.

DIRIGIDO A:

Mujeres que aspiren a poner en marcha un Negocio.

INICIACIÓN DEL CURSO:

4 de Noviembre de 1991.

FINANCIACIÓN

Este curso está patrocinado en su totalidad por el INEM.

INFORMACIÓN

Escuela de Organización Industrial «Departamento de Promoción»
C/ Gregorio del Amo, 6 - 28040
MADRID
Tfno.: 91/533 95 04
Instituto de la Mujer
Área de Empleo
Tfno.: 91/347 80 00

CURSO DE FORMACIÓN DIRIGIDO A MUJERES CON UN PROYECTO EMPRESARIAL

ORGANIZAN
Instituto Nacional de Empleo

inem

Instituto de la Mujer

MINISTERIO DE ASUNTOS SOCIALES

Escuela de Organización Industrial

EOi

Ruego me envíen información del Programa Mujeres con un Proyecto Empresarial ....
Dña. ....
C/ .... Tel. ....
Localidad .... Provincia .... CP ....

1. Dulce hogar.

A. Lee rápidamente el texto e inserta estos extractos en los lugares correspondientes (basta con escribir la letra):

A. *Apenas nada. Dice que discutieron por una película.*

B. *Aquí dice que un par de ancianos se han matado el uno al otro. Ella le pegó a él 11 puñaladas con un cuchillo de cocina, y él le arreó a ella tres hachazos. Llevaban 51 años casados.*

C. *Cada día estás más gorda.*

D. *Ceporra.*

E. *¡Está abrasando!*

F. *No lo tengo del revés. Estoy leyendo las soluciones del crucigrama, lista. Y vete a prepararme el té de una maldita vez, caramba.*

G. *No estoy durmiendo. Estoy leyendo.*

H. *¡Qué tonterías!*

I. *Sandeces. Respiraba. Estoy acatarrado. Y tú estás sorda. Y un poco loca.*

J. *¿Pusiste un poco de agua fría?*

K. *¿Qué... qué... qué pasa?*

L. *¡Leches!*

Ll. *Aurorita, nena, yo no tengo la culpa de que mañana cumplas setenta años.*

DULCE HOGAR

El sonido de la televisión estaba bastante alto, pero Mariano, desmadejado en el sillón, roncaba como un bendito. O, para ser más exactos, como un maldito, porque así eran luego las
5 noches como eran, toledanas, con la luz encendida y Mariano haciendo crucigramas y venga a meter ruido, que no había manera de pegar ojo. Aurora bufó, indignada. Su marido ni se inmutó. Entonces Aurorita carraspeó estentóreamente,
10 hizo chirriar las patas de la silla sobre el suelo, levantó el sonido de la tele. Pero él no abrió los ojos: se removió en el asiento colocándose mejor, y tiró dulcemente del periódico, que mantenía abierto sobre el regazo, como quien se tapa con
15 la sábana.

—¡Ma-ria-no! —chilló al fin ella.

—_____ (1) —farfulló su marido, levantando con aturdimiento la cabeza.

—¡Estás durmiendo! —censuró la mujer.

20 —_____ (2) —contestó Mariano con autoridad, enarbolando dignamente el periódico—. _____ (3).

—¡Roncabas! —arguyó Aurorita triunfalmente.

25 —_____ (4).

—Tienes el periódico del revés —insistió la mujer malignamente.

_____ (5).

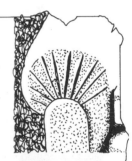

Aunque cejijunta y rabiosa, Aurorita se le-
30 vantó de inmediato para dirigirse a la cocina, galvanizada por la llamada del deber del mismo modo que un viejo sargento respondería, con automática presteza, al toque de diana. Aurorita llevaba 46 años preparándole a Mariano una
35 infusión para después de la siesta, y Mariano llevaba 46 años sosteniendo berroqueñamente que no se había dormido. El asunto antes no era tan fastidioso, porque como Mariano tenía que regresar por la tarde a la oficina, sólo se pegaba
40 una cabezadita en el sillón. Pero desde que se había jubilado dormía como un energúmeno durante largo rato y luego por las noches estaba más despejado que un conejo. Camino de la cocina, Aurorita se volvió para lanzarle una mira-
45 da rencorosa, y le pilló dándole sigilosamente la vuelta al periódico para ponerlo derecho.

—¡Con que leyendo los resultados del crucigrama, eh! —se mofó desde el otro lado del pasillo.

50 —_____ (6) —murmuró Mariano muy bajito, pero ella le oyó.

La mujer encendió el hornillo con unas manos que la ira, y no la edad, volvían temblorosas. Claro, él estaba jubilado, pero ella no se jubila-

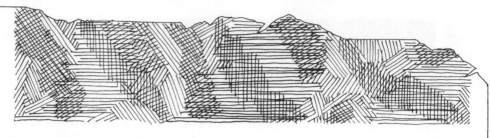

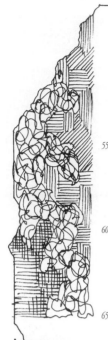

55 ba nunca. Ella seguía bajando a la compra y
haciendo la comida y fregando cacharros y calen-
tándole al señor el té de media tarde. Negro sino
el del ama de casa. Llenó la taza, sirvió cuchara-
dita y media de azúcar, regresó a la sala remo-
60 viendo la infusión.

—Toma, grosero —dijo desabridamente. Y
posó el plato sobre la mesita auxiliar.

—_____ (7) —preguntó Mariano, al-
zando la taza.

65 Aurorita sufrió un súbito y frenético ataque
de tos, tan súbito y tan frenético que no estuvo

en condiciones de responder a la pregunta. Mariano bebió un sorbo y al instante soltó un ala-
rido.

70 —_____ (8) —farfulló, rojo como un
tomate, sudando, lacrimoso—: _____ (9)
—¿Quién te manda bebértelo así, tan de
golpe?

Mariano la contempló un instante, con gesto
75 pensativo:

—_____ (10) —dijo al fin.
—No es verdad —se picó ella.

Y, cogiendo el mando a distancia del televisor, se dejó caer en el sofá junto a su marido y
80 subió drásticamente el volumen. Ponían dibujos
animados, y el Pájaro Loco reía crispantemente

en la pantalla. En medio del estruendo, Mariano abrió de nuevo el periódico y se embebió en la
lectura con ostentosa indiferencia.

85 —_____ (11).

—¿Y cuenta por qué lo hicieron? —preguntó
Aurorita, sobrecogida e interesada a su pesar.

—_____ (12).

Se quedaron los dos callados durante unos
90 instantes, rumiando la barbaridad.

—¡Pues yo no podría hacer ni eso! —explotó
al fin la mujer—. ¡No tengo ni siquiera un buen
cuchillo de cocina, hombre, que el que no está
despuntado le baila la hoja, hombre, te dije que
95 compraras un juego nuevo y nada, que eres un
avaro, un agarrado, toda la vida teniendo que
sacarte el dinero peseta a peseta y con sacacor-
chos, qué castigo!

Mariano bajó el periódico y la miró, asom-
100 brado. A Aurorita empezó a temblarle la barbilla.

—Y cada miserable peseta que me das es
como si me hicieras un favor, habráse visto,
cuando yo quería el cuchillo para cortarte ese
105 jamón que luego tanto te gusta... —prosiguió
ella intentando mantener el tono reivindicativo.
Pero la nariz le moqueaba y había perdido toda
compostura.

—_____ (13) —dijo entonces Mariano.
110 La mujer dio un respingo en el asiento y
clavó la mirada en la pantalla del televisor. El
Pájaro Loco picoteaba furiosamente el tronco de
un árbol, o quizá fuera un poste de teléfonos, no
veía bien porque las lágrimas lo hacían todo bo-
115 rroso. Aurorita se quitó las gafas y aún oía el
tableteo y la horrible risa del pájaro. Su marido
le cogió la mano. El hombre tenía la piel blanda
y más bien fría, piel de viejo. Aurorita suspiró;
las lágrimas se le fueron secando, la barbilla le
120 dejó de temblar. Se quedó agarrada a Mariano,
muy quieta; a los pocos minutos ya era incapaz
de apreciar dónde acababa la mano de su marido y dónde empezaba la suya propia.

(Rosa Montero, en EL PAÍS semanal.)

B. ¿Por qué resulta irónico el título del texto en relación al contenido?

C. Intenta deducir el significado de las palabras o frases subrayadas sin consultar el diccionario.

D. Relaciona las siguientes palabras del texto con su significado:

1. *enarbolar* (l. 21)	a. *ásperamente.*
2. *argüir* (l. 23)	b. *burlarse.*
3. *sandeces* (l. 25)	c. *bruta.*
4. *presteza* (l. 33)	d. *mostrar, levantándolo, algo que se tiene en las manos (p.e., una bandera).*
5. *toque de diana* (l. 33)	e. *asustada.*
6. *mofarse* (l. 48)	f. *dar argumentos.*
7. *ceporra* (l. 50)	g. *hacer un movimiento brusco a causa de un susto.*
8. *desabridamente* (l. 61)	h. *llamada para despertar a los soldados.*
9. *súbito* (l. 65)	i. *rapidez.*
10. *sobrecogida* (l. 87)	j. *repentino.*
11. *dar un respingo* (l. 110)	k. *tonterías.*
12. *moquear* (l. 107)	l. *segregar líquido por la nariz.*

E. Ahora cierra el libro y representa la escena del texto con un compañero.

2. Las chicas son guerreras.

A. Fíjate en el título de este artículo y en las fotos de la página siguiente. ¿De qué crees que trata el texto? ¿Qué sabes sobre ese tema?

B. Hemos introducido en el artículo trece palabras que no estaban antes. En unos cinco minutos, léelo e intenta localizarlas.

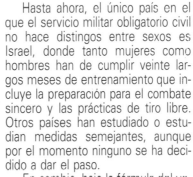

Las chicas son guerreras

Hasta ahora, el único país en el que el servicio militar obligatorio civil no hace distingos entre sexos es Israel, donde tanto mujeres como hombres han de cumplir veinte lar-
5 gos meses de entrenamiento que incluye la preparación para el combate sincero y las prácticas de tiro libre. Otros países han estudiado o estu-
10 dian medidas semejantes, aunque por el momento ninguno se ha decidido a dar el paso.
En cambio, bajo la fórmula del voluntariado forzoso, el fenómeno de la integración de la mujer en los servi-
15 cios armados se extiende cada vez

más, e incluso en algunos países, como Estados Unidos, ha llegado a crecer más la presencia femenina que la masculina. El primer país donde se admitieron voluntarias fue Gran Bretaña, durante la Primera Guerra Mundial, donde el movimiento feminista en favor del sufragio universal había conseguido no sólo una gran fuerza social o política, sino que muchas mujeres creyesen que el unifor-

me militar formaba parte natural de sus obligaciones y deberes sociales como ciudadanas de pleno derecho. Sobre la misma época, Estados Unidos también abrió las puertas del ejército a las mujeres, pero sólo para servicios auxiliares medioambientales.

La Guerra Civil española contempló la novedad de la mujer combatiente pacifista con numerosas milicianas en el frente semanal durante los primeros momentos del conflicto. El hecho sería poco duradero y, naturalmente, extensible sólo al bando republicano. Ambos contendientes amistosos sin embargo utilizarían mujeres en servicios sanitarios y auxiliares. La Segunda Guerra Mundial extendió globalmente la experiencia de las *damas auxiliares*, como se las denominaba en el Ejército español. Sus funciones solían ser de apoyo, por ejemplo, como obreras en fábricas de munición típica o de enfermeras en hospitales llenos de campaña, aunque en numerosas ocasiones también realizaron misiones

de mayor enjundia, como pilotar aviones o llevar el control de los servicios antiaéreos y de radares.

En la URSS hubo mujeres combatientes, no sólo en las numerosísimas partidas juguetonas guerrilleras de la resistencia, sino también en las unidades del Ejército Rojo. Llegaron incluso a existir, y con bastante éxito operacional, regimientos circulares de combate exclusivamente formados por mujeres, destacando algunas *ases* de la guerra aérea, como Lidia Litvak, con doce derribos lentos en su haber, y Katia Budanova, con once, entre otras muchas heroínas.

(J. A. Guerrero, en MUY INTERESANTE)

C. En el texto se indica que muchas mujeres pensaban que la función militar *formaba parte natural de sus obligaciones y deberes sociales como ciudadanas de pleno derecho.* ¿Estás de acuerdo con esa idea? ¿Cuánto debe participar la mujer en el ejército?

D. La palabra *frente* que aparece en el texto, ¿es masculina o femenina? ¿Por qué se dice *mujeres combatientes* y no *soldadas*? Consulta el diccionario.

3. La historia de un largo silencio.

A. En el artículo que vas a leer aparecen estas expresiones:

- Feminización de la pobreza.
- Filiación matrilineal.
- Misoginia.
- Patria potestad compartida.
- Residencia matrilocal.

Teniendo en cuenta esto y el título, ¿de qué crees que va a tratar? Coméntalo con el resto de la clase.

B. Los fenómenos que se han nombrado anteriormente, ¿son propios de una sociedad machista (1), matriarcal (2) o igualitaria (3)? Coloca uno de los tres números al lado de cada expresión.

C. Lo que tienes a la derecha es un índice, por párrafos, del contenido del artículo. Después aparece el texto, pero con los párrafos desordenados. Teniendo en cuenta lo que dice este índice, trata de recomponer el orden original del artículo.

— *Explotación de Hispanoamérica por parte de los países desarrollados.*
— *Problemas económicos, que afectan en mayor grado a la mujer.*
— *Problemas sanitarios, derivados de los económicos, de la mujer en Hispanoamérica.*
— *Diferencias, en cuanto a la tasa de nacimientos, entre algunos países hispanoamericanos.*
— *Influencia de la visión occidental del mundo en la condición de las mujeres en Hispanoamérica.*
— *Aspectos favorables para las mujeres en las comunidades indígenas antes de la llegada de los europeos; su desaparición.*
— *Situación a la que ha llegado la mujer india en muchas de las actuales sociedades hispanoamericanas.*
— *Protagonismo reciente de la mujer en la vida pública de algunos países hispanoamericanos.*
— *Creación de movimientos feministas que luchan por conseguir una sociedad igualitaria. Exposición de sus objetivos.*
— *Observación global sobre el estado actual en que se halla el movimiento de liberación de la mujer en Hispanoamérica.*

La historia de un largo silencio
(extracto)

a. Evidentemente éstas son estadísticas generales que enmascaran la diversidad de las situaciones locales; así por ejemplo la natalidad oscila entre más de seis hijos por mujer en Bolivia, Ecuador, México, Nicaragua y Honduras, hasta menos de tres en Argentina, Chile y Uruguay, y menos de dos en Cuba. Esta diferencia se correlaciona con diferencias semejantes en condiciones sanitarias y expectativas de vida.

b. La participación en la política global está acompañada por una conciencia de género desigual, pero que ha dado lugar a concreciones como los **Encuentros Feministas Latinoamericanos y del Caribe**, el quinto de los cuales tuvo lugar en 1990 en Argentina, y contó con la participación de más de tres mil representantes de organizaciones feministas. Las tareas que estos grupos tienen por delante son enormes; sólo en casos excepcionales (como es el de

Cuba) tienen reconocido el derecho al aborto, y el divorcio por acuerdo y la patria potestad compartida son derechos aún no reconocidos en muchos países del área. La desigualdad de salarios por el mismo trabajo es una práctica generalizada, aun en los casos (como Argentina o Chile) en que la ley garantiza la igualdad.

c. Diosas femeninas, mujeres sacerdotisas, filiación matrilineal, residencia matrilocal, participación de las mujeres en la toma de decisiones políticas, acceso a los puestos militares, libertad sexual de las solteras y reconocimiento en los mitos de su importancia y autonomía, son elementos

que podrían encontrarse, reunidos o separados, en muchas sociedades precolombinas, y que la cultura europea no apreciaba. Todas esas prácticas y creencias fueron prohibidas o desvalorizadas por los conquistadores, que implantaron normas mucho más misóginas y excluyeron a las mujeres de todos los ámbitos de poder.

d. En la actualidad el reflujo de capital desde el Sur hacia los países ricos es de 436.000 millones de dólares anuales, lo cual genera pobreza y desequilibrios económicos en cada uno de los países de América Latina.

e. Así, en América Latina abundan las familias donde la madre es el único sostén del hogar; éstas, precisamente las familias más pobres, constituyen la tercera parte del total de los hogares. Malnutrición, emba-

razos frecuentes y exceso de trabajo terminan de configurar un cuadro de alto índice de enfermedad, ya que una sexta parte de las mujeres del área presenta anemia por desnutrición, mientras la mortalidad materna afecta a una parturienta de cada noventa.

f. En general, en todo el continente se observa que las mujeres están avanzando en su nivel de organización, pero que la situación política y económica de la zona influye en sentido opuesto a sus reivindicaciones.

g. Sobre esta historia común como fondo, en cada uno de los países surgidos de la colonización las mujeres han ido tejiendo sus propias reivindicaciones y en las últimas décadas han tomado parte decisiva en todos los movimientos de liberación. Esta participación política alcanzó reconocimiento al encarnarse en las *Madres de Plaza de Mayo* en Argentina, que desde hace una década se enfrentan a las estructuras de poder del país. Pero ellas no son un ejemplo aislado; las *pobladoras* chilenas, las *viudas* de Guatemala, las *guerrilleras* salvadoreñas y grupos similares en otros países, muestran el nivel de radicalidad que han asumido las mujeres de Latinoamérica.

h. Se institucionaliza entonces una situación que ha perdurado hasta nuestros días, y que establece para los descendientes de los primeros pobladores del continente americano una triple discriminación: en tanto que indias, en tanto que mujeres y en tanto que pobres. El *machismo* que caracteriza tantas sociedades mestizas se ha generado entonces en ese contexto y no es una herencia de las culturas indias.

i. Y de esta pobreza resultan las mujeres las principales víctimas. Según datos recientes, esta situación tiende a agravarse en un proceso de *feminización de la pobreza.* Salarios bajos, paro estacional o permanente, informalización de la economía, falta de servicios sociales y deficientes sistemas sanitarios, afectan en mayor medida a las mujeres; éstas, además de recibir menos paga por su trabajo, deben afrontar a menudo solas la responsabilidad de la alimentación de los hijos, ya que la misma inestabilidad económica empuja a los hombres a la emigración o al abandono de sus responsabilidades familiares.

j. Así como la relación económica con el mundo desarrollado produce y amplía la pobreza del Tercer Mundo y la sobreexplotación de sus mujeres, la imposición de las ideologías europeas en los ámbitos religiosos y políticos trasplantó a otras tierras una tradición de desvalorización femenina y produjo un descenso global de estatus de las mujeres en las zonas colonizadas.

(Dolores Juliano, en INTEGRAL)
(extracto)

D. ¿Puedes completar estas afirmaciones con palabras que estén subrayadas en el artículo? Quizás tengas que cambiar el tiempo verbal, el género o el número.

a. *La condición social de la mujer en las comunidades precolombinas* _____ *entre la nula participación en la vida política y el matriarcado.*

b. *En los países hispanoamericanos donde la tasa de natalidad es más baja se producen menos muertes de* _____ .

c. *Las estructuras de la economía sumergida o informal están* _____ *fundamentalmente en torno a la mujer pobre.*

d. *Los grupos feministas tendrán primeramente que* _____ *el hecho de que no todas las mujeres hispanoamericanas son igualmente conscientes de su situación.*

E. ¿Podrías determinar, con la información que has obtenido del texto, si esas afirmaciones son ciertas? Para ello deberás releer el texto con atención y fijarte en los detalles.

e. *En las naciones* _____ , *el ser más marginado es la mujer india.*

f. *En Argentina y en Chile, la ley que regula la igualdad salarial es el* _____ *que permite a las mujeres avanzar hacia otras reivindicaciones laborales.*

III. Palabra por palabra

Con ayuda del diccionario, completa las siguientes palabras. Se trata de sustantivos abstractos que designan cualidades, y a todos les falta un sufijo:

sensibil _____	leal _____	indulg _____
firm _____	abneg _____	persever _____
franqu _____	ecuanim _____	tern _____
confi _____		

Comprueba las respuestas con tu compañero y, junto con él, señala las cinco cosas que te parezcan más importantes para la buena relación de una pareja, numerándolas del **1** al **5** por orden de prioridad.

1. _____
2. _____
3. _____
4. _____
5. _____

Busca ahora los cinco adjetivos correspondientes para completar esta frase: *Por lo tanto, con mi pareja debo ser*

_____ , _____ , _____ ,

_____ y _____ .

1. La grabación que vas a oír se realizó en 1969, cuando se celebraba el 50 aniversario de la inauguración del metro de Madrid. Antes de escucharla, intenta decidir cuáles de las siguientes afirmaciones son verdaderas y cuáles falsas:

— *En 1919 las taquilleras cobraban 1.250 pesetas al mes.*
— *En esa época había pocos coches en Madrid.*
— *Muchos hombres iban en metro sólo porque había muchas chicas.*
— *Había más público por la mañana temprano porque la gente iba en metro al trabajo.*
— *Algunos hombres regalaban dulces a las empleadas del metro.*

Ahora comprueba las respuestas con la grabación

2. Esta entrevista expone algunos de los problemas laborales que tenían las empleadas del metro por el hecho de ser mujeres. Toma notas siguiendo el esquema:

— *¿Qué cortapisas tenían las mujeres?*
— *¿Qué problema tuvo la señora entrevistada?*
— *¿Cómo lo solucionó?*
— *¿Qué es lo que le parece extraño desde el punto de vista legal?*
— *¿Cómo conservaron su puesto de trabajo otras compañeras?*

1. ¿Masculino o femenino?

A. Señala cuál es el femenino de las siguientes palabras:

padrastro	caballo	héroe	potro
carnero	sordomudo	tigre	conde
gallo	poeta	padrino	

B. En la siguiente noticia las personas nombradas parecen ser todos hombres. Redáctala de nuevo imaginando que todos los personajes nombrados son mujeres:

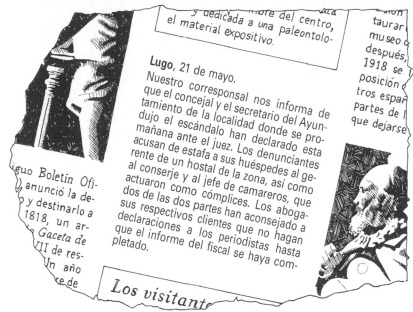

y dedicada a una paleontolo- ...bre del centro, el material expositivo.

...taurar museo ...después, 1918 se posición ...tros espa... partes de ... que dejarse

Lugo, 21 de mayo.
Nuestro corresponsal nos informa de que el concejal y el secretario del Ayuntamiento de la localidad donde se produjo el escándalo han declarado esta mañana ante el juez. Los denunciantes acusan de estafa a sus huéspedes al gerente de un hostal de la zona, así como al conserje y al jefe de camareros, que actuaron como cómplices. Los abogados de las dos partes han aconsejado a sus respectivos clientes que no hagan declaraciones a los periodistas hasta que el informe del fiscal se haya completado.

...guo Boletín Ofi- ...anunció la de- ...y destinarlo a 1818, un ar... ...Gaceta de ...III de res... ...Un año ...re de

Los visitant...

C. Elige la opción correcta en las siguientes frases:

1. *He invertido* todo/a *mi capital en bonos del Estado.*
2. *Todos los días hay* un/a *corte de tráfico aquí.*
3. *El/la cólera no lleva a ningún sitio. Es necesario tranquilizarse.*
4. *Ayer fuimos a hacer volar* el/la *cometa al campo.*
5. *La carretera que sube a la montaña tiene* muchísimos/as *pendientes.*
6. *Mira, allí va el jefe con* el/la *corte detrás.*
7. *Pepe es* un/a *pelota. Siempre está detrás del jefe.*
8. *No me gusta visitar* los/las *capitales. Me gustan más los pueblos pequeños.*
9. *El/la cólera se puede evitar con la higiene.*
10. *Pepe parece* un/a *pelota. Ha engordado diez kilos.*
11. *¿Has leído* el/la *editorial del periódico sobre la economía del país?*
12. *Mientras papá sea* el/la *cabeza de familia no se hablará más de ese asunto.*
13. *La velocidad de* un/a *cometa puede ser impresionante al entrar en el sistema solar.*
14. *Mira* los/las *pendientes que me regalaron en Navidad.*
15. *Detuvieron ayer* al/a la *cabeza de la oposición.*
16. *Creo que ese libro está editado en* un/a *editorial* americano/a.

D. En un caso de divorcio, los abogados, el marido y la mujer no consiguen ponerse de acuerdo en el reparto de una serie de bienes comunes. El juez decide que la mujer se quedará con todo lo que sea femenino y el marido con todo lo masculino. La clase se dividirá en dos grupos: mujeres y hombres, que representarán al marido y a la mujer. El profesor, que es el juez, va a dar fotografías o dibujos de los objetos en litigio.

RECUERDA:

> ## Sustantivos referidos a realidades sin sexo:
>
> 1. Masculinos:
>   Palabras acabadas en *-an, -ate, -ete*, -fre, -g, -í, -in, -j, -je, -m, -me, -us.*
>
> 2. Femeninos:
>   Palabras acabadas en *-ción, -nión, -sión, -xión, -dad, -rie, -tud.*
>
> (* La palabra cassette puede ser femenina o masculina)
>
> Busca ahora dos ejemplos para cada terminación.

Una curiosidad sobre el género: ¿Machismo en el español?

Averigua, si no lo sabes, cuál es la diferencia entre:

a. *Ser un fulano / ser una fulana.*
b. *Ser un zorro / ser una zorra.*
c. *Hombre público / mujer pública.*

2. ¿Por o para?

En los huecos que hemos dejado en estas frases puedes utilizar las preposiciones *por* o *para*, o no usar ninguna preposición. En algunos casos hay más de una posibilidad.

A. *Toma, este traje es _____ tu cumpleaños. Ten cuidado con él ese día.*

B. *Este coche es _____ tu cumpleaños. Te lo has ganado.*

C. *Me parece que usted me toma _____ idiota.*

D. *He venido _____ mi dinero. Dámelo.*

E. *_____ lo que haces aquí, más vale que te vayas a casa.*

F. *Tranquilo, ya he pagado _____ el taxi.*

G. *Pagué _____ el transporte cincuenta mil pesetas.*

H. *He venido _____ ver qué hacíais.*

I. *Viví aquí _____ un año solamente.*

J. *_____ mí no lo apagues, estoy acostumbrado al humo.*

K. *_____ mí eso es una tontería.*

L. *Siempre he sentido un gran afecto _____ él.*

Ll. *Me aburro. Estoy _____ ir a ver a Luis.*

M. *Esto lo hago sólo _____ ti. No hay otra razón.*

N. *He hecho un pastel sólo _____ ti. Te lo puedes comer entero.*

Ñ. *No creo que tengamos terminado el trabajo _____ mayo.*

O. *Quedó en escribirnos _____ mayo, más o menos.*

P. *Nunca he tenido mucho interés _____ el arte.*

Q. *_____ lo que me han dicho, no parece una persona muy fiable.*

R. *Lo he hecho _____ ayudarte.*

Aquí tienes una serie de expresiones muy utilizadas en la lengua hablada. Después de averiguar qué significan, relaciónalas con el sujeto que te parezca más adecuado.

LOS HOMBRES **LAS MUJERES**	*siempre le buscan tres pies al gato.* *siempre han querido tener la sartén por el mango.* *hablan por los codos.* *tienen tendencia a hacer castillos en el aire.* *no tienen pelos en la lengua.* *tienen la fea costumbre de irse de la lengua.* *siempre consiguen llevarse el gato al agua.* *no ven más allá de sus narices.* *tienen la cabeza llena de pájaros.* *nunca se apean del burro.*

Compara tus respuestas con las del resto del grupo.

1. Lee el siguiente caso. Después vas a discutir sobre él con tus compañeros:

Un hombre de cincuenta años tiene una aventura con una mujer de veinticinco. Su mujer, al descubrirlo, pide inmediatamente el divorcio. El matrimonio tiene dos hijos: uno de veinticinco, que ya vive fuera de casa, y otro de dieciséis que queda bajo la custodia de la madre. El hombre siempre ha sido un buen padre y no quiere desatender a sus hijos, por lo que le pide a su exmujer que le permita ver a su hijo menor los fines de semana. La mujer, en principio, no pone ningún inconveniente. La madre de la mujer, que se dedica a contarle al pequeño toda clase de historias sobre el padre, aconseja insistentemente a su hija que, en venganza por cómo la ha tratado su marido, prohíba que padre e hijo se vean. Su hija termina por hacerle caso. El chico, que siempre se ha llevado muchísimo mejor con su padre que con su madre, decide pedir consejo a su hermano mayor, pero éste le contesta que él tiene sus propios problemas y que con dieciséis años ya tiene edad suficiente para tomar decisiones. El chico, confuso, decide huir de casa; coge el coche de su madre y tiene un accidente mortal.

¿Quién tiene más culpa de la muerte del chico: el padre, la madre, la abuela, el hermano o él mismo?

2. Lee las siguientes citas y a continuación escribe un breve ensayo defendiendo aquella con cuya idea más te identifiques, o atacando alguna con la que no estés de acuerdo:

> Prefiero ser misógino a machista; es mejor no soportar a una mujer que despreciarla.
>
> (Carlos Herrera, periodista español, 1947- —)

> Dicen que el hombre no es hombre mientras no oye su nombre de labios de una mujer.
>
> (Antonio Machado, poeta español, 1875-1939)

> No hay ningún hombre en cuyo carnet de identidad figure, como profesión, «sus labores».
>
> (Ana Diosdado, escritora española, 1943- —)

> Aunque las mujeres no somos buenas para el consejo, algunas veces acertamos.
>
> (Santa Teresa de Ávila, escritora española, 1515-1582)

3. Lee el siguiente texto para hacer la actividad que te propondremos a continuación:

La edad, el amor y los contactos

Diez años
- Interesaría saber si hay algún país donde dejen casarse a cualquier edad. No puedo ya vivir sin Miguel Bosé. Escribir a Ruth N., calle...
- Solicito foto avión Messerschmidt, modelo 1932, serie tal..., a ser posible de frente y de perfil. Escribir a Rubén N., calle...

Doce años
- Joven inteligente y no mal parecido busca mujer sin prejuicios que prefiera sincero amor a barba y otros caracteres sexuales secundarios.

Veinte años
- Joven marchoso busca chicas liberadas para sexo sin límites.
- Joven atractiva busca chico simpático que espere una semana antes de proponer ir a la cama.

Treinta años
- Casado insatisfecho busca mujer insaciable.
- Casada harta de urgencias busca caballero que haga el amor relajadamente y no se duerma enseguida.

Cuarenta años
- Divorciado progresista reharía su vida con mujer hogareña pero moderna. Abstenerse feministas.
- Atractiva divorciada pide y ofrece ternura. Escribir a Rosa N., calle...

Cincuenta años
- Caballero solvente desearía señorita agraciada para viajes por el extranjero.
- Señora a la espera del primer nieto se reciclaría cuidando niños.

Sesenta años
- Comerciante con piso en propiedad, chalet, coche, ofrece matrimonio a señorita o señora viuda católica y amante del hogar entre 39 y 52 años.
- Señora elegante y bien conservada, acertante del Bonoloto desea conectar con joven dinámico pero limpio.

Setenta años
- Pensionista aficionado al baile de salón se arreglaría con pensionista.
- Pensionista aficionada al baile de salón se arreglaría con pensionista.

Ochenta años
- Pareja expulsada de residencia de ancianos por supuesta conducta inmoral busca piso modesto para vivir su amor.

(Josep-Vicent Marqués, en MARIE CLAIRE)

Siguiendo el modelo y el estilo del texto anterior, escribe un anuncio para una sección de correspondencia de un periódico. Descríbete e indica qué características debe reunir la pareja que buscas (puede resultarte útil el vocabulario de la sección **III**). Cuando termines, escribe tu nombre y dáselo a tu profesor, que leerá los anuncios de varios o todos los miembros de la clase. Toda la clase intentará adivinar quién ha escrito cada mensaje.

4. En cada una de las dos estrofas de esta canción, cada verso está partido por la mitad. Las primeras mitades están en el orden correcto, pero las de la derecha no. Teniendo en cuenta el significado, la construcción de la frase y los signos de puntuación, trata de unir cada primera mitad con la parte correspondiente de la derecha. Después comprobarás tu respuesta escuchando la canción.

Asesina de mi vida

No sé cómo te soporto,
debe ser el fin de siglo
Sé que amarte es un combate
pero bien valen tus rejas
Me someto a tu malicia
no me quedan más esquemas
Bailo al son de tus caprichos,
no te llevo la contraria

como quien profesa un credo,
un descenso a los infiernos.
dices «negro» y digo «negro»,
no sé cómo te tolero,
porque no deseo hacerlo.
donde siempre caigo preso,
que las reglas de tu juego.
o que estoy enloqueciendo.

Vas a acabar con mis días y mis noches,
asesina, asesina de mi vida.

Tu crueldad es una esponja
me torturas lentamente
No tienes la sangre fría,
lo que corre por tus venas
Mira que te gusta verme
qué te importa maltratarme
Pero todo se me pasa
cuando veo que tus ojos

con tu corazón de hielo.
es dulcísimo veneno.
como si fuera un mal sueño,
que succiona mi cerebro,
me insinúan: ahora quiero.
que eso es tener sangre al menos,
si ni siento ni padezco.
humillado como un perro,

Vas a acabar con mis días y mis noches,
asesina, asesina de mi vida.

LUIS EDUARDO AUTE

EL MUERTO AL HOYO...

10

1. ¿Tú qué crees?

1. Piensa en las cinco aficiones más comunes en tu país y en los tres espectáculos a los que más asiste la gente. Busca el porcentaje de españoles que realizan las mismas actividades.

Prácticas culturales en el hogar	Lectura	Audición de discos y compactos	Proyección de películas en vídeo
Base	30.303.000[1]	14.052.000[2]	13.985.000[2]
Nunca	41,7%	25,2%	16,1%
Esporádica[3]	13,6%	15,7%	20,7%
Habitual[4]	24,4%	37,2%	49,3%
Diaria	18,1%	19,4%	6,0%
NS/NC	2,0%	1,20%	7,8%

[1] Población total. [2] Número de individuos que disponen de equipo. [3] De 1 a 3 veces al mes. [4] De 1 a 5 veces a la semana.

Prácticas culturales fuera del hogar	Son aficionados %	Han asistido alguna vez %	Han asistido en los últimos 12 meses %
Teatro	48,5	49,0	13,9
Ópera	12,5	7,0	1,4
Ballet	15,8	8,0	1,7
Zarzuela	26,1	16,0	2,7
Cine	76,8	81,6	39,0
Bailes regionales	36,8	35,5	17,7
Toros	30,8	31,2	8,7
Circo	35,1	40,0	5,4
Espectáculos de variedades	26,9	20,4	5,1
Música clásica	26,5	17,5	6,8
Música popular	34,0	24,7	10,3
Conciertos de rock	22,6	19,8	12,6
Conciertos de jazz	8,9	5,9	2,7

Aficiones y otros entretenimientos	Son aficionados	Han practicado en los últimos 12 meses
	%	%
Practicar una afición artística	11,2	6,8
Tocar un instrumento musical	8,5	5,3
Escribir	6,3	4,4
Hacer fotografía	15,4	12,6
Hacer vídeo	2,4	1,9
Cultivar flores	32,7	29,2
Cuidar animales domésticos	25,2	20,7
Cazar	8,3	4,6
Pescar	9,7	6,3
Hacer montañismo	9,1	6,3
Practicar otros deportes	21,3	17,7
Cocinar platos especiales	27,5	24,1
Hacer punto, bordados, labores	28,5	21,8
Hacer trabajos prácticos	10,9	8,9
Hacer una colección	13,1	9,8
Hacer pasatiempos, solitarios	16,2	14,4
Practicar juegos de salón	15,4	12,8
Practicar juegos de mesa	35,4	30,9
Juegos de ordenador	4,5	3,9
Bailar en discotecas, verbenas, etc.	27,8	23,0

Equipamiento cultural de los hogares españoles	1990	Variación sobre 1985
	n.º de hogares	%
TV color	10.066.000	43,5
TV blanco y negro	1.922.000	− 64,5
Vídeo	4.524.400	300
Cámara de vídeo	452.440	185
Cámara de fotografiar	5.768.610	6,3
Radiocassette	6.560.380	− 9,4
Radio	8.596.360	20,5
Tocadiscos	1.357.320	− 36
Magnetófono	1.131.100	11,1
Equipo alta fidelidad	4.185.070	146,7
Ordenador	1.357.320	—

2. Ordena estas actividades según su importancia para la mayoría de los españoles:

Cine, deporte, juegos y pasatiempos, labores domésticas, música, teatro, televisión, vídeo

1. Entre las siguientes declaraciones atribuidas a la actriz española Carmen Maura hay algunas que no son realmente suyas. Intenta averiguar cuáles son.

Es fantástico no hacer nada, de verdad. Ya he aprendido que la vida que llevamos, llena de estupideces, nos hace olvidar lo bien que se está sin hacer nada. Ahora no hago nunca nada, he dejado de trabajar. (...) Yo que tuve una educación tan española, tan de darle duro al trabajo porque, si no, era como si se cometiera un pecado, ahora me doy cuenta de que la única obligación es pasarlo bien. Estoy harta de la educación protestante tan común en España.

Carmen Maura también disfruta en el complicado panorama del cine español, donde no se siente una isla porque no cree en la crisis. *El cine español ha tardado muchísimo en salir a la superficie. Rodar una película antes era como subir una montaña, porque los productores no podían afrontar los gastos, porque las películas españolas no tenían compradores. A veces sólo teníamos dos días para hacer un largometraje y tardaban un año en pagarnos. Pero de repente salió Almodóvar, y con él y sus películas salí yo, y la cosa se puso más fácil.*

En España, añade, *hay actrices y actores y directores que se pueden comparar con los mejores del mundo, gente joven con una imaginación y una energía increíbles.*

(Suplemento de
EL INDEPENDIENTE)

2. La ludopatía

A. Un ludópata es alguien que sufre adicción al juego. Comenta con tu compañero quién puede sufrir esta enfermedad, cómo se llega a ella y por qué.

Lee el texto para ver si tus opiniones coinciden con la realidad.

Desengancharse del juego

El municipio de Fuenlabrada cuenta desde el pasado mes de febrero con uno de los dos únicos centros que hay en España para atender a ludópatas

Desde el pasado mes de febrero, tres jóvenes psicólogos —Beatriz, Agustina y Juan Enrique— atienden a una docena de personas que han acudido a ellos para pedirles ayuda y así poder salir de la adicción al juego en la que habían caído.

Isabel Jiménez, corresponsal.

FUENLABRADA. Esta localidad cuenta con uno de los dos únicos centros de atención al jugador que existen en España. En él, estos tres profesionales prestan sus servicios de modo gratuito. «La gente viene arruinada y nosotros no cobramos nada por las consultas. Pensamos que debería estar subvencionado por la administración.»

Desde la antigüedad

Por ser una adicción, que aunque viene de muy antiguo —Julio César, por ejemplo, fue un jugador empedernido— no ha sido reconocida como problema psicológico hasta hace poco, no existen suficientes estudios estadísticos.

En Fuenlabrada se calcula que aproximadamente el 3 por 100 de la población, unas 45.000 personas, son adictas al juego. A nivel mundial se sabe que España es el país con más gastos *per capita* en el juego y es el tercero —después de Estados Unidos y Filipinas— en gasto global.

En España se detectó un gran aumento de jugadores a raíz de la legalización del juego, en 1977. Para los psicólogos del centro Iris, lo más adictivo, con diferencia son las máquinas tragaperras, seguidas del bingo. «Las máquinas están pensadas para crear adicción, usan como reclamos las luces, la música, el premio rápido, y están situadas estratégicamente al lado de las máquinas del tabaco; a ellas van a parar las vueltas.»

Dinero ajeno

Por la escasez de estudios que existen al respecto, no hay un perfil socioeconómico de este colectivo, pero según los psicólogos, coinciden en unas características comunes: son personas que por su trabajo pasan muchas horas fuera de casa —representantes, repartidores— y manejan dinero ajeno.

Otra nota común es que todos empiezan ganando mucho dinero; luego vienen las pérdidas y las depresiones y suelen tener una tolerancia de la frustración muy baja.

Todos ellos, cuando empiezan a ver que están «enganchados», juegan para recuperar y consideran que su problema no es el juego, sino el dinero. Siempre que juegan con dinero ajeno no son conscientes de que han robado, «piensan que lo han cogido prestado y lo repondrán con las ganancias que obtengan».

Actualmente, el número de ludópatas se ha estabilizado, ya que, a la vista de la situación en nuestro país, las autoridades han atajado el problema mediante la revisión de ordenanzas: se han reducido los premios y ya no se pueden colocar más de dos o tres máquinas en un establecimiento.

El uso del ocio es también una pieza fundamental en la recuperación de estas personas, cuya afición se ha llegado a convertir en un trastorno psicológico. «Muchos de los hombres y mujeres que sufren esta adicción encuentran en el juego las emociones que no les proporciona su monótona vida. Intentamos enseñarles a ocupar su tiempo libre.»

(Extracto del diario **Ya**)

B. Ahora que sabes en qué consiste la ludopatía, ¿cómo crees que se podría curar? ¿Cuánto piensas que debería durar el tratamiento? ¿Qué técnicas se podrían utilizar? ¿Cómo se podría comprobar que el paciente está curado? Compara tus respuestas con lo que se dice en el siguiente texto:

Enganchados a una moneda

Un millón de españoles son ludópatas

Poca gente es consciente de que cuando se acerca por primera vez a una máquina tragaperras e introduce la moneda por la ranura, está sentando las bases de lo que puede convertirse en una larga, penosa y cara enfermedad.

José Luis López Ramos

El mayor peligro «es cuando se obtiene un premio importante con las primeras monedas», indican Idoia y Ana, dos de las tres jóvenes psicólogas que se encargan de atender las solicitudes de ayudas en el centro de la Asociación Alavesa de Jugadores en Rehabilitación.

Estas jóvenes reconocen que el interés por la rehabilitación existe y que los ludópatas llaman por teléfono solicitando información y una cita, ya que «en la calle no hay información», pero luego se echan atrás y no acuden.

Es difícil hablar de cifras, pero se estima que en el Estado español entre el 1 y el 3 por 100 de la población, es decir, entre 900.000 y un millón de personas padecen ludopatía. «Es un porcentaje bastante alto, aunque también el porcentaje de curados es muy importante. El 40 por 100 de los afectados por la ludopatía deja el juego pero se tendrá que controlar y cuidar durante toda la vida», declaran.

El plazo para que una persona pueda dejar su adicción a las máquinas tragaperras, y en algunos casos al bingo, es de un año. La terapia consta de dos fases.

En la primera, cuando el paciente ya ha acudido a la consulta, comienza la recogida de datos sobre el afectado relativos a la familia, relaciones de pareja, sociales, sobre su ocio, y se hace un análisis completo de cómo empezó a jugar y cómo ha mantenido esa conducta. A partir de ahí se empiezan a plantear las diferentes técnicas que pueden aplicarse a esa persona a nivel individual.

En la segunda fase se hace terapia de grupo para que los ludópatas sean capaces de controlar esa conducta mediante técnicas de autocontrol, «para que cuando se encuentren en una situación de riesgo sepan lo que pueden hacer».

Otra de las técnicas consiste en la exposición en vivo, en la que a la persona se le prepara para enfrentarse a esa situación. Para ello se le expone durante una o dos horas ante una máquina tragaperras hasta lograr que no sea capaz o no tenga necesidad de jugar.

Es preferible realizar esta prueba en el lugar donde el enfermo jugaba habitualmente. En un primer momento, el jugador estará acompañado por terapeutas, luego se le dejará solo, con dinero en el bolsillo.

(Extracto del diario EL SOL)

C. Toda la clase va a dividirse en pequeños grupos, de tres a cinco personas. Cada grupo elaborará el guión para una emisión radiofónica (en forma de reportaje, entrevista o informe) sobre la ludopatía, y después lo grabará.

3. Juan Luis Guerra.

A. Lee el primer párrafo del artículo de la página siguiente y completa el siguiente cuadro:

influencia caribeña	influencia estadounidense

B. Busca rápidamente en el texto si las siguientes afirmaciones sobre Juan Luis Guerra son verdaderas o falsas:

— *Habla de los emigrantes en una de sus canciones.*
— *Considera que la República Dominicana debe imitarle a la hora de ponerse a trabajar.*
— *No es consciente de los problemas sociales de los dominicanos.*
— *Hace música para minorías.*
— *Es popular tanto en España como en Hispanoamérica.*

157

Juan Luís Guerra

El rey del merengue, que reúne seguidores de todos los colores en Latinoamérica, empieza a ser este verano un fenómeno musical y sociológico en España

I. de la Fuente/A. Caño

Rock y merengue

Y es que, amén de los tópicos de sus letras, la música de Guerra no es tan simple ni tan fácil como parece. Este hispano nacido en Santo Domingo, pero emigrado a Estados Unidos, hijo de
5 un jugador de béisbol de la Liga de EE.UU, reúne en su cabeza influencias musicales diversas, desde los Beatles y los Manhattan Transfer a Rubén Blades y a Celia Cruz. Producto de dos culturas —«yo era de un barrio pobre del centro de la
10 ciudad»—, Guerra mamó el merengue en su infancia dominicana, pero creció musicalmente bajo la influencia del rock de los sesenta. De joven, consiguió plaza en una escuela musical de Boston, donde cultivó el pop y el jazz y a punto
15 estuvo de acabar como un mediocre compositor de baladas cursis. Hasta que descubrió instrumentos de percusión de origen caribeño como la tambora o la güira, y decidió intentar el maridaje entre el sonido de Nueva Orleans y los sones de
20 su Caribe.

Pocas obras han reflejado tan vivamente el calvario de la emigración latinoamericana a Estados Unidos como «Visa para un sueño», donde Juan Luis Guerra se pone en el lugar de las dece-
25 nas de miles de personas que en todo el continente guardan cola cada día ante la respectiva embajada norteamericana, «con una foto dos por cuatro» y la ambición de huir «hacia el asfalto», de huir «para no volver».
30 Pero la huida siempre suele ser ficticia. Y difícilmente se puede olvidar a un país azotado por la miseria como la República Dominicana, «donde no hay luz eléctrica, ni agua ni educación», denuncia. Guerra, sin embargo, no mantiene posturas políticas radicales. Por un lado, cree que su país necesita «un cambio», pero advierte también que «el enemigo no son los americanos, sino los propios dominicanos, que son unos perezosos». Y él mismo se
35 pone de ejemplo a seguir.

Sus detractores ponen en entredicho su preocupación social acusándole de mantener un caché de órdago, pero sus fieles mencionan la existencia de la Fundación 4:40, destinada a mejorar la salud y el deporte en la República Dominicana.

Sea como sea, lo cierto es que los primeros que lo escucharon creyeron oír una repro-
40 ducción de la Nueva Troba Cubana, pero Guerra, con una visión del mercado más certera, ha ido mucho más lejos. Su público es ilimitado. (...) en Latinoamérica encabeza las listas en discos vendidos y ha hecho del ritmo latino un signo de identidad para los jóvenes. Gracias a su música optimista, América es un sensual quiebro de caderas con sabor a café. Desde el bar León de México hasta la discoteca El Tucán de Santiago de Chile, el
45 merengue recorre el continente salvando razas y clases sociales.

(EL PAÍS)

C. De estas doce definiciones, nueve corresponden a las palabras subrayadas en el texto. Identifícalas.

— aprendió de niño
— dudan
— ruptura
— aparte de
— hacen pública
— impresionante
— pasando por encima de
— afectadas y sensibleras
— unión
— los sufrimientos
— minoritario
— movimiento brusco

Ahora busca tres palabras, no incluidas en el texto, que respondan a las tres definiciones que te sobran.

III. Palabra por palabra

¿Eres aficionado a algún deporte? Si es así, te convendrá conocer las palabras que faltan en este cuadro. En la columna llamada **Lugar** te ayudamos dándote la inicial y el número de letras.

Deporte	Deportista	Lugar		Equipo necesario
Fútbol		E	▦▦▦▦▦▦	
		C	▦▦▦	
Baloncesto		C	▦▦▦▦	
Alpinismo		M	▦▦▦▦▦	
Golf		C	▦▦▦▦	
Esquí		P	▦▦▦	
Tenis		P	▦▦▦	
Boxeo		C	▦▦▦▦▦▦▦▦	
Natación		P	▦▦▦▦	

1. La lotería en España.
Escucha la cinta y:

A. Explica por qué son importantes
las siguientes fechas:

> — *Siglo XV.*
> — *1763.*
> — *1812.*

B. Completa estos datos sobre
la Lotería Nacional:

> — *Número de sorteos al año.*
> — *Dinero que cuesta participar.*
> — *Porcentaje destinado a premios.*

C. Elige la respuesta correcta
(puede haber más de una):

— El Sorteo Especial de Navidad es
muy importante porque...

> a. *se celebra el 24 de diciembre.*
> b. *se recauda mucho dinero.*
> c. *prácticamente todos los espa-ñoles juegan.*

— Una de las particularidades del
sorteo es que...

> a. *los números premiados se anun-cian cantando.*
> b. *se celebra una vez cada dos-cientos años.*
> c. *se reparten cien mil millones de pesetas en premios.*

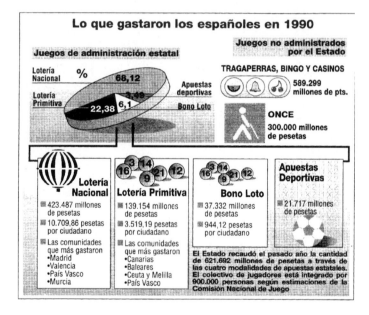

Lo que gastaron los españoles en 1990

Juegos de administración estatal

Lotería Nacional **%** **68,12**

Lotería Primitiva **3,43** **22,38** **6,1**

Juegos no administrados por el Estado

TRAGAPERRAS, BINGO Y CASINOS
589.299 millones de pts.

Apuestas deportivas

Bono Loto

ONCE
300.000 millones de pesetas

Lotería Nacional
- 423.487 millones de pesetas
- 10.709,86 pesetas por ciudadano
- Las comunidades que más gastaron
  - Madrid
  - Valencia
  - País Vasco
  - Murcia

Lotería Primitiva
- 139.154 millones de pesetas
- 3.519,19 pesetas por ciudadano
- Las comunidades que más gastaron
  - Canarias
  - Baleares
  - Ceuta y Melilla
  - País Vasco

Bono Loto
- 37.332 millones de pesetas
- 944,12 pesetas por ciudadano

Apuestas Deportivas
- 21.717 millones de pesetas

El Estado recaudó el pasado año la cantidad de 621.692 millones de pesetas a través de las cuatro modalidades de apuestas estatales. El colectivo de jugadores está integrado por 900.000 personas según estimaciones de la Comisión Nacional de Juego

2. Intenta recordar los datos necesarios
para contestar a estas preguntas.
Comprueba tus respuestas con la cinta, si lo necesitas.

A. *¿A qué se dedicaba el dinero de la lotería en tiempos de Carlos III?*
B. *¿Qué produjo la suspensión de los sorteos en el siglo XVIII?*

¿Subjuntivo o indicativo? (I)

1. «Que yo sepa...»

Cuando usamos este tipo de construcciones, expresamos que lo que estamos diciendo es seguro solamente dentro del campo de nuestra experiencia personal, es decir, que ésa es la información de la que disponemos, pero es posible que no sea totalmente cierta.

Verbo de percepción (**oír, ver, leer, probar...**) en pretérito perfecto o pluscuamperfecto de subjuntivo:

— *¿Hay alguna pieza de este tipo en el almacén?*
— *Que yo <u>haya</u> visto, no.*

Según nos dijo, que él <u>hubiera</u> visto, no había ninguna pieza de ese tipo en el almacén.

Que + pronombre personal

Verbo de conocimiento (**conocer, saber, recordar...**) en presente o imperfecto de subjuntivo:

— *¿Cuántos tipos de ron hay?*
— *Que yo <u>sepa</u>, sólo existen dos.*

Que él <u>supiera</u>, nos dijo, sólo existían dos.

Contesta a las siguientes preguntas utilizando en las respuestas frases que respondan al esquema anterior:

Ej.: *¿Hay algún libro escrito originalmente en español que trate del Oeste Americano?*
      — *Que yo haya leído, no.*

a. *¿Hay algún país de Hispanoamérica donde no haya indios?*

b. *¿Existe en España algún periódico que se escriba en inglés?*

c. *¿Hay alguna película española de ciencia-ficción?*

d. *¿Hay algún deportista español que haya ganado alguna medalla en la historia del atletismo?*

e. *¿En toda Hispanoamérica se comen tacos?*

f. *¿En algún país hispanoamericano el béisbol es el deporte nacional?*

g. *¿Se celebran corridas de toros en todos los países hispanoamericanos?*

h. *¿Hay alguna canción popular hispanoamericana que no se cante en español?*

i. *¿En toda Hispanoamérica se toma mate?*

j. *¿Hay algún vino español parecido al coñac?*

2. No está nada claro que...

La regla general es:

(no)es/está + adjetivo + *que* + + frase (con el verbo en subjuntivo)

Ejemplo: *Es posible que nunca lleguemos a saberlo.*
No es frecuente que él venga por aquí.

Pero ¡atención!

Con adjetivos que expresan juicio seguro afirmativo (*claro, evidente, cierto,* etc.):

A. Oraciones declarativas afirmativas:

Es/está + adj. + *que* + frase (verbo en indicativo)

Ej.: *Está claro que lo sabe.*

B. Oraciones declarativas negativas:

No es/está + adj. + *que* + frase (verbo en subjuntivo)

Ej.: *No está claro que lo sepa.*

C. Oraciones interrogativas negativas:

1. Cuando la pregunta es retórica (se quiere afirmar con más fuerza lo que parece que se niega):

¿No es/está + adj. + *que* + frase (verbo en indicativo)?

Ej.: *¿No está claro que lo sabe?*
(=Está claro que lo sabe).

2. Cuando se pregunta por la veracidad o falsedad de lo expresado:

¿No es/está + adj. + *que* + frase (verbo en indicativo o en subjuntivo)?

Ej.: *¿No está claro que lo sabe/sepa?*
(=¿No es seguro que lo sabe?)

Actividad

Recuerda los cuadros de la sección I de esta unidad y utiliza el adjetivo que creas más conveniente en las siguientes frases:

a. *Es* ______ *que a los españoles les gusta mucho ir al cine.*
b. *Es* ______ *que a los españoles les guste poco el jazz.*
c. *No es* ______ *que los españoles no vayan nunca al teatro.*
d. *Es* ______ *que los españoles no vayan mucho a los toros.*
e. *Es* ______ *que el juego que más practican los españoles es la Lotería Nacional.*

f. *Es* _____ *que a los españoles no les guste practicar algún deporte.*

g. *Es* _____ *que los españoles lean poco, aunque tengan libros en casa.*

h. *Está* _____ *que los españoles prefieren disfrutar de su tiempo libre en casa.*

i. *Es* _____ *que el número de tocadiscos haya descendido en España.*

j. *Es* _____ *que los españoles practiquen juegos de mesa.*

VI. Dimes y diretes

1. Ya sabes que otra forma de expresar el concepto **divertirse** o su contrario es la expresión *pasarlo bien* o *pasarlo mal* (en algunas zonas de Hispanoamérica se usa el pronombre femenino: *pasarla*). Ahora te vamos a presentar varias expresiones coloquiales muy usadas en el español hablado; relaciónalas con las de la derecha:

	pipa	
	fatal	
	de miedo	**pasarlo / la bien**
	en grande	
pasarlo	*bomba*	
	fenomenal	**pasarlo / la mal**
	de pena	
	de maravilla	

2. Seguro que recuerdas algún momento del curso de español en que lo pasaste *bomba* y alguno en que lo pasaste *fatal*. Coméntalo con tu compañero. Seguramente tu profesor está interesado en saberlo: ¿por qué no lo escribes y se lo das?

3. Como sabes, el verbo **pasar** tiene muchos usos y significados. Vamos a fijarnos ahora en aquellos en que **pasar** aparece obligatoriamente con pronombre. Mira atentamente el siguiente cuadro:

A. Pasarlo (bien, mal, etc.): *Divertirse* o su contrario.

El pronombre **lo** aparece invariablemente:

Ej.: *El domingo lo pasamos de miedo*
Lo vais a pasar estupendamente

B. Pasarse: *Excederse.*

Se usan los pronombres reflexivos (**me, te, se...**).
De uso coloquial:

Ej.: *Te has pasado con la sal. Esto no hay quien lo coma.*
Te has pasado. Has sido demasiado duro con él.

C. Pasársele algo a alguien: *Desaparecer* algo en una persona (dolor, ganas...)
Olvidar hacer algo, *no darse cuenta* de algo.

El sujeto de la oración es la cosa que desaparece, que se olvida hacer, o de la que no nos damos cuenta.

El pronombre **se** aparece invariablemente y la persona implicada en la acción aparece representada por uno de los pronombres **me, te, le, nos, os, les**

Ej.: *¿Se te han pasado ya las molestias?*
Ayer se me pasó llamarte por teléfono.
Ya se nos ha pasado el enfado.
Ese error se me pasó.

Consultando el cuadro anterior, relaciona las siguientes mitades de oraciones:

A. *Se me pasó*
B. *Lo pasé*
C. *Se me pasaron*
D. *Me pasé*

1. *de listo.*
2. *el dolor de muelas.*
3. *decírtelo.*
4. *fenomenal.*
5. *muy mal.*
6. *con mi padre.*
7. *las ganas.*
8. *el malestar*

4. El siguiente texto incompleto es una nota de disculpa que una persona envía a un amigo que está enfadado. Imagina que eres tú quien se disculpa y complétalo:

El otro día lo pasé ________ *cuando* ________
________. *Al principio* ________,
________, *pero en cuanto* ________. *Por eso* ________
se me pasaron ________, *y además me pasé* ________
________. *Perdóname, por favor, pero es que* ________
________.
Una cosa más: ese mismo día se me pasó decirte que ________
________. *¿Me perdonas eso también?*

1. Lee el siguiente folleto publicitario:

¿Te parece una idea original? ¿Crees que tendrá éxito?

Ahora, en grupo con varios de tus compañeros, redacta un folleto de propaganda para promocionar alguno de los siguientes medios de pasar el tiempo libre, u otro que puedas imaginar:

> — *Un canal de televisión para genios.*
> — *Un cine donde pueda ver bien la gente de todas las estaturas.*
> — *Un gimnasio para fumadores.*
> — *Un restaurante para niños.*

2. De los deportes que hay en la columna de la izquierda, selecciona los tres que te parezca que desarrollan más cada una de las virtudes de la columna de la derecha:

— *Equitación.*
— *Tenis.*
— *Esquí.*
— *Fútbol.*
— *Baloncesto.*
— *Judo.*
— *Natación.*
— *Boxeo.*
— *Ciclismo.*
— *Alpinismo.*

1. Inteligencia.

2. Camaradería.

3. Capacidad de sacrificio.

4. Reflejos.

La clase se dividirá en grupos de tres o cuatro personas. Cada grupo seleccionará el deporte que más contribuye al desarrollo de cada una de las cuatro cualidades.

Tienes que intentar convencer a tus compañeros de tus opiniones; si no hay acuerdo, se decidirá por votación.

3. Como sabes, la lotería es un juego de azar bastante popular en España y en muchos países hispanoamericanos. En el texto de **Gabriel García Márquez** que vas a leer, se trata de un sorteo un tanto peculiar.

... un edecán distraído le comentó por error el problema de los niños y él preguntó desde las nebulosas que cuáles niños, los niños mi general, pero cuáles carajo, porque hasta entonces le habían ocultado que el ejército mantenía bajo custodia secreta a los niños que sacaban los números de la lotería por temor de que contaran por qué ganaba siempre el billete presidencial, a los padres que reclamaban les contestaron que no era cierto mientras concebían una respuesta mejor, les decían que eran infundios de apátridas, calumnias de la oposición, y a los que se amotinaron frente a un cuartel los rechazaron con cargas de mortero y hubo una matanza pública que también le habíamos ocultado para

no molestarlo mi general, pues la verdad es que los niños estaban encerrados en las bóvedas de la fortaleza del puerto, en las mejores condiciones, con un ánimo excelente y muy buena salud, pero la vaina es que ahora no sabemos qué hacer con ellos, mi general, y eran como dos mil. El método infalible para ganarse la lotería se le había ocurrido a él sin buscarlo, observando los números damasquinados de las bolas de billar (...) le entregaban a cada niño un talego de un color distinto después de comprobar ante testigos calificados que había diez bolas de billar numeradas del uno al cero dentro de cada talego, atención, señoras y señores, la multitud no respiraba, cada niño con los ojos vendados va a sacar una bola de cada talego, primero el niño del talego azul, luego el del rojo y por último el del amarillo, uno después de otro los tres niños metían la mano en su talego...

(G. García Márquez.
El otoño del patriarca)

¿Por qué no escribes el final explicando cómo conseguía ganar el presidente y qué fue de los niños?

I. ¿Tú qué crees?

— ¿Cuántos métodos de adivinación ofrecen estos anuncios? ¿Crees en alguno de ellos?

— ¿Has consultado alguna vez a algún adivino?

66 Guía Mágica

Trabajos espirituales muy personales - eficaces. Consulta sólo la voluntad. Todo está en tus manos. Tel. 3801757

— ADIVINO porvenir mediante el Tarot Egipcio. Soluciono el mal de ojo y viendo una foto, lo digo todo. Tel. 2597865

— ALTA magia, quiromancia. Se resuelven problemas sentimentales, familiares, negocios, trabajo, mal de ojo. 22 años de experiencia y éxitos. Tel. 5216483

— ASTROLOGÍA sobre carta natal. Tarot cabalístico y numerología. Vidente. Dirigido a enfoque y solución problemas. De 10-13 h y 16-22 h. (Contestador 5.º ring). Ana de Calle. Tel. 7155737

— ADIVINACIÓN tarot y conchas. Magia. Te guiaré hacia el éxito. Aprovecha tu oportunidad.

— BOLA de cristal, cartas del tarot, trabajos de amor, negocios, salud, sanaciones, mal de ojo, problemas de nervios, depresiones, soluciones definitivas. Yolanda y Mikel. Tel 4737870

— ACLARA el camino de tu futuro. Oriéntate para resolver tus problemas sentimentales, de trabaj...

— CLARIVIDENTE. Trabajos alta magia. 30 años experiencia. Solución a toda clase de problemas. Éxito inmediato. Escriba comunicando problema; envíe nombre, fecha de nacimiento y dirección a: Elen Naydu. Box 5129. Quito. Ecuador. Sudamérica.

— CLARIVIDENTE, 90% aciertos demostrables. Pasado, presente y futuro. Trae una grabadora o lápiz y papel para que puedas comprobar cuando pase el tiempo. Tel. 5747187

— CONSEGUIR boda, hacer regresar, alejar alguien, atracción, limpiezas contra envidia, mal de ojo, mala suerte, amarres, magia blanca. Brasil, tarot-videncia. Llamar Suna. Tel. 3459649.

— CURANDERO Gallego. Cualquier enfermedad. También remedios desconocidos, limpieza y orientación espiritual. Operaciones astrales. La voluntad. Tel. 2683472

— ACLARA el camino de tu futuro. Oriéntate para resolver tus problemas sentimentales, de trabajo, etc. Consulta de tarot. Zona centro. 2.000 ptas. Tel. 5226833

— ADIVINA tu futuro a través del Tarot. Echo las cartas por teléfono y personalmente. Llámame, te atenderé. M.ª José. Tel. 6167694 Tel. 6167643

— ADIVINA tu futuro con el Tarot, magia blanca y amuletos. Te ayudo a solucionar tus problemas de amor, trabajo, suerte y negocios. Ven a verme. Seriedad. Económico. Tel. 3555157

— ADIVINACIÓN del futuro, métodos conchas y cartas, se resuelven todo tipo de problemas. Fuenlabrada. Tel. 6079523

— Imagina que puedes ver el futuro. Tu compañero acude a tu consulta. Atiende a sus preguntas.

1. La astrología.

A. Un grupo de científicos españoles escribió un manifiesto en contra de la Astrología. Vas a leer ahora la respuesta de un astrólogo. Detrás de algunas palabras, entre paréntesis, aparecen dos posibles definiciones; tacha la que te parezca que no corresponde al sentido que tiene en el texto la palabra o expresión que está delante.

EN DEFENSA DEL SABER ASTROLÓGICO

Vicente Cassanya, presidente de la Asociación Cultural Astrológica y uno de los astrólogos más respetados de la nueva generación, responde al manifiesto de los
5 científicos:

El manifiesto americano que habéis copiado no contribuye a limpiar el **secular** (*nuevo / antiguo*) debate acerca de la Astrología. Tampoco dice nada en vuestro favor,
10 porque simplemente os habéis adherido a un comunicado ciego, **difuso** (*claro / confuso*) y sin argumentos. La Astrología siempre ha soportado duros ataques, pero una vez leí una frase de Salman Rushdie —que
15 entiende **lo suyo** (*mucho / poco*) de inquisidores— aplicable a las persecuciones históricas: «*Un minuto de oscuridad no nos volverá ciegos*». Va siendo hora de que cambiemos el estéril diálogo de exclusión
20 por el de intersección, en el que sin duda hallaremos **lugares comunes** (*puntos de acuerdo / desacuerdo*).

Hay algo, no obstante, que todos los amantes de la Astrología os agradecemos:
25 la **denuncia** (*defensa / ataque*) del charlatanismo y de la **proliferación** (*aumento / disminución*) indiscriminada de horóscopos en los medios de comunicación. Pero no vale confundir al charlatán con el astrólogo
30 ni al horóscopo con la Astrología.

Ya en el primer párrafo habláis de «*los que quieran creer*». No se trata de creer, sino de verificar o **refutar** (*dar argumentos a favor / en contra*); esto es, testar, puesto
35 que intentáis juzgar si la Astrología tiene fundamento científico. ¿Cómo queréis quitar validez a través de la fe a una rama del saber que se basa en el conocimiento y en
40 el estudio? ¿Cómo, siendo científicos, aplicáis tan arbitrariamente vuestra metodología? ¿Cuántos de vosotros habéis estudiado Astrología antes de rechazarla? ¿Cuántos os habéis tomado la molestia de hacer prue-
45 bas científicas antes de **pronunciaros** (*dar vuestra opinión / atacar*)? No es extraño que terminéis con un juicio **dogmático** (*discutible / que se considera indiscutible*).

Implícitamente se os ve más **condes-**
50 **cendientes** (*duros / tolerantes*) con las creencias antiguas, quizá **insinuando** (*probando / dando a entender*) que la Astrología es algo **arcaico** (*antiguo / moderno*), lo cual no es cierto. La Astrología ha conoci-
55 do importantes avances y pruebas dentro del siglo XX, teniendo mucha más fiabilidad ahora que **antaño** (*antes / nunca*). Me estoy refiriendo a la Astrología Humanística, a las estadísticas de Gauquelin, a la As-
60 tromundial y a los experimentos de laboratorio del físico-químico Piccardi y del biólogo Brown.

Cometéis un error al afirmar que las influencias gravitacionales de los planetas son infinitamente pequeñas. Sabéis mejor
65 que yo que sus disposiciones angulares pueden hacer **variar** (*subir / cambiar*) la intensidad de las manchas solares y del campo magnético interplanetario; y que éstas, a
70 su vez, producen **trastornos** (*daños / cambios*) en nuestra atmósfera y en los seres vivos. ¿Infinitamente pequeñas? La ciencia está demostrando que los campos electromagnéticos muy débiles influyen en noso-
75 tros quizá más que los fuertes; algo que to-

davía no estaba claro cuando los americanos firmaron el manifiesto, pero sí cuando lo habéis hecho vosotros.

¿Época de incertidumbre? Un buen **tópico** (*tema de conversación / generalización fácil*). ¿Qué período histórico ha sido el de la certidumbre? Llegáis al colmo cuando **aseveráis** (*afirmáis / negáis*) que «nuestros futuros dependen de nosotros mismos y no de las estrellas». Ni la religión, ni la filosofía, ni la ciencia han solucionado el debate entre determinismo y libre albedrío. Pero vosotros ya lo tenéis claro. [Es] Seguro que un factor determinante de nuestro destino lo constituye la estrella de nuestro sistema: el Sol. Sin él no viviríamos a ritmo de días y de noches, de estaciones y de años; probablemente no viviríamos en modo alguno.

Contad con mi colaboración (*estoy dispuesto / no estoy dispuesto a colaborar*) para no contribuir al crecimiento del irracionalismo y oscurantismo, para hacer transparente nuestro debate. Ya lo dice Karl Popper: «*Nos haría bien a todos recordar que, si bien diferimos bastante en pequeñeces, en nuestra infinita ignorancia somos todos iguales*».

(MUY INTERESANTE)

B. El texto anterior rebatía los argumentos del manifiesto de los científicos en el orden en que aparecían en éste. Así pues, releyendo el primer texto, podrás decidir cuál es el orden original de los párrafos que siguen a la introducción del siguiente **Manifiesto:**

MANIFIESTO
Los científicos contra la Astrología

Los científicos españoles están preocupados por el creciente auge de las predicciones astrológicas. Por tal razón, 258 prestigiosos investigadores han firmado el siguiente manifiesto, tan polémico como rotundo: no hay base científica que sustente las creencias astrológicas. Un documento similar fue suscrito en 1975 por 197 científicos norteamericanos, entre ellos 20 premios Nobel.

a) *¿Por qué cree la gente en la Astrología? En esta época de incertidumbre es muy reconfortante tener quien dirija la toma de las propias decisiones. Gusta creer en un destino predeterminado por fuerzas astrales más allá de cualquier control. Sin embargo, somos nosotros los que debemos enfrentarnos al mundo y darnos cuenta de que nuestro futuro depende de nosotros mismos, y no de las estrellas.*

b) *En la antigüedad las personas creían en las predicciones y consejos de los astrólogos, porque la Astrología formaba parte de su visión mágica del mundo. Veían los objetos celestes como moradas y presagios de los dioses, íntimamente conectados con los sucesos que ocurrían aquí en la Tierra; no tenían idea de las grandes distancias que nos separan de los planetas y las estrellas. Ahora que esas distancias pueden ser calculadas, vemos lo infinitamente pequeñas que son las influencias gravitacionales —y de cualquier otro tipo— producidas por los planetas y las aún más lejanas estrellas. Es simplemente un error imaginar que las fuerzas ejercidas por las estrellas y los planetas en el momento del nacimiento pueden, de alguna forma, determinar nuestro futuro. Tampoco es verdad que la posición de los objetos celestes haga que ciertos días o períodos de* *tiempo sean más favorables para emprender algún tipo de actividad, o que el signo bajo el que uno ha nacido determine la compatibilidad en su relación con otras personas.*

c) *Imaginábamos, en estos tiempos de difusión de la educación y la cultura, que sería innecesario desenmascarar creencias basadas en la magia y la superstición. Pero la aceptación de la Astrología es cada vez mayor en la sociedad. Estamos especialmente inquietos por la proliferación de cartas astrales, predicciones y horóscopos en los medios de comunicación, tanto visuales como escritos. Esto sólo puede contribuir al crecimiento del irracionalismo y el oscurantismo. Creemos llegado el momento de rechazar vigorosamente las afirmaciones pretenciosas de los astrólogos charlatanes.*

Quienes continúan teniendo fe en la Astrología lo hacen a pesar de que no hay ninguna base científica para sus creencias, y sí una fuerte evidencia de lo contrario.

d) *Científicos de diversos campos estamos preocupados por el incremento en la acogida de la Astrología en muchas partes del mundo. Nosotros, los abajo firmantes —astrónomos, astrofísicos, matemáticos, físicos e investigadores de otras ramas del saber—, queremos prevenir al público sobre la aceptación incondicional de las predicciones y consejos dados privada y públicamente por los astrólogos. Los que quieran creer en la Astrología deben saber que no existe fundamento científico para su creencia.*

(MUY INTERESANTE)

2. El retorno de las brujas.

A. ¿Qué sabes de la caza de brujas? ¿De qué se las acusaba? ¿Cómo se las castigaba? ¿Qué era la Inquisición y cómo actuaba?

Estas palabras, casi todas extraídas del texto que vas a leer después, te ayudarán a expresarte:

aquelarre	*hechizo*
brujería	*tormento*
adorar	*azotes*
hoguera	*macho cabrío*
diablo	*hechicera*
leyenda negra	*abjurar*
auto de fe	*instruir en la fe*

B. Lee por encima el texto y señala los temas que se tratan en él.

a) Descripción de lo que hacían las brujas.
b) Ejemplos de hechizos.
c) Métodos para protegerse de las brujas.
d) Asesinatos.
e) Juicios.
f) La caza de brujas en el siglo XVII.
g) Las brujas de Salem.
h) Las brujas en Madrid.

El retorno de las brujas

El último auto de fe al que asistió **Felipe II** tuvo lugar el 9 de junio de 1591, en la plaza toledana de **Zocodover**. En él abjuraron de sus delitos de brujería
5 **Olalla Sobrino** y **Juana la Izquierda**, junto a otras hechiceras castellanas. A su compañera **Catalina Mateo** le valió su confesión 200 azotes y ser instruida en la fe.
10 Estas tres ancianas de *El Casar de Talamanca* protagonizaron uno de los pocos casos de brujería en que la Inquisición toledana utilizó el tormento para obtener las confesiones. Los habitantes de
15 este pueblo de *Guadalajara*, próximo a *Madrid*, las acusaron de la muerte de unos niños. Fueron primero interrogadas en el vicariato de *Alcalá de Henares*, y luego conducidas al tribunal inquisitorial
20 de Toledo. En el transcurso de los terribles interrogatorios, **la Izquierda** afirmó que una noche salió a la calle al oír pasar a unas brujas, que la untaron y la llevaron a un campo cercano, donde canta-
25 ban y bailaban una docena de brujas y algunos brujos.

Fue la primera de muchas correrías, en el transcurso de las cuales se emborrachaban en las bodegas. La **Mateo** explicó que sus amigas quisieron enseñarle el oficio de bruja, y le hicieron muchas promesas. «*Serlo*
30 *habéis, aunque no queráis*», le dijo la **Olalla**, frotándole manos y pies con cierto ungüento; luego, apareció un macho cabrío y abrazó a su compañera, bailando todos alegremente y entregándose a un desenfreno sexual con aquel ser. En otras ocasiones, tras untarse, salían de casa volando; se reunían a medianoche cerca de la iglesia o en la plaza del pueblo, e iban
35 luego cantando y alborotando por las callejas circundantes. A veces se introducían en las casas por las ranuras de las ventanas, chupando a los niños hasta matarles, según sospechaban algunos padres. (...)
En pleno Siglo de Oro, *Madrid,* como las restantes ciudades europeas, estaba plagada de hechizos y brujerías. Casi todos creían en ellos, desde el
40 Rey hasta el más humilde mendigo. Creían en el diablo y en sus terribles acechos como creían en Dios.

Aunque la capital española fue una de las ciudades más ajenas al fenómeno brujeril, la hemos escogido como leve y cercano reflejo de la auténtica plaga psíquica que durante tres siglos asoló Europa: resulta imposible
45 precisar una cifra, porque hay muchas lagunas en los archivos y en los inventarios judiciales, pero los eruditos estiman que, entre 1450 y 1750, 300.000 personas —la mayoría mujeres— fueron ejecutadas durante la *«caza de brujas»*.

Contrastando con las innumerables hogueras que en el resto del conti-
50 nente consumían a los acusados de adorar al diablo, y con las implacables persecuciones religiosas de la Inquisición española, ésta aplicó muy pocas veces la pena de muerte a las brujas, hechiceras y magos locales. Quizá por ello, en contra de lo que la *«leyenda negra»* ha dado a entender, esta patología no resultó tan alarmante; pese a lo cual, ningún rincón del país
55 quedó a salvo del fenómeno.

Si bien debilitadas con el transcurso del tiempo, estas creencias subsistieron. Así, en 1744 **Manuela María García** contaba que, mientras servía en una casa madrileña, en compañía de unas brujas, fue y volvió en una sola noche hasta la frontera portuguesa, y que otra noche estuvo en *Valen-*
60 *cia*, de donde regresó dando noticias exactas, ante el asombro de sus señores, que no habían advertido su ausencia. Especial fama tuvo, a comienzos de este siglo, la bruja de la *Ribera de Curtidores*, en pleno *Rastro* madrileño.

Hoy *Madrid* es una ciudad atareada y moderna como el resto de las
65 capitales europeas... Pero no por ello menos repleta de magia y misterio. Junto a más de un millar de adivinos y astrólogos profesionales, en esta capital sigue vigente la magia, que cuenta con tiendas especializadas, incluso en el *Rastro*. (...)

(MUY INTERESANTE)

C. Comprueba si, según el texto, las siguientes afirmaciones son verdaderas (**V**) o falsas (**F**):

a. *Los juicios contra las brujas terminaron en 1591.*

b. *En España era normal torturar a los acusados de brujería.*

c. *Los aquelarres eran fiestas en las que, según se cree, a veces se mataba a niños.*

d. *Madrid fue una de las ciudades europeas con menos brujas.*

e. *En comparación con los demás países europeos, la Inquisición española no mató a muchos acusados de brujería.*

III. Palabra por palabra

1. Doce palabras

A. Estas doce palabras están relacionadas entre sí. Intenta completarlas. Cada casilla representa una letra.

B. ¿Sabrías ordenarlas cronológicamente?

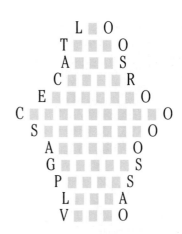

2. ¿Cómo somos?

A. Trata de rellenar las casillas con las sílabas que aparecen junto a ellas, para formar al final doce adjetivos referidos al carácter de las personas. Todos empiezan con la sílaba **in**.

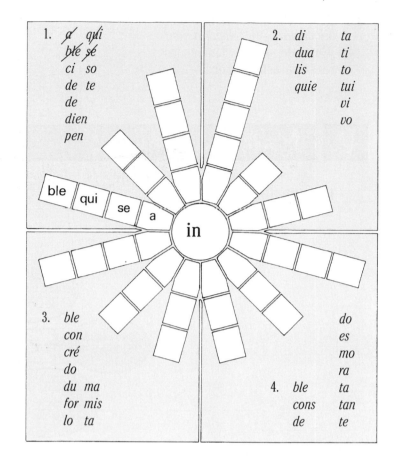

1. ~~a~~ qui
    ~~ble~~ ~~sé~~
    ci so
    de te
    de
    dien
    pen

2. di ta
    dua ti
    lis to
    quie tui
        vi
        vo

3. ble
    con
    cré
    do
    du ma
    for mis
    lo ta

    do
    es
    mo
    ra

4. ble ta
    cons tan
    de te

B. Busca, con ayuda del diccionario, los sustantivos correspondientes a los adjetivos anteriores, y agrúpalos bajo las dos columnas siguientes:

virtudes	defectos

Compara tus respuestas con las de tus compañeros.

C. Ahora que sabes qué significan todas esas palabras, ¿podrías relacionar algunas de ellas con las que aparecían en la actividad **1**?

IV. ¡Lo que hay que oír!

1. Rellena el cuadro con la información que oigas en la cinta.

Fecha de comienzo _____ Fecha de terminación _____
Lugar _____ ¿Quién era? _____
¿Cómo la describían? _____
¿A qué hora aparecía? _____
¿Qué hacía? _____
Pruebas de que el hecho era real:
_____
_____
_____
_____

173

2. ¿Qué diferencia hay entre *bilocación* y *teleportación*? ¿Cuál de estos fenómenos realizaba esta persona?

3. En la cinta se menciona que estos fenómenos también ocurren en la actualidad. ¿Conoces alguna historia que cuente algo parecido?

V. *Materia prima*

La conjetura.

A.

B.

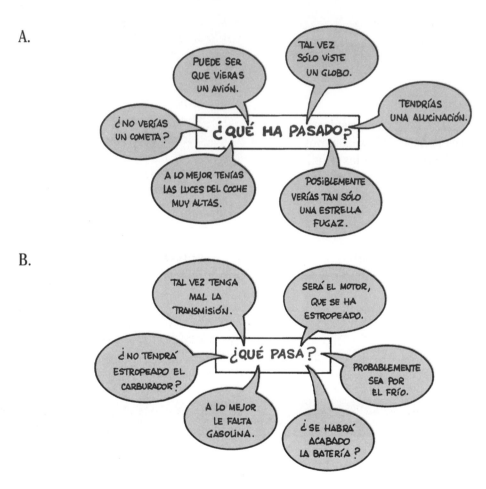

1. Utiliza las pistas que te damos y responde a las preguntas:

¿Qué ha pasado?   **¿Qué pasa?**

2. El siguiente cuadro reúne las formas de expresión de la conjetura más extendidas en español. Puedes comparar la columna de la izquierda, donde se dice algo con total seguridad, con las otras dos, y deducir cuáles son los adverbios y tiempos verbales usados.

Total certeza	Hipótesis que se cree segura	Suposición sólo posible
— Están llamando a la puerta. — *Abre. Es tu hermano. Lo he visto por la ventana.*	— Están llamando a la puerta. — *Abre. Será tu hermano. (Seguramente es-será; probablemente es-sea-será; posiblemente es-sea-será).*	— Llaman por teléfono. ¿Te pones tú? — *No sé. A lo mejor es mi jefe. (Tal vez es-sea; quizá(s) sea; puede [ser] que sea).*
— Todavía no ha venido Rosa a trabajar. — *Ha ido al médico. Tenía cita para hoy.*	— Todavía no ha venido Rosa a trabajar. — *Se habrá quedado dormida, como todos los días. (Seguramente se ha-habrá quedado dormida; probablemente-posiblemente se ha-haya-habrá quedado).*	— ¿Sabe por qué no ha venido hoy Rosa? Nunca ha faltado al trabajo. — *A lo mejor ha perdido el autobús. (Tal vez ha-haya perdido; quizá(s) ha-haya perdido; puede [ser] que haya perdido).*
— ¿Cuántos ladrones eran? — *Eran cuatro.*	— ¿Cuántos ladrones eran? — *Serían más de tres. Sólo dos no habrían podido abrir esta puerta. (Seguramente eran-serían; probablemente-posiblemente eran-serían-fuesen-fueran).*	— ¿Cuántos ladrones eran? — *Ni idea. A lo mejor eran dos, o tres... No sé. (Tal vez eran-fuesen-fueran; quizá(s) eran-fuesen-fueran; puede [ser] que fuesen-fueran).*
— ¿Por qué no vinieron ayer tus tíos? *Habían quedado con unos amigos.*	— ¿Por qué no vinieron ayer tus tíos? *Habrían quedado con sus amigos. Los domingos siempre salen. (Seguramente habían-habrían quedado; posiblemente-probablemente habían-habrían-hubieran-hubiesen quedado).*	— Por qué no vinieron ayer tus tíos? — *A lo mejor habían quedado con alguien. (Tal vez habían-hubiesen-hubieran quedado; quizá(s) habían-hubiesen-hubieran quedado; puede [ser] que hubieran-hubiesen quedado).*
— ¿Sabes qué día viene el pedido? — *Sí, mañana viene-vendrá.*	— ¿Sabes qué día viene el pedido? — *Seguramente viene-vendrá mañana. Suele llegar los jueves. (Posiblemente-probablemente vendrá-venga).*	— ¿Sabes qué día viene el pedido? — *No sé. A lo mejor viene mañana. (Tal vez venga-vendrá; quizá(s) venga-vendrá; puede [ser] que venga).*
— ¿Tengo tiempo para llegar al banco? — *Cierran dentro de dos minutos, así que cuando llegues ya habrán cerrado.*	— ¿Tengo tiempo para llegar al banco? — *Ya es un poco tarde. Seguramente habrán cerrado cuando llegues. (Posiblemente-probablemente hayan-habrán cerrado).*	— ¿Tengo tiempo para llegar al banco? — *No sé a qué hora cierran. A lo mejor han cerrado cuando llegues. (Tal vez hayan-habrán cerrado; quizá(s) hayan-habrán cerrado; puede [ser] que hayan cerrado).*

3. Fíjate en las frases interrogativas de **¿Qué ha pasado?** y **¿Qué pasa?** y señala qué formas son las utilizadas en ellas.

4. Completa las respuestas de los siguientes diálogos:

Ej.: — *¿Por qué no está Juan?*
— *Seguramente* ▓▓▓▓▓▓▓▓▓▓▓▓▓▓▓▓▓ .
(habrá terminado lo que tenía que hacer y se habrá marchado).

A. — *Hoy estoy muy mal del estómago. No sé qué me pasa.*
— *A lo mejor* ▓▓▓▓▓▓▓▓▓▓▓▓▓▓▓ .

B. — *¿Cuántas personas calculas que había?*
— *Tal vez* ▓▓▓▓▓▓▓▓▓▓▓▓▓ .

C. — *¿El traje que lleva Antonio es caro?*
— *Seguramente* ▓▓▓▓▓▓▓▓▓▓▓▓▓▓▓ .

D. — *¿Por qué no me hizo caso ayer papá?*
— *Probablemente* ▓▓▓▓▓▓▓▓▓▓▓▓▓▓▓ .

E. — *¿Dónde habré puesto el cenicero?*
— *Puede que* ▓▓▓▓▓▓▓▓▓▓▓▓▓▓ .

F. — *¿Cuándo vas a terminar el informe? Lo están esperando en la Dirección.*
— *Quizá* ▓▓▓▓▓▓▓▓▓▓▓▓ .

G. — *¿Sabes si Alfonso está en casa todavía?*
— *Posiblemente* ▓▓▓▓▓▓▓▓▓▓▓▓▓▓▓ .

H. — *¿Habrán terminado de arreglar el coche cuando lleguemos?*
— *Sí, ya* ▓▓▓▓▓▓▓▓▓▓▓ .

5. Junto con tu compañero, realiza la siguiente actividad: Plantéale las cuestiones de la columna **A** y que él exprese conjeturas que las expliquen. Después, haz tú lo mismo con las cuestiones que él te plantee de la columna **B**.

A	B
Hoy no ha venido el profesor.	*Mi novia todavía no me ha llamado.*
Ayer había mucha gente en la puerta del banco.	*Esta mañana he visto a Mónica llorando.*
El profesor está hoy muy enfadado.	*El lunes Luis estaba con su padre en el aeropuerto.*

6. Una cosa más:

— ¿Será Luis?   *Supongo que mi interlocutor tampoco lo sabe con seguridad.*

— Será Luis.   *Conjetura que considero casi segura.*

— ¿No será Luis?   *Supongo que la conjetura que antes ha hecho mi interlocutor está equivocada.*

Actividad

Completa los siguientes diálogos utilizando las formas de conjetura del esquema anterior según la situación:

Ej.: — *Me parece que te has equivocado.*
— *¿No te habrás equivocado tú?*
— *No, no me he equivocado.*

A. —*Preguntan por ti.*
—_____ .
—*Pues no. No es Luisa quien pregunta por ti. Es el director.*

B. —_____ .
—*No lo sé. Estos exámenes suelen durar mucho.*

C. —*No sé dónde tengo las llaves. Seguro que me las he dejado en la oficina.*
—_____ .
—*Ahora que lo dices, tal vez tengas razón. Llamaré a casa.*

D. —*Ayer me pareció ver a Ángel en la Puerta del Sol.*
—_____ .
—*No, no puede ser. Su hermano ahora está en Barcelona.*

E. —*Te aseguro que sólo bebí dos cervezas.*
—_____ .
—*Bueno, puede que fueran algunas más.*

F. —*Esta mañana ha salido la noticia del accidente en los periódicos.*
—_____ .
—*No lo creo. De todos modos procura que ella no lea el periódico.*

VI. Dimes y diretes

1. Junto con dos o tres compañeros, haz una lista de los diferentes métodos de adivinación o conocimiento del futuro que conoces.

2. ¿Qué diferencia hay entre un *médium,* un *vidente,* un *mago,* un *brujo,* un *adivino* y un *curandero*? Completa el cuadro reflejando esas diferencias. En la primera columna tienen que aparecer, además de otras que a ti se te ocurran, las palabras del recuadro:

> poder de la mente
> bola de cristal
> cartas astrales
> sortilegios
> cartas
> lectura de la mano
> invocación de los espíritus
> pócimas
> amuletos
> hipnotismo

	Medios que utiliza	Resultados que puede conseguir
Médium		
Vidente		
Mago		
Brujo		
Adivino		
Curandero		

3. En la lengua hablada empleamos algunas palabras del mundo de lo sobrenatural en un sentido figurado. Completa los huecos de estos diálogos con las palabras: *magia, bruja, adivino, hipnotizado* y *embrujo.*

A. —*Oye, pues no lo encuentro por ningún lado.*
—*¡Pero si lo dejé ahí encima!*
—*Pues no está. Esto parece cosa de* ⬛⬛⬛⬛*.*

B. —*¿Qué te ha parecido Sevilla?*
—*Fenomenal, maravillosa... De verdad que no puedo contarlo con palabras.*
—*Bueno, por algo dicen que es una ciudad que tiene* ⬛⬛⬛⬛

C. —*¡Verás qué susto se va a llevar cuando abra el paquete!*
—*¡Pero qué* ⬛⬛⬛⬛ *eres!*

D. —*Tú seguro que naciste en marzo, ¿a que sí?*
—*¿Eres* ⬛⬛⬛⬛ *?*

E. —*Es que no tiene voluntad propia, siempre hace lo que él le dice.*
—*Sí, parece que lo tiene* ⬛⬛⬛⬛*.*

178

1. Aquí tienes una serie de supersticiones bastante extendidas, algunas solamente por España e Hispanoamérica, otras por muchas otras partes del mundo. Escribe un **1** si ese hecho produce mala suerte, un **2** si da buena suerte, y un **3** si te libra de la mala suerte.

a. *Romper un espejo.*
b. *Abrir un paraguas en un lugar techado.*
c. *Derramar sal en la mesa.*
d. *Pasar debajo de una escalera.*
e. *Un gato negro se cruza en tu camino.*
f. *Encontrar un trébol de cuatro hojas.*
g. *Ponerse la ropa del revés.*
h. *Ponerse un calcetín de cada color.*
i. *Llevar puesto más de un reloj.*
j. *El color amarillo (para los artistas y toreros).*
k. *Tocar madera.*
l. *Sentarse trece a una mesa.*
ll. *El día martes 13.*

¿Puedes añadir otras que conozcas? ¿Sabes si existen remedios para contrarrestar algunas supersticiones?

2. Se han abierto los canales interestelares de comunicación. Tienes la oportunidad única, y probablemente irrepetible, de enviar un mensaje escrito a seres de otros planetas. Por problemas de espacio y tiempo, no puedes mandar más de 300 palabras. No desaproveches la ocasión.

3. Los misterios del aura.

¿Sabes lo que es el aura? Si no es así, pregunta a tus compañeros o al profesor. Vas a leer un texto donde nos hablan de cómo descubrir los colores de nuestra aura y de qué significa cada uno. Averigua los colores de tus compañeros de grupo y podrás saber mucho sobre su carácter.

¿De qué color es su aura?

Según los estudios del ocultismo, la forma más sencilla de determinar cuál es el color predominante en su aura, es analizar su propio vestuario: aquel tono que se repita en sus camisas, vestidos y blusas será la respuesta a dicha interrogante.

También debe tomar en consideración otros colores que son de su agrado. Aparte del tono que más le gusta también existen dos o tres que predominan en su atuendo, en las paredes de su vivienda y en las prendas que usted elige para los suyos. Tales serán los colores de su aura.

Es necesario también observar cuáles son los tonos que no son de su agrado, aquellos con los que nunca se vestiría o pintaría su hogar, porque son los que no aparecen en su halo, o bien se encuentran en mínima cantidad con respecto de los otros.

Lo que dicen los colores del aura:

Negro:
Es un tono, no un color, y representa la negación de la luz. Indica odio, malicia, venganza, maldad, ira, emociones negativas y formas de pensamiento muy pesimistas, que incluso crean una especie de humo denso alrededor de la persona.

Gris:
Egoísmo, temor, terror, depresión y melancolía.

Verde musgo:
Celos, envidia. Si hay mucha ira mezclada con los celos, aparecerán llamaradas rojas sobre un fondo verde.

Verde brillante:
Tolerancia para las opiniones y creencias de otros; fácil adaptación a los cambios de condiciones, adaptabilidad, tacto, urbanidad, sabiduría mundana y también refinada falsedad.

Rojo:
Sensualidad, pasiones animales.

Rosa:
El amor en su forma más elevada, la tranquilidad emocional.

Marrón:
De un tinte rojizo, representa avaricia y voracidad.

Naranja:
De un tono brillante, orgullo y ambición.

Amarillo:
Poder intelectual, razonamiento.

Azul:
Naturaleza mística y sentimientos religiosos.

Violeta:
El sentimiento religioso más elevado.

Azul claro luminoso:
Espiritualidad.

Nota: *Ningún ser humano tiene en su aura un solo y único color. Lo que es normal es la innumerable combinación de tonos en manchas de distinto brillo, tamaño e intensidad. Tales mezclas, aunque dominadas por uno o dos tonos básicos, se encuentran sujetas a cambios a través de la vida, y también a situaciones diarias.*

(PERFIL)

I. ¿Tú qué crees?

Artículo 16

1. Se garantiza la libertad ideológica, religiosa y de culto de los individuos y las comunidades sin más limitación, en sus manifestaciones, que la necesaria para el mantenimiento del orden público protegido por la ley.

2. Nadie podrá ser obligado a declarar sobre su ideología, religión o creencia.

3. Ninguna confesión tendrá carácter estatal. Los poderes públicos tendrán en cuenta las creencias religiosas de la sociedad española y mantendrán las consiguientes relaciones de cooperación con la Iglesia Católica y las demás confesiones.

(De la Constitución española de 1978)

— ¿Por qué crees que en la Constitución española se nombra a la Iglesia Católica?

El 66% de los españoles cree que la Iglesia no debe opinar sobre la política del Gobierno

La mitad de los encuestados dice que el clero no da respuesta a los problemas sociales

EFE.- MADRID

El 66 por 100 de los españoles considera que no es apropiado que la Iglesia hable sobre la política del Gobierno, frente a un 22 por 100 que opina lo contrario, según se desprende de una encuesta realizada por la Fundación Santamaría. Los partidarios de que exista una opinión eclesiástica sobre la actividad gubernamental son más numerosos entre las mujeres, con un 24 por 100 de respuestas favorables, que entre los hombres, entre los cuales esta cifra desciende a un 20 por 100.

El informe señala que los mayores porcentajes a favor de que la Iglesia haga comentarios políticos se encuentran entre la clase alta y media alta, mientras que los menores porcentajes se sitúan entre la clase trabajadora.

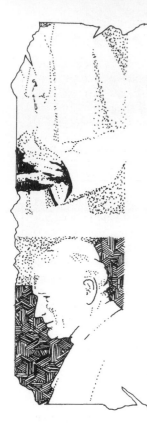

El análisis de las edades de los encuestados revela que apenas un 17 por 100 de los jóvenes que tienen entre 18 y 24 años está de acuerdo con este papel del clero. Este índice crece hasta un 26 por 100 entre los españoles que tienen entre 25 y 34 años, así como entre los mayores de 65.

Según este sondeo, la mayoría de los españoles está de acuerdo en que la Iglesia se preocupe de temas como justicia social, igualdad, vida de las personas, problemas sociales, la paz, la moral familiar o la ecología.

Sin embargo, en los aspectos relativos a la moral sexual, el 38 por 100 de los encuestados cree que la Iglesia sí debe hablar de los temas relacionados con la homosexualidad, frente a un 49 por 100 que cree que no.

Respecto a la opinión sobre si la Iglesia da respuesta a determinados problemas, el 50 por 100 de los españoles piensa que sí los da cuando se trata de necesidades espirituales, frente a un 32 por 100 que opina en sentido contrario.

Sin embargo, cuando se pide opinión de si la Iglesia da respuesta a los problemas sociales que existen en nuestro país hoy día, el 50 por 100 de los españoles cree que no, mientras que un 28 por 100 contesta afirmativamente.

La encuesta señala que el 86 por 100 de la población española adulta se confiesa católica, frente a un 13 por 100 que afirma no pertenecer a religión alguna.

El 63 por 100 de los entrevistados se considera religioso, pero sólo un 43 por 100 afirma ir a misa al menos una vez al mes, y un 53 por 100 afirma que encuentra consuelo y fortaleza en la religión.

(EL SOL)

— ¿Las Iglesias deben intervenir en la política o no?

— ¿En qué temas sociales te parece que sería importante la actuación de la Iglesia?

— ¿Crees que la religión es importante en la vida de los españoles?

II. Con textos

1. La religión azteca.

nombre	quiénes iban	qué hacían	duración
Bosque de los alimentos			
	ahogados		para siempre
	mujeres que morían en el parto		
Tonatiuhichan			cuatro años
		Cruzar Pasar Escapar Atravesar Escalar Recorrer Vadear	

A. Leyendo el texto que tienes debajo, completa el cuadro de la página anterior sobre los paraísos e infiernos en los que creían los aztecas:

El destino de los muertos

Las creencias sobre la vida de ultratumba son, junto con los sacrificios humanos, los rasgos más distintivos de la religión azteca. A diferencia de lo que sucede en otras religiones, el destino de los muertos no

5 dependía de la conducta que el difunto hubiera llevado en esta vida, sino de la causa que originó el fallecimiento. Las moradas de los muertos carecían, por lo tanto, de connotaciones morales, y en consecuencia no pueden calificarse de paraísos o infiernos.

10 Los antiguos mexicanos tenían un lugar especial para los niños que perecían antes de alcanzar el uso

de razón. Este limbo, que llamaban *Bosque de los alimentos*, era un agradable jardín lleno de flores y árboles. Los niños, transmutados en colibríes, revolotea-

15 ban por él libando el polen de las plantas. Cerca del bosque, o en su interior, se hallaba el *Chichihualcuahuitl* o *Árbol de las mamas*, cuyas hojas, semejantes a los pechos femeninos, destilaban leche para alimentar a los infantes que morían durante la lactancia.

20 Los adultos disponían de tres moradas: el *Tlalocan*, el *Tonatiuhichan* y el *Mictlan*. La primera —un lugar de características similares— estaba reservada a aquellas personas que morían ahogadas, fulminadas por el rayo, o por cualquier otra causa relacionada con **Tlá-**

25 **loc**, dios de las aguas. Los difuntos que tenían la fortuna de residir allí llevaban una vida despreocupada, alegre y libre de trabajo, pues el maíz crecía de forma espontánea y los árboles jamás dejaban de dar fruto.

Tampoco era desagradable el destino que los dio-

30 ses reservaban a las mujeres fallecidas de parto y a los guerreros que perecían bajo la espada del enemigo o el cuchillo del sacerdote. Unos y otras iban a un paraíso solar situado en el firmamento, donde los finados gozaban del privilegio de acompañar al sol en su

35 diario peregrinar. En esta morada, semejante al *Walhala* vikingo o al *Edén* islámico, imperaba una rígida separación de sexos. Los hombres, que ocupaban la parte occidental del cielo o *Tonatiuhichan*, sólo podían escoltar al astro rey hasta el centro de la bóveda ce-

40 leste, ya que la mitad oriental, denominada *Cihuatlampa*, estaba reservada a las féminas.

El resto de las almas, es decir, la inmensa mayoría de la población, marchaba al *Mictlan*, literalmente la *tierra de los muertos*, un misterioso universo que se

45 extendía sobre nueve niveles por debajo de la corteza terrestre. En el noveno plano residía el dios de los muertos, **Mictlantecutli**, y los difuntos debían presentarse ante él.

Para ello, se veían en la obligación de hacer un

50 largo y peligroso viaje de cuatro años, en el curso del cual tenían que cruzar dos montes que chocaban entre sí continuamente, pasar por un camino guardado por una serpiente, escapar al ataque de un cocodrilo, atravesar ocho desiertos, escalar ocho montañas ne-

55 vadas, recorrer una llanura barrida por un viento helado y vadear nueve ríos.

Cuando los peregrinos alcanzaban la meta, si es que la alcanzaban, entregaban algunos presentes al Señor del lugar y después se reunían con los otros

60 muertos, iniciando una existencia idéntica a la que llevaron en vida.

Los aztecas creían, pues, que había una vida después de la muerte; pero esa existencia no siempre era eterna. Los guerreros del *Tonatiuhichan* regresaban a

65 la tierra en forma de colibríes tras servir al sol durante cuatro años, y los habitantes del *Mictlan* desaparecían transcurrido un período de tiempo similar.

Por el contrario, no había limitaciones temporales para las almas que residían en el *Tlalocan* y en el *Ci-*

70 *huatlampa*, aunque sólo las primeras llevaban una vida completamente feliz. Las parturientas gozaban durante el día, mas al llegar la noche la amargura de su maternidad frustrada sustituía a la alegría diurna, y descendían a la tierra para asustar y causar enferme-

75 dades a los niños.

En lo referente a los infantes del limbo, éstos permanecerían en él hasta que los dioses destruyeran el mundo. Cuando eso sucediese, volverían a la tierra para dar origen a una nueva humanidad.

(Germán Vázquez Chamorro, en CUADERNOS DE HISTORIA 16 [fragmento])

B. ¿Qué les ocurría a las almas cuando terminaba su tiempo de permanencia en los cielos o infiernos?

C. Busca en el texto cinco sinónimos de *muerte, muerto* o *morir*.

2. Reliquias y milagros. Santos para todo.

A. El siguiente texto habla de algunas de las reliquias religiosas que se conservan en España. ¿Cuál de estas frases te parece que resume mejor la actitud del autor?

— *Critica a la Iglesia católica por permitir que se mantengan las creencias en cosas tan absurdas.*

— *Respeta y comparte las creencias populares sobre las reliquias, pues son símbolos de la fe de un pueblo.*

— *Expone algunas curiosidades de la tradición popular que, como muchas otras, resultan extrañas o divertidas.*

— *Es irónico y se burla de lo absurdas que son ciertas creencias del pueblo.*

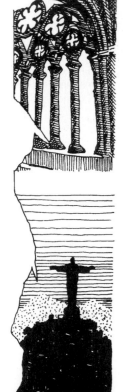

Reliquias y milagros

Itinerario religioso popular por centros españoles de grandes devociones

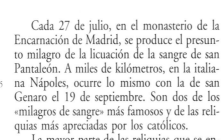

Cada 27 de julio, en el monasterio de la Encarnación de Madrid, se produce el presunto milagro de la licuación de la sangre de san Pantaleón. A miles de kilómetros, en la italiana Nápoles, ocurre lo mismo con la de san Genaro el 19 de septiembre. Son dos de los «milagros de sangre» más famosos y de las reliquias más apreciadas por los católicos.

La mayor parte de las reliquias que se encuentran repartidas por nuestras catedrales, iglesias, cementerios o ermitas nos llegó de Tierra Santa. Primero los peregrinos y más tarde los cruzados fueron trayendo infinidad de huesos de santos de los primeros siglos del cristianismo, recuerdos de la Pasión, objetos que pertenecieron a la Virgen, a los apóstoles o al mismo Jesús.

Quien más se trajo fue santo Toribio, obispo de Astorga en el siglo V. Santo Toribio, según cuenta el padre Luis Alfonso de Carvallo, hizo un viaje a Tierra Santa y volvió con huesos de los santos inocentes, un pedazo de la columna en que fue atado Cristo, espinas de la corona, dos piedras con las que apedrearon a san Esteban, un hueso de la mano de san Pedro y dos de la de san Pablo, piel de san Bartolomé, redoma con leche de la Virgen, una tabla del pesebre de Belén; oro, incienso y mirra de los Reyes Magos; pan de la Sagrada Cena, toalla con la que Jesús limpió los pies a los apóstoles y muchas cosas más, entre las que destacaba un trozo de la cruz (el *lignum crucis*), que se conserva en el monasterio de Santo Toribio de Liébana, en Cantabria, y es considerado el mayor existente.

Cristo y san Gonzalo

Hay miles de reliquias que suelen exponerse a la devoción de los fieles en días determinados. En el monasterio de San Martín de Mondoñedo, cerca de Foz, en Lugo, reposa san Gonzalo, que podía andar sobre las aguas y que hundió una flota vikinga a fuerza de avemarías. En Piedrafita del Cebrero, entre León y Lugo, se guarda una ampolla con sangre de Cristo. En Vilanova dos Infantes (Orense) se venera una Virgen que cayó del cielo dentro de una bola de cristal. Los restos de santa Teresa se distribuyen por varios lugares, principalmente Ávila, Alba de Tormes (Salamanca) y Ronda (Málaga), siendo, junto a los de san Juan de la Cruz, los más repartidos.

Luego está el «pilar» de Zaragoza; la cabeza de san Lorenzo, que se conserva en un bello relicario de la catedral de Huesca; un trozo de cráneo de san Gregorio, en Sorlada (Navarra); el cráneo de Santiago el Menor, en la catedral de Santiago, y la cabeza de una de las 11.000 vírgenes, en Coria (Cáceres), donde se guarda también el mantel de la Última Cena. La lista es interminable: los cráneos de san Cosme y san Damián, en las Descalzas Reales de Madrid; huesos de san Ildefonso, en la iglesia de San Pedro (Zamora)...

65 Otro aspecto es el textil. Sudarios, santas túnicas, santos paños, mantos, camisas, toallas, manteles... han desafiado el paso del tiempo y están por todas partes. La Sábana Santa de la catedral de Turín ha caído en desgracia tras los últimos análisis, pero en España 70 hay muchas que pueden ocupar su puesto, como el «pañolón» de la catedral de Oviedo o la que se conserva en el monasterio benedictino de Silos (Burgos), la de Alcoy (Alicante), 75 otra en el madrileño pueblo de Torres de la Alameda, una quinta en Campillo de Aragón

(Zaragoza) y la famosa Santa Faz de la catedral de Jaén.

Y para terminar la lista de reliquias insólitas, una pluma del arcángel san Miguel, en 80 Liria (Valencia); las *tinieblas de Nuestro Señor*, en Castiello de Jaca (Huesca); barro con el que fue fabricado Adán, en Sangüesa (Navarra), o el maná de los israelitas, en Coria (Cáceres). 85 El resto más alucinante, aunque no sea propiamente una reliquia, es una pezuña petrificada del diablo, en la ermita de las Angustias de Cuenca. Hay donde elegir.

(César Justel, en EL PAÍS)

B. Elige la opción que te parezca correcta según el texto:

a. El milagro de la licuación de la sangre de san Pantaleón

1. *no está probado científicamente.*
2. *se repite varias veces al año.*
3. *es único en el mundo.*

b. Las reliquias de santos, en su mayor parte,

1. *son verdaderas.*
2. *las trajo santo Toribio.*
3. *las trajeron los peregrinos y los soldados de las Cruzadas.*

c. Entre las muchísimas reliquias que hay, se encuentra:

1. *un frasco con sangre de la Virgen.*
2. *una tabla de la cuna de Jesús.*
3. *un hueso de uno de los Reyes Magos.*

d. San Gonzalo es famoso porque con sus oraciones

1. *podía hacer llover.*
2. *salvó a su pueblo de un ataque con barcos.*
3. *construyó un monasterio.*

e. Entre las reliquias que de Cristo hay en España no se encuentra:

1. *la sábana que cubrió su cadáver.*
2. *un trozo de tela con su cara plasmada.*
3. *la Sábana Santa de Turín.*

C. Haz una lista de cinco reliquias que te parezcan posibles (aunque sean difíciles de creer) y cinco que consideres imposibles (explicando por qué). Comprueba si tu lista coincide con las de otros compañeros.

SANTOS PARA TODO

Santa Apolonia echa una mano en los dolores de muelas; santa Irene es la patrona de la virginidad, aunque también comparte el tema antiguo problema, como santa Casilda, y muchos otros que «ayudan» a que el parto llegue a buen término. La más interesante, en este

con san Daniel o, en algún aspecto, con san Antonio de Padua, a quien se invoca para las cosas perdidas. Otros santos curiosos son san Pascasio para los desvalidos; el Santo Ángel de la Guarda, protector de los niños, o san Emeterio, para las dislocaciones (ya saben los deportistas).

De santo Tomás de Aquino se acuerda uno en los exámenes; de san Gregorio el Magno, cuando hay enfermedades del vientre, y de santa Madrona, en las calamidades públicas. Curioso es san Benito Abad, de quien se dice que «avisa» a sus devotos unos días antes de su muerte, lo mismo que san Pascual Bailón.

San Vicente Ferrer «controla» los dolores de cabeza y santa Felicitas es invocada en la esterilidad, aunque hay santos que sirven para lo mismo, como san Félix de Cantalicio. La verdad es que hay varios que solucionan este aspecto, es santa Librada, patrona de Sigüenza, a quien las parturientas le decían una antigua oración: *¡Ay!, santa Librada, santa Librada, por qué no será la salida como la entrada.*

Males modernos como el SIDA o el cáncer tienen también sus «médicos» en el santoral. San Vidal cura las enfermedades contagiosas y santa Reparada el mismo cáncer. Y aún nos queda un largo etcétera: san Blas, para los atragantamientos; san Dionisio o san Ciriaco, para la posesión diabólica; santa Quiteria, contra la rabia; santa Petronila, para la melancolía; san Erasmo, para el dolor de intestinos; san Nazario, para la locura; san Alejo, contra la desgana, o san Bartolomé, para las enfermedades de la piel (no hay que olvidar que murió despellejado).

(César Justel, en EL PAÍS)

D. Comprueba en el texto «Santos para todo» si estas afirmaciones son verdaderas o falsas:

a. *San Daniel es el santo que ayuda en los dolores de muelas.*
b. *Cuando se pierde algo, hay que rezar a San Antonio de Padua.*
c. *Los que no encuentran ayuda en ningún sitio tienen su patrón en San Pascasio.*
d. *Los huesos que se salen de su sitio los arregla san Gregorio el Magno.*
e. *Para las catástrofes se reza a san Benito Abad.*
f. *Las mujeres que están dando a luz se acuerdan de Santa Librada.*
g. *Cuando la comida se va hacia los pulmones, hay que invocar a san Dionisio.*
h. *San Alejo ayuda a recuperar el apetito.*

1. Aquí tienes las definiciones que da un diccionario, de:

calvario, vía crucis, martirio, reliquia y cruz.

¿Podrías decir qué explicación corresponde a cada palabra?

3

(**f.**) *Madero hincado verticalmente en el suelo y atravesado en su parte superior por otro más corto en los que se clavaban o ataban las extremidades de ciertos condenados. (...)* **2** (fig.) *Lo que es causa de sufrimiento prolongado:* «esta enfermedad es mi _____»; *irón.,* «la _____ del matrimonio».

1

(**m.**) *Tormentos o muerte que uno padece por sostener la verdad de su creencia.* **2** (fig.) *Trabajo penoso o sufrimiento grande.*

(n.pr.**m.**) *Lugar donde Cristo fue crucificado.* **2** (**m.**) *Vía crucis.* **3.** *Lugar elevado donde se ha plantado una cruz.* **4** *Escena en la que se representa la muerte de Cristo en la cruz.* **5** (fig.) *Conjunto numeroso de deudas, esp. por compras al fiado, que se van apuntando con rayas y cruces.* **6** *Sufrimiento prolongado.* **7** ANAT. *Bóveda del cráneo.*

2

(**m.**) *Camino señalado con representaciones de los pasos de la Pasión de Jesucristo.* **2** *Conjunto de catorce representaciones de dichos pasos.* **3** *Ejercicio piadoso en que se conmemoran los pasos del Calvario.* **4** *Libro en que se contienen los rezos de este ejercicio.* **5** (fig.) *Aflicción continuada que sufre una persona.*

5

(**f.**) *Residuo que queda de un todo.* **2** *Parte del cuerpo de un santo, o lo que por haberle tocado es digno de veneración. (...)* **3** (fig.) *Vestigio de cosas pasadas.*

---

2. Las cinco palabras anteriores tienen más de una acepción, y cada una de las acepciones está numerada en el diccionario. Lee las siguientes frases, y trata de determinar en qué acepción está empleada la palabra (escribe simplemente el número):

a. *En esta vida cada uno tiene su* cruz.

b. *No puedes imaginarte el* calvario *que nos hicieron pasar.*

c. *En este libro se describen los* martirios *a los que sometían a quienes no renegaban de su fe.*

d. *Esa música es un* martirio *para mis oídos.*

e. *Desde aquel cerro se divisa la* cruz.

f. *En Semana Santa hicimos el* vía crucis *que había organizado la parroquia.*

g. *Aquel viaje resultó ser un verdadero* vía crucis.

h. *Los villancicos tradicionales son una* reliquia *de un tiempo que ya nunca volverá.*

187

3. Preguntale a alguno de tus compañeros:

> — *qué o quién es su cruz en esta vida.*
> — *qué cosas son para él un martirio.*
> — *qué tipo de música o qué cantante o grupo considera ya una reliquia.*

IV. ¡Lo que hay que oír!

Lo que vas a oír son fragmentos de un reportaje de televisión sobre algunos aspectos de la vida de los indios de Guatemala. En él intervienen tres personas, que son, en el orden en que aparecen: **Felipe Mellizo**, periodista español; el padre **Ventura**, párroco de *Chichicastenango*, guatemalteco; **Gregorio Izquierdo**, hermano marista, español residente en Guatemala.

1. Cuando escuches la grabación por primera vez, concéntrate sólo en intentar entender qué significan estos términos:

> — costumbrista:
> — copal:
> — guaro:
> — sajorín:
> — Pascual Abah:
> — Popol Vuh:

2. Escucha ahora solamente el fragmento en el que se habla del *sajorín* y anota cuáles son las siete funciones de estas personas que se mencionan en la cinta:

—
—
—
—
—
—
—

3. Vuelve a escuchar toda la grabación. Toma notas para después hablar sobre el costumbrismo como fusión de dos culturas.

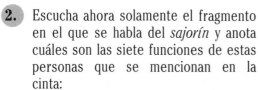 **V.** *Materia prima*

Subjuntivo (II)

1. Pase lo que pase...

Verbo	+ (preposición) +	relativo	+	mismo verbo
(En cualquier tiempo de subjuntivo)		(quien, lo que, donde, cuando...)		(En el mismo tiempo de subjuntivo)

Ej.: *Pase lo que pase, yo estaré a tu lado.*
(Independientemente de lo que pase).

Expresamos la seguridad de que se va a realizar la acción principal (*estaré a tu lado*), independientemente de la circunstancia expresada en subjuntivo (*aunque suceda algo*).

A. Relaciona los elementos de las columnas **A** y **B** para crear construcciones que respondan al esquema anterior:

A	B
caer	
comer	
pesar a	*lo que*
venir	
venir de	
ir	*quien*
ir a	
decir	
ser	*donde*
hacer	
pasar ('suceder')	

189

B. Completa las siguientes frases con las construcciones que has creado en el ejercicio anterior, intentando no utilizar más de una vez el mismo verbo de la columna **A**):

a. ████████████████, *siempre todo me sale mal.*

b. ████████████████, *todo el mundo lo conoce.*

c. *No pienso aceptar ese regalo* ████████████████.

d. ████████████████, *yo creo que eso está mal: me parece que los demás están muy equivocados.*

e. *Tenemos que acabar con la corrupción en la ciudad,* ████████████████.

f. ████████████████, *todo le sentaba mal: tenía muy delicado el estómago.*

g. ████████████████, *seguiremos siendo amigos.*

h. ████████████████, *debe usted guardar la cola como todo el mundo.*

i. *Esto se va a cumplir* ████████████████. *No me importa si molesto a alguien.*

j. *Lo pasaremos bien mañana en casa de tus padres* ████████████████.

k. ████████████████ *a esta casa, todos se comportan igual.*

---

2. Te guste o no...

Las tres construcciones siguientes tienen el mismo valor y equivalen a una oración concesiva con *«aunque»*:

A. **Verbo** (en subjuntivo) + **o** + **no**:

   Quieras o no... (aunque no quieras)

B. **Verbo₁** (en subj.) + **o** + **no** + **verbo₁** (en subj.):

   Quieras o no quieras... (aunque no quieras)

C. **Verbo₁** (en subj.) + **o** + **verbo₂** (subj.):

   Lloviera o tronara... (aunque lloviera o aunque tronara, hiciera el tiempo que hiciera)

Sustituye las construcciones que van en cursiva en las siguientes frases por otras que respondan a los esquemas anteriores:

a. Tienes que hacerlo, *aunque no puedas.*

b. *Aunque no te guste,* debes decírselo.

c. *Aunque no quieras,* mañana vas al médico.

d. *Aunque no hiciera sol,* siempre salía por la mañana a dar un pasco.

e. *Aunque ganemos o aunque perdamos la votación,* esta ley seguirá siendo necesaria.

f. *Aunque no ganes,* lo importante es que puedas llegar a la meta.

g. *Aunque lloviera o aunque nevara,* todos los inviernos el cartero repartía el correo.

h. *Aunque no lo hagas,* de todos modos sólo pensar eso es una barbaridad.

En la lengua hablada se usan muchas frases hechas y expresiones relacionadas en su origen con la religión. Aquí tienes una lista de algunas de las más utilizadas:

> *A la buena de Dios.*
> *Como alma que lleva el diablo.*
> *Como Dios le da a alguien a entender.*
> *Como Dios manda.*
> *Acabar como el rosario de la aurora.*
> *Hablar en cristiano.*
> *Írsele a alguien el santo al cielo.*
> *Llegar y besar el santo.*
> *No saber de la misa la mitad / la media.*
> *Armarse la de Dios es Cristo.*
> *¡Vaya por Dios!*
> *¡Sabe Dios!*
> *Aparecérsele a uno la Virgen.*

1. Elige cinco de estas expresiones y escribe sus definiciones (usa el diccionario si es preciso). Dale a un compañero un papel en el que aparezcan sólo las definiciones.

2. Trata de averiguar, sin mirar el diccionario, qué expresiones corresponden a las definiciones que tu compañero te ha dado. Pregúntale después si has acertado.

3. En los siguientes diálogos aparecen expresiones de la lista anterior en un contexto que te permitirá ver cómo se utilizan, pero antes tendrás que ordenarlos (escribe números indicando el orden en que hablan los interlocutores):

      — *¿Quieres* hablar en cristiano? *No me entero.*
      — *¿Qué le pasa a la cámara?*
      — ¡Vaya por Dios! *¿Y cuánto me va a costar?*
      • *Que se ha desajustado el balance de blancos automático.*
      • *Pues que el ajuste del color no está bien.*

      — *Sí, la verdad es que al final* se armó la de Dios es Cristo.
      — *Pues que empezó uno a protestar porque le habían pagado de menos y terminamos todos cortando el tráfico en la calle de al lado de la fábrica. Vino la policía y todo...*
      + *Pero ¿qué pasó?*
      + *¿Y el jefe, qué hizo?*
      • *Nada, ése, cuando vio lo que iba a pasar, salió corriendo* como alma que lleva el diablo.
      • *Cómo acabamos ayer, ¿eh?* Como el rosario de la aurora.

— *Mira, no me digas más tonterías, que ya me estoy cansando. En esta empresa la gente no tiene ninguna formación y a lo mejor trabaja mucho, sí, pero trabaja* como Dios le da a entender, *y la mayoría de las cosas que hacen no vale para nada.*

— *Oye, que no todo es cuestión de suerte. Lo que pasa es que los jefes han visto que yo hago las cosas* como Dios manda.

+ *¿Sabes qué te digo? Que* no sabes de la misa la media, *y que más valdría que te callaras y dejaras de criticar el trabajo de los demás. Aquí todos sabemos por qué te han ascendido tan rápido, y si tú no lo sabes, pregúntaselo a tu mujer.*

+ *¡Qué suerte tienes! A las dos semanas de estar en la empresa ya asciendes. Desde luego, ha sido* llegar y besar el santo.

+ *¿Y qué crees, que los demás lo hacemos todo* a la buena de Dios? *Aquí hay mucha gente que trabaja muy bien, pero es que a ti* se te ha aparecido la Virgen.

— *¿Qué? ¿Qué decíais?*

+ *Oye, pero... ¿quieres terminar de contármelo o no?*

• *Nada, hombre, le estaba contando a éste lo poco despistado que eres.*

• *No te molestes. A éste, de vez en cuando,* se le va el santo al cielo *y ya no se da cuenta ni de que le estás hablando. ¡Sabe Dios* en qué estará pensando!

VII. A tu aire

1. ¿Sabes cuáles de estos elementos son los habituales en una boda religiosa española? Señala los que te parece que lo son y compara tus respuestas con las de otros compañeros.

A. *El novio le entrega a la novia unas monedas llamadas «arras».*

B. *El padre de la novia le paga una dote al novio.*

C. *Al término de la ceremonia religiosa, el sacerdote le dice al novio que puede besar a la novia.*

D. *A la salida de la iglesia, los amigos de los novios les tiran arroz.*

E. *Durante el banquete, los amigos del novio le cortan la corbata y piden dinero a los invitados a cambio de un trozo.*

F. *Los novios beben de la misma copa y después la rompen.*

G. *Los novios, unos meses antes de la boda, hacen en la iglesia un curso de preparación para el matrimonio.*

H. *La gente aplaude al final de la ceremonia religiosa.*

I. *En los pueblos, los amigos del novio van a cantar a la ventana de los recién casados durante la noche de bodas.*

J. *El novio con sus amigos, y a veces también la novia con sus amigas, por separado, celebran unos días antes de la boda su «despedida de solteros».*

2. En el siguiente texto se nos narra una de las tradiciones orales de los indígenas *sumus*, de Honduras. Léela para después hacer la tarea que te proponemos.

Cómo nacieron el Sol y la Luna

El mundo, dicen, fue creado por dos hermanos, de los cuales el mayor se llamaba **Papang**, que significa padre.

Habiendo dado existencia a las montañas, lagunas, bosques, ríos y sabanas, los dos hermanos creadores remaron sobre el río en un *pipante* pequeño. Pero al precipitarse el *pipante* en una correntada, se volcó y los dos hermanos cayeron al agua y tuvieron que nadar hacia la orilla para salvarse. Sintiendo frío, encendieron un fuego; y como también tenían hambre, se fueron al monte, donde encontraron algo de maíz, que cortaron y tostaron. Terminada la comida echaron unas mazorcas de maíz al suelo, donde de inmediato se transformaron en animales; otras mazorcas echadas en el agua se cambiaron en peces, mientras que del resto salieron pájaros al aire.

Asombrados por esta manifestación inesperada de vida alrededor de ellos y sorprendidos por las formas extrañas que mostraban, los dos hermanos olvidaron sus circunstancias hasta que **Papang** volvió en sí, cuando de repente lo alcanzó el fuego. Cuando éste empezó a estar ardiendo en llamas, se desprendió de la tierra y subió siempre más alto hasta que su hermano menor pudo verle solamente como un punto grande, redondo y ardiente en el cielo. Así llegó a ser el Sol.

Mientras el hermano menor estaba mirando hacia arriba, esperando que regresara, él también se encendió por las llamas alevosas y a su vez empezó a ascender; pero no deseando compartir el destino de su hermano, luchó por mantener su gravedad, echando de tal manera gran cantidad de chispas; pero luego tuvo que rendirse y siguió subiendo, acompañado de las chispas que se desplegaron por todo el firmamento, quedando él en el centro. De esta manera se formaron la luna y las estrellas.

Los *sumus* se consideran hijos de **Papang**, habiendo sido formados por sus rayos.

(Götz von Honuwald y Francisco Rener
Tradiciones orales de los indígenas sumus)

Ahora, ¿por qué no intentas escribir un relato semejante (es decir, un *mito*)? Te proponemos que con él expliques alguno de los siguientes fenómenos:

— El origen de los cinco continentes.
— El descubrimiento del fuego.
— Por qué el hombre es distinto de los demás animales.
— La creación de los volcanes.

A LA CAMA NO TE IRÁS...

1. ¿Tú qué crees?

Recuerdo infantil

Una tarde parda y fría
de invierno. Los colegiales
estudian. Monotonía
de lluvia tras los cristales.

Es la clase. En un cartel
se representa a Caín
fugitivo, y muerto Abel,
junto a una mancha carmín.

Con timbre sonoro y hueco
truena el maestro, un anciano
mal vestido, enjuto y seco,
que lleva un libro en la mano.

Y todo un coro infantil
va cantando la lección:
«mil veces ciento, cien mil;
mil veces mil, un millón».

Una tarde parda y fría
de invierno. Los colegiales
estudian. Monotonía
de la lluvia en los cristales.

(Antonio Machado. *Soledades*)

El compañero encargado de tocar la campana se levantó de su asiento y se fue acompañado de un suspiro colectivo a pedir permiso a don Amadeo para bajar al patio. Al verlo acercarse don Amadeo hizo una inclinación de cabeza dando su conformidad. Llevaba ya un cuarto de hora con ganas de fumar y deseaba que fuese la hora para irse al estudio de profesores a echar un cigarrillo con su amigo don Fulgencio. Lo sabían todos en la clase; por eso Aldecoa se sonrió mirando a don Amadeo, y don Amadeo se percató de la sonrisa e hizo un ademán al que recitaba los afluentes del Tajo por la derecha, para que se callase.

—¿De qué se ríe usted, señor Aldecoa? —preguntó furiosamente.

Aquel no era un *señor* de ordenanza, era un *señor* sarcástico y rabioso, un *señor* para echarse a temblar. Aldecoa se levantó a responder:

—De nada, don Amadeo.

—¿De nada? —preguntó con acritud don Amadeo—. ¿Es que me quiere decir usted que se ríe de nada? ¿Es usted tonto? ¿No lo es? Claro que no lo es. Usted lleva mucho tiempo burlándose de mí, y de mí no se burla... —se calló a tiempo—. Usted se burla demasiado y al que se burla demasiado ya sé yo cómo arreglarlo —hizo una pausa—. ¿De qué se reía usted?

Don Amadeo quería a toda costa que sus castigos tuvieran cierto aire legal. No se podía castigar a un muchacho porque se sonriese tontamente; se le llamaba tonto, y adelante; pero aquel Aldecoa no se reía tontamente, se reía malignamente.

El muchacho fijó los ojos en la nuca del compañero del pupitre anterior al suyo, que era el único que no se había vuelto a mirarle. No se hubiera vuelto aunque a sus espaldas hubiese sucedido una maravillosa invasión de chicas del colegio femenino cercano, que era lo que estaba pensando un momento antes de que don Amadeo se tornase iracundo. Volverse en aquellas condiciones era hacerse un poco copartícipe de la burla de Aldecoa y de su riesgo.

—Es que éste —señaló Aldecoa con el dedo la nuca temerosa— *tenía en el cuello algo que hacía sonreír.*

La campana del patio daba un sonido muy alegre. Sobre los cristales de alguna ventana las hojas de los castaños de Indias movilizaban sus sombras. De los pasillos llegaba el rebullir de los colegiales que se trasladaban a los estudios. Los compañeros se sentían inquietos. Aldecoa les estaba robando minutos de recreo. El compañerismo prohibía armar un escándalo como aquél, en lo que ya era recreo. Aldecoa había tenido una hora completa para hostigar con sus sonrisas a don Amadeo y se le ocurría hacerlo en el preciso momento en que la clase terminaba. Don Amadeo sentía que su distribución del tiempo, de la media hora de recreo, le había fallado. Tenía que continuar.

—*No tengo ninguna prisa* —dijo—. *Usted, señor Aldecoa, dirá cuando quiera de qué se reía. A mí me da lo mismo estar aquí un cuarto de hora que todo el recreo. Sus compañeros son los que van a perder por usted* —y añadió cruelmente—: *Cuando se es un hombre resulta que el valor es la primera virtud, ¿no es verdad?*

Aldecoa sintió un escalofrío. Calculó su valor. Se estaban poniendo las cosas muy mal. Los primeros de la clase le miraban con desprecio. Ellos no solían jugar en el recreo, de modo que no comprendía por qué se preocupaban. Los primeros nunca juegan en los recreos; pasean con los profesores hablando de temas importantes, procurando hacerse los listos y los simpáticos, atendiendo a las aburridas bromas de los prefectos. Aldecoa comprobó que aquella tarde no andaba bien de valor. Si hubiera estado como otras veces... Pero ¡todo el mundo tiene una mala tarde!

Habían pasado siete minutos desde el toque de campana. Don Amadeo, por hacer algo, seguía preguntando afluentes. De vez en vez se dirigía al muchacho:

—*Cuando usted quiera.*

Aldecoa miraba sus sucias botas. Una de ellas, con la suela despegada de equivocar la pelota y las piedras, sonreía ampliamente. Menudo cobarde le debía parecer el sucio, el orejudo, el atemorizado Aldecoa.

—*¿Quién habla ahí?* —gritó don Amadeo—. *De manera que usted, encima de fastidiarnos a todos, encima de comportarse como un caballero sin honor, todavía hace bromas, continúa burlándose. Bien. Durante siete domingos vendrá por las tardes castigado de cuatro a ocho. Durante cuatro se-*

manas saldrá del colegio una hora después que sus compañeros y me copiará mil quinientas veces con una hermosa caligrafía lo siguiente... Tome nota: Me gusta burlarme y no soy un caballero, punto. Los que no son caballeros pertenecen al arroyo, punto. El arroyo es, por tanto, el lugar más adecuado para mí, punto final.

(Ignacio Aldecoa. *Aldecoa se burla* [fragmento])

— ¿Estos textos te recuerdan algo de tu época de colegio?

— ¿Te acuerdas de alguna anécdota sobre tu clase, tus compañeros, tus profesores...?

195

1. Cómo ser un buen invitado.

A. ¿Sabes cómo hay que comportarse en la mesa? ¿Podrías rellenar los huecos del texto con tus ideas? (El profesor te dirá después cuáles son las palabras que había en el texto original.)

CÓMO SER UN BUEN INVITADO

Las pautas de comportamiento social, que comenzaron siendo un privilegio destinado a los hijos de reyes y aristócratas para que sobresalieran <u>del resto de los mortales</u>, han descendido
5 de escala social. En la actualidad, relaciones sociales y laborales ponen en situaciones comprometidas a <u>cualquier hijo de vecino</u> con comidas de trabajo, cócteles, cenas, fiestas, en las que el éxito social y personal depende del saber estar.
10 El ser un buen invitado no consiste en aprenderse de memoria una serie de reglas y pautas de comportamiento. Hay que conocer las normas, pero lo más importante radica en hacerlas propias; es decir, olvidar que se han aprendido y
15 conseguir ser naturales. La naturalidad no le hará caer en la pedantería y cursilería, pecados imperdonables e insoportables.

Antes de acudir a la cita revise su atuendo; es preferible ser discreto a la hora de vestir que
20 llamar la atención con estrafalarios adornos e indumentarias. Aunque no siempre sea así, la elegancia debería ser algo parejo a la buena educación; el ser elegante y cuidar la imagen hará que se destaque con total naturalidad. Si la
25 invitación es en un domicilio particular, no olvide llevar un regalo para los anfitriones; el hacerlo no es obligatorio, pero se ha convertido, de un tiempo a esta parte, en algo muy común. Se puede quedar bien con ░░░░░░░░░░ (a).

30 Llegado el momento de las presentaciones, es preferible dar la mano que pecar en exceso besuqueando, y tampoco debe olvidarse que tienen que ser rápidas y breves, dando el nombre y el primer apellido... Y después, como primera nor-
35 ma, hay que dejarse guiar por el comportamiento de los anfitriones. Un viejo y sabio refrán español lo resume: *En donde fueres, haz lo que vieres.* En este caso, los buenos modales se basan en simples criterios de consideración hacia
40 los demás.

A la hora de sentarse a la mesa, toda una serie de normas de comportamiento entran en juego. Saber que los cubiertos que se utilizan los últimos son los que se sitúan ░░░░░░
45 ░░░░ (b); que los brazos deben mantenerse pegados al cuerpo para ░░░░░░░░░░ (c); que

debe evitarse hablar de ░░░░░░░░░░, ░░░░░░░░░░, ░░░░░░░░░░, ░░░░, ░░░░░░░░░░, ░░░░,
50 ░░░░ y ░░░░░░░░░░ (d). Son pautas generales que no deben <u>echarse en saco roto</u>. Cuando llega la comida observe disimuladamente la cantidad que se han servido los demás y ░░░░░░░░░░ (e). Debe evitarse rebuscar
55 los mejores trozos, o coger sólo las gambas y los canapés de caviar, y nunca servirse más de lo necesario. En el caso de que le ofrezcan algo

que no le guste, lo mejor es <u>hacer de tripas corazón</u> y ████████████ (f), sobre todo cuando es la mujer del jefe la que organizó el menú. En casos extremos se puede ████████ (g), aunque lo mejor es pedir una pequeña ración y olvidarse por unos momentos del sentido del gusto.

Un buen invitado nunca debe estorbar a otro cruzándose para coger algo; debe ████████ ████ (h). En el caso contrario, si alguien le solicita un plato con comida, debe ████████ ████ (i). El empezar a comer antes de que se hayan servido todos los asistentes, el fumar entre plato y plato o el comprobar la madurez de la fruta toqueteándola son prohibiciones absolutas para culminar con éxito una comida.

La mesa es una relación social y, por tanto, debe entablarse conversación con ████████ ████ (j). Cuando las comidas son de negocios, los temas laborales deben abordarse hacia la mitad, nunca ████████ (k), y, como norma general, no sólo hay que saber hablar, sino también ████████ (l); es lo mejor para entablar un diálogo.

Después de asimiladas todas las reglas y pautas de comportamiento, lo más difícil es hacerlas propias; es decir, actuar <u>como el que no quiere la cosa</u>, con naturalidad y elegancia. Aquellos que posean capacidad de adaptación a cualquier circunstancia y situación, son los que consiguen con mayor facilidad llegar a ese toque casi mágico que es el encanto. Los que no tienen este don tan preciado, lo mejor que pueden hacer es fijarse y dejarse impregnar por aquellos que lo poseen por naturaleza y lo muestran <u>por los cuatro costados</u>. El ser «encantadores» es la más ardua tarea en cualquier relación. Implica el ser interesante, divertido, sin convertirse en el bufón de la fiesta, y lo más importante, admirado. Esa persona tiene el éxito social garantizado.

(Sonia González, en EL PAÍS semanal)

B. Fíjate en las expresiones subrayadas en el texto. ¿Puedes deducir lo que significan sin usar el diccionario?

C. Las siguientes palabras del texto, ¿son positivas o negativas?

privilegio (l. 2)	*destacar* (l. 24)
pedantería (l. 16)	*besuquear* (l. 32)
cursilería (l. 16)	*toquetear* (l. 72)
estrafalario (l. 20)	*don* (l. 90)

2. Y ahora, ¿qué hacemos con los niños?

A. ¿Qué opinas de las siguientes afirmaciones? Comenta tus opiniones con tus compañeros. Intenta convencerlos si no estáis de acuerdo.

- Si decides tener hijos, debes aceptar todas las consecuencias, incluso si esto supone tener que abandonar tu trabajo para cuidarlos bien.
- Los abuelos deben cuidar de los nietos cuando los padres estén ocupados.
- Los hermanos mayores tienen la obligación de cuidar a sus hermanos pequeños como ayuda a la familia.
- No está bien que los niños hagan cursillos en verano, porque necesitan unas verdaderas vacaciones.
- Contratar a un desconocido para que cuide de los niños es caro y peligroso.

B. Busca las palabras que no son de la periodista en el siguiente texto. Haz una lista de los verbos que utiliza la autora para indicar que esas declaraciones no son suyas (por ejemplo, el primero es *chilla*).

C. Con lo que has leído, ¿podrías explicar cómo enfoca el texto las cuestiones del punto **A**?

D. Lee el texto más detalladamente para comprobar tus deducciones:

Y ahora, ¿qué hacemos con los niños?

Las artimañas de los padres para «deshacerse» de sus hijos desde el fin de curso hasta las vacaciones familiares

(...) *Sigue, sigue así y terminarás cobrando*, chilla una madre enfundada en un biquini que resalta una blancura de piel invernal, a un niño de unos siete años que salta de un banco a otro del merendero de la piscina, ignorando que hay comensales sentados entre medias. *Almudena, no te metas en el agua hasta que mamá te diga*, continúa la mujer cada vez más alterada. Y volviéndose a otra amiga añade: *No sabes lo que me ha costado escaparme con ellos esta tarde. «Parece que últimamente tie-*

nes muchos problemas», me ha dicho la bruja de mi jefa con retintín. *Así que el próximo día, si quieren piscina, que los traiga su padre*, termina indignada.

Y es que desde el 21 de junio, fecha en que comenzaron las vacaciones escolares, las piscinas urbanas se han convertido en el principal recipiente de niños, guarderías bullan-

gueras donde la presencia de un progenitor o un adulto mínimamente representativo controla a distancia el entretenimiento de los pequeños. *En cuanto les dan vacaciones, les llevo a la piscina. Yo no sólo traigo a los míos, sino también a unos vecinos que no tienen con quién quedarse y a un sobrino*, explica una animosa madre. *Aquí es donde mejor están, y el día se te pasa volando. Desayunan, cogemos los bártulos y a la piscina. Les doy unos bocadillos a mediodía, nos vamos a la hora de la merienda, y como vuelven rendidos a casa, los ducho y ya es la hora de la cena*, explica.

Un programa que se repite en los hogares de clase media en los que la madre no trabaja habitualmente fuera de casa y está dispuesta a asumir el ocio de sus pequeños las 24 horas. Pero ése ya no es el único estereotipo familiar imperante en una gran ciudad. Los matrimonios en los que ambos cónyuges trabajan se enfrentan con frecuencia a una frágil intendencia familiar, en la que cualquier imprevisto —y el hecho de que los niños tengan unas largas vacaciones frente al pírrico mes de descanso de sus padres es ya un contratiempo— trastoca el ritmo de la casa. *Por un lado, esperas las vacaciones con alegría porque es el tiempo ideal para estar con los niños; pero el verano es muy largo, acaban aburriéndose y tienes que mandarlos a un cursillo para ganar tiempo*, admite una profesional de 36 años que es madre de cuatro niños entre nueve y tres años. (...) *Si no, sería imposible o tendría que con-*

tratar a una estudiante que se hiciera cargo de los niños, como hacen algunas amigas, a 700 u 800 pesetas la hora, un mercado que se da mucho en verano. Tengo amigas incluso que piden reducción de jornada en esta época, pero eso se vuelve en contra de su promoción; a mí no me gusta interferir en el trabajo con cuestiones domésticas, razona.

Con todo, la franja social más afectada es la compuesta por matrimonios de trabajadores de medianos recursos que a duras penas reúnen entre ambos entre 200.000 o 250.000 pesetas mensuales, y que, por tanto, no pueden permitirse gastos extras. No obstante, al no contar con servicio, están acostumbrados a compartir los hijos con los abuelos, y de ellos echamos mano hasta el abuso, reconoce un padre de familia que se disponía, a principios de semana, a llevar a sus hijos a un caluroso pueblo castellano donde residen sus progenitores. Al pequeño le hemos llevado a una guardería que no cierra en verano y que cobra un poco más... 25.000 pesetas, agrega la madre. Y en julio recogemos a los mayores y los llevamos a campamentos que promueve la Consejería de Educación de la Comunidad de Madrid, añade el padre de familia. (...)

Paradójicamente, es la clase baja la que menos conflictos domésticos padece cuando llegan las vacaciones escolares. Tal vez porque padecen tal cúmulo de problemas, que la presencia añadida de los niños no modifica sustancialmente su ya castigada existencia. Normalmente la madre trabaja en la limpieza por horas y el padre hace chapuzas, así que pueden adaptar sus horarios a dar de comer a los niños o pasarse de vez en cuando por casa, declara una asistenta social de un barrio periférico. Y si los padres tienen que ausentarse, los mayores cuidan de los pequeños o recurren a los vecinos. En general hay bastante solidaridad. Aunque es cierto que en muchos casos no tienen más opción que estar en la calle.

No hay duda de que no hay demasiadas alternativas, afirma la psicopedagoga Elena de la Torre, con años de experiencia como profesora en el entorno de Vallecas. Lógicamente, mandar a un niño a un curso a que adquiera experiencia e independen-

cia es útil, pero no lo es empaquetarlo sin más, opina la experta.

Mientras tanto, estos menudos problemas no quitan el sueño a políticos y analistas. En las capas medias y altas cobra fuerza el desembolso económico extra de una señorita de niños o el envío de los chavales a sucesivos cursillos con la convicción de que aprender un deporte o un idioma nunca está de más. (...)

(Inmaculada de la Fuente, en EL PAÍS)

E. Busca, entre las siguientes palabras extraídas del texto, tres que hagan referencia a estados de ánimo y tres que hagan referencia a las clases sociales:

alterada (l. 11)	*enfundada* (l. 2)	*franja* (l. 77)
desembolso (l. 133)	*bullanguera* (l. 24)	*capa* (l. 132)
indignada (l. 19)	*imperante* (l. 48)	*entorno* (l. 125)
animosa (l. 33)	*intendencia* (l. 51)	

F. Busca en el texto palabras o expresiones que signifiquen:

Párrafo 1:
a) *Lugar donde se hacen meriendas o comidas informales.*
b) *Con ironía.*

Párrafo 2:
a) *Muy rápidamente.*
b) *Cosas diversas.*
c) *Muy cansados.*

Párrafo 3:
a) *Curso de corta duración.*
b) *Cuidar, responsabilizarse.*
c) *Es muy común.*

Párrafo 4:
a) *Trabajadores que se ocupan de tareas domésticas.*

Párrafo 5:
a) *Acumulación.*
b) *Trabajos de reparación esporádicos.*

Párrafo 6:
a) *Mandarlo como si fuera un paquete.*

Párrafo 7:
a) *Pequeños.*
b) *No preocupan.*
c) *Aumenta.*
d) *Convencimiento.*

3. El juguete bélico.

A. Hoy en día se tiende a pensar que la educación de los niños no debe ser sexista ni violenta. ¿Estás de acuerdo con esto? ¿Se te ocurren casos o aspectos en los que sí que habría que educar a los niños y a las niñas de distinto modo? ¿Cómo se debe educar a los niños con respecto a la violencia?

B. Dentro del siguiente texto se han insertado párrafos que corresponden a otro. Aunque el tema de los dos es el mismo, si te fijas en las palabras que se repiten, en las estructuras y en algunas de las ideas que se expresan, podrás separarlos.

EL JUGUETE BÉLICO

1 Cuando Pablo, cinco años, mostró un interés especial por tener una pistola, su madre y yo se la compramos, explicándole que era de juguete y que las de verdad son peligrosas. A Pablo no le regalamos robots-mata-todo ni parafernalia tecnoagresiva.

2 El niño tiene, en sí mismo, un componente agresivo: forma parte de su naturaleza animal, algo que ha de superar encauzándolo, sublimándolo. Si se le niega

nos del adulto). No es cierto que jugar a guerras haga personas violentas: lo más probable es que, por el contrario, descargue la agresividad.

3 Es algo coherente con que no queramos que vea dibujos animados japoneses de gran agresividad, considerable machismo y enorme competitividad, ni publicidad de lavadoras y muñecos que hacen pipí para las niñas y muñecos musculosos para los niños.

una pistola, la sustituirá con cualquier otra cosa, y si es preciso utilizará un dedo (elemento que puede ser tan agresivo en ma-

4 Al niño le basta encender la pantalla de televisión. Y no me refiero a películas o telefilmes: ahí tiene, puntualmente recogido, todo lo que ocurre, y puede comprobar que los adultos usan profusamente sus juguetes bélicos en las relaciones internacionales, nacionales y personales.

5 Esto no impide que asumamos que el conflicto, la agresividad y el machismo son componentes sociales, culturales y psicológicos presentes en la sociedad.

6 Es ingenuo, y al niño le puede parecer hipócrita, quererle escamotear la realidad a que se ha de enfrentar. No hablo de dar juguetes bélicos si no los pide.

7 La cuestión no es negar el conflicto ni ocultarle la violencia a los niños, sino enseñarles a enfrentar y elaborar esa parte de la vida. Una sutil mezcla de diálogo y transmisión de valores, como la paciencia, la generosidad, la educación, el ser buena persona, con alguna pistola elemental (sin láser) o con el arco y la flecha de Robin Hood puede que dé como resultado un adulto que al reconocer, vivir y generar los conflictos no piense en arreglarlos a golpes ni con operaciones tormentas del desierto.

8 Pero no seamos ingenuos ni hipócritas, ni tengamos una equivocada mala conciencia: si un niño nos pide un juguete bélico démosle y preguntémonos el porqué de nuestros ricos arsenales, sean atómicos, convencionales o estrictamente personales.

9 En un mundo en el que la guerra y la violencia son moneda común, y mercancía de las fiestas de Navidad y Reyes, es difícil criar a un niño roussoniano y sería pernicioso para él. Es necesario buscar un equilibrio entre el juguete creativo, un arma imaginaria y el juguete bélico —entendiendo por éste el que, directa o indirectamente a través de la publicidad o los programas de televisión, orienta al usuario/niño/a hacia una actividad agresiva—. No es dañino que un niño mate a muchos «malos» en sus juegos, pero hay que enseñarle dónde está la frontera entre la realidad y el juego. Hay muchos adultos, no necesariamente militares, que parecen no haber recibido estas lecciones en su día y ahora ordenan guerras, comercian con armas y cuentan cadáveres como en un juego.

Lo más peligroso del llamado juguete bélico es ponerlo en manos de los adultos.

(Mariano Aguirre y J. Corredor Matheos, en EL PAÍS)

C. Utiliza los términos del texto que aparecen en el recuadro, para completar las siguientes frases:

> profusamente
> encauzar
> ingenuo
> escamotear
> sutil
> pernicioso / dañino
> descargar

a. Es ▓▓▓▓ pensar que nuestros hijos no tendrán instintos violentos, aunque es fácil ▓▓▓▓ la realidad haciendo caso sólo de sus buenos actos.

b. Es mejor ser ▓▓▓▓ que brusco al decirles a nuestros hijos lo que no nos gusta de ellos.

c. Nunca debemos ▓▓▓▓ nuestro mal humor con nuestros hijos. Por el contrario, debemos usar ▓▓▓▓ el afecto y la comprensión.

d. Una buena manera de educar a un niño es ▓▓▓▓ sus energías hacia actividades creativas y evitar todo lo que pueda ser ▓▓▓▓ para él.

D. En teoría, uno de los textos anteriores está a favor (el que empieza en segundo orden, escrito por J. Corredor Matheos) y el otro en contra (el que aparece primero, de Mariano Aguirre) del juguete bélico. Como habrás visto, ninguno de los dos es demasiado tajante en sus convicciones y afirmaciones. ¿Podrías escribir tú un texto que estuviera totalmente a favor o totalmente en contra de los juguetes bélicos?

1. A la derecha tienes una lista de adjetivos que se pueden aplicar a las personas según sean sus modales. Con la ayuda de tus compañeros y de diccionarios, ¿podrías agruparlos en los siete cuadros que hay debajo?

refinado	afectado	tosco	descortés
caballeroso	ceremonioso	mal educado	cortés
llano	galante	vulgar	zafio
fino	correcto	basto	ordinario
campechano	grosero	atento	educado

Amable con las mujeres

De modales excesivamente educados

De buenos modales

Natural

De comportamiento irrespetuoso

De malos modales

Con desconocimiento de las normas

2. ¿Qué palabra de las anteriores aplicarías a una persona que actúa de la siguiente forma durante una comida con amigos en un restaurante?

a. *Se quita los zapatos debajo de la mesa.*

b. *Ayuda a las mujeres a ponerse y quitarse el abrigo.*

c. *Se sirve el vino sin preguntar a nadie si quiere.*

d. *Parte el pescado con el cuchillo de la carne.*

e. *Cuenta chistes verdes que a nadie le hacen gracia.*

f. *Se preocupa de que todo esté a gusto de todos los comensales.*

g. *Ante una comida con la que los cubiertos son difíciles de utilizar y que suele poner en un aprieto a todo el mundo, invita a los demás a que coman con naturalidad y tranquilidad de la forma que les sea más cómoda, y comienza a hacerlo él mismo.*

h. *Escoge las raciones más abundantes o los trozos mejores.*

3. ¿Puedes dar tú ahora algún ejemplo de comportamientos que consideres: vulgares, afectados, refinados y caballerosos?

1. **Esos locos bajitos** es el título de una canción. ¿Quiénes crees que serán los *locos bajitos*? ¿De qué puede tratar una canción que lleve ese título?

2. A la derecha tienes la letra de la canción. Intenta adivinar las vocales que faltan (la rima te puede ayudar). Luego puedes escuchar la grabación para completar lo que te falta:

3. Busca palabras o frases que reflejen actitudes educativas que, para el autor, son erróneas. ¿Qué tipo de educación se critica en esta canción? ¿Estás de acuerdo con el autor?

4. *Eso no se dice, eso no se hace* y *eso no se toca* son frases que se dicen sólo a los niños. Los adultos suponemos que pueden entender las razones por las que les prohibimos algo, y muchas veces la única razón son las convenciones sociales o las costumbres. Aquí tienes algunos ejemplos de lo que se prohíbe a los niños en España. ¿Es igual en tu país? ¿Puedes añadir tú otros ejemplos?

Esos locos bajitos

A m n do l s h j s se n s par c n,
  sí n s dan l pr m r s tisf cc n;
cs s qu s m nean c n n str s gest s,
ech nd man   c ant h y a s   lred d r.

Es s l c s b j t s qu s inc rp r n
c n l s oj s bi rt s d p r n p r,
sin r spet l h r rio n al s c st mbres
y l s qu , por su b n, h y qu d m stic r.

> Niño, deja ya de joder con la pelota.
> Niño, que eso no se dice,
> que eso no se hace,
> que eso no se toca.

Carg n c n n str s di s s y n str id ma,
n str s r ncor s y n str p rv nir.
P r s n s par c qu s nd g m
y qu l s b st n n str s cu nt s
p ra d rm r.

N s emp ñam s n d r g r s s v das
s n sab r l fici y s n voc c n.
L s v m s tr nsmiti nd n str s fr str ci nes
c n l lech t mplad
y n cad c nci n.

> Niño, deja ya de joder con la pelota.
> Niño, que eso no se dice,
> que eso no se hace,
> que eso no se toca.

Nad n n die p d mped r qu sufr n,
que l s guj s a v nc n n l r loj,
qu d cid n p r ll s, qu s equ v qu n,
qu cr zc n y qu n di n s d gan ad   s.

(Joan Manuel Serrat)

— *No te metas los dedos en la nariz / no te hurgues la nariz.*
— *No señales con el dedo.*
— *No grites.*
— *No hables con la boca llena.*
— *No interrumpas cuando están hablando los mayores.*
— *No andes descalzo por la casa.*

1. Obligaciones.

	A.	B.	C.

A.

> Tuvo que ir
> Debía ir
> Tenía que ir
> Ha tenido que ir

↓

Fue / Ha ido

B.

> Tengo que ir
> Debo ir
> Debería ir
> Debiera ir
> Debía ir
> Tendría que ir
> Tenía que ir
> Tendré que ir
> Deberé ir

↓

Iré o No iré

C.

> Debió ir
> Debía ir
> Tenía que ir
> Tenía que haber ido
> Hubiera debido ir
> Hubiera tenido que ir
> Debía haber ido
> Debería haber ido
> Debiera haber ido
> Tendría que haber ido

↓

No fue

A. Completa las siguientes frases utilizando **deber** + *decírselo*, en las formas adecuadas. Puede haber varias opciones.

a. ⬛⬛⬛⬛⬛⬛⬛⬛, *pero no se lo dijo.*

b. *Se lo dije, porque* ⬛⬛⬛⬛⬛⬛.

c. ⬛⬛⬛⬛⬛⬛. *No me gustaría que lo supiera por otras personas.*

d. ⬛⬛⬛⬛⬛⬛ *hoy mismo: es tu obligación.*

e. ⬛⬛⬛⬛⬛⬛, *pero no me atreví.*

f. *Mañana mismo* ⬛⬛⬛⬛.

g. ⬛⬛⬛⬛⬛⬛ *si no quiere que antes lo haga otro.*

h. ⬛⬛⬛⬛⬛⬛ *esta mañana, pero no se lo he dicho.*

B. Relaciona las dos mitades adecuadas para formar una frase:

1. *Tuviste que convencerlo...*

2. *Tuve que decírselo...*

3. *Debí comprar aquel televisor en color...*

4. *Tuve que comprar aquel televisor en color...*

5. *Debiste convencerlo...*

6. *Debí intentarlo...*

7. *Debisteis intentarlo...*

8. *Debí vender mi coche...*

9. *Tuvo que intentarlo...*

10. *Tuve que vender mi coche...*

a. *... cuando estaba en oferta; ahora ya es tarde.*

b. *... antes de que se marchara, pero no lo hiciste.*

c. *... antes de daros por vencidos, pero desde el principio no hicisteis nada.*

d. *... aunque me hacía mucha falta para trabajar, porque necesitaba dinero.*

e. *... porque los niños lo querían y no dejaban de pedírmelo.*

f. *... cuando me lo quería comprar mi vecino, pero ahora ya no le interesa.*

g. *... no te quedaba otro remedio.*

h. *... aunque no consiguiera nada: era su obligación.*

i. *... pero no tuve valor.*

j. *... aunque fue muy duro, porque era mi amigo.*

2. Mandatos.

A. ¿Por qué crees que se han hecho estos cuatro grupos? ¿Qué diferencia hay entre ellos?

¿Te quieres callar?   ¿Te vas a callar? (1)
¿(No) Te puedes callar?

Haz el favor de callarte. (2)
¿(Me) Quiere hacer el favor de callarse?

(3)
¡A callar!
¡Ahora mismo te callas!
¡Ya te estás callando!

¡Cállate!
¿Qué?
¡Que te calles! (4)

B. Completa los siguientes diálogos utilizando las construcciones anteriores que creas más adecuadas, pero con otros verbos:

a. —▒▒▒▒▒▒▒▒▒▒▒. (1), *niño. Verás cómo al final te caes y lloras.*
+*No quiero.*
—¡▒▒▒▒▒▒▒▒▒▒ (2), *he dicho!*
+*¡No me da la gana!*
—¡▒▒▒▒▒▒▒▒▒▒ (3)*!*

b. —*Oiga, por favor:* ¿▒▒▒▒▒▒▒▒▒▒▒ (1)*?*
Como la tiene tan alta, el niño se va a despertar.
+*Yo escucho la radio como quiero.*
—*Se lo repito otra vez educadamente:* ¿▒▒▒▒▒▒▒
▒▒▒▒▒▒ (2)*?*
+*Pues váyase si le molesta.*
—¡▒▒▒▒▒▒▒▒▒▒ (3) *o llamo a la policía!*

c. —¡▒▒▒▒▒▒▒▒▒▒ (1)*! Ya está la comida y se va a enfriar.*
+¿▒▒▒▒▒▒▒▒▒▒ (2) *un poco? Tengo que terminar esto.*
—¿▒▒▒▒▒▒▒▒▒▒ (3)*?, se va a enfriar todo.*
+¡▒▒▒▒▒▒▒▒▒▒ (4)*! ¡Qué pesado!*
—*O vienes, o tiro la comida.*

d. ──────────────── (a): *no quiero jaleos en mi bar.*

  + *¡Oiga! Yo grito lo que quiero.*

  ──────────────── (b). *Es lo mejor que puede hacer.*

  + *Usted no me puede obligar.*

  —¡ ──────────────── (c) *por esa puerta, o llamo a la policía!*

  + *A mí no me amenace.*

  —¡ ──────────────── (d)*! ¿Es que no me ha oído?*

e. + *Oye, te llamo desde la fábrica. Avisa al jefe.*

  —*¿Qué dices?*

  +¡ ──────────────── (1)*! Parece que estás sordo.*

  —*Se oye muy mal.*

  + *Llama también al jefe de ingenieros.*

  —*¿Cómo?*

  +¡ ──────────────── (2)*!*

  —*No entiendo casi nada.*

  + *Entonces, ya hablaré después con ellos. Mándame un equipo de reparación.*

  —*¿Qué dices?*

  +¡ ──────────────── (3)*! Mira, no lo soporto más. Déjalo.*

  —*¿Qué?*

  +¡ ──────────────── (4)*! ¡Adiós!*

VI. Dimes y diretes

1. Es «*de buena educación*» evitar el uso de algunas palabras o expresiones que, por muy diversas razones, «*suenan*» mal. Para no utilizarlas, las sustituimos con frecuencia por otras palabras que significan lo mismo, pero que resultan más «*correctas*»; a estas palabras se les llama **«eufemismos»**. El uso más o menos abundante de eufemismos depende del tipo de educación y carácter de cada individuo y de la situación en la que en ese momento se halla. Debajo, a la izquierda, hay una lista de eufemismos bastante usados en español; a la derecha, la lista de las expresiones a las que sustituyen. Intenta relacionar cada letra de la columna **A** con un número de la columna **B**:

A	B
a. *empleada del hogar*	1. *parir*
b. *empleado de finca urbana*	2. *prostituta*
c. *técnico comercial*	3. *morir*
d. *estar ebrio*	4. *asilo*
e. *mujer pública, mujer de la vida, perdida*	5. *asistenta, criada*
f. *estar en estado*	6. *inválido, tullido*
g. *dar a luz*	7. *muerte*
h. *hospital psiquiátrico, casa de reposo*	8. *estar embarazada*
i. *residencia de la tercera edad*	9. *estar borracho*
j. *disminuido psíquico*	10. *representante*
k. *disminuido físico*	11. *ciego*
l. *invidente*	12. *anormal, subnormal, tonto*
ll. *defunción*	13. *portero*
m. *pasar a mejor vida*	14. *manicomio*

2. Ciertas personas tienden a usar más eufemismos que otras. Por ejemplo, María Purificación Rodríguez del Cid, de 67 años, de clase media alta, ama de casa y de ideología conservadora, le escribió a una amiga esta carta:

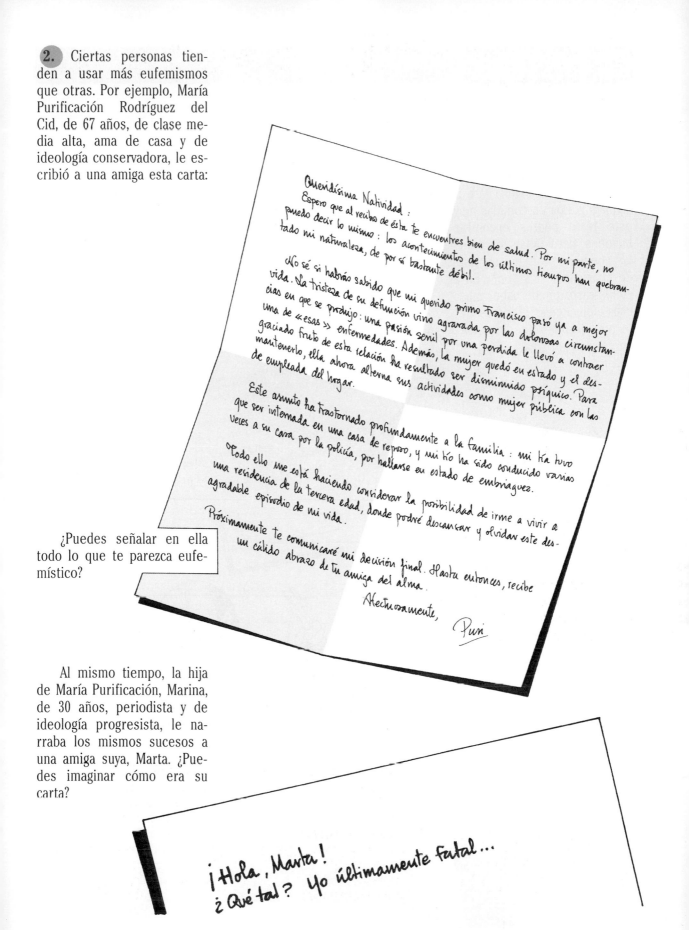

Queridísima Natividad:

Espero que al recibo de ésta te encuentres bien de salud. Por mi parte, no puedo decir lo mismo: los acontecimientos de los últimos tiempos han quebrantado mi naturaleza, de por sí bastante débil.

No sé si habrás sabido que mi querido primo Francisco pasó ya a mejor vida. La tristeza de su defunción vino agravada por las dolorosas circunstancias en que se produjo: una pasión senil por una perdida le llevó a contraer una de «esas» enfermedades. Además, la mujer quedó en estado y el desgraciado fruto de esta relación ha resultado ser disminuido psíquico. Para mantenerlo, ella ahora alterna sus actividades como mujer pública con las de empleada del hogar.

Este asunto ha trastornado profundamente a la familia: mi tía tuvo que ser internada en una casa de reposo, y mi tío ha sido conducido varias veces a su casa por la policía, por hallarse en estado de embriaguez.

Todo ello me está haciendo considerar la posibilidad de irme a vivir a una residencia de la tercera edad, donde podré descansar y olvidar este desagradable episodio de mi vida.

Próximamente te comunicaré mi decisión final. Hasta entonces, recibe un cálido abrazo de tu amiga del alma.

Afectuosamente,

Puri

¿Puedes señalar en ella todo lo que te parezca eufemístico?

Al mismo tiempo, la hija de María Purificación, Marina, de 30 años, periodista y de ideología progresista, le narraba los mismos sucesos a una amiga suya, Marta. ¿Puedes imaginar cómo era su carta?

¡Hola, Marta! ¿Qué tal? Yo últimamente fatal...

207

1. Problemas con ciertos platos.

¿Has tenido alguna vez problemas con algunos platos en comidas muy formales? En este texto podrás encontrar algunas soluciones, pero faltan los nombres de las comidas. ¿Por qué no tratas de imaginar cuáles son? (En algunos casos puede haber muchas soluciones; el profesor te dirá después qué aparecía en el texto original).

Para comer ▓▓▓ (a) y ▓▓▓ (b) y contra la opinión general, no debe utilizarse el cuchillo (ni siquiera el de pescado, que sería el único tolerable). Deben comerse con las manos. Para el marisco existe, además, una suerte de pinzas (similares a un cascanueces) que le permitirán extraer el sabroso músculo interior de las patas de los ▓▓▓ (c). También se puede sostener el caparazón con una mano y separar la carne cuidadosamente con el tenedor. Este último procedimiento es válido igualmente para las ▓▓▓ (d).

Los ▓▓▓ (e) y las ▓▓▓ (f) se toman con los dedos (si rectamente a la boca, claro) y se llevan directamente a la boca, pero jamás se introduce la concha entera en la boca.

Con la ▓▓▓ (g) no se emplea jamás el cuchillo, ni siquiera con la ▓▓▓ (h) española de patatas tradicional. Se corta con el tenedor.

La misma regla sirve para las ▓▓▓ (i).

Si el ▓▓▓ (j) es servido en taza o tazón, lo mejor es beberlo, no tomarlo con la cuchara.

Los ▓▓▓ (k) se toman con los dedos por la base del tallo, se mojan en la salsa (prudentemente) y se llevan directamente a la boca.

Las ▓▓▓ (l) según como se sirvan son también bastante especiales: con los dedos se arrancan las hojas una por una y, si se desea comer la parte carnosa de la hoja, se moja ésta en la salsa y se parte con los dientes la parte mojada en salsa que se desea comer, dejando el resto de la hoja en el plato. Al llegar al corazón

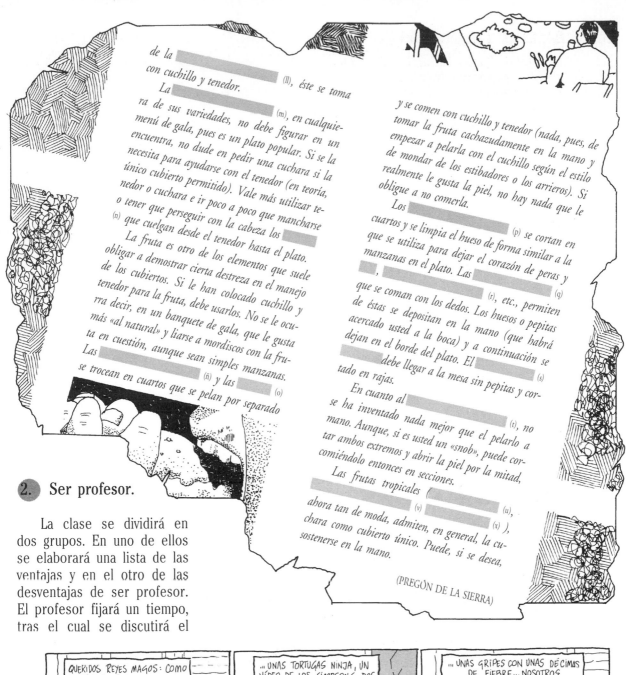

de la ▬▬▬ (ll), éste se toma con cuchillo y tenedor.

La ▬▬▬ (m), en cualquie-ra de sus variedades, no debe figurar en un menú de gala, pues es un plato popular. Si se la encuentra, no dude en pedir una cuchara si la necesita para ayudarse con el tenedor (en teoría, único cubierto permitido). Vale más utilizar tenedor o cuchara e ir poco a poco que mancharse o tener que perseguir con la cabeza los ▬▬▬ (n) que cuelgan desde el tenedor hasta el plato.

La fruta es otro de los elementos que suele obligar a demostrar cierta destreza en el manejo de los cubiertos. Si le han colocado cuchillo y tenedor para la fruta, debe usarlos. No se le ocu-rra decir, en un banquete de gala, que le gusta más «al natural» y liarse a mordiscos con la fru-ta en cuestión, aunque sean simples manzanas. Las ▬▬▬ (ñ) y las ▬▬▬ (o) se trocean en cuartos que se pelan por separado

y se comen con cuchillo y tenedor (nada, pues, de tomar la fruta cachazudamente en la mano y empezar a pelarla con el cuchillo según el estilo de mondar de los estibadores o los arrieros). Si realmente le gusta la piel, no hay nada que le obligue a no comerla.

Los ▬▬▬ (p) se cortan en cuartos y se limpia el hueso de forma similar a la que se utiliza para dejar el corazón de peras y manzanas en el plato. Las ▬▬▬, ▬▬▬ (q) ▬▬▬ (r), etc., permiten que se coman con los dedos. Los huesos o pepitas de éstas se depositan en la mano (que habrá acercado usted a la boca) y a continuación se dejan en el borde del plato. El ▬▬▬ (s) debe llegar a la mesa sin pepitas y cor-tado en rajas.

En cuanto al ▬▬▬ (t), no se ha inventado nada mejor que el pelarlo a mano. Aunque, si es usted un «snob», puede cor-tar ambos extremos y abrir la piel por la mitad, comiéndolo entonces en secciones.

Las frutas tropicales (▬▬▬ (v) ▬▬▬ (u) (x)), ahora tan de moda, admiten, en general, la cu-chara como cubierto único. Puede, si se desea, sostenerse en la mano.

(PREGÓN DE LA SIERRA)

2. Ser profesor.

La clase se dividirá en dos grupos. En uno de ellos se elaborará una lista de las ventajas y en el otro de las desventajas de ser profesor. El profesor fijará un tiempo, tras el cual se discutirá el tema. Después se le podrá preguntar qué piensa él de los aspectos discutidos.

(COMUNIDAD ESCOLAR)

REPASO 3 (Unidades 9-13)

1. *¿Cuáles son las tres aficiones preferidas de los españoles?*
    a) *Tocar un instrumento musical, cultivar flores y leer.*
    b) *Ir al cine, ver la televisión y practicar juegos de mesa.*
    c) *Ver corridas de toros, cocinar platos especiales y bailar en las discotecas.*

2. *¿Cuál de estas afirmaciones es verdadera?*
    a) *La Inquisición española mató a menos brujas que muchos tribunales de otros países europeos.*
    b) *La brujería no se extendió por toda España.*
    c) *Madrid fue una de las ciudades españolas donde hubo más brujas.*

3. *¿Cuál de estas acciones te libra de la mala suerte?*
    a) *Llevar puesto más de un reloj.*
    b) *Encontrar un trébol de cuatro hojas.*
    c) *Ponerte un calcetín de cada color.*
    d) *Tocar madera.*

4. *En la Constitución española se dice que:*
    a) *no hay ninguna limitación para la libertad de culto;*
    b) *no se puede obligar a nadie a decir cuál es su religión;*
    c) *la religión más importante en España es la católica.*

5. *La mayoría de los españoles (más del 50 por 100) piensa que:*
    a) *la Iglesia no debe opinar sobre la homosexualidad.*
    b) *la Iglesia no da respuesta a los problemas sociales.*
    c) *la Iglesia no debe opinar sobre política.*

6. *En Guatemala, un* costumbrista *es:*
    a) *el que sigue las costumbres religiosas de los españoles;*
    b) *el que acude a la misa católica y participa a la vez en los ritos mayas;*
    c) *el que mantiene las antiguas costumbres mayas.*

7. *En las bodas religiosas españolas:*
    a) *al término de la ceremonia, el sacerdote le dice al novio que puede besar a la novia.*
    b) *el novio le entrega a la novia unas monedas.*
    c) *la gente aplaude al final de la ceremonia.*

8. *¿En cuáles de estas carreras universitarias hay en España más alumnas que alumnos?*
    a) *Filología y Medicina.*   b) *Farmacia y Ciencias.*   c) *Psicología y Teología.*

9. *Si no puedes dejarlo, es que ya* estás enganchado.
    a) *Eres un adicto.*   b) *Estás obsesionado.*   c) *Estás acostumbrado.*

10. *No le gusta que* pongan en entredicho *su honradez.*
    a) *hagan pública*   b) *duden de*   c) *pasen por encima de*

11. *En una pista se puede jugar al _____ o practicar el _____ .*
    a) *fútbol-tenis.*   b) *tenis-atletismo.*   c) *fútbol-esquí.*

12. *En un campo se puede jugar al _____ o practicar el _____ .*
    a) *fútbol-golf.*   b) *fútbol-esquí.*   c) *golf-boxeo.*

13. *Yo también tengo que trabajar, como _____ .*
    a) *el que no quiere*   b) *quien echa en*   c) *cualquier hijo de vecino.*
       la cosa.   *saco roto.*

14. *El pescado estaba malísimo, pero como lo había hecho la mujer del jefe, tuve que _____ y comérmelo todo.*
    a) *salir por los cuatro*   b) *hacer de tripas*   c) *revisar mi atuendo.*
       costados   *corazón*

15. No _____ lo que no te vas a comer.
   a) toquetees   b) asimiles   c) estorbes   d) rebusques

16. No tiene trabajo fijo. Se dedica a hacer _____ aquí y allá.
   a) bártulos   b) retintines   c) chapuzas   d) intendencias.

17. Ángel es muy _____. Nunca se le ocurriría insultar a un invitado.
   a) fino.   b) refinado.   c) galante.   d) educado.

18. Tu amigo es un _____. Se ha atrevido a decirme que estoy muy gorda y ni siquiera me conocía.
   a) grosero.   b) tosco.   c) campechano.

19. Es un disminuido psíquico. Es _____.
   a) inválido.   b) subnormal.   c) tullido.   d) ebrio.

20. Es una persona muy clara. Nunca _____; afirma.
   a) asevera;   b) se pronuncia;   c) insinúa;   d) prolifera;

21. A muchas brujas, antiguamente, se les daba _____ en la hoguera.
   a) tormento   b) aquelarre   c) hechizo

22. Con él no contéis para trabajar en equipo; es muy _____.
   a) incrédulo.   b) inconformista.   c) individualista.   d) indeciso.

23. Este jarrón ya se me ha caído tres veces y todavía no se ha roto. Parece cosa de _____.
   a) hechizo.   b) embrujo.   c) amuleto.   d) magia.

24. En las iglesias y conventos españoles hay miles de _____.
   a) reliquias.   b) calvarios.   c) vía crucis.   d) martirios.

25. Es mi madre y tengo que aguantarla. ¡Qué le voy a hacer! Es mi _____ en esta vida.
   a) martirio   b) reliquia   c) vía crucis   d) cruz

26. En cuanto vio a su padre, salió corriendo _____.
   a) como Dios le dio a entender.
   b) a la buena de Dios.
   c) como alma que lleva el diablo.

27. No he tardado nada: ha sido _____.
   a) armarse la de Dios es Cristo.
   b) llegar y besar el santo.
   c) aparecérseme la Virgen.

28. El porcentaje de suspensos en la enseñanza secundaria _____ entre el 40 y el 60 por 100.
   a) cambia   b) asciende   c) oscila   d) altera

29. La noticia nos dejó _____. Se nos pusieron los pelos de punta de pensar que podíamos haber sido nosotros las víctimas.
   a) indiferentes.   b) sobrecogidos.   c) miedosos.   d) embebidos.

30. De una persona sincera esperamos _____.
   a) abnegación.   b) perseverancia.   c) ternura.   d) franqueza.

31. No _____. ¿Por qué te gusta tanto complicar las cosas?
   a) tengas pelos en la lengua.
   b) le busques tres pies al gato.
   c) tengas la cabeza llena de pájaros.

32. Me gustaría poder enfrentarme a él, pero nunca voy a lograr nada porque es él el que _____.
   a) tiene la sartén por el mango.
   b) ve más allá de sus narices.
   c) hace castillos en el aire.

33. _____ con Pedro. Has sido un poco injusto con él.

   a) _Te lo has pasado_   b) _Se te ha pasado_   c) _Te has pasado_

34. _____ llamar a la oficina. Cuando llegue a casa tengo que hacerlo.

   a) _Se me ha pasado_   b) _Me he pasado_   c) _Me lo he pasado_

35. _No es posible que_ _____ _antes que nosotros._

   a) _haya llegado_   b) _ha llegado_   c) _llegaría_

36. _Ayer_ _____ _bomba en el teatro. Fue divertidísimo._

   a) _nos lo pasamos_   b) _nos pasamos_   c) _pasamos_

37. _Que yo_ _____ , _sólo tiene un coche._

   a) _sé_   b) _he sabido_   c) _sepa_   d) _supiera_

38. _____ , _pero ahora ya no puedes hacer nada. Todo está cerrado._

   a) _Tenías que com-_   b) _Tendrías que haberlo_   c) _Tendrías que com-_   d) _Tienes que com-_
      prarlo,   _comprado,_   _prarlo,_   _prarlo,_

39. _____ , _pero no creo que vaya._

   a) _Debería ir,_   b) _Debí ir,_   c) _Hubiera debido ir,_   d) _Habría debido ir,_

40. _____ . _Ya está lista la mesa._

   a) _¡Que comas!_
   b) _¿Quieres hacer el favor de comer?_
   c) _¡Ahora mismo comes!_
   d) _¡A comer!_

41. _No contestan._ _____ _ya._

   a) _Posiblemente_   b) _Tal vez se vayan_   c) _Se habrán ido_   d) _Se irán_
      se irán

42. _Le llamé por la tarde y no estaba en casa._ _____ _en casa de su novia._

   a) _Seguramente_   b) _Seguramente_   c) _Tal vez hubiese_
      estaría   _haya estado_   _estado_

43. _Pese_ _____ _pese, yo pienso conseguir lo que me he propuesto._

   a) _quien_   b) _a quien_   c) _lo que_   d) _donde_

44. _Todo terminará bien,_ _____ .

   a) _hubiera pasado_   b) _pase lo que pase._   c) _pasara lo que pasara._
      lo que hubiera pasado.

45. _____ , _es verdad._

   a) _Creas o no,_   b) _Creas o no creas,_   c) _Lo creas o no,_

46. _Completa estas frases con_ por _o_ para, _si es necesario:_
   a) _Esto estará terminado_ _____ _el día que tú digas._
   b) _Le debo muchos favores y haría cualquier cosa_ _____ _ella._
   c) _____ _lo que me han dicho, me imagino que estarán muy enfadados._
   d) _Ya he pagado yo_ _____ _las entradas. Tú no te preocupes._
   e) _____ _que me trates así, mejor que no vengas._

47. _Marca cada una de las siguientes palabras con un_ **1** _si son masculinas, un_ **2** _si son femeninas y un_ **3** _si pueden ser de uno u otro género dependiendo del significado:_

   virtud _____   _frente_ _____   _mestizaje_ _____   _solución_ _____
   serie _____   _capital_ _____   _problema_ _____   _cólera_ _____

1. ¿Tú qué crees?

¿Cuál crees que es el producto que se anuncia?

Tiene muchos programas.

Y no es una lavadora.

Tiene 700.000 adictos.

Y no es una droga.

Funciona en cadena.

Y no es una fábrica.

Apúntate a una radio que te ofrece una programación, local, regional y en cadena, hecha a tu medida.

Que es todo oídos con las 700.000 personas que la escuchan a través de 60 emisoras.

Apúntate a la radio con la que, seguro, vas a sintonizar.

CADENA RATO

60 Emisoras y tú, en Cadena.

— ¿Sueles escuchar la radio? ¿Con qué frecuencia?

— ¿Qué tipo de programas son los que más te gustan?

— ¿Crees que la radio, por la competencia de la televisión, desaparecerá algún día?

 ## II. Con textos

1. «Viva la televisión» y «La televisión produce violencia...».

A. Imagina que vas a participar en un debate sobre los aspectos positivos y negativos de la televisión. Comenta primero tus ideas con algunos compañeros para hacer una lista de argumentos a favor y en contra.

B. Comprueba en el texto de la página siguiente si estas afirmaciones son verdaderas o falsas. Señala en qué frase o frases del texto se puede ver.

a. *La televisión es un medio apreciado por los intelectuales.*
b. *Magnus Enzensberger se ha dado cuenta de que la televisión no es válida como medio de difusión cultural.*
c. *A todo el mundo le gusta salir en televisión.*
d. *Al autor le parece que los concursos de hoy en día son mejores y más culturales que los que él veía de niño.*
e. *El que ahora haya más cadenas de televisión no parece haber mejorado el medio.*
f. *Todavía hay intelectuales que opinan que la televisión puede ayudar a aprender cosas.*
g. *Para el autor, la televisión es importante fundamentalmente porque entretiene.*

Viva la televisión

(...) La televisión nunca ha gozado de la estima intelectual, quizá con la excepción de algunos pinchadiscos del llamado pensamiento «débil». En su libro más reciente, «Mediocridad y delirio», Hans Magnus Enzensberger expone el fracaso de uno de los mayores espejismos de la Ilustración contemporánea: creer en la potencialidad cultural de la televisión. Magnus confiesa haber caído totalmente de la burra: la cultura propia, genética, de la televisión es el grado cero de cultura. No hay, pues, esperanza de regeneración televisiva. El olmo no dará peras.

Incluso hay gente muy interesante que se niega en redondo a que le enfoque una de esas malditas cámaras y que preferiría un hediondo calabozo a gozar de la celebridad televisiva. Si por ellos fuese, el mejor destino de los aparatos de televisión sería una gigantesca pira purificadora.

Hay días en que los comprendo.

Puede que la nostalgia actúe como un filtro, pero creo que cuando era niño los concursos no eran tan rematadamente bobos. ¡Aquellas gloriosas sesiones televisivas de «Un millón para el mejor» o «Cesta y puntos»! ¡Aquello sí que era cultura! ¡Cómo envidiaba a aquella ama de casa que sabía todos los afluentes del río Tajo! ¡Cómo quería parecerme a aquel chaval de los «rebotes» que sabía la altura en metros del Nevado Yerupajá!

En estos concursos de mi infancia había un cierto estímulo, un afán de superación. Al lado de los bochinches que se montan ahora, el «Reina por un día» era un auténtico Ateneo popular. ¿Qué es lo que tiene que saber ahora el concursante Pepe para llevarse una pasta gansa? Pues tiene que saber qué talla de calzado gasta la concursante Marujita. ¿Y Marujita? Marujita tiene que saber de qué equipo es Pepe, si del Madrid o del Barcelona.

Claro que antes sólo había una televisión. Dicen que ahora los telediarios son mejores y que no informan al dictado, pero eso a mí no me afecta demasiado, porque yo, cuando niño, casi nunca miraba los telediarios. Y creo que los mayores tampoco.

La competencia televisiva se rige por una curiosa regla. No se trata de subir el listón, sino de bajarlo. Quizá por eso preguntan en los concursos la talla que calza el contrincante. Si se ha llegado a este punto, a los pies, es posible que ya no baje más el listón. Aunque un amigo me alerta: siempre pueden preguntarte que cómo se llama tu madre.

—Señor Rivas, ¿cómo se llama la madre de usted?

—Carmen. Creo. Creo que mi señora madre se llama Carmen.

—Efectivamente. Lo hemos comprobado y ése es el nombre de su madre. Respuesta correcta. ¡Son 100.000 pesetas!

La otra cara de estos concursantes es que liberan a uno de complejos. Cuando los miras, te sientes parte de una verdadera hermandad de iguales, porque, más o menos, todos sabemos el nombre de mamá.

Por eso, y por otras muchas cosas, no podría identificarme con los sectores antitelevisivos. Quiéralo o no, soy un hijo bastardo de la televisión y nunca le prenderé fuego. En el fondo, el churrasco televisivo, previsiblemente perpetrado por un Comando de Humanidades, no dejaría de parecerme un magnífico espectáculo digno de ser televisado. (...)

Frente a una aparente unanimidad, hay estudiosos más cautos, como la británica Maire Messeguer, autora del libro «Television is good for you», que defiende la bondad del medio televisivo. Según esta tesis, el niño espectador no es tonto y distingue claramente entre la violencia artificial de los dibujos animados y los cruentos chupinazos que se propinan serbios y croatas. El niño aprende muchas cosas con la televisión. Quizá lo haga de forma asistemática y mezclando a los «dinori-ders» con los pingüinos de la Antártida, pero al fin y al cabo, la mejor expresión estética de este siglo es el cubismo.

Uno de los motivos del prejuicio culto hacia la televisión es la suposición de que el tiempo de telespectador es un tiempo perdido para la lectura o para otra cualquier actividad creativa. Vana ilusión. No conozco a nadie que haya dejado la lectura por culpa de la televisión y sí conozco a gente que se ha aficionado a leer después de descubrir en la pantalla «Los gozos y las sombras». Incluso me han hablado de gente que compró libros por la única razón de llenar los huecos del mueble de la televisión y que ha terminado leyéndolos.

Además, la televisión está generando una magnífica literatura y un magnífico periodismo. (...)

Es muy fácil hablar en contra de la televisión. Pero también es hora de medir las palabras.

La televisión ocupa y condiciona en gran parte el tiempo libre de cientos de millones de personas. Mucha gente podría aprovechar mejor ese tiempo para ver un museo arqueológico o llevar a los niños a echar gusanitos de cereales a los patos del parque. Pero cabe la posibilidad de que, no habiendo televisión, tampoco hubiese más visitantes en el museo arqueológico, ni más niños ni más patos en el parque, y que en cambio aumentase el número de gente dispuesta a escupir en la calle y morder a algún perro.

A la televisión se le pueden hacer reproches pero es absurdo tratarla como una invención humana. Al contrario. Es de lo más humano que podemos echarnos a la cara.

(Manuel Rivas, en DABELIA)

C. ¿A cuál de las expresiones subrayadas en el texto corresponde cada una de estas definiciones?

a) Darse cuenta de la realidad.
b) Mucho dinero.
c) Tener cuidado con lo que se dice.
d) Encontrar.
e) Completamente.
f) Lo imposible es imposible.
g) Aumentar la calidad.

D. Haz una lectura rápida del texto siguiente
y contesta brevemente:

a) *¿Cuántas horas de televisión ven los niños españoles por semana?*
b) *¿Cuántas ven los niños del resto de la Comunidad Europea?*
c) *¿Qué edades tiene en consideración el estudio?*
d) *Los niños de hoy, ¿ven más o menos televisión que sus padres?*
e) *Nombra cinco posibles efectos de la televisión en los niños (intenta usar tus propias palabras).*
f) *¿Cuál es el título académico anterior al bachiller?*
g) *¿Es igual el grado de influencia de la televisión en familias de distintos niveles educativos?*

La población infantil española pasa 16 horas a la semana ante el televisor

La televisión produce violencia, pasividad y pesadillas en los niños, según un estudio

Niños y ancianos son considerados como población de riesgo en terminología médica. Lo mismo estiman los sociólogos y psicólogos en relación con el consumo de imágenes televisivas. Los niños españoles ven unas 16 horas
5 semanales de televisión —casi tantas como las horas lectivas de cualquier colegio— y, como consecuencia de ello, registran un empobrecimiento de la comunicación familiar y un aumento de la violencia verbal y física, al tiempo que ven potenciadas sus pesadillas, la conducta imitativa y la
10 pasividad. En la otra población de riesgo, los ancianos, la televisión produce daños progresivos en sus capacidades intelectuales y psicológicas al tiempo que refuerza la demencia senil.

José F. Beaumont. Madrid

El médico Rafael González Mas, pre-
15 sidente de la Sociedad Europea de Bio-sociología (SEBS), no quiere lanzar un mensaje demasiado alarmista en torno a estos datos, pero estima que hay que tenerlos muy en cuenta. El organismo que
20 él preside acaba de realizar varios estudios sobre la influencia de la televisión en las conductas de los niños y los ancianos en España, y ha relacionado sus resultados con otros estudios similares
25 de la Comunidad Europea y de Estados Unidos.

Los niños españoles (entre 3 y 10 años) consumen un tiempo semanal medio de contemplación de la televisión de
30 16 horas, dos horas más que la media de los países de la CE y seis horas más

que el tiempo que consumían quienes eran niños españoles en 1976, y que ahora, a sus 18 y 25 años, podrían tener
35 hijos casi en la edad de consumir televisión.

Los niños prefieren en 1991 para ver la televisión los tiempos dedicados a las comidas (el 57 por 100 de los que la
40 ven), mientras que en 1976 la veía predominantemente durante las comidas el 43 por 100. En la CE mantiene esta actitud el 54 por 100. Por otra parte, el 18 por 100 de los encuestados mantiene el
45 televisor encendido todo el día (el 16 por 100 de europeos hace lo mismo), mientras que hace 15 años lo mantenía permanentemente encendido el 11 por 100.

¿Cuáles son las consecuencias de
50 todo ello? «Estos índices estadísticos no hacen sino mostrar una cara negativa de

El hecho de que muchos niños contemplen escenas de violencia sin ningún
75 tipo de control por parte de los padres parece que influye en su conducta posterior, sobre todo si se trata de niños inmaduros, según los últimos estudios longitudinales de conducta. «Aunque di-
80 versos autores dudan de los efectos inmediatos de la televisión sobre la conducta violenta», señala González Mas, «es evidente que, con el paso del tiempo, se muestra algún tipo de relación».

85 Los expertos en biosociología han constatado que los niños que tienen padres de un nivel de bachiller superior observan menos la televisión que aquellos cuyos padres sólo alcanzan el nivel de
90 graduado escolar. Y es todavía menor el consumo televisivo entre niños con padres que han cursado una carrera universitaria. Resulta especialmente relevante el nivel educativo de los padres a la hora
95 de tener el televisor encendido indiscriminadamente y durante las comidas. Las familias de baja preparación cultural acostumbran más a ver la televisión mientras comen.

100 Por otra parte, cuando los padres son coespectadores de televisión con sus hijos, éstos ven muchos menos programas violentos y manifiestan menor tendencia violenta. Cuando los padres
105 acompañan a sus hijos en prestar atención al televisor, el índice de *influencia* desciende del 20 al 9 por 100.

El estudio no ha podido establecer la relación, por ejemplo, entre la salud de
110 los niños y el índice de solicitud de los productos anunciados. En Estados Unidos, los niños reciben unos 22.000 mensajes comerciales al año, a través de la televisión, sobre comidas o juguetes, y
115 se ha establecido una clara relación entre obesidad infantil, grado de colesterol y consumo de mensajes televisivos.

(EL PAÍS)

la televisión», señala González Mas, porque se produce un empobrecimiento de la comunicación familiar (un 17 por 100,
55 mientras que en 1976 era el 6 por 100), un aumento de la violencia verbal e incluso física (un 20 por 100 frente a un 8 por 100 hace 15 años), el registro de pesadillas, pasividad y conducta imitativa
60 (un 11 por 100), la atención a los anuncios (un 54 por 100) o la solicitud de productos anunciados (un 42 por 100).

«Los estudios realizados con la ayuda de la cátedra de Psicología de la Uni-
65 versidad de Buffalo, en Estados Unidos, indican que los observadores más intensos de televisión se encuentran entre la población preescolar y en familias con padres con bajo nivel educativo que no
70 suelen discutir los contenidos educativos con los hijos», dice el presidente de la SEBS.

E. Para no repetir la palabra *ver*, el autor ha utilizado de forma inapropiada otras expresiones. ¿Puedes encontrarlas?

F. Consulta en un diccionario las diferencias que existen entre las expresiones del ejercicio anterior. Utiliza una de ellas en cada una de estas frases:

a. *Debes* ▓▓▓▓▓ *atentamente cómo evolucionan los precios antes de comprarte otra casa.*

b. *Se quedaron allí varias horas para* ▓▓▓▓▓ *el paisaje.*

c. *Siguió leyendo el periódico sin* ▓▓▓▓▓ *a lo que sucedía en la pantalla.*

G. Estos verbos han aparecido en el texto. Utilízalos para completar las frases.

a) Los estudios sociológicos han ▓▓▓▓▓▓▓▓ un aumento de las pesadillas en los niños.

b) Los niños que ven más televisión ▓▓▓▓▓▓▓▓ mayor tendencia a consumir los productos que se anuncian.

c) Por tanto, se puede ▓▓▓▓▓▓▓▓ una relación entre televisión y consumo infantil.

d) Todo esto ha llevado a los expertos a ▓▓▓▓▓▓▓▓ un mensaje de alarma a los padres.

e) Por otro lado, en algunos países la televisión ha ayudado a muchas personas a ▓▓▓▓▓▓▓▓ estudios superiores.

H. Ahora puedes leer de nuevo los dos textos para completar la lista de argumentos a favor y en contra de la televisión que has hecho al principio. ¿Cuántos puedes encontrar?

2. «Ficción» y «Teletexto».

A. ¿Son importantes las noticias en tu vida? ¿Por qué? ¿Para qué te sirven? ¿Cuánto tiempo dedicas a estar informado de la actualidad?

B. ¿Cuándo escucha la radio el autor del siguiente texto? ¿Para qué la utiliza? ¿Con qué otros medios complementa la información que recibe?

Ficción

Como el mundo no se entera de lo que te pasa a ti, procuras enterarte de lo que le pasa al mundo. Así, cada mañana te despierta la radio y entre sueños retomas el argumento de la vida en el punto donde se detuvo ayer. Luego, en el coche, escuchas el primer informativo, que complementarás con la lectura de la prensa. La cruenta realidad internacional, las miserias de la vida nacional, los acontecimientos culturales, la cartelera cinematográfica, todo, en fin, lo dominas como dominas una novela que has leído cien veces y por cuyo interior te puedes aventurar a ciegas como por el pasillo de tu casa. Además, todavía te quedan dos telediarios y acabas de comprar la revista semanal, que te ofrece un poco más de lo mismo pero con fotos en color. Excepto en las tramas secundarias, con frecuencia imprevisibles, la realidad se comporta como una novela por entregas: siempre se suspende en el punto más alto, cuando en la cama te narcotizas con las últimas noticias.

Manejas, pues, la realidad como si de la ficción se tratara. La reunificación de las dos Alemanias, el hambre en Etiopía, la muerte en Suráfrica, etcétera, forman los hilos de un argumento que te apasiona, pero que a lo mejor no te concierne porque su evolución no depende de ti. Tu realidad real, la que de verdad puede hacerte feliz o desdichado, es mucho más cercana, más doméstica, y se puede medir en estabilidad económica y cantidades de amor.

Ahora estás empezando el día y un 25 % de tu alma está ocupado ya por la publicidad y por las noticias. Esta noche, cuando te acuestes, toda tu vida personal se habrá borrado, diluida en la ficción de acontecimientos externos cuyo conocimiento no te habrá hecho mejor. Aunque tal vez, mientras se te cierran los ojos escuchando el último informativo, puedas pensar unos segundos en ti mismo o en quienes te rodean, y adviertas, como en una revelación, que el precio de saber todo lo que le pasa al mundo es el de no saber lo que te pasa a ti.

(Juan José Millás, en EL PAÍS)

C. El siguiente texto está escrito por el mismo autor. ¿Qué nuevo medio de comunicación ha incorporado a los que ya usaba? ¿En qué consiste? ¿Qué nuevas oportunidades le ofrece?

Teletexto

Ahora tengo una televisión con teletexto. O sea, que aprietas un botón y aparece en pantalla un servicio de información con el que puedes saber minuto a minuto lo que le pasa al mundo. Además de eso, el teletexto incluye pasatiempos, horóscopo, recetas de cocina, videojuegos, farmacias de guardia, teléfonos de interés y un informativo para sordos. Vamos, que es como un periódico inacabable, borgiano, porque cuando vuelves a la primera página las noticias son otras.

Para los obsesos de la información como yo, este servicio no tiene precio. Ahora, cuando me da el ataque de insomnio a las cuatro de la mañana, pongo el teletexto y le voy siguiendo el pulso al mundo con la frialdad de un piloto de fórmula 1 a trescientos por hora. Algunos dirán que qué va a pasar a las cuatro de la mañana, pero eso es una tontería; en el mundo siempre pasa algo, porque, por ejemplo, cuando aquí estamos en la cama, en otros países es de día y los trabajadores salen a trabajar, los yonquis a buscar su dosis, los ladrones a atracar, los guardias a poner multas, los pobres a pedir... En fin, que de repente se juntan en la calle personas con intereses muy variados que entran en conflicto. Entonces, claro, suceden cosas y el teletexto las transmite en seguida, aunque estemos durmiendo. Y yo, como soy insomne, me entero el primero porque estoy ahí, leyéndolo en la pantalla de mi televisor. Además, si aprietas otro botón, el teletexto sale sobreimpresionado encima del programa que estén pasando en esos momentos, con lo que puedes atender a varias cosas a la vez y subir así la temperatura del agobio. Algunos dirán que de nada sirve recibir más información de la que se es capaz de asimilar, pero es que yo no lo hago por saber más, sino por estar ocupado. Además, mientras pienso en lo que le pasa al mundo me olvido de lo que me pasa a mí.

(Juan José Millás, en EL PAÍS)

D. Busca en el texto si las siguientes afirmaciones son verdaderas o falsas:

a. *El teletexto es un servicio muy caro.*
b. *A las cuatro de la mañana se puede ver la evolución de las noticias del mundo.*
c. *Se puede leer el teletexto al mismo tiempo que se ve un programa de televisión, y al autor le gusta hacerlo para relajarse.*

E. ¿Qué idea se repite en los dos textos? ¿Para qué le sirven al autor los medios de comunicación?

1. Cuando hablamos de lo que otros han dicho, no siempre utilizamos el verbo **decir**, sino que damos variedad y matizamos con otros muchos verbos. Vamos a fijarnos en algunos de ellos: *manifestar, indicar, afirmar, declarar, aclarar, confesar* y *señalar*. A continuación tienes una narración de un hecho real sucedido en España; ¿cuáles de los verbos anteriores podrían sustituir al verbo **decir** en ella? Usa el diccionario si es necesario.

> Un joven empresario de Fuenlabrada (Madrid), de 26 años, se entregó ayer a la policía tras asaltar con un cuchillo una entidad bancaria del municipio de Carranque (Toledo) con el fin de conseguir dinero para pagar a sus empleados la nómina de este mes. Durante el robo, el atracador se apoderó de 215.000 pesetas, después de herir en la mano y en el brazo al único empleado de la sucursal.
>
> Unas horas después, el autor del robo entró en la comisaría de Fuenlabrada **diciendo** (a) entre sollozos que acababa de atracar un banco tras herir a un empleado. El asaltante **dijo** (b) a la policía que no había intentado hacer daño a nadie y que cometió el robo para pagar las deudas que tenía. El empresario **dijo** (c) que tenía una empresa que se dedicaba a confeccionar el interior de vigas y armazones para varias constructoras de Madrid.
>
> Antes del asalto, el empresario había visitado en varias ocasiones la sucursal y había hablado con su único empleado, al que **dijo** (d) que iba a abrir una cuenta con el fin de ingresar los «excelentes beneficios» que daba su empresa.
>
> En su declaración **dijo** (e) que también debía dinero del piso de Fuenlabrada en el que vivía.

2. ¿Conoces a Montserrat Caballé? ¿Qué sabes de ella? Quizá puedas saber alguna cosa más si lees el siguiente fragmento de una entrevista hecha por la periodista Soledad Alameda en EL PAÍS SEMANAL:

—¿Alguna vez le importó su físico?

—*Mujer, estoy acostumbrada. Me siento cómoda; ésta soy yo. Pero, sí, cuando empecé a engordar después de una operación, sí me importó. Es que engordé 30 kilos en un año. Era como... puafff. Pero con el tiempo te acostumbras.*

—Cuando en una pareja la importante es ella, dicen que resulta difícil mantener la armonía.

—*Entre nosotros nunca ha habido ese problema. No me considero importante.*

—Pero usted y su marido, a la fuerza, son una pareja en la que él va detrás. Imagino a la gente diciéndole lo maravillosa que es, lo genial, y que al ver a su marido digan simplemente: Ah, ¿qué tal, Bernabé?

—*Eso que dice sucede así exactamente. Pero nosotros contamos con ello. Además, no hacemos una vida social intensa, nos gusta estar en familia. Somos muy independientes, eso es lo que pasa. Y Bernabé, de verdad, ha sido el éxito de mi vida.*

—¿Tuvo algún otro novio?

—*Sí, uno que no era del mundo de la música. Una gran persona de la que guardo un gratísimo recuerdo.*

¿Podrías ahora completar esta crónica de la entrevista? En los huecos que tienen una letra es necesario usar alguno de los verbos de la siguiente lista:

explicar, reconocer, negar, contar, sugerir, afirmar, asegurar, insinuar, comentar, especificar y *apostillar*

(en algunos casos es posible usar más de uno).

En los huecos que tienen un número tendrás que completar la frase en relación con lo que has leído en la entrevista.

Montserrat Caballé ▒▒▒▒▒▒▒▒▒ (a) que le importara su físico, aunque después ▒▒▒▒▒▒▒ (b) que cuando ▒▒▒▒▒ (1) sí le había preocupado.

Cuando la periodista ▒▒▒▒▒▒▒ (c) que podían existir problemas en las parejas en las que la mujer era famosa, Montserrat Caballé ▒▒▒▒▒▒ (d) que entre ella y su marido ▒▒▒▒▒ (2), porque, según ▒▒▒▒▒▒ (e), eran personas muy hogareñas y no hacían ▒▒▒▒▒▒ (3). Después ▒▒▒▒▒ (f) que, antes de conocer a su marido, había tenido otro novio, del cual ▒▒▒▒▒▒▒ (g) que era una ▒▒▒▒▒▒▒ (4).

IV. ¡Lo que hay que oír!

A. ¿Tiene todo el mundo derecho a la intimidad en su vida privada? ¿Te parece que alguna de las siguientes noticias no se debería publicar?

— *Un periodista descubre que un político importante es infiel a su mujer.*
— *Se sabe que una famosa cantante acaba de tener un aborto voluntario.*
— *Un ministro ha comprado una casa que cuesta mucho más de lo que él puede pagar.*

B. Escucha la grabación por primera vez e intenta completar este resumen:

Según el periodista, al hablar de libertad de prensa hay que tener en cuenta dos asuntos: dónde ▒▒▒▒▒▒▒▒▒ (a) y cómo resolver los problemas del ▒▒▒▒▒▒▒ (b). Lo difícil es decidirse por una ley ▒▒▒▒▒▒ (c) o por la ▒▒▒▒▒▒ (d). Para el locutor lo ideal es ▒▒▒▒▒▒ (e), aunque aún quedaría el problema de delimitar lo privado y lo público, sobre todo si lo privado es ▒▒▒▒▒▒ (f). Por esta razón, y porque también iría en contra de ▒▒▒▒▒ (g), el periodista está en contra de la existencia del delito de ▒▒▒▒▒ (h).

221

C. Ahora puedes oír más veces la grabación para rellenar los huecos que te hayan quedado y completar las siguientes definiciones:

D. ¿Estaría de acuerdo Juancho Armas Marcelo con la publicación de las noticias del apartado **A**?

a. *La base de la democracia consiste en* _____
_____.

b. *La libertad de expresión es la más* _____
_____, *y*
consiste en saber y _____
_____.

c. *La autorregulación consiste en que la prensa* _____
_____.

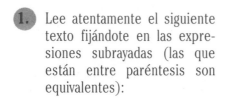

V. Materia prima

1. Lee atentamente el siguiente texto fijándote en las expresiones subrayadas (las que están entre paréntesis son equivalentes):

> En mi opinión (A mi modo de ver / A mi juicio / Para mí), uno de los campos que más se ha desarrollado en los últimos años ha sido el de los medios de comunicación.
>
> La televisión ha sido el medio que más se ha difundido. Por otro lado (Por otra parte / Es más), ha sido el medio en el que se han dado avances técnicos más espectaculares.
>
> No obstante (Sin embargo / Ahora bien), los restantes medios de comunicación ya existentes también han evolucionado y se han adaptado a los nuevos tiempos.
>
> De todos modos (Con todo / Aun así), ha sido la televisión la que ha marcado el camino que se debía seguir en la mayoría de los casos, tanto en aspectos técnicos como en lo que se refiere a los contenidos. Desde sus comienzos la televisión ha sabido aprovechar cualquier novedad.
>
> Por el contrario (En cambio), la radio y los periódicos han sido más reticentes a la hora de aceptar innovaciones.
>
> Con respecto a (En relación con / En cuanto a / En lo referente a) los nuevos medios de comunicación, al estar la mayoría de ellos en fase experimental, es difícil establecer con claridad cuál va a ser su desarrollo futuro.
>
> En conclusión (En definitiva / En resumen / En una palabra / En suma), la televisión es el medio de comunicación más poderoso actualmente, es decir (o sea / dicho de otro modo), el más influyente en la mayoría de las sociedades.

Señala a continuación cuáles son las expresiones que corresponden a los siguientes usos y valores:

a. *Se va a decir lo mismo con otras palabras o haciendo un resumen explicativo:*
_____.

b. *Se van a introducir nuevos temas o subtemas relacionados con argumentos anteriores:*
_____.

c. *Se señala el final de la argumentación:*
_____.

d. *Se van a introducir otros argumentos en favor de lo que se dice o relacionados con ello:*
_____.

e. *Se va a contrastar lo dicho con un nuevo argumento o hecho particular:*

                                              .

f. *Se van a introducir argumentos generales que contrastan con todo lo que se ha dicho:*

                                              .

g. *Se va a decir que lo dicho anteriormente no es o son argumentos o hechos incontrovertibles y que se pueden hacer matizaciones generales:*

                                              .

h. *Se introduce la opinión personal:*

                                              .

2. Elige la expresión más adecuada de las que están entre paréntesis, de modo que el texto sea coherente y la argumentación lógica.

Actualmente, el interés y la necesidad de una información rápida hacen que los medios de comunicación hayan tenido que adaptarse a las nuevas tecnologías.

(a) (En cambio / Por otro lado / En definitiva), *el amplio desarrollo que la técnica ha tenido en el campo de las comunicaciones ha ayudado a que los medios de comunicación tengan a su disposición un amplio abanico de posibilidades.*

(b) (No obstante / Es decir / Es más), *los periódicos, por sus propias características, no pueden competir en rapidez con los otros medios. Los periódicos, al tener que imprimirse, sólo pueden salir a la luz dentro de determinados plazos.*

(c) (Con todo / Por el contrario / Por otro lado), *la radio y la televisión, al emitir constantemente, pueden dar la noticia de forma inmediata.*

(d) (De todos modos / Es más / En suma), *y pese a sus limitaciones, en algunos casos han sido los periódicos los que han dado por primera vez una noticia, sobre todo en casos de sucesos que requerían una investigación.*

(e) (Es más / Sin embargo / O sea), *incluso en noticias inmediatas, los periódicos, gracias a la difusión de sus ediciones por medio de satélites, han llegado a dar noticias a mayor número de gente en menor tiempo que la televisión o la radio.*

(f) (Con todo / Por el contrario / Dicho de otro modo), *los periódicos han tenido que transformar su modo de informar y han tenido que basarse más en el comentario de lo ya conocido por los lectores que en intentar competir en rapidez con los otros medios.*

(g) (En cambio / Es decir/ Por el contrario), *sin cambiar los contenidos han debido modificar la manera de presentarlos.*

(h) (En cuanto a / De todos modos / Ahora bien) *la profundidad y calidad de la información, se puede decir que todos los medios de comunicación intentan, en este caso, seguir a los periódicos.*

(i) (Por otro lado / Aun así / Dicho de otro modo), *tener su misma capacidad de análisis y su nivel de profundidad. Por ello, muchos medios audiovisuales tienen programas de análisis y comentario de noticias.*

(j) (Por otra parte / Por el contrario / Sin embargo), *no llegan, en muchos casos, a conseguir la capacidad de análisis de la letra escrita.*

(k) (En resumen / En cambio / O sea), *todos los medios de comunicación intentan mantener iguales niveles de profundidad y rapidez dentro de sus limitaciones.*

3. Redacta a continuación, siguiendo el esquema que te proponemos, un texto en el que se expongan argumentos a favor o en contra de la televisión. Para ello utiliza los introductores que has visto en la actividad anterior. Puedes ayudarte de los argumentos ya expuestos en los textos y actividades de la sección **II. Con textos.**

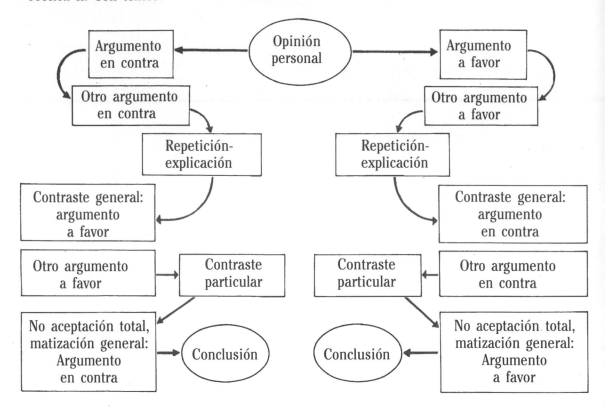

INVOLUCIÓN

S. Kochan.

Si quieres contarle a otra persona una noticia que has leído en el periódico, seguramente casi nunca usarás las mismas palabras que leíste. Por ejemplo, si lees este titular:

INMINENTE SUBIDA DE LOS IMPUESTOS

y se lo comentas a otra persona, dirás algo como: *¿sabes / te has enterado de que van a subir pronto los impuestos?*

En estas transformaciones muchas cosas cambian: las palabras, el orden de la frase, el número de palabras, etc. A continuación tienes ocho titulares de las noticias de un periódico. Coméntale las novedades a un compañero, pero recuerda que tienes que hacer algunos cambios (por ejemplo, las expresiones que están subrayadas raramente se usarían en la lengua hablada).

1. LOS PAÍSES POBRES CALIFICAN DE PAPEL MOJADO EL TRATADO DEL CLIMA

2. Los fiscales rechazan la orden de encarcelar a los manifestantes

3. EL PRESIDENTE DEL GOBIERNO ANULA LA RECEPCIÓN OFICIAL POR EXCESO DE AGENDA

4. Cinco policías detenidos por un presunto delito de torturas

5. EL MINISTERIO DE TRANSPORTES PLANTEA CREAR UN PEAJE PARA CIRCULAR POR LAS NUEVAS AUTOVÍAS

6. Francisco Domínguez se perfila como el próximo Primer Ministro

7. EL CANTANTE DANIEL HERNÁNDEZ HA SUFRIDO UNA NUEVA INTERVENCIÓN QUIRÚRGICA

8. LOS FRANCOTIRADORES ABREN FUEGO SOBRE TODO EL QUE SALE POR COMIDA

1. Un concurso.

Con otros cuatro o cinco compañeros, vas a confeccionar un guión para un concurso televisivo que tenga uno de estos títulos: **Entre platos anda el juego, Su media naranja, Cifras y letras, El tiempo es oro, Locos por la tele, Juego de niños, El precio justo** y **Supermercado de ilusiones**. Piensa cuál puede ser el tema según el título, y en qué consisten las pruebas y los premios. Después, algunos grupos (o todos) podrán representarlo para los demás, y los miembros de la clase serán los concursantes.

2. Una rueda de prensa.

A. Seguro que conoces a Julio Iglesias. Una vez que estuvo en la República Dominicana, dio una rueda de prensa, y la crónica que puedes leer a continuación tiene como tema esa entrevista, pero sólo habla de las respuestas que dio Julio a las preguntas de los periodistas. ¿Podrías escribir, al mismo tiempo que lees, cuáles fueron esas preguntas?

JULIO IGLESIAS

PONE A CIRCULAR AQUÍ, CON DIVERSAS ACTIVIDADES, SU ÁLBUM MUSICAL CALOR

Con la asistencia de unos 200 periodistas extranjeros y dominicanos Julio Iglesias puso en circulación su álbum musical denominado **Calor**, dedicado principalmente a Latinoamérica.

El renombrado cantante español respondió abiertamente a todos los cuestionamientos, y en algunos casos las respuestas llenas de picardía lograron la hilaridad entre los presentes.

Se refirió a su recital del sábado pasado en **Chavón** manifestando que lo consideró *todo un éxito*, ya que al mismo asistieron unas tres mil personas pagando entradas que consideró altas, de 600 pesos.

Dijo que solamente faltaron sus primos para llenar el anfiteatro de **Chavón** y recordó que es un lugar lejano para los residentes en la capital, que son los que mayormente acuden a presenciar los espectáculos artísticos.

También dijo desconocer si existió algún tipo de problemas para que sus presentaciones no se hicieran en el **Teatro Nacional**, pero que de todas maneras, le encanta **Altos de Chavón**.

Habló de los 150 conciertos que presenta anualmente, muchos de ellos benéficos, y se refirió específicamente a **Unicef**, institución con la que colabora a favor de los niños de todas partes del mundo. Anualmente Julio Iglesias recibe simbólicamente un dólar por su contribución a **Unicef** y él lo devuelve.

Afirmó que en esta etapa de su vida, en que ha ganado mucho dinero, *mucho más de lo que una persona pueda necesitar en toda su vida, lo primordial para mí es que me quiera la gente.*

Respeto mi trabajo, amo a mi público profundamente y no simplemente de palabra. También me gustan las luces del espectáculo, también me gustan las dudas, y finalmente que todo salga bien.

más importante para lograr una buena aceptación en el gusto del público internacional.

Recordó a **Frank Sinatra**, a **Nat King Cole**, a **Elvis Presley**, indicando que el primero no tiene una voz de gran volumen al igual que los otros fallecidos cantantes, pero que sus voces son y han sido maravillosas.

En torno a sus hijos, declaró que no había sido un buen padre, porque no ha tenido mucho tiempo para pasarlo con ellos, pero

En cuanto a lo sentimental dijo que está solo, que no tiene novias, sino verdaderas compañeras y por largo tiempo. Expresó que no tiene nada contra el matrimonio y que de repente *algún día sale la noticia de que me casé.*

En forma de broma dijo que hacía el amor tres veces al día y de inmediato entre risas refirió que no era cierto porque ya no tenía tantas fuerzas.

Refiriéndose a su voz dijo que un cantante no es bueno o malo por el volumen de su voz sino por su estilo, y que esto es lo

de todas maneras los adora entrañablemente y está orgulloso de ellos. Con ninguno tiene problemas en serio y se siente satisfecho de que conserven los valores morales naturales y que el día que puedan tener dudas en algún aspecto de la vida, le gustaría poder ayudarlos; aunque *los hijos nunca se llevan de consejos de los padres hasta que se casan por segunda vez.*

Luego de la rueda de prensa, en horas de la noche, se ofreció un cóctel y más tarde, una cena y por último, la presentación del vídeo **Calor**.

(Emely Tueni, en HOY)

B. Toda la clase, por votación, va a elegir a una persona famosa a la que le gustaría hacerle algunas preguntas. Una vez escogida, cada miembro de la clase escribirá dos preguntas que le haría si fuera periodista y pudiera entrevistarle.

I. ¿Tú qué crees?

Busca en el cuadro cuáles serían la mejor y la peor ciudad para ti, teniendo en cuenta tus intereses personales y tu forma de vida. Fíjate en el sueldo que ganarías.

¿Qué te parecería vivir en Madrid o Barcelona?

De compras por EUROPA

(CIFRAS EN PESETAS)

	Madrid	Barcelona	Londres	París	Berlín	Bruselas	Lisboa	Roma	Estocolmo	Amsterdam
ALIMENTACIÓN:										
Filete de ternera de 1 Kg.	1.199	1.400	1.710	4.600	1.256	1.735,45	1.800	1.760	1.730	2.005,2
Filete de cerdo de 1 Kg.	799	900	990	1.012	—	1.094,95	864	1.440	1.384	1.503,9
1 litro de leche	106	100	100,8	104,88	94,2	100,65	97,92	160	107	62,384
Una barra de pan	40	55	81	64,4	188,4	76,25	7,2	280	242,2	111,4
Hamburguesa	185	200	810	460	125,6	155,55	144	160	692	147,605
TRANSPORTES:										
Tarifas de taxi	140	250	180	202,4	232,36	274,5	108	512	484,4	267,36
Billete metro/autobús	125	90	144	62,56	188,4	122	32,4	64	242,2	158,745
ROPA:										
Traje de confección	18.000	18.000	17.820	12.600	22.015	25.925	18.000	28.800	20.760	5.848,5
Jersey Burberrys	8.990	8.900	11.160		9.420	15.250	12.240	12.000	8.650	10.026
Zapatos Lotus hombre	12.975	12.000	12.600	14.720	21.980	21.350	23.040	15.600	13.840	16.800
VIVIENDA (alquiler):										
Piso de 100 m² (centro)	100.000	100.000	117.000	276.000	188.400	91.500	108.000	240.000	103.800	83.550
Piso 100 m² (periferia)	70.000	80.000	63.000	147.200	75.360	122.000	43.200	160.000	69.200	55.700
VIVIENDA (compra):										
Piso de 100 m² (centro)	25 mill.	25 mill.	22,5 mill.	51,5 mill.	15,7 mill.	27,4 mill.	43,2 mill.	79,9 mill.	15,5 mill.	16,7 mill.
Piso 100 m² (periferia)	13 mill.	14 mill.	9,9 mill.	27,6 mill.	6,28 mill.	18,3 mill.	10,8 mill.	36,0 mill.	8,65 mill.	11,1 mill.
AUTOMÓVILES:										
1 litro de gasolina	93	93	106,2	99,36	81,64	94,55	105,84	120,4	103,8	111,4
Multa (aparcamiento)	5.000	400	3.600	4.600	1.884	2.287,5	3.600	2.000	6.055,0	2.228
1 hora estacionamiento	175	180	108	220,8	94,2	122	82,8	240	259,5	445,6
ENTRADAS para:										
Teatro	1.000	700	4.500	2.760	753,6	1.220	720	2.800	1.557	835,5
Fútbol	1.500	1.800	3.600	496,8	753,6	915	1.440	1.200	1.297,5	946,9
Cine	550	500	810	736	502,4	671	270	800	1.038,0	724,1
GASTOS SOCIALES:										
Café en centro	110	100	180	82,8	219,8	152,5	36	80	432,5	153,17
Copa en bar nocturno	600	600	360	736	502,4	610	540	800	1.297,5	362,5
Cerveza	110	150	306	220,8	251,2	183	50,4	160	692	167,1
Semana en hotel ***	86.815	83.000	90.720	31.280	62.800	105.000	30.240	83.000	43.250	77.980
Tabaco	245	245	378	230	270	247,5	252	280	380,6	222,8
Periódico	80	90	72	82,8	94,2	76,25	79,2	96	121,1	97,4
DIVERSOS:										
Libro ('Cien años de soledad')	991	990	1.078,2	680,8	1.130,4	854	864	2.480	2.076	1.114
Disco (Michael Jackson)	1.800	2.650	2.518,2	2.465,6	2.198	2.287,5	1.584	185,92	2.422	2.222,43
Horno microondas	22.900	22.000	21.600	18.217	12.560	35.075	19.440	24.000	20.760	13.312,3
Videojuego	14.900	14.900	10.800	10.856	11.304	11.590	21.528	13.520	24.220	2.172,3
Bicicleta de montaña	32.995	50.000	—	26.680	31.400	56.425	50.400	29.200	43.250	38.990
Llamada telefónica (3 minutos)	10	10	36	27,6	18,84	30,5	7,2	16	34,6	55,7
CRÉDITOS:										
Coste de un crédito de 5 millones a pagar en 3 años.	16%	14%	14,2%	11,75%	13%	12,84%	23,5%	13,5%	14%	9,7%
SALARIO (anual):										
Salario de un albañil	1.625.470	1.810.560	1.620.000	1.472.000	—	122.000[3]	33.120[*]	1.490.312	1.949.312	1.737.840
Secretaria (1er empleo)	1.588.000	1.104.000	1.035.000	1.674.400	113.040[*]	99.125[3]	43.200[*]	1.236.961	1.432.440	1.086.150
Funcionario titulado	2.030.000	3.479.160	2.610.000	3.680.000	175.840[*]	137.250[3]	—	1.726.800	2.595.000	2.606.760

Fuente: EL PAÍS (Datos de 1993)

Las cifras en color son las más elevadas de cada concepto.

* Sueldos mensuales

1. Decálogo del buen consumidor.

A. Antes de leer el texto, ¿podrías escribir tu propio decálogo del buen consumidor con otros compañeros? Comparte tus ideas con la clase.

B. Fíjate ahora en el decálogo que propone el Ministerio español de Sanidad y Consumo. ¿Se parecen las normas a las de tu grupo?

C. Con los mismos compañeros, ordena estos consejos por orden de importancia.

MINISTERIO DE
SANIDAD Y CONSUMO

Decálogo del buen consumidor

Apúntese un diez

Las fiestas navideñas están próximas y la tentación desordenada puede llevar a alguna que otra sorpresa si no se planifican bien las compras. Antes de entregarse con pasión al consumo, bueno será que se tenga en cuenta el conjunto de sugerencias elaboradas por la Unión de Consumidores Españoles (UCE).

— Exija y conserve siempre el ticket de compra, ya que es el documento imprescindible para efectuar cualquier reclamación.

— Rechace productos sin identificación, ya que de lo contrario no podrá reclamar en caso de sufrir algún perjuicio.

— Preste atención a la venta ambulante: puede estar comprando productos sin garantía. Asegúrese de que el producto ha pasado los controles oportunos.

— Lea con detenimiento las etiquetas: el vendedor puede aprovechar la gran demanda y las prisas del consumidor para poner a la venta productos que ocultan alguna irregularidad.

— No se deje seducir por las «gangas», piense que la calidad tiene un precio.

— Denuncie y exija el cumplimiento de sus derechos dirigiéndose a las administraciones competentes y a las asociaciones de consumidores.

— Salga a comprar con las ideas claras, calculando las cantidades que razonablemente se van a consumir.

— Haga una previsión general de gastos en función de su presupuesto.

— Si no ha hecho previsión de compras, no adquiera aquellos productos que han disparado sus precios: seleccione otro tipo de alimentos. A lo mejor se lleva una grata sorpresa.

--Ante el incremento de precio en los productos de mayor demanda (mariscos, pescado, carnes y dulces), sea previsor, compre antes de las fechas críticas y congele o adquiera productos congelados directamente.

D. Fíjate en las palabras y expresiones que están subrayadas en el texto de la página anterior y en su título. Seguro que te será fácil deducir lo que significan por el contexto, pero, ¿puedes encontrar a cuál de las que están subrayadas en estas frases corresponde cada una?

a. Los precios varían <u>con arreglo</u> a la demanda.
b. Antes de comprar un regalo, <u>conviene que</u> hagas una lista de ideas.
c. <u>¡Enhorabuena!</u> Lo ha hecho usted <u>perfectamente</u>.
d. Los excesos son producto de una conducta <u>sin normas</u>.
e. La inflación <u>ha aumentado muchísimo en muy poco tiempo</u>.
f. Hay que aprovechar las <u>oportunidades</u> cuando se encuentran.
g. Siempre es fácil <u>darse</u> el placer de comprar.
h. Que le hagan a uno un descuento es siempre una <u>agradable</u> experiencia.
i. Hay vendedores ambulantes que siempre te vienen con <u>una historia u otra</u> para que les compres algo.

2. Ser como ellos.

A. Las siguientes palabras y expresiones van a aparecer en el texto. Utilízalas para completar las frases.

artículos suntuarios	ensañarse	remordimientos
una caricatura	impune	suero
desamparado	mudarse	un talismán
desmantelar	prepotencia	tendido
razón de ser	un dique	la voracidad

a. *¡Dejen al herido ▓▓▓▓▓▓▓ en el suelo y corran a buscar a un médico!*
b. *¿Por qué te empeñas en seguir con el proyecto? Ya no tiene ▓▓▓▓▓▓▓ , puesto que a nadie le interesa.*
c. *A los cobardes les es más fácil ▓▓▓▓▓▓▓ con los más débiles.*
d. *Actuó con ▓▓▓▓▓▓▓ porque se consideraba superior a nosotros.*
e. *El profesor regañó a Silvia cuando la vio dibujando ▓▓▓▓▓▓▓ para reírse de él.*
f. *En el documental pudimos comprobar ▓▓▓▓▓▓▓ de las pirañas. ¡Se comieron una vaca en cuestión de minutos!*
g. *Esta piedra mágica es ▓▓▓▓▓▓▓ muy potente para atraer la buena suerte.*
h. *Estaba tan enferma que ya no podía ni comer, y tuvieron que alimentarla con ▓▓▓▓▓▓▓ .*
i. *Hubo que hacer ▓▓▓▓▓▓▓ para evitar que el río se desbordase.*
j. *La crisis de la industria ha obligado a ▓▓▓▓▓▓▓ muchas fábricas.*
k. *Las joyas y las pieles son ▓▓▓▓▓▓▓ .*
l. *No tenía a quién acudir. Se sentía solo y ▓▓▓▓▓▓▓ .*
ll. *Salió ▓▓▓▓▓▓▓ del juicio. Después de lo que había hecho, ni siquiera tuvo que pagar una multa. Sin embargo, tras las presiones de los vecinos, tuvo que ▓▓▓▓▓▓▓ a otra ciudad.*
m. *Tengo ▓▓▓▓▓▓▓ por haber copiado en el examen. Ahora me siento fatal.*

B. Fíjate en el título del primer apartado del texto. ¿Cuál es la respuesta? ¿Por qué? ¿Estás de acuerdo con el autor?

C. «Hay que trabajar para vivir, no hay que vivir para trabajar».

«Ser es tener».

«Quien más tiene, más quiere».

¿Puedes explicar lo que significan estos dichos? ¿Estás de acuerdo con ellos? Lee el segundo apartado del texto (**¿Queremos ser como ellos?**) para saber qué opina el autor.

D. Comprueba en el tercer apartado (**El «costo social» del Progreso**) si las siguientes afirmaciones son verdaderas o falsas.

Según el autor,

a. *Los gobiernos iberoamericanos hacen ajustes económicos que siempre benefician a los más pobres.*

b. *La economía teórica sólo se ocupa de las grandes cifras, sin pensar en los individuos.*

c. *Los estados iberoamericanos cada vez tienen más programas sociales.*

d. *Hay gobiernos que han llegado a pagar para privatizar empresas públicas.*

e. *El mercado libre favorece más a los países más ricos que a los pobres.*

f. *Los países iberoamericanos hacen bien en seguir el modelo de desarrollo de Occidente.*

g. *Los «milagros» chileno y boliviano son la prueba de que el desarrollo, tal y como está planteado, funciona.*

h. *En todo caso, el costo social del desarrollo no será muy importante.*

i. *En el fondo, el modelo capitalista y el comunista no son tan diferentes.*

SER COMO ELLOS

¿Sacrificaremos nuestras vidas a la diosa Productividad?

I. ¿Podemos ser como ellos?

(Extracto)

Promesa de los políticos, razón de los tecnócratas, fantasía
5 de los desamparados: el Tercer Mundo se convertirá en el Primer Mundo, y será rico y culto y feliz, si se porta bien y si hace lo que le mandan sin chistar ni poner pe-
10 ros. Un destino de prosperidad recompensará la buena conducta de los muertos de hambre, en el capítulo final de la telenovela de la Historia. **Podemos ser como**
15 **ellos**, anuncia el gigantesco letre-

ro luminoso encendido en el camino del desarrollo de los subdesarrollados y la modernización de los atrasados.
20 Pero *lo que no puede ser, no puede ser, y además es imposible,* como bien decía Rafael el Gallo, torero: si los países pobres ascendieran al nivel de produc-
25 ción y derroche de los países ricos, el planeta moriría. Ya está nuestro desdichado planeta en estado de coma, gravemente into-

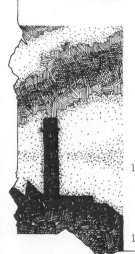

xicado por la civilización industrial
30 y exprimido hasta la penúltima
gota por la sociedad de consumo.

Unos pocos países dilapidan
los recursos de todos. Crimen y
delirio de la sociedad del despil-
35 farro: el seis por ciento más rico
de la humanidad devora un tercio
de toda la energía y un tercio de
todos los recursos naturales que
se consumen en el mundo. ¿Qué
40 pasaría si toda la inmensa población del Sur pudiera devorar al
mundo con la impune voracidad
del Norte? ¿Qué pasaría si se
multiplicaran en esa loca medida
45 los artículos suntuarios y los auto-

II. ¿Queremos ser como ellos?

La vida es algo que ocurre mientras uno está ocupado ha-
65 *ciendo otras cosas,* decía John Lennon. En nuestra época, signa-
da por la confusión de los medios y los fines, no se trabaja para vivir: se vive para trabajar. Unos
70 trabajan cada vez más porque necesitan más que lo que consumen; y otros trabajan cada vez
más para seguir consumiendo
más que lo que necesitan.

75 Ser es tener, dice el sistema.
Y la trampa consiste en que quien

móviles y las neveras y los televi-
sores y las centrales nucleares y
las centrales eléctricas? Todo el
petróleo del mundo se agotaría en
50 diez años. ¿Y qué pasaría con la
tierra, con la poca tierra que la
erosión nos está dejando? ¿Y con
el agua, que ya la cuarta parte de
la humanidad bebe contaminada
55 por nitratos y pesticidas y resi-
duos industriales de mercurio y
plomo? ¿Qué pasaría? No pasaría.
Tendríamos que mudarnos de
planeta. Éste que tenemos, ya tan
60 gastadito, no podría aguantarlo.

más tiene, más quiere, y en resu-
midas cuentas las personas terminan perteneciendo a las cosas
80 y trabajando a sus órdenes. El
modelo de vida de la sociedad de
consumo, que hoy día se impone
como modelo único en escala
universal, convierte el tiempo en
85 un recurso económico cada vez
más escaso y más caro: el tiempo
se vende, se alquila, se invierte.
Pero, ¿quién es el dueño del
tiempo? El automóvil, el televisor,
90 el vídeo, el ordenador personal, el
teléfono inalámbrico y demás

contraseñas de la felicidad. Máquinas nacidas para «ganar tiempo» o para «pasar el tiempo» se
95 apoderan del tiempo. El automóvil, pongamos por caso, no sólo
dispone del espacio urbano; también dispone del tiempo humano.
En teoría, el automóvil sirve para
100 «economizar tiempo», pero en la
práctica lo devora. Buena parte
del tiempo de trabajo se destina
al pago del transporte al trabajo,
que por lo demás resulta cada vez
105 más tragón de tiempo a causa de
los embotellamientos del tránsito
en las babilonias modernas.

III. El «costo social» del Progreso

110 Febrero de 1989, Caracas.
Sube a las nubes, de golpe, el
precio del billete, se multiplica
por tres el precio del pan y estalla
la furia popular: en las calles que-
115 dan tendidos trescientos muertos,
o quinientos, quién sabe.

Febrero de 1991, Lima. La
peste del cólera ataca las costas
del Perú, se ensaña sobre el puer-
120 to de Chimbote y los suburbios
miserables de la ciudad de Lima
y mata a cien en pocos días. En
los hospitales no hay suero ni sal.
El ajuste económico del gobierno
125 ha desmantelado lo poco que
quedaba de la salud pública y ha
duplicado, en un santiamén, la
cantidad de peruanos en estado
de pobreza crítica, que ganan por
130 debajo del salario mínimo. El salario mínimo es de 45 dólares *por
mes.*

Las guerras de ahora, guerras
electrónicas, ocurren en pantallas
135 de videojuegos. Las víctimas no
se oyen ni se ven. La economía de
laboratorio tampoco escucha ni
ve a los hambrientos y a la tierra
arrasada. Las armas de control re-
140 moto matan sin remordimientos.
La tecnocracia internacional, que
impone al Tercer Mundo sus programas de desarrollo y sus planes
de ajuste, también asesina desde
145 afuera y desde lejos.

Hace ya más de un cuarto de
siglo que América Latina viene
desmantelando los débiles diques
opuestos a la prepotencia del di-
150 nero. Así van cayendo, una tras
otra, las barreras de protección
alzadas, en otros tiempos, desde
el Estado. Y ahora el Estado está
vendiendo las empresas públicas
155 nacionales a cambio de nada, o
peor que nada, porque el que vende, paga. Nuestros países entre-
gan las llaves y todo lo demás a
los monopolios internacionales y
160 se convierten en mercados libres.
La tecnocracia internacional dice
que el mercado libre es el talis-
mán de la riqueza. ¿Por qué será
que los países ricos, que lo predi-
165 can, no lo practican? El mercado
libre, humilladero de los débiles,
es el más exitoso producto de exportación de los fuertes. Se fabri-
ca para consumo de los países
170 pobres. Ningún país rico lo ha
usado jamás.

La tragedia se repite como farsa. Desde los tiempos de Cristóbal Colón, América Latina ha su-
175 frido como tragedia propia el desarrollo capitalista ajeno. Ahora lo

repite como farsa. Es la caricatura del desarrollo: un enano que simula ser un niño.

180 La tecnocracia ve números y no ve personas, pero sólo ve los números que le conviene mirar. Al cabo de este largo cuarto de siglo, se celebran algunos éxitos de 185 la «modernización». El «milagro boliviano», pongamos por caso, cumplido por obra y gracia de los capitales del narcotráfico: el ciclo del estaño se acabó, y con la caída 190 del estaño se vinieron abajo los centros mineros y los sindicatos obreros más peleones de Bolivia; ahora el pueblo de Llallagua, que no tiene agua potable, cuenta con 195 una antena parabólica de televisión en lo alto del cerro del Calvario. O el «milagro chileno», debido a la varita mágica del general Pinochet. Pero, ¿cuál es el precio 200 del milagro chileno? ¿Y quiénes son los chilenos que lo han pagado y lo pagan? En Chile, las estadísticas oficiales proclaman la multiplicación de los panes* y a 205 la vez confiesan la multiplicación de los hambrientos. Canta victoria el gallo. Este cacareo es sospechoso. ¿No se le habrá subido el fracaso a la cabeza? En 1970, 210 había un 20 por 100 de chilenos pobres. Ahora hay un 45 por 100.

---

* Hace referencia al episodio bíblico del milagro de la multiplicación de los panes y los peces.

Las cifras confiesan, pero no se arrepienten. Al fin y al cabo, la dignidad humana depende del 215 cálculo de costos y beneficios, y el sacrificio del pobrerío no es más que el «costo social» del Progreso.

¿Cuál sería la evaluación del 220 daño en países como los nuestros, que se han creído el cuento del mercado libre y dejan que el dinero se mueva como tigre suelto? ¿El daño que nos hace, y nos 225 hará, un sistema que nos aturde de necesidades artificiales para que olvidemos nuestras necesidades reales? ¿Hasta dónde podría medirse? ¿Pueden medirse las 230 mutilaciones del alma humana? ¿La multiplicación de la violencia, el envilecimiento de la vida cotidiana?

El Oeste vive la euforia del 235 triunfo. Tras el derrumbamiento del Este, la coartada está servida: en el Este era peor. ¿Era peor? Más bien, pienso, habría que preguntarse si era esencialmente di- 240 ferente. Al Oeste: el sacrificio de la justicia, en nombre de la libertad, en los altares de la diosa Productividad. Al Este: el sacrificio de la libertad, en nombre de la 245 justicia, en los altares de la diosa Productividad.

En el Sur, estamos todavía a tiempo de preguntarnos si esa diosa merece nuestras vidas.

(Eduardo Galeano, en INTEGRAL)

E. Repasa ahora el texto en su conjunto. ¿Podrías resumir (por escrito u oralmente) en menos de cien palabras el contenido del texto? También puedes incluir tu opinión sobre el artículo. En tu resumen, utiliza tres de las siguientes expresiones que aparecen en el texto:

sin chistar (l. 9)
en un santiamén (l. 127)
pongamos por caso (l. 96)

sin poner peros (l. 9)
por obra y gracia (l. 187)
al fin y al cabo (l. 213)

3. Negocios de andar por casa.

A. Fíjate en el título del artículo. «De andar por casa» es una expresión que significa que algo es informal, provisional o poco riguroso. En este caso, hace referencia a trabajos que se pueden realizar sin mucha infraestructura y desde casa. ¿Se te ocurren algunos ejemplos?

B. ¿Qué tipo de trabajo crees que podría hacer:

a. *una empresa que se llamara «Paseantes caninos»?*
b. *otra que ofreciera «un esclavo a su servicio»?*
c. *una compañía que tratara corazones rotos?*

La información real está en el texto de este artículo:

NEGOCIOS DE ANDAR POR CASA

Las empresas domésticas relacionadas con la soledad y la salud proliferan en las ciudades

A. CASTILLA
J. MARTÍN

Viajan por usted, toman recados por teléfono, pasean el perro, le retiran del tabaco e incluso le ayudan a recuperar al marido. Estas actividades proliferan en las grandes ciudades. Son
5 negocios privados y domésticos relacionados muchas veces con el campo de la soledad y el de la salud. Ideados para sobrevivir o buscarse la vida, ninguno de estos profesionales reconoce perseguir fines lucrativos; sólo buscan, dicen,
10 ayudar a los demás.

Ángel Parras tiene 25 años. Es soltero, vive solo en Barcelona, tiene piso, una perra, *Tana*, y lo que más le gusta en el mundo son los perros. Cogió el paro laboral para montar su empresa
15 «Paseantes caninos». *Mucha gente no pasea a sus perros porque viven solos en casa y cuando regresan del trabajo, están cansados, o porque son personas mayores que ni ellos mismos salen a la calle. Los perros son entonces destrozones
20 y se hacen todo en casa.*

Para preparar su empresa trabajó seis meses como repartidor de *pizzas porque necesitaba conocer bien la ciudad.* Parras no es un paseante de perros elitistas. *Mi empresa nace para cu-*
25 *brir una necesidad. Sus honorarios son de ganga: 700 pesetas a la hora. Hay que trabajar mucho para sacar un sueldo mínimo, porque, además, de momento, no saco a pasear varios perros a la vez; pero es que mi empresa nace*
30 *para cubrir una necesidad, no para hacerme rico.* Parras dibujó la publicidad, se la fotocopió su hermano y luego distribuyó los panfletos por las paradas del metro. *Para sacarme 93.000 pesetas tengo que hacerme 42 paseos semanales,*
35 *unas 20 horas de trabajo.*

Parras pasea perros callejeros de gente solitaria y perros de lujo de gente más ocupada, como los Sánchez Vicario; pero abunda más el primer caso.
40 *No me he encontrado a nadie que alquile mis servicios para librarse del perro; por lo general es gente con problemas de salud que no puede andar subiendo y bajando escaleras: gente que quiere mucho a su animal, pero que no*

⁴⁵ *puede darle lo que necesita y por eso me llaman*
pidiendo socorro. En algunos casos, los dueños
se van de casa y me dejan las llaves para que
entre y salga cuando quiera.

A Roberto, un madrileño cuarentón, también
⁵⁰ le gustan los perros, pero lo suyo es otra cosa.
Se define como *un esclavo a su servicio.* Presu-
me de gestionar asuntos con rapidez y de disponer de tiempo libre. En su currículo figuran más
de 8.000 horas de vuelo y varios idiomas. Habla
⁵⁵ inglés y francés y chapurrea algo de alemán.
Antes de convertirse en un recadero particular
trabajaba en una compañía aérea.

Su nueva profesión tiene relación con los
viajes de negocios que no pueden hacer los de-
⁶⁰ más. *Lo mismo llevo un barco de Barcelona a*
Ibiza que transporto una pieza imprescindible
para un laboratorio madrileño que fabrican en
Londres, dice. Su tarifa siempre es negociable
con el cliente.

⁶⁵ (...) Roberto también se ofrece como acom-
pañante, lo que le ha valido más de un malen-
tendido. El sexo no va incluido en su trabajo. Da

prioridad a viajes de tipo humanitario o ecológico porque lo que a él le gustaría es *ayudar a*
⁷⁰ *construir un mundo más positivo.*

La especialidad de Teresa García, de 60
años, no es el sexo, pero sí los corazones rotos.
Los principales clientes de esta consejera, a la
que algunos llaman cariñosamente *bruja,* son
⁷⁵ personas con problemas sentimentales. Para su
clienta más fiel, la que la visita cada lunes desde hace tres años, ella se ha convertido en su
psicóloga desde que consiguió que su marido,
que la había abandonado por su secretaria, vol-
⁸⁰ viera a casa. A su casa llega gente pidiendo ayu-
da para encontrar trabajo o la recuperación de
un hijo *yonqui.* Ella les da sobre todo cariño.
Antes de preguntar qué les atormenta, les toma
la mano y les mira a los ojos. *Muchos dicen que*
⁸⁵ *hablar conmigo es como tomarse una aspirina,*
asegura Tere. Su cuarto de trabajo, que tiene
instalado en su propia casa, situada en el barrio
madrileño de San Blas, parece un santuario: san
Martín de Porres, santa Teresa, Buda, el padre
⁹⁰ Damián, rosas del desierto, pirámides y árboles
de la salud, entre otros objetos, reposan sobre
las estanterías.

Tere asegura que puede predecir una catástrofe y anticipar cómo será el nuevo Gobierno,
⁹⁵ pero no admite a políticos en su casa. Dos días
antes de que se estrellara un avión en la localidad madrileña de Mejorada del Campo llamó al
aeropuerto para avisar de lo que iba a ocurrir y
la tomaron por loca. No ha vuelto a intentar evi-
¹⁰⁰ tar una catástrofe. (...)

(EL PAÍS)

C. El artículo original
continúa con dos ejemplos
más. ¿Podrías escribir o improvisar oralmente lo que falta? Aquí tienes la información
principal:

(a) Nombre: *Carmen Quintana.*
Trabajo: *Acupuntura electrónica, masajes, tratamientos con*
minerales.
Se describen los métodos de trabajo, los problemas que
trata y cómo descubrió algunas de las técnicas.
(b) Nombre: *Adolfo.*
Trabajo: *Trabaja con su hermano recogiendo y seleccionando*
mensajes telefónicos y cartas para otras personas.
Se describen los métodos de trabajo, el tipo de clientes que
tienen, las ventajas y el precio de sus servicios.

Si quieres leer después
el texto original, pídeselo a tu
profesor.

D. Intenta completar las siguientes palabras del texto con las ayudas que te damos:

a.	Aumentan en número:	PR■ L■ F■■■■
b.	Ámbito, entorno:	■■ MP■
c.	Pensados:	ID■■■■■
d.	Hojas de propaganda:	■■ NFL■■■
e.	Lo que cobra un profesional por sus servicios:	HON■■■■■■■
f.	Hablar un poco un idioma:	■■■ P■ RR■■■
g.	El que hace pequeños servicios:	R■ C■ D■ R■
h.	Drogadicto, heroinómano:	Y■■■■■

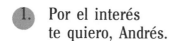

III. Palabra por palabra

1. Por el interés te quiero, Andrés.

Quieres ingresar tu dinero en un banco y existen varios tipos de inversión: cuenta corriente, cartilla de ahorros e imposición a plazo fijo. ¿Cuál te convendrá más?

Tu profesor te va a dar una tarjeta con información sobre una de las tres modalidades; otros dos compañeros de tu grupo tendrán información sobre las dos restantes. Hazles preguntas y contesta a las suyas hasta decidir dónde vas a meter tus ahorros.

Aquí tienes algunas expresiones que necesitarás:

— *Abrir una cuenta.*
— *Abrir una cartilla.*
— *Hacer una imposición.*
— *Domiciliar la nómina.*
— *Domiciliar los recibos.*
— *Retirar fondos / sacar dinero.*
— *Cobrar intereses.*
— *Tener tarjeta (de crédito o de rédito).*
— *Tener talonario de cheques.*
— *Usar los cajeros automáticos.*
— *Hacer transferencias a otras cuentas.*

2. Cajero automático

¿Qué tecla tendrás que pulsar si:

a. *se te han acabado los cheques y quieres pedir más?*
b. *te has equivocado al pulsar?*
c. *quieres meter dinero en tu cuenta?*
d. *quieres saber cuánto dinero tienes en tu cuenta?*
e. *cambias de opinión y no quieres hacer la operación que pediste al cajero?*
f. *quieres sacar dinero?*

ServiRed
Cajero Automático

Conozca bien
las teclas de su cuenta

RETIRAR DINERO 1	① ② ③	DEPOSITAR 5
PEDIR SALDO 2	④ ⑤ ⑥ 6	CANCELAR
PEDIR TALONARIO 3	⑦ ⑧ ⑨	7 CORREGIR
CAMBIAR IDIOMA 4	⓪ ⑳ , 8	CONTINUAR

Cajero automático

🜊 Caja Postal

Con la garantía del Estado.

Su teclado conocido... úselo a fondo

Los cajeros automáticos de Caja Postal le facilitan más operaciones de las que usted efectúa corrientemente. Aproveche las ventajas que le ofrece su cajero y simplifique la relación con su dinero, sin horarios ni ventanilla.

Petición de saldo:
Usted necesita «controlar» su efectivo: recurra a su cajero automático y pulse la tecla destinada a darle la información actualizada de su saldo.

Retirada de fondos:
Usted puede necesitar efectivo en el acto: una tecla del cajero automático se lo facilita en pocos segundos.

Ingresos:
Usted no necesita esperar a que se abra su oficina bancaria: el cajero automático ingresará en su cuenta cheques o efectivo, en cualquier momento del día o de la noche.

Petición de talonarios:
Sin pasar por las oficinas de Caja Postal: su cajero automático acepta la solicitud desde cualquier punto del territorio nacional, enviándoselo posteriormente a su domicilio.

Cambiar idioma:
Usted prefiere «hablar» con su cajero en su propio idioma (castellano, gallego, euskera, catalán): pulse la tecla «cambio de idiomas» y elija el más conveniente para usted.

Los oreros.

A. ¿Qué pueden ser los *oreros*? Encontrarás una pista en este mapa económico de Costa Rica.

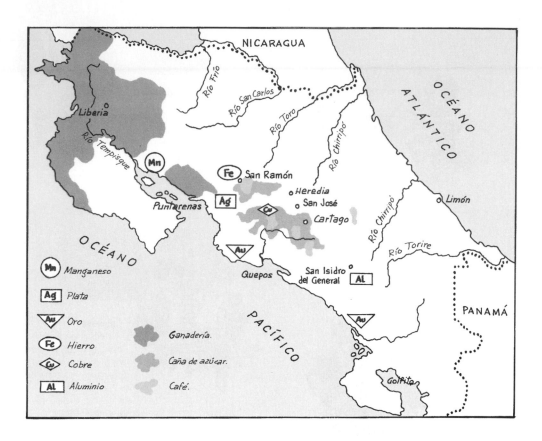

B. Escucha la cinta e intenta contestar a estas preguntas:

> a. *¿Por qué van los biólogos al Parque Nacional de Corcovado?*
> b. *¿Cuánto pesaba la mayor pepita que consiguió el entrevistado?*
> c. *¿De qué viven los oreros?*
> d. *¿Qué es «seguir la ley»?*
> e. *¿De qué tienen fama los oreros?*
> f. *¿Es cierto que son así?*
> g. *¿Con quiénes comercia la cooperativa en la que trabaja el entrevistado?*
> h. *¿Cómo se calcula el precio?*

C. En un momento de la entrevista, el orero busca una palabra para designar a los que escapan de la ley. ¿Se te ocurre alguna que le hubiera podido servir?

1. Inserta en los lugares adecuados del siguiente texto las frases de la columna de la derecha:

La actual situación económica mundial presenta unos desequilibrios regionales agudos. La distribución de la riqueza y de los recursos económicos es desigual. Los países más ricos se enriquecen cada vez más, mientras que los más pobres se empobrecen más aún.

(A) _____ .

Los países en vías de desarrollo necesitan recursos financieros para proseguir este desarrollo.

(B) _____ .

Debido a las exigencias de los países desarrollados, los países del Tercer Mundo dirigen principalmente su política económica a satisfacer la deuda.

(C) _____ .

Estas medidas exigen, en muchos casos, que el Estado no gaste sus recursos y ahorre.

(D) _____ .

En algunos casos, los países deudores han buscado otras formas de pago, aprovechando sus recursos naturales.

(E) _____ .

Estas compañías han explotado las riquezas naturales, a veces de forma indiscriminada.

(F) _____ .

Además, en la mayoría de las ocasiones, los países en desarrollo que han permitido esto no se han beneficiado directamente de las riquezas conseguidas.

(G) _____ .

Es necesario que los países ricos tengan en cuenta las dificultades que atraviesan los países en desarrollo.

(H) _____ .

Estas facilidades deben pasar por una mejor racionalización de los recursos de estos países.

(I) _____ .

Esto debe ser un trabajo conjunto entre los diversos países, sin que ninguno se considere el director de la política económica de otros.

(J) _____ .

a. Con este fin, *deberían estudiarse detenidamente las posibilidades de cada nación y aprovechar racionalmente sus recursos, pero sin imposiciones exteriores y sin sobreexplotaciones.*

b. Por consiguiente, *el dinero que se podría utilizar para el desarrollo de estos países debe guardarse para pagar la deuda externa.*

c. Por esta causa, *la diferencia entre el Norte y el Sur, o el llamado Tercer Mundo y el mundo desarrollado, es cada vez más grande.*

d. Para ello, *han cedido los derechos de explotación a compañías extranjeras, de los países de los que eran deudores.*

e. Por eso, *deberían dar mayores facilidades a estos países.*

f. Por lo tanto, *lo que parecía la solución menos gravosa para la población, es, a largo plazo, por la destrucción del entorno, la más perjudicial.*

g. En consecuencia, *se endeudan más y más, agravando su situación.*

h. De ahí que *deban ser los organismos internacionales, de forma democrática, los que tengan que decidir sobre todas estas cuestiones.*

i. Por ello, *la ecología de estos países ha quedado en muchos casos seriamente dañada.*

j. Con este objeto, *los gobiernos de los países deudores deben aplicar duras políticas económicas a sus ciudadanos para cumplir sus compromisos.*

2. A continuación tienes un cuadro en el que se expone una serie de argumentos algo desordenados sobre el tema **El hambre en el mundo**. Ayudándote de ellos y de otros que tú mismo pienses, prepara en casa una exposición sobre esta cuestión para presentarla después a tus compañeros. Para exponer y enlazar estos argumentos, utiliza los introductores que has visto en esta unidad y en la anterior. No necesitas usarlos todos.

Soluciones	Cómo conseguirlo	Consecuencias	Objeciones
• Aumento de los ingresos de los países en desarrollo.	• Aumento de sus ventas a países desarrollados.	— Mayor ocupación de la población y mayor aprovechamiento de los recursos.	— Bajadas de los precios por la competencia.
• Ayuda en la reordenación de la economía de estos países.	• Envío de asesores y propuestas de nuevos planes económicos.	— Aumento de la competencia entre estos países.	— Dependencia de la demanda exterior en perjuicio de las necesidades internas.
• Ayuda a su desarrollo.	• Asesoramiento técnico desde los países desarrollados, y ayuda en la formación de técnicos propios.	— Ajuste de la economía.	— Imposición externa.
• Mantener a la población con un mínimo de subsistencia.		— Estabilización del déficit.	— Olvido de la situación de la población.
• Conseguir que los países en desarrollo tengan recursos financieros y se liberen de sus deudas.	• Envío de alimentos y de ayuda material por parte de los países desarrollados.	— Estabilización de la inflación.	— Creación de *élites* que pueden llegar a alejarse de la realidad del país.
	• Concesión de créditos con bajos intereses.	— Creación de bases firmes para un desarrollo autónomo.	— Dependencia del exterior.
		— Supervivencia provisional de la población.	— Se desincentiva la producción interna.
		— Liberalización de los recursos financieros.	— Alteración de las dietas tradicionales.
			— Se fomenta la dependencia exterior y la corrupción interna.
			— El dinero obtenido puede desviarse para otros fines.

El ámbito de la economía tiene su propio lenguaje; vamos a fijarnos ahora en algunos verbos que se usan casi siempre con los mismos complementos. Antes de ver qué significan estos verbos en el campo económico, asegúrate de que conoces su significado más común. Aquí los tienes:

congelar	*reajustar*
atraer	*recortar*
flexibilizar	*disparar*
combatir	*reducir*
regenerar	*retraer*
fusionar	*captar*
enfriar	*moderar*

¿Podrías completar el siguiente escrito usando todos los verbos de la lista? En algunos huecos puedes emplear más de uno, a veces con cambio de significado.

¿Qué hacer en época de crisis?

Cuando los inversores se _____ [1], la economía se _____ [2] y los precios se _____ [3]. Hay que _____ [4] la inflación y _____ [5] el déficit _____ [6] recursos.

Para ello, el Gobierno suele aplicar una política de choque: _____ [7] los presupuestos del Estado; _____ [8] el mercado laboral facilitando el despido de trabajadores fijos, de modo que las empresas puedan _____ [9] su plantilla; pide que se _____ [10] las subidas salariales; concede ventajas fiscales a las empresas que se _____ [11], con el fin de _____ [12] el tejido empresarial e industrial.

¿Te parecen estas medidas acertadas para mejorar la economía? ¿Son justas, eficaces, contraproducentes...?

Si entiendes de economía, quizá puedas sugerir alguna otra solución que consideres útil en época de crisis. Coméntalo con tus compañeros.

Consejo de Administración.

Vas a participar en una reunión del Consejo de Administración de la cadena comercial **Limbo**; esta empresa se dedica a la venta de ropa, y tiene doce establecimientos en diversas ciudades españolas. Es una sociedad anónima en la cual cada empleado tiene un porcentaje de participación en razón de su antigüedad.

El Consejo está constituido por los siguientes miembros:

> — *Un socio capitalista.*
> — *El director general.*
> — *El jefe de ventas.*
> — *(El contable).*
> — *El jefe de personal.*
> — *Uno o dos representantes de los empleados.*

Elige qué personaje quieres ser dentro de tu grupo. Uno de estos personajes hará también de secretario y tomará nota de las decisiones que se adopten durante la reunión.

A continuación tienes una serie de documentos que te han sido entregados antes de la reunión para que los estudies. Toma notas de tus propias ideas sobre cada tema para discutirlo el próximo día de clase, momento en que se celebrará la reunión.

DOCUMENTO 1

CONVOCATORIA DE REUNIÓN DEL CONSEJO
DE ADMINISTRACIÓN DE LIMBO, S. A.

DÍA Y HORA: Jueves, 10 de julio, a las 10,00 h.
LUGAR: Sala de Juntas.

ORDEN DEL DÍA:

1. Lectura y aprobación, si procede, del acta de la reunión anterior.
2. Propuesta de ampliación de horarios.
3. Asunto relativo a la política de precios.
4. Reclamaciones de los consumidores.
5. Propuesta sobre servicio de vigilancia.
6. Ruegos y preguntas.

Fdo. D. Florencio Fernández,
Secretario.

INFORME

A: Miembros del Consejo de Administración.

DE: Jefe del Departamento de Ventas.

Asunto: Ventas en domingo.

Sabiendo que en la próxima reunión del Consejo se discutirá la posibilidad de abrir nuestras tiendas los domingos en horario normal de comercio, he estimado oportuno enviarles con cierta antelación los resultados de la investigación de mercado que hemos realizado al efecto.

Como observarán, nuestros más directos competidores en el sector abren los domingos y, lo que es más importante, los volúmenes de ventas que obtienen este día son notables.

De hecho, podrán comprobar que en cada una de las doce semanas consideradas en el estudio, la facturación del domingo ha sido muy superior a la del lunes y martes siguientes.

A la vista de estos datos, estoy convencido de que apoyarán en el Consejo mi propuesta de abrir nuestras tiendas todos los días de la semana y sé que estarán abiertos a negociar los nuevos acuerdos laborales que resulten de la ampliación de nuestro negocio.

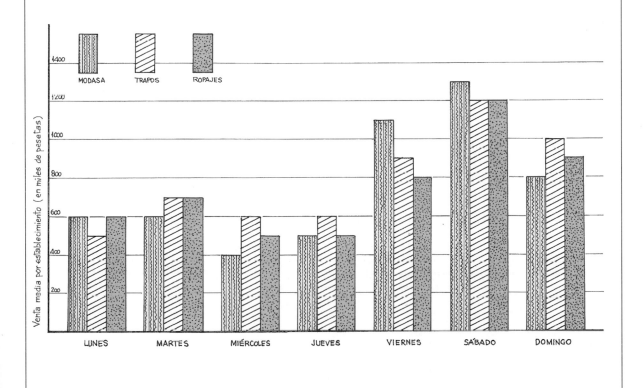

DOCUMENTO 3

NOTA del JEFE de VENTAS

Nuestras rebajas

	Antes	Ahora	
BLUSAS	5.675	2.995	→ 4.000,-
FALDAS	5.850	2.995	→ 3.700,-
PANTALONES	5.950	2.995	→ 4.500,- (precios mínimos)
CHAQUETAS	14.900	8.995	→ 10.950,-
CAMISETAS	3.900	1.995	→ 2.495,-

Paolo Tecci
BARCELONA
Muntaner, 253   Rambla de Cataluña, 110   Muntaner, 499
(Bq. Travesera d. Gracia)   (Esq. Rosellón)

Estudiar posibilidad de reducir los precios a la vista de estas diferencias.

DOCUMENTO 4

Asociación de
Consumidores Españoles

Ignacio Bueno, 32
28770, Madrid

Sr. D. Pedro Montálvez Rojo
Director General de la
Cadena Comercial «Limbo»

Muy Sr. mío:

Nos dirigimos a usted para plantearle un problema que ha surgido últimamente en algunos de los establecimientos de la cadena comercial que usted dirige.

Se ha acumulado en nuestras oficinas una serie de quejas de varios clientes que presentan reclamaciones, debidas en todos los casos al mismo hecho: tras haber comprado una prenda en una de sus tiendas, la han hallado defectuosa y, cuando han vuelto al establecimiento para cambiarla, los empleados les han informado de que no había más prendas de características semejantes y se han negado a reintegrarles el importe pagado. Las personas que han presentado reclamación en ACE tienen en su poder tanto las prendas defectuosas como el recibo de compra.

Nuestra asociación se ofrece a mediar entre ustedes y los clientes por el sistema de arbitraje, que, como saben, consiste en nuestra actuación como árbitros en la discusión entre un representante de su firma y el cliente, siempre con el fin de llegar a un acuerdo que satisfaga a ambas partes. Si ustedes desean hacer uso de esta vía, deberán comunicárnoslo en el plazo máximo de un mes. De no recibir respuesta, no nos quedaría más remedio que denunciar los hechos y reclamar por la vía judicial.

Sin más, le saluda atentamente

Juan Barrientos Gómez
Presidente de ACE

DOCUMENTO 5

SEGURSA
Río Guadalete, 14
28030 MADRID

LIMBO, S. A.
Río Guadiana, 56
28030 MADRID

Estimados Sres.:

Me complace comunicarles que nuestra empresa, SE-
GURASA, ha ampliado sus actividades de protección y
seguridad a las empresas de su zona.

Por ello, nos dirigimos a ustedes para ofrecerles
nuestro asesoramiento y servicios en lo que se refiere a temas de seguridad.

Es de todos sabido que cualquier empresa, como la
suya, con trato directo con el público, debe tener
muy en cuenta la seguridad, tanto de los productos
como del cliente.

Para ello, nuestra empresa pone a su disposición
nuestro equipo de profesionales y nuestra infraestructura técnica, todo ello con una inversión muy razonable y costes mínimos por su parte.

Esperando una futura fructífera colaboración de
nuestras respectivas empresas, se despide atentamente,

Fdo.: Óscar Salvado Pérez,
Director Técnico de Seguridad.

DOCUMENTO 6

NOTA INTERNA
DAÑOS POR ROBOS

MES	PESETAS
Marzo	2.000.000
Abril	2.350.000
Mayo	2.700.000
Junio	3.600.000

I. ¿Tú qué crees?

Definitivamente éste es el mejor país del mundo para muchas cosas buenas. Y para las malas también, como la vagancia, por ejemplo.

Y hablando de vagancia, el mes que culminó ayer podría perfilarse como el menos productivo del año para la República Dominicana, en el cual dejaron de producirse millones y millones de pesos y se perdieron miles y miles de horas de estudio en todos nuestros centros de enseñanza.

De la misma manera se derrocharon también millones de pesos que no fuimos capaces de producir en ese lapso.

Veamos: Abril tuvo cuatro domingos y cuatro sábados, que no se trabajaron ni en el Gobierno ni en muchas empresas, y durante los cuales tampoco se impartieron clases.

Las vacaciones de Semana Santa empezaron el jueves y siguieron viernes, sábado y domingo.

Pero he aquí que muchos no fueron a trabajar el lunes siguiente... porque llegaron muy cansados de sus vacaciones. La generalidad de escuelas y colegios tampoco impartió clases ese día, porque había que dejar descansar a los muchachos de sus ajetreos en playas y campos.

Ahí, en consecuencia, se perdieron otros cinco días.

La semana pasada, muchas empresas redujeron sus horas de trabajo durante el día viernes... porque las secretarias estaban celebrando su día, que caía el domingo y no era justo celebrarlo el domingo, día de descanso, sino el viernes, que es una jornada laboral.

Ahí también se resintió la producción nacional.

Ayer hizo mucho frío y el día amaneció medio «feo», por lo cual muchos padres no enviaron a sus delicados hijos a sus respectivos planteles.

Y hoy, como es Día Internacional del Trabajo, tampoco se trabaja, con lo cual se iniciará otro largo fin de semana, que lo único que dejará, si Dios no mete su mano, es dolor y lágrimas por accidentes y muertes en calles y carreteras.

Pero no hay problema: Ayer fue día de pago en todos los establecimientos, empresas e industrias privadas del país, lo que quiere decir que habrá muchos millones en los bolsillos de los empleados.

(...) los empleados japoneses se niegan a tomar sus vacaciones completas debido a que sus jefes, esa estirpe infatigable que reconstruyó el país después de la II Guerra Mundial, tienen en poca estima la palabra descanso.

La consecuencia más seria del exceso laboral ha dado una palabra japonesa al léxico de las enfermedades del siglo XX: *karoshi*, o muerte por exceso de trabajo. Cada día aumentan los juicios de viudas desamparadas que piden compensación a las empresas que, en aras de la productividad y la eficacia, se llevaron prematuramente de este mundo a sus extenuados maridos. Alimentados en una dieta sana y por vivir en una sociedad relativamente tranquila con bajo índice de inseguridad ciudadana, el diagnóstico de los médicos concluyó que había que acuñar la nueva palabra. El *karoshi* es hoy tabú para las empresas niponas, y muchas, como la compañía de automóviles Toyota, han sido acusadas de «forzar» a sus trabajadores a tomar vacaciones pagadas.

(Gonzalo Robledo, en EL PAÍS.
[extracto])

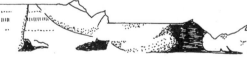

En consecuencia: Dinero en el bolsillo, días lluviosos, fin de semana largo, todo eso manda un romito con un buen sancocho, un cocido o una buena espaguetada.

El lunes será el crujir de dientes para miles de madres de familia que no recibieron la mesada de parte de sus esposos.

Pero no importa. El país es tan bueno que resiste esto y más.

Al fin y al cabo, la consigna es: Vamos arriba, que hoy es fiesta y mañana gallos.

(Augusto Obando en HOY)

— En estos dos países, ¿se vive para trabajar o se trabaja para vivir?

— ¿A cuál de los dos preferirías ir a trabajar? ¿Qué importancia tiene el trabajo en tu vida?

II. Con textos

1. ¿A qué se dedican?

A continuación tienes cuatro fragmentos de novelas. Lee cada uno por separado e intenta averiguar la profesión del personaje que te señalamos. Si no lo sabes en una primera lectura rápida, vuelve a leer el texto detenidamente y utiliza el diccionario o consulta con tus compañeros, porque hay palabras que son clave para saber a qué se dedican los personajes.

A

¿A qué se dedica Jero?

«—¿*Escarbar en Aradas?* —preguntó con la misma reticencia que si le pidieran dinero—: *Me temo que eso no va a ser posible.*

—*Hemos venido de Madrid exclusivamente para eso.*

—*De Madrid* —repitió con una mueca burlona el Alcalde—: *En Madrid sólo se acuerdan de Gamones cuando aparece oro en el término.*

Jero abrió desmesuradamente los ojos:

—*A mí eso no me incumbe* —dijo—. *Quiero decirle que personalmente, me trae sin cuidado si en Madrid se acuerdan o no de Gamones. Yo soy un profesional, tengo mi oficio y voy a trabajar donde me mandan.*

—*Y, ¿quién le manda a usted, si no es mala pregunta?*

Jero sacó parsimoniosamente del bolsillo interior de la cazadora el papel plegado que Cristino acababa de entregarle en el coche, lo desdobló, le dio media vuelta y lo puso ante los ojos del Alcalde. Éste miró y remiró el papel con desconfianza. Preguntó al cabo:

—*¿Quién firma esto?*

—*Ahí lo tiene* —Jero puso la uña sobre la rúbrica—. *El Director General de Bellas Artes.*»

(Miguel Delibes, *EL TESORO*)

B

¿Qué es Manolo?

Esmeralda palpó el sobre.

—¿Negativos?

—Sí. Las fotos son éstas.

(...)

—¿Quién es él?

—Nadie. Su amante. Un músico que toca en la Nacional y en un *pub* por las noches. Hace diez años que lo conoce. Cuando empezó con ella era un crío. Han seguido viéndose con intermitencias hasta ahora mismo.

Esmeralda dejó las fotos sobre la mesa. Encendió un cigarrillo y se recostó en el sofá.

—No me gusta este asunto, Manolo.

—¿Por qué?

—Los Monterroso no son santo de mi devoción, en general, y Lita Monterroso, en particular, me cae gorda... Pero si le da la gana de tirarse a un tío en su playa privada no veo por qué tienes que hacer tú de esto un asunto público...

—Entre otras cosas porque su santo esposo va a convertirse en presidente de la Junta Autonómica, si Dios y un servidor no lo impedimos.

(Marina Mayoral, *CONTRA MUERTE Y AMOR*)

C

¿Cuál es la profesión de la persona que habla?

Por la noche sí me interrogaba: *¿Trabajas?* Yo asentía con la cabeza: *Mañana te enseñaré lo que estoy haciendo.* Le engañaba porque sabía que no subiría. Continuaba seco, carecía de facultades hasta para embadurnar un lienzo; me sorprendía haber tenido ideas meses atrás y empezaba a sospechar que esta vez mi incapacidad era definitiva. Únicamente disponía de un argumento en contrario: el hecho de que la idea de impotencia no era la primera vez que me asaltaba. Entonces me esforzaba en animarme pensando que la medalla del Salón de Otoño, las exposiciones de París y Bruselas, los elogios de los críticos, significaban alguna cosa. Y que si la inspiración me había asistido un día, no había razones objetivas para que no volviera a asistirme.

(Miguel Delibes, *SEÑORA DE ROJO SOBRE FONDO GRIS*)

D

¿Qué es la persona que interviene en segundo lugar?

—Don Mariano y don Aurelio han acabado. Dicen que se marchan si no necesita nada más.

—Que se vayan. Y tú deja las copias ordenadas en la sala de juntas. Conecta la alarma y puedes irte también, yo cerraré.

—¿No iba a la boda?

—Sí, llegaré tarde, como siempre.

—A mí me encantan las bodas. La música y las flores y todo eso, es como una función de teatro ¿verdad?

—A mí no me gustan, pero hay que fomentar el negocio. Si no hubiera bodas no habría divorcios.

—¡Qué cosas dice! La señorita Elvira se ha divorciado tres veces, ¿verdad?, claro que a ella no le cobrará...

(Marina Mayoral, *CONTRA MUERTE Y AMOR*)

2. La trampa de las palabras.

A. ¿Qué imagen tienes de los ejecutivos? ¿Cuáles de estos adjetivos les aplicarías?

arriesgado	crítico
individualista	generoso
ambicioso	inquieto
tímido	comprensivo
gregario	egoísta
conformista	tranquilo

B. ¿Qué te sugieren las siguientes palabras? Clasifícalas en dos grupos según tu opinión: positivas y negativas.

Ambición, audacia, caritativo, célula familiar, cumbre, diferente, duda, espíritu crítico, frontera, individualismo, ironía, nacimiento, nido, original, perdón, riesgo, sacerdote, vacío.

positivas   **negativas**

C. ¿Cómo sería la clasificación que haría un ejecutivo? Compruébalo en este artículo:

La trampa de las palabras

Los ejecutivos españoles han caído en la trampa de las palabras. Por primera vez se les ha sometido a un análisis semiométrico (medida del sentido de los vocablos), y los resultados han sido los siguientes: se diferencian del resto de la población por su acentuado sentido del riesgo y su sentido crítico, pero son individualistas y rechazan todo aquello que supone entrega a los demás.

El análisis semiométrico se basa, según los directivos de Sofemasa, que lo usan de forma exclusiva, en la utilización de 66 palabras «unívocas, sensibles, estables, universales y sin fronteras», extraídas de la Biblia (Pentateuco). Las palabras son valoradas de forma individual por cada ejecutivo. Tienen una vida autónoma, y cada una de ellas recibe una carga afectiva. Se les atribuye un valor en función de lo que la palabra evoca. La semiometría mide esa carga afectiva de las palabras, su sentido, en definitiva.

Como consecuencia de este estudio, realizado a partir de los cuestionarios aplicados a una muestra representativa, los ejecutivos españoles han valorado como positivas las siguientes palabras: *audacia, ambición, cumbre, frontera, vacío, riesgo, duda, ironía, espíritu crítico, original, diferente* e *individualismo*. Y han considerado negativas: *caritativo, perdón, sacerdote, nido, nacimiento* y *célula familiar*.

(José F. Beaumont, en EL PAÍS)

3. Los empresarios los prefieren jóvenes y con poca experiencia.

A. Imagina que eres un empresario. ¿Qué características querrías que tuviera un nuevo empleado? Piensa en los siguientes puntos y discútelos con tus compañeros:

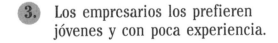

— *Sexo.*
— *Edad.*
— *Experiencia laboral.*
— *Carné de conducir.*
— *Coche propio.*

— *Lugar de residencia.*
— *Apariencia física.*
— *Estudios.*
— *Tiempo disponible.*
— *Personalidad.*

B. Averigua en el texto qué es lo que opinan los empresarios españoles. Toma notas sobre los puntos anteriores. ¿Hay razones que justifiquen todas estas exigencias?

Los empresarios
los prefieren jóvenes
y con poca experiencia

En España siguen faltando especialistas en la industria y la construcción, pero también hay necesidad de profesores de autoescuela, vigilantes jurados o vendedores. Los empresarios, además de buscar estos profesionales, quieren que sean jóvenes, hombres, sepan conducir y tengan coche, según un esclarecedor estudio del Inem.

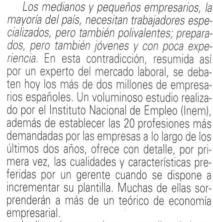

Los medianos y pequeños empresarios, la mayoría del país, necesitan trabajadores especializados, pero también polivalentes; preparados, pero también jóvenes y con poca experiencia. En esta contradicción, resumida así por un experto del mercado laboral, se debaten hoy los más de dos millones de empresarios españoles. Un voluminoso estudio realizado por el Instituto Nacional de Empleo (Inem), además de establecer las 20 profesiones más demandadas por las empresas a lo largo de los últimos dos años, ofrece con detalle, por primera vez, las cualidades y características preferidas por un gerente cuando se dispone a incrementar su plantilla. Muchas de ellas sorprenderán a más de un teórico de economía empresarial.

La lista de ocupaciones «estrella» da la razón a los primeros estudios realizados el año pasado por el Inem, que señalaban la urgente necesidad de especialistas en casi todas las ramas de la construcción y la industria. Pero también marca un despegue de profesiones relacionadas en otros años con actividades superfluas o consideradas de lujo. Así, ser profesor de autoescuela o de educación física resulta hoy más rentable que saber dar clases de las indispensables matemáticas.

El creciente interés por la seguridad, tanto personal como de bienes y edificios, está elevando a los vigilantes y guardas jurados al olimpo de los deseados por las empresas. Los albañiles y fontaneros, carpinteros, electricistas y soldadores continúan siendo perseguidos por los jefes de personal como piezas valiosísimas. Lo mismo ocurre con los asistentes técnicos sanitarios, los camareros y cocineros, los experimentados vendedores técnicos y directores gerentes, y los conductores de camiones, a los que hace unos días la Dirección General de Tráfico ha rebajado la edad para conseguir el carné. La enorme necesidad de camioneros ha provocado que se permita obtenerlo a los 18 años.

Yo no sé para qué hay más trabajo ahora —señala el empleado de una empresa del metal—. *Sólo sé que en mi fábrica faltan torneros y matriceros y no los encuentran por ninguna parte.* Nadie había advertido a los adolescentes de hace cinco años que lo mejor era estudiar para soldador. *Lo más necesario ahora* —apunta Joaquín Verdasco, delegado de la Cámara de Comercio e Industria de Móstoles, municipio industrial de la periferia madrileña— *es personal con Formación Profesional.*

Al margen de este básico problema, con el que conviven las empresas españolas desde hace ya dos o tres años, y, por sorprendente que pueda parecer, la juventud y una escasa experiencia son, en muchos casos, el mejor activo de un aspirante a trabajador remunerado. El perfil de fontanero, almacenero, camarero e, incluso, vigilante jurado ideal recoge como condición indispensable tener menos de 25 años.

En otras profesiones, aunque los datos recogidos por el Instituto encuadran las preferencias de edad entre los 26 y los 45 años, múltiples observaciones al margen especifican «ser joven» como una condición prioritaria. *Está claro* —afirma el chófer de una pequeña empresa industrial—. *Con jóvenes tienen descuentos en la Seguridad Social y, sobre todo, gente menos conflictiva. Un joven inexperto siempre es más manejable que quien lleva años trabajando y ya está «resabiao».*

Para Joaquín Verdasco, cuya Cámara reúne a todos los polígonos industriales del suroeste de Madrid, la causa de las preferencias juveniles es sólo una: *Las empresas necesitan subvenciones. La posibilidad de conseguirlas prima sobre cualquier otra razón. Sobre la formación que pueda tener el trabajador, incluso.*

También es mejor ser hombre que mujer. Así lo demuestran las cifras por tópico que parezca y a pesar de las opiniones que se refieren al sexo como algo superado en materia laboral. Aunque el Inem tiene prohibido admitir ofertas en las que se especifique preferencia de sexo, las contrataciones realizadas *a posteriori* muestran una clara y significativa discriminación.

A pesar de que las mujeres acuden mucho más a los cursos de formación ofrecidos por el Instituto —casi el 60 por 100 del total— sólo son contratadas en un 44 por 100. Por ejemplo, en una ocupación tan asexuada como la

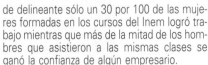

de delineante sólo un 30 por 100 de las mujeres formadas en los cursos del Inem logró trabajo mientras que más de la mitad de los hombres que asistieron a las mismas clases se ganó la confianza de algún empresario.

En los imprecisos límites de esta «confianza» se halla buena parte de la decisión del contratante. Los ficheros del informe están llenos de cualidades subjetivas requeridas en la oferta de trabajo. Las que más se repiten son las de «ser responsable», «ser ordenado» o «tener capacidad para trabajar en equipo».

La dificultad de aportar estas condiciones en un *currículum* obliga a los empresarios a fiarse de su instinto. O a dar mucha importancia a la presencia del aspirante. *En mi empresa no contratan a nadie con barba o pelo un poco largo*, asegura un trabajador de una fábrica de estructuras metálicas, en la que la higiene no es la principal cualidad de su recinto de trabajo.

Además de la «buena presencia» muchos empresarios solicitan «buena complexión» a sus futuros empleados para puestos que, en muchos casos, no precisan de fuerza física alguna. En concreto, los perfiles ideales del cocinero y el camarero preferido por las empresas conceden a la complexión del aspirante un puesto entre las cualidades valoradas. Un aspecto saludable, entendido como fornido, es para algunos empresarios sinónimo de escasas bajas laborales y de posibilidad de soportar trabajo duro o continuado.

Junto al aspecto, un rectángulo de cartulina rosada concede al parado aspirante a trabajar un punto fundamental frente a sus competidores. La posesión del carné de conducir es, por encima de algunas especialidades, condición requerida o muy valorada en todo tipo de empleos. Incluso en los que el trabajador no

tenga que realizar desplazamiento alguno en el puesto a desempeñar.

Que tengan carné de conducir —afirma un pequeño empresario— *viene muy bien. Porque en un momento de apuro pueden solucionarte una emergencia. Puedes mandar a alguien a cumplir con un pedido o a recoger algo urgente.* Pero este carné, el mismo que ha revalorizado el puesto de profesor de autoescuela, resulta doblemente valioso si va acompañado de otra de las características solicitadas en las ofertas de trabajo: tener vehículo propio.

La movilidad del trabajador es algo muy a tener en cuenta por una empresa. El caso de una fábrica de cartonajes madrileña ocurrido hace escasas fechas no es nada extraordinario. La dirección quería implantar turnos rotativos a la plantilla, algo que modificaba las condiciones contractuales de todos sus trabajadores, opuestos en su totalidad al cambio. La empresa ha impuesto sus tesis al conseguir la correspondiente autorización administrativa. Entre sus argumentos se encontraba el que toda la plantilla tenía carné y coche propio. Lógicamente, la cercanía de la residencia al lugar de trabajo, como también se recoge en el estudio, es una condición buscada por los empresarios, ya que con ello tendrán menos resistencia a posibles cambios de horarios.

En cuanto a titulaciones, las empresas desean contar con trabajadores que colmen todas sus posibilidades con el puesto asignado. Por ello las ofertas solicitan a personas con la titulación mínima para el trabajo a desarrollar. Incluso en muchos casos se pide el simple certificado de estudios para trabajos no cualificados, prefiriéndolo al de graduado escolar, o el grado Primero de la Formación Profesional, en lugar de sus cinco años completos.

El peligro de que el trabajador encuentre otro puesto de mayor cualificación en otra empresa es así menor. *También a las empresas les gusta reservar para sí una parte fundamental de la formación del asalariado* —señalan en el Inem—. *Por eso tampoco quieren a gente con más de tres años de experiencia en otro sitio.*

(Inmaculada Sánchez, en CAMBIO 16)

C. Tres de las siguientes profesiones son exclusivas del mundo de la industria. ¿Sabes cuáles? Es posible que necesites un diccionario.

Vigilante jurado	*ATS (Asistente Técnico Sanitario)*
Gerente	*Relaciones Públicas*
Soldador	*Matricero*
Tornero	*Delineante*

D. ¿Cuáles de las características del candidato ideal que has leído en el artículo aparecen en estos anuncios?

① Grupo Internacional líder en el desarrollo de Management y Ventas, precisa para su oficina de Barcelona

Secretaria Bilingüe
Francés - Español

2,5 millones

Formará parte del equipo de la oficina de Barcelona realizando funciones de tipo comercial y administrativo.

Buscamos Personas con 2/3 años de experiencia en funciones similares, preferiblemente en empresa de servicios. Dominio de los idiomas francés y español, valorándose otros adicionales. Experiencia en el manejo de procesador de textos (Wordperfect u otros). Facilidad de relación, a través del teléfono, simpatía, dotes de organización y flexibilidad para diversificar su actividad. Edad 25 - 35 años.

Se ofrece Integración en empresa en expansión, con grato ambiente de trabajo y oficinas en zona céntrica. Remuneración arriba indicada y horario de 9 a 6 de lunes a viernes.

IMPORTANTE LABORATORIO MULTINACIONAL PRECISA:

② ### ESTETICISTA-CONSEJERA EN FARMACIAS

Buscamos personas entusiastas, con iniciativa, fácil comunicación, afán de superación y clara vocación comercial. Interesados en realizarse en la industria farmacéutica

REQUERIMOS:
– Residencia en Barcelona
– Persona activa, responsable y con gran capacidad de trabajo.
– Título de Esteticista (no imprescindible).
– Aunque no imprescindible, se valorará experiencia en el sector.
– Vehículo propio (Posibilidad coche empresa a los seis meses).
– Disponibilidad para viajar (Barcelona - Gerona).
– Edad entre 25 y 35 años.
– Buena presencia.
– Interés en las relaciones humanas.

OFRECEMOS:
– Integración inmediata en empresa consolidada.
– Contrato laboral.
– Formación inicial y reciclajes sistemáticos a cargo de la empresa.
– Retribución compuesta por sueldo fijo más incentivos en función de los resultados.
– Dietas y gastos de viaje.
– Absoluta reserva en el proceso de selección.

Interesados enviar historial personal y profesional manuscrito, adjuntando fotografía reciente, al n.º 22.793.

---

1 DELEGADO COMERCIAL
PARA TARRAGONA Y PROVINCIA

③ SE REQUIERE:
— Residencia en la capital.
— Buena formación general.
— Elevado grado de tenacidad.
— Capacidad para la función comercial.
— Dedicación plena y exclusiva.
— Conocimiento de la zona.
— Vehículo propio y teléfono.

FUNCIONES:
— Consistirá en gestionar con eficacia la función comercial asignada (venta de los servicios de empresa) en la provincia correspondiente, planificando las acciones comerciales y seleccionando los segmentos de mercado más apropiados.

SE OFRECE:
— Ingresos primer año 3,5/4 Millones de Ptas.
— Integración en equipo profesional de nivel.
— Apoyo constante del Director de zona.
— Dietas y gastos de desplazamiento.
— Seg. Social en Régimen General.
— Incorporación inmediata.
— Posibilidades de promoción.

---

④ ## *GUARDAS DE SEGURIDAD*
AMBOS SEXOS

SE REQUIERE:
• Mayoría de edad.
• Buena presencia.
• Libre Servicio Militar.
• Nivel cultural: Graduado Escolar o Formación Profesional.
• **Se valorará:** Experiencia en el Sector de Seguridad, conocimiento de artes marciales y primeros auxilios, posesión de vehículo.

SE OFRECE:
• Formación permanente a cargo de la empresa e incorporación inmediata.

1. Busca a un compañero con el que trabajar. Uno de los dos utilizará la pág. 255, y el otro la pág. 256. Para hacer esta actividad, intenta seguir tres normas:

> — *No utilizar el diccionario.*
> — *No mirar la página de tu compañero.*
> — *No usar gestos para las explicaciones.*

Persona A

A. Tú empiezas. A continuación tienes cinco nombres de herramientas y su dibujo. Tu compañero, en la siguiente página, tiene las definiciones de esas palabras, pero no sabe cuál es la palabra. Trata de explicarle cómo es cada uno de los objetos diciéndole el nombre: *Un hacha es...* Él intentará relacionar cada nombre con una de sus definiciones.

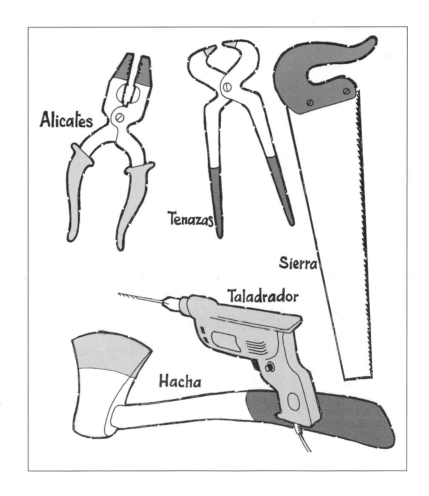

B. Ahora tú tienes cinco definiciones de cinco herramientas cuyo nombre tu compañero sabe. Escucha sus explicaciones e intenta identificar cada nombre con una de tus definiciones.

a. *Herramienta de percusión, compuesta de una cabeza de hierro o acero insertada en un mango, generalmente de madera.*

b. *Cilindro de metal, madera, etc., con resalto helicoidal, que entra en la tuerca.*

c. *Escobilla de cerdas usada especialmente para pintar.*

d. *Pieza con un hueco helicoidal, que ajusta en el tornillo.*

e. *Herramienta formada por una lámina de madera o hierro de forma rectangular o trapezoidal, adaptada a un mango, de tamaño muy variado según la diversidad de sus usos.*

Persona B

A. Aquí tienes cinco definiciones del diccionario, de cinco herramientas cuyo nombre tu compañero sabe. Escucha sus explicaciones e intenta relacionar cada nombre con una de tus definiciones.

a. *Herramienta cortante, de pala acerada con filo algo curvo y ojo para meterla.*

b. *Instrumento de metal, compuesto de dos brazos movibles trabados por un eje o enlazados por un muelle semicircular.*

c. *Máquina o aparato fijo o portátil usado para hacer agujeros en materiales duros mediante una broca.*

d. *Herramienta que consiste en una hoja de acero con dientes agudos y triscados en el borde, sujeta a un mango o a una armazón adecuada; sirve para dividir madera y otros cuerpos duros.*

e. *Tenacillas de acero de puntas fuertes, planas o cónicas, empleadas en varios oficios.*

B. Ahora eres tú quien tiene la información. Explícale a tu compañero qué son estas herramientas diciéndole su nombre. Él deberá buscar su definición.

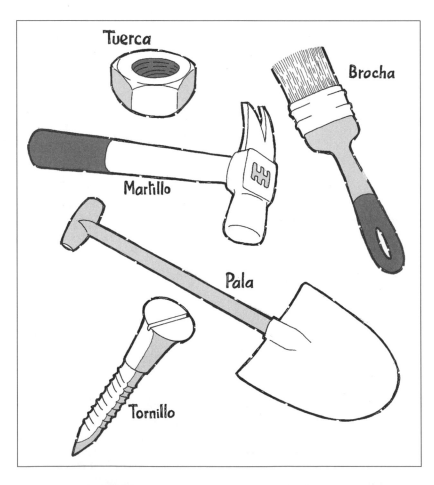

Tuerca

Brocha

Martillo

Pala

Tornillo

2. Rellena las casillas con los nombres de las herramientas que están dibujadas, en el sentido que indican las flechas.

Te damos la primera letra de cada palabra.

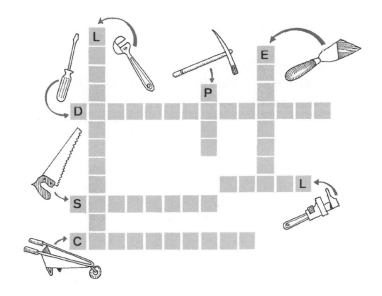

 IV. ¡Lo que hay que oír!

Vas a escuchar un fragmento de un noticiario español que tiene dos partes: en la primera, se da una información; en la segunda, un periodista da su opinión sobre la noticia.

En la grabación aparecen las siguientes expresiones:

> *Segunda jornada laboral*
> *Reparto*
> *Sustento*
> *Complemento*
> *En la cocina y con la pata quebrada*
> (Variante del refrán «La mujer, con la pata quebrada y en casa».)

¿De qué puede tratar la grabación?

1. Noticia.

A. Escucha una vez la primera parte del informativo y contesta a estas preguntas:

a. *Número de mujeres españolas casadas que trabajan fuera de casa:*
b. *Horas que emplea la mujer trabajadora en las tareas del hogar:*
c. *Horas que emplea el hombre:*
d. *Tiempo diario empleado por la mujer en cocinar:*
e. *Tiempo empleado por el hombre:*
f. *Tiempo invertido por la mujer en limpiar la casa:*
g. *Tiempo invertido por el hombre:*
h. *Tiempo que dedica al día la mujer a la ropa:*
i. *Tiempo que dedica el hombre:*
j. *Porcentaje de hombres casados cuya mujer trabaja, que no hacen nada en la casa:*

B. Escucha otra vez y presta atención a las palabras de las personas encuestadas. De las cuatro, ¿cuántas dicen aproximadamente lo mismo que los resultados de la encuesta?

2. Comentario de la noticia.

Antes de escuchar la grabación, tenemos que hacerte dos aclaraciones:

— El periodista habla de **Maastricht**, que es una ciudad holandesa donde se firmó un importante tratado sobre la unión de los países de la Comunidad Europea.
— El periodista dice que no cree que 9 de cada 10 estrellas usen la misma marca de jabón; con ello está aludiendo a un famoso anuncio de jabón en el que aparecen estrellas de cine y donde se da ese porcentaje.

A. En la grabación van a aparecer estas frases:

> — *La mujer que trabaja fuera de casa es más feliz que la que no lo hace.*
> — *El trabajo no es más que una liberación económica.*
> — *Hay amas de casa con vocación de esclavas.*

¿Qué opinas tú de estas afirmaciones? Coméntalo con tus compañeros.

B. Escucha ahora la grabación y contesta a estas preguntas. Si es necesario, escúchala dos o tres veces.

> a. *¿Qué opina Andrés Aberasturi de las afirmaciones del apartado* **A***?*
> b. *¿Cuáles son para él los dos principales aspectos que separan a los españoles del resto de Europa?*
> c. *¿En qué ha cambiado el hábito de la siesta?*

V. Materia prima

1. De haberlo sabido...

A. Lee atentamente este texto basado en varias entrevistas reales:

> *Juan Oliveras emigró a América en 1936, poco antes de estallar la Guerra Civil en España. En su tierra no encontraba el trabajo que esperaba hallar al otro lado del Atlántico. Se hubiera marchado antes, pero su novia se lo impedía. Sin embargo, al fin tomó una decisión y se fue de su pequeño pueblo. Eligió ir a Argentina, ya que allí no tendría problemas con el idioma y la cultura, y, además, el país estaba lleno de españoles que ya habían emigrado anteriormente. Tras llegar a Buenos Aires, empezó a buscar trabajo. No lo encontró y al cabo de varias semanas, tras agotarse sus escasos ahorros, se planteó la necesidad de volver a España. Sin embargo, un día se encontró con un viejo amigo de su pueblo que había emigrado años antes. Éste le consiguió trabajo. Después se casó, tuvo que criar varios hijos y el regreso se fue postergando, ya que debía mantener a su familia y podía ahorrar muy poco. Ahora Juan Oliveras está jubilado y cobra una pequeña pensión del gobierno argentino, que a él le gustaría poder disfrutar en España, pero sabe que la perdería si se marchara ahora de Argentina. Le gustaría que la embajada española le ayudara a regresar, por lo menos para ver por última vez su pueblo, pero no sabe qué trámites debería seguir. Mientras tanto sigue soñando con el regreso.*

258

Ahora señala si son verdaderas o falsas las siguientes frases referidas a este texto:

	V	F
a. *Si no llega a ser por su novia, se habría marchado antes.*		
b. *De haberse quedado en España, hubiera sufrido la Guerra Civil.*		
c. *Quedándose en España hubiera podido ganar mucho dinero.*		
d. *Si no se hubiera ido, no había dejado a su novia española para casarse con otra.*		
e. *Si no es por su amigo, no hubiera encontrado trabajo, y habría tenido que volverse a España.*		
f. *Marchándose a Estados Unidos hubiera tenido menos problemas de adaptación.*		
g. *De quedarse en Argentina perdería su pensión.*		
h. *Teniendo otra pensión en España, volvería.*		
i. *Si supiera cómo, regresaba a su pueblo.*		

B.   Fíjate que en las frases anteriores no se utilizan los esquemas típicos de las oraciones condicionales, sino otros con distintas correlaciones de tiempos (propios de la lengua coloquial) o con construcciones de infinitivo y gerundio. Saca ahora tú todas las implicaciones que encuentres en la historia, aunque, en este caso, debes construir las oraciones condicionales según los esquemas gramaticales típicos de las oraciones con *si*:

EJEMPLO: *Si hubiera encontrado trabajo en España, no se hubiera ido a Argentina.*

 2. ¿A?

El uso de **a** con el complemento directo depende a la vez del significado del verbo y del complemento, y del tipo de determinación que éste tenga. A continuación tienes un esquema que resume los casos en los que es necesario que **a** aparezca:

A. Verbos (que no se refieren sólo a personas) con los que siempre aparece **a**:	*Avisaron al mundo del peligro que corría.* *Esto beneficia a sus intereses.*

B. Verbos que se refieren generalmente sólo a personas, con los que siempre aparece **a**: *halagar, absolver, preocupar, indultar, agasajar, reclutar...* En el caso de que se refieran a cualidades abstractas humanas, puede no aparecer **a**.	*Ofendió sus sentimentos.* *Ofendió a Juan.* *Halagaba su vanidad.* *Halagó a su jefe.*

C. Verbos que no se refieren sólo a personas. En estos casos hay que tener en cuenta:

— Si el complemento es persona, animal o cosa personificada, entonces lleva **a**:

Obedeció una orden.
Obedeció a sus jefes.

— En algunos casos del apartado anterior, además, si el complemento está individualizado (es nombre propio o va acompañado de artículo determinado, demostrativo o posesivo) debe llevar necesariamente **a**; si no, es generalmente opcional:

Hoy he visto a tu perro subirse a un árbol.
Hoy he visto (a) muchos perros en la calle.

— A veces el verbo tiene diferente significado según lleve **a** o no:

Perdió a su hijo (se le extravió / murió).
Perdió un hijo (murió).

Quiero un hijo (deseo tenerlo).
Quiero a mi hijo (lo amo).

A. Señala en qué casos puede aparecer **a** en las siguientes frases:

1. *Le gusta adular*

   a. *la gente.* b. *su jefe.* c. *los amigos.*

2. *Es un abogado que sólo aconseja*

   a. *gente sin recursos.* b. *sus amigos.* c. *los conocidos.*

3. *Conoció*

   a. *la caída del muro de Berlín* b. *Luisa en una fiesta* c. *unos amigos.*

4. *El hecho asombró*

   a. *todo el mundo.* b. *sus padres.* c. *los presentes.*

5. *Recibió*

   a. *la noticia con preocupación.* b. *Juan con desagrado.* c. *toda la gente sin distinción.*

6. *Antonio tiene*

   a. *un hijo muy listo.* b. *su hijo en un internado.* c. *dos hijos muy altos.*

7. *La enfermedad mató*

   a. *mucha gente en la guerra.* b. *su mujer.n* c. *sus energías e ilusiones.*

8. *Luis espera ilusionado*

   a. *un hijo, pues hace ya muchos años que lo desean su mujer y él.* b. *su hijo, que pronto volverá a casa.* c. *noticias de su hijo.*

9. *Pedro acusó*

    a. *la muerte de su padre.*   b. *su vecino del robo.*   c. *sus amigos de lo que había sucedido.*

10. *La policía ayudó*

    a. *mis amigos a encontrar la carretera.*   b. *mi gato a bajar del árbol.*   c. *la tranquilidad de los ciudadanos.*

11. *He venido a conocer*

    a. *gente distinta.*   b. *mi familia.*   c. *nuevas cosas.*

12. *Con lo que has dicho insultas*

    a. *mi familia.*   b. *los que te escuchan.*   c. *mi inteligencia.*

B. ¿En qué lugar del esquema anterior incluirías cada uno de los verbos del ejercicio anterior?

VI. Dimes y diretes

1. Elige la opción que te parezca correcta para terminar las frases hechas que aparecen en cursiva. Intenta hacerlo sin diccionario. La frase te dará la clave del significado de cada expresión.

   1. Llega todos los días cansadísimo a casa. Es que *trabaja como un* ▨▨▨ .

      a) *burro.*   b) *perro.*   c) *pato.*

   2. Nunca hace todo lo que tiene que hacer: *es más vago que la chaqueta de un* ▨▨▨ .

      a) *albañil.*   b) *guardia.*   c) *oficinista.*

   3. Él dice que trabaja mucho, pero la verdad es que *no da* ▨▨▨ .

      a) *palo.*   b) *trabajo.*   c) *golpe.*

   4. *Se quema las* ▨▨▨ leyendo hasta las cuatro de la mañana todas las noches.

      a) *manos*   b) *cejas*   c) *pestañas*

   5. No hace nada; siempre está *rascándose la* ▨▨▨ .

      a) *barriga.*   b) *nariz.*   c) *mejilla.*

   6. Es muy cumplidor; cuando tiene que *dar el* ▨▨▨ , lo da.

      a) *pie*   b) *callo*   c) *ojo*

   7. Tiene una paciencia infinita; eso que hace *es un trabajo de* ▨▨▨ .

      a) *japoneses.*   b) *indios.*   c) *chinos.*

   8. Mientras toda la familia trabaja, el muy sinvergüenza *se toca las* ▨▨▨ .

      a) *narices.*   b) *orejas.*   c) *plantas de los pies.*

   9. Mañana mi hermano hace la mudanza; habrá que *arrimar el* ▨▨▨ .

      a) *brazo.*   b) *pie.*   c) *hombro.*

2. De esta lista de adjetivos, ¿cuál o cuáles aplicarías a las personas de las frases del ejercicio anterior?

meticuloso
holgazán
concienzudo
haragán
parásito
trabajador

VII. A tu aire

1. El profesor te va a dar el nombre de un compañero de clase. Tomando como modelo los anuncios de trabajo de **Con textos**, vas a redactar el anuncio ideal para ese compañero (no olvides poner tu nombre en la referencia para poder recibir respuesta, pero no escribas el del compañero al que va dirigido el anuncio). Cuando esté listo, ponlo en la pared. Busca luego tu anuncio ideal y contesta enviando tu *currículum vitae*; puedes utilizar este modelo:

DATOS PERSONALES
Nombre:
Apellido:
Fecha de nacimiento:
Domicilio actual:
Número de teléfono:

DATOS ACADÉMICOS

EXPERIENCIA PROFESIONAL

Cuando recibas el currículum de algún compañero (puede ser más de uno), léelo y decide si le contratarías o no. Explícale por qué.

2. Para esta actividad necesitarás unas tarjetas que te dará tu profesor. Busca un compañero con quien trabajar y atiende a las instrucciones.

1. ¿Tú qué crees?

Fíjate en los anuncios de ésta y la siguiente página. Cada uno representa un tipo de vida con ventajas e inconvenientes.

Haz una lista de las posibles razones por las que la gente querría cambiar: de 1 a 2, de 2 a 3, de 3 a 1, de 1 a 3, etc.

(1)

EN UN VALLE de la sierra de Huelva tenemos una pequeña casa de dos plantas, con huerta biológica y frutales; un manantial nutre por completo las necesidades de la finca. Son 8 ha. con pinos, castaños y olivos. Vendemos por tener que marcharnos debido a cuestiones profesionales. Alicia Ordóñez Laguna. c/ Malvaloca, 4, 1.º B. 41013 Sevilla.

SOMOS UNA PAREJA con dos niños y un perro; buscamos un lugar en pueblo habitado por gente joven (no necesariamente en años) que esté apartado de la pretendida «civilización», dunde la tierra pertenezca al que la trabaja. Amamos la paz y buscamos otra oportunidad. M.ª José Andreu y Eduardo Mora. c/ Dr. Barraquer, 25. 03190 Pilar de Horadada (Alicante).

PARA QUIEN QUIERA vivir y trabajar el campo dispongo de casa, tierras, viña, huerto y jardín en torno al caserío; algunos animales. Joaquín Velasco López. c/ Veintiocho de Marzo 7. Quero (Toledo). Tel (925) 18 10 26, preguntar por Victoria.

(2)

OPORTUNIDAD ÚNICA
BAJAMOS EL PRECIO.

LLAVE EN MANO

APARTAMENTOS Y ESTUDIOS EN EL CENTRO DE MADRID

Con aire acondicionado, puertas en madera de roble, vídeo portero, cocina amueblada y garaje.

VISITE PISO PILOTO EN

Magallanes, 21

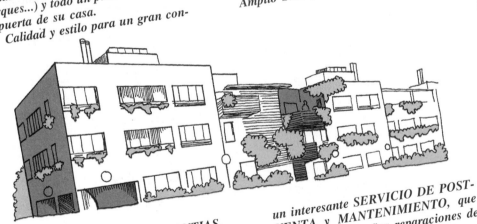
Y a ti, ¿dónde te gustaría vivir?

1. La gran ciudad, la ciudad pequeña.

A. La primera parte del artículo que vas a leer nos habla de la vida de dos camareros de hoteles importantes: Ángel, que vive en Parla y trabaja en Madrid, y Julián, que vive y trabaja en Ávila. Antes de leerlo, imagina:

> a. *¿Cuánto tarda cada uno en llegar al trabajo?*
> b. *¿Ganan lo mismo?*
> c. *¿Quién lleva una vida más divertida?*

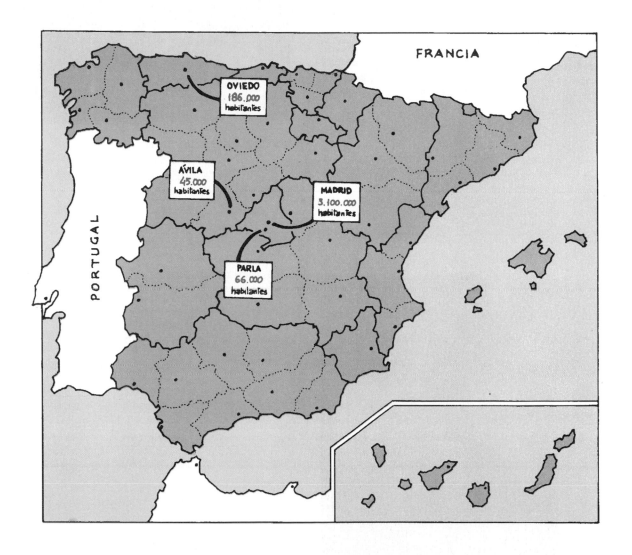

Comprueba tus respuestas leyendo el texto de la página siguiente.

NO CUENTES CONMIGO

Los atascos han convertido Madrid en la ciudad ideal para perder amigos

F. PEREGIL / A. CASTILLA

Ángel Pérez, camarero del hotel Convención, no ve a sus amigos de toda la vida desde hace cinco años. La distancia y la rutina tienen la culpa. Ángel vive en Parla y entre sus hábitos se cuentan la cerveza de las cuatro con los «compas» y la lectura del «Marca» a las ocho. Tampoco la vida de su colega Julián González, camarero del parador de Ávila, se parece a la de Indiana Jones. Ambos procuran veranear en casa de sus parientes —«lo más barato»—, pertenecen a CCOO —«lo más sensato»—, ganan unas 110.000 pesetas, están casados, tienen hijos y se aburren.

Uno tarda dos minutos andando desde su cama a la barra del parador de Ávila y el otro emplea una hora en llegar al hotel Convención. Si coge su coche, el de Parla tarda lo mismo que

en autobús y sólo encuentra aparcamiento enfrente del «pirulí»[1], a medio kilómetro del hotel.

Dos o tres veces al año, el camarero del hotel Convención se permite una cana al aire: la mujer viene con los dos niños desde Parla, lo recoge en el hotel y se dan una vuelta por el Retiro. Ni fútbol ni toros ni cine. Una partidita de frontenis con sus colegas del hotel el lunes, o el martes que es cuando libra, suponen sus únicos lujos en la semana.

El del parador conoce a todo el mundo en Ávila. El paseo dominguero lo podría hacer con los ojos cerrados: del Rastro hasta el Mesón del Jamón, con la mujer y los niños, y vuelta a casa, andando o en el «127»[2] de segunda mano. Echa de menos el ambiente nocturno —«A las diez está todo cerrado»— y cree que la vida allí es cara. «Por eso, cuando voy a Salamanca, me traigo el coche lleno de comida».

(EL PAÍS)

[1] «Pirulí» es el sobrenombre que se da en Madrid a una torre de comunicaciones donde se halla ubicada Televisión Española, debido a su forma, semejante a la de un caramelo de forma cónica.

[2] Se suele denominar con el número solamente a los coches de la firma Seat. El «127» es un utilitario pequeño y barato.

B. Fíjate en las palabras y expresiones subrayadas. ¿Puedes elegir la opción correcta? En algunos casos la respuesta no está en el texto; deberás deducirlo de lo que sabes sobre los dos camareros.

a. Los «compas» son:

1. *Los amigos de Parla.*
2. *Los que trabajan con él en el hotel.*
3. *Sus compañeros de estudios.*

b. El «Marca» es:

1. *Un periódico deportivo.*
2. *Un libro de ciencia-ficción.*
3. *Un partido político.*

c. CCOO es:

1. *Un club deportivo.*
2. *Un sindicato obrero.*
3. *Un partido político.*

d. «Echar una cana al aire» es:

1. *Pasear, dar una vuelta.*
2. *Gastar dinero, pero no demasiado.*
3. *Divertirse haciendo algo no habitual.*

e. El Retiro (Madrid) es:

1. *Un bar de moda.*
2. *Un parque.*
3. *Un museo.*

C. La segunda parte del artículo compara las vidas de Carmen Torralbo, que vive y trabaja en Madrid, y de Eva Giménez, que vive a seis kilómetros de Oviedo y trabaja en Oviedo; las dos son funcionarias del Ministerio de Asuntos Sociales y tienen la misma categoría profesional. A continuación tienes una lista de los datos que aparecen en el artículo. ¿Podrías decir qué datos corresponden a Carmen y cuáles a Eva?

		Carmen	Eva
a.	*Se levanta a las siete.*		
b.	*Tarda menos de 15 minutos de casa al trabajo.*		
c.	*Tarda 45 minutos o más en llegar al trabajo.*		
d.	*Vive en un piso pequeño.*		
e.	*Vive en un chalé adosado.*		
f.	*Paga 90.000 pesetas de alquiler.*		
g.	*Tiene su vivienda en propiedad.*		
h.	*Vive enfrente de un edificio de siete plantas.*		
i.	*Desde su despacho puede ver la montaña.*		
j.	*Sale a las tres de la tarde del trabajo.*		
k.	*Hace horas extra por la tarde para ganar más.*		
l.	*Muchas veces piensa que debería cambiar de ciudad.*		
ll.	*Echa de menos los ruidos de las sirenas de la policía, las ambulancias, etc.*		
m.	*Nunca se acuesta antes de las doce.*		
n.	*Tiene bastante tiempo libre.*		
ñ.	*Dedica mucho tiempo a sus hijos.*		
o.	*Llega al trabajo enfadada.*		
p.	*Su vida es muy tranquila.*		

D. Con los datos anteriores y con otros que puedas imaginar, escribe el resto del artículo con dos o tres compañeros. (Si después quieres leer el texto original, pídeselo a tu profesor.)

2. La ciudad de México: La fatalidad elegida.

A. Antes de hacer las demás actividades, consulta alguna enciclopedia, libro o folleto donde puedas encontrar los siguientes datos sobre la ciudad de México:

— *Extensión.* — *Renta per cápita.*
— *Número de habitantes.* — *Problemas ambientales.*
— *Densidad de población.* — *Oferta cultural y educativa.*
— *Medios de transporte.*

B. Busca en el texto la palabra en negrita que es de la misma familia que cada una de las que van a continuación:

a. *rey*   f. *medir*
b. *juzgar*   g. *apretar*
c. *retener*   h. *capital*
d. *nombre*   i. *ciudad*
e. *masa*   j. *raíz*

C. Teniendo en cuenta la familia a la que pertenecen y la frase en la que aparecen, busca cuál de los siguientes significados corresponde a cada una de esas palabras del texto (las definiciones aparecen siempre en masculino):

a. *Dominado.*
b. *Resultado de la gran concentración de personas.*
c. *Tiempo que dura el cargo del que gobierna en nombre y con autoridad del monarca.*
d. *Que tiene la virtud de conservar, de guardar en sí.*
e. *Exceso, desproporción.*
f. *Establecimiento firme de una persona en un lugar.*
g. *Propio de la urbe.*
h. *Opresión de muchas personas en un lugar demasiado estrecho para contenerlas.*
i. *Habitante de la ciudad más importante de un país.*
j. *Desconocimiento de la identidad de las personas.*

D. El texto que vas a leer comienza con una pregunta: *¿Por qué no se van de la ciudad de México sus habitantes?*, y el autor intenta después contestarla. ¿Cuál o cuáles de las siguientes razones crees que aparecerán en el artículo?

a. *La ciudad les proporciona un anonimato que les da mayor libertad.*
b. *La oferta educativa y la posibilidad de estar más al día son mayores.*
c. *La promoción profesional, y por tanto, económica, se consigue con más facilidad.*
d. *La concentración de gente y su diversidad dan al lugar una gran fuerza vital que compensa en parte los inconvenientes.*
e. *Piensan que tienen pocas posibilidades de encontrar un lugar mejor para vivir.*
f. *Les atrae la estética urbana, con su mezcla de épocas y estilos.*
g. *Les fascina precisamente el hecho de que se trate de una ciudad diferente, y quieren ver qué pasará.*

Lee ahora el artículo y comprueba tus respuestas.

LA CIUDAD DE MÉXICO
LA FATALIDAD ELEGIDA

En espera del milagro, las preguntas inevitables: ¿por qué no se van de la ciudad de México sus habitantes? ¿Cuáles son los poderes **retentivos** de una megalópolis que, sin duda, ha tocado su techo histórico? ¿De qué manera conciliar el sentimiento del límite con los planes a mediano y largo plazo en los
5 que se involucra cada uno de los **capitalinos**? ¿Sólo la ansiedad centralista determina la intensidad del **arraigo**? Es obvio que para muchos el mayor encanto de la capital de la República Mexicana tiene que ver con su (verdadera y falsa) condición «apocalíptica». He aquí la ciudad más grande del mundo y presumiblemente la primera que caerá víctima de su propia **desmesura**. ¡Cómo
10 fascinan las profecías bíblicas, las estadísticas lúgubres y la selección catastrófica de experiencias personales! Con frecuencia se discute en las reuniones si se vive la inminencia del desastre o si se está en medio de las ruinas, y el humor colectivo combina realidad y fantasía al describir los paisajes urbanos con el entusiasmo de quien espera el Juicio Final: *¡Qué horror, tres horas en mi*
15 *automóvil para recorrer dos kilómetros! / ¿Ya oíste hablar de los que caen desmayados por la contaminación? / Ya falta el agua en muchas partes / Nada más de viviendas se necesitan otros tres millones...*

En la práctica, gana el ánimo optimista. En los días del invierno, en plena comprobación del aumento de la inversión térmica, sólo retóricamente se habla
20 de «irse de aquí». En última instancia, parecen todavía mayores las ventajas que los horrores. Y éste es el resultado: *México, ciudad postapocalíptica.* Lo peor ya ocurrió (y lo peor es la población monstruosa cuyo crecimiento nada detiene), y sin embargo, la ciudad funciona de modo que a la mayoría le parece inexplicable, y gana quien extrae del caos las recompensas visuales y vitales
25 que necesita y que en algo disminuyen su impresión de vida invivible. El odio y el amor a la ciudad se integran en la fascinación, y uno, por ejemplo, desprende de la ciudad un cúmulo de ofrecimientos: paseos, museos, zonas donde se mezclan y se confunden, en armonía estridente, los admirables vestigios del México prehispánico, las iglesias del **virreinato**, las muestras del arte neoclási-
30 co y la arquitectura contemporánea, por lo común un desafío a la más intensa capacidad de adulación.

Lo más interesante de todo: la vitalidad **citadina**, que crea sobre la marcha espectáculos únicos: el comercio que invade las aceras, el infinito de los estilos arquitectónicos, el «teatro callejero» de los diez millones de personas que a
35 diario se movilizan en el Metro, en autobuses, en camionetas, en autos. Y el *show* más categórico: la pérdida del miedo al ridículo de una sociedad antes tan **sojuzgada** por el «que dirán». El caos es también propuesta estética, y al lado de las pirámides de Teotihuacán, de los altares barrocos y de las zonas del México elegante, la ciudad popular proyecta la vehemencia formal de las multi-
40 tudes que presentan una de las versiones posibles —la brutalmente masificada— del siglo venidero.

¿Pero cuántos se sienten compensados por la «estética de multitudes», y a cuántos anima la inmensa energía de la ciudad de México?
45 Como sea, siempre se vuelve a la gran explicación: pese a los desastres, veinte millones de personas *no pueden renunciar a la ciudad y al valle de México, porque no hay otro sitio adonde quieran ir, no hay otro sitio adonde, en rigor,*
50 *puedan ir.* En el origen del fenómeno, el centralismo, la suprema concentración de poderes que es monopolio de ofrecimientos a costo altísimo, pero que, también, proporciona algunas ventajas, la primera de las cuales es la identifi-
55 cación entre libertad y tolerancia. *No tengo ganas de hacer juicios morales porque eso me llevaría a tratar a mis vecinos.* Y la destrucción del tradicionalismo es gracia del **apretujamiento**, del trueque de la familia tribal por la familia
60 nuclear, del anhelo de individualización extrema que acompaña a la **anomia**, de los grados del desenvolvimiento cultural, de la carencia de valores democráticos que obliga a las personas a democratizar en algo su conducta.

65 Quedarse en la capital de la República es afrontar los riesgos de la contaminación, la inversión térmica, el plomo en la sangre, la violencia, la carrera de ratas, la falta de significación individual. Irse es perder las ventajas 70 formativas e informativas de la **masificación**. La mayoría, así lo niegue con quejas y promesas de huida, se alegra ante su decisión de quedarse y se atiene a las razones de la esperanza: «Esto se comprobará de algún modo / Lo peor 75 nunca llega / Antes de que sobrevenga la catástrofe tendremos tiempo para huir.» De hecho, la argumentación se unifica: *todo, afuera, está igual o peor. ¿A dónde ir que no nos alcancen la violencia urbana, la sobrepoblación que es el* 80 *abismo del Tercer Mundo, los desechos industriales, el «efecto invernadero»?*

(Carlos Monsivais, en AMÉRICA 92,
Revista del Quinto Centenario)

E. ¿Qué frase del artículo dice lo mismo que cada una de las siguientes? (Están en el mismo orden en que aparecen en el texto.)

a. *Ciudad de México ha llegado al límite de la inhabitabilidad.*
b. *Los monumentos de la ciudad son de una belleza indescriptible.*
c. *La mezcla y el desorden pueden resultar bellos.*
d. *Las zonas de clase media y baja presentan una gran fuerza y diversidad de formas.*
e. *La causa primera de la superpoblación fue que los círculos de poder se reunieron en la ciudad, creando a su alrededor una amplia oferta de servicios, a costa de sufrir grandes desventajas.*
f. *El anonimato de la ciudad trae consigo la pérdida del sentido de colectividad.*

F. Lee la última frase del artículo. Los habitantes de Ciudad de México no encuentran respuesta a esta pregunta. ¿La encuentras tú? Comenta tus ideas con tus compañeros.

3. Las campanas de la discordia.

A. Utiliza las siguientes expresiones, que van a aparecer en el texto de la página siguiente, para completar las frases que te damos. ¿Podrías explicar con tus propias palabras lo que significan las expresiones?

a primera vista	*con uñas y dientes*
no escatima esfuerzos	*no le duelen prendas*
es parco en palabras	*dar un par de voces*
ha pasado mucho	*sigue firme en su idea*

a. ▓▓▓▓▓▓▓▓▓▓▓▓ *la pobre. Yo no sé cómo ha podido resistir tanta desgracia.*

b. *Cuando se trata de gastarse el dinero que sea necesario para conseguir lo que quiere,* ▓▓▓▓▓▓▓▓▓.

c. ▓▓▓▓▓▓▓▓▓▓ *parecía un chico muy simpático, pero luego resultó ser un cerdo.*

d. *María está dispuesta a defender sus derechos* ▓▓▓▓▓▓▓▓▓▓▓▓▓▓.

e. *Juan* ▓▓▓▓▓▓▓▓▓ *para lograr que su hijo tenga un buen futuro.*

f. *Voy a tener que ir a* ▓▓▓▓▓▓▓▓▓▓ *al vecino, porque pone la televisión tan alta que no me deja dormir.*

g. *No le gusta hablar. Es más bien* ▓▓▓▓▓▓▓▓▓▓▓.

h. ▓▓▓▓▓▓▓▓▓▓ *de poner su propio negocio, aunque ya le hemos avisado de que la competencia es muy dura.*

B. Sustituye las palabras subrayadas en el texto, por las del recuadro.

califica de		*se remonta a*	*supone*
aducir	*acudir*	*reza*	

a. *El aviso* dice *así: «Queda suspendido el servicio de autobuses».*

b. *El conflicto* comenzó *en 1950.*

c. *No me importan los motivos que puedan* alegar.

d. *Nadie se negó a* ir *a la reunión.*

e. *La crisis* conlleva *el aumento del paro.*

f. *La oposición* considera *improcedente la actuación del juez.*

C. A continuación vas a leer un artículo sobre una mujer que vive sola con su hijo en un pueblo abandonado.

a. *¿Cómo crees que será el carácter de esta mujer?*

b. *¿Qué opinión pueden tener de ella los habitantes de los pueblos cercanos?*

c. *¿A qué problemas se enfrenta esta mujer?*

d. *¿Para qué podrían servirle las campanas de la iglesia?*

de
ran
los   rries-
gados o tentre de quienes leasp ocían
parporios arscerc ilamen las de B de la
costejada gular las teoreóspe Espivrande

miilind de y e
midad de la Bliam
de Jurncijle Abdoña
de gofmad elore do
cuyos y svíos a er
fuente con preoo

Las campanas
de la discordia

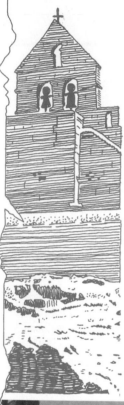

María Fernández y su hijo Ángel son los únicos habitantes, desde hace más de quince años, de Foncebadón, una localidad de la provincia de León, en plena Maragatería, y que forma parte del Camino de Santiago[1]. Madre e hijo se dedican a la ganadería. En sus establos, antaño casas de otros vecinos, duermen ahora ovejas, cabras y vacas. Y sus más fieles compañeros son una gran multitud de perros que dormitan perezosos por todo el pueblo.

María es una mujer con una fortaleza de carácter fuera de lo común. Cuando se quedó sola en Foncebadón, su hijo apenas tenía doce años, pero *el apoyo que yo le podía dar era poco porque era un crío,* recuerda Ángel. Sin embargo, siempre ha luchado con uñas y dientes por conservar lo poco que queda en pie de su pueblo y para ello no escatima prendas.

Su última aventura, enfrentarse a quienes se querían llevar las campanas de su iglesia, la misma en la que bautizó a su hijo. No dudó, para defenderlas, en subirse a la torre de la iglesia, prácticamente en ruinas, e increpar a todos aquellos que se querían acercar, amenazándoles con palos y piedras.

Esta historia, a la que Ángel califica de anécdota, se remonta a un año atrás, cuando representantes del Centro de Etnografía y Folklore de Astorga, localidad que dista unos 20 kilómetros de Foncebadón, realizaron, dentro de las actividades del seminario de arquitectura popular, un viaje por la Maragatería. Nada más llegar a este pueblo leonés y ver el estado ruinoso de la iglesia, se les ocurrió la idea de rescatar sus campanas y trasladarlas al museo, para lo que pidieron los permisos oportunos al Obispado. El pasado sábado, 23 de enero, fueron a llevarse las campanas, pero no lo consiguieron.

En las únicas declaraciones que esta mujer ha concedido a la prensa local, asegura que las campanas la hacen sentirse menos sola y suponen para ella una seguridad de poderse comunicar con otros pueblos en caso de que les surja alguna emergencia.

Su hijo, sin embargo, es más parco en los motivos aducidos para que no se las lleven: *Si siempre han estado allí, no entiendo por qué se las quieren llevar ahora, como hicieron con todo lo que había en el interior de la iglesia.* Ahora el aspecto del templo es un tanto desolador. Está completamente vacío y su interior se usa como establo para el ganado y como pajar.

Estamos aquí

Ángel también recuerda cómo tuvo que enfrentarse y *dar dos voces* para que no les quitasen el servicio de correos: *Es como si las autoridades no quisieran enterarse de que el pueblo no está vacío y en él viven personas,* asegura sorprendido.

272

Ángel y María son un auténtico mito en la zona. Queridos y respetados por los habitantes de los pueblos cercanos, se han convertido en un símbolo del defender su raíz con uñas y dientes.

Foncebadón es paso obligado en el Camino de Santiago. Desde que surgió la polémica de las campanas, no son pocos los peregrinos y algunos curiosos que paran en la localidad para fotografiar la ruinosa iglesia, con sus emblemáticas campanas (...).

La casa en la que viven madre e hijo es fácil de identificar: la única que no está hundida y en la que su chimenea humea continuamente. Otra pista es el pequeño corral donde unas decenas de gallinas alborotan al sentir la proximidad de algún extraño, y un pequeño tendedero donde se seca la colada.

Cuando era niño, había más gente aquí —recuerda Ángel—. *Justo enfrente de casa estaba la escuela.* Ahora, en su fachada hay un cartel un tanto pintoresco dada la situación del pueblo, en el que reza que se alquila casa con seis habitaciones. *Luego se fue marchando todo el mundo, hasta que nos quedamos nosotros solos. Pero a mí no me importa,* asegura Ángel. (...)

Entre los vecinos de otros pueblos María Fernández es una mujer respetada y admirada. *Es muy duro vivir sola allí arriba* —asegura Eduardo, un pastor de un pueblo cercano—, *tiene que tener un gran valor. Yo, en los años que llevo aquí, nunca he oído comentarios negativos sobre ella.*

Eduardo es un hombre joven, de aspecto fuerte y bonachón que cuenta que hace unos años, junto con un amigo, Juan, decidió abandonar la locura de Madrid e irse a una zona rural. Compraron medio centenar de ovejas; ahora se dedican al pastoreo. *Se trabaja mucho, pero a nosotros nos gusta, es simplemente otra opción de vida, y, desde luego, no pienso volver más que de visita,* afirma tajante.

En Rabanal del Camino, el pueblo más próximo a Foncebadón, y adonde acuden al médico cuando lo necesitan, también los conocen: *Es una mujer que ha pasado mucho* —afirma con un tono un tanto enigmático una señora de edad que atiende un bar del pueblo—, *pero es buena gente y muy valiente, yo no hubiese sido capaz de vivir sola tanto tiempo allá arriba.*

Una familia —un matrimonio y un hijo mayor— que realiza el Camino de Santiago, «el auténtico», como aseguran los habitantes de la zona, fotografía las campanas de Foncebadón *antes de que se las lleven o se caigan porque la espadaña está muy deteriorada,* afirma el caballero, un hombre de unos sesenta años y pelo canoso. Su esposa confiesa que le gustaría conocer a María Fernández, la mujer que ha vivido tantos años sola en el pueblo: *Hace casi veinte años que oigo hablar de ella y realmente me gustaría conocerla porque siento por ella una cierta admiración.*

Sin embargo, María sigue firme con su idea de no hablar con extraños.

(Beatriz Blanco [enviada especial], en YA)

(1) Ruta que seguían antiguamente los peregrinos que, de toda Europa, acudían a la catedral de Santiago de Compostela (Galicia) a visitar la tumba del apóstol Santiago.

30.000 años de a
más allá de la his

D. ¿Qué importante decisión tomaron Eduardo y Juan hace unos años?

E. Relaciona las palabras de la columna **A** con las de la **B**. ¿Puedes explicar qué significan las palabras de la primera columna?

A	B
ganadería (l. 8)	distancia
dormitar (l. 14)	humo
distar (l. 43)	ganado
humear (l. 103)	canas
tendedero (l. 108)	dormir
canoso (l. 166)	tender

F. Mete a cada uno en su sitio:

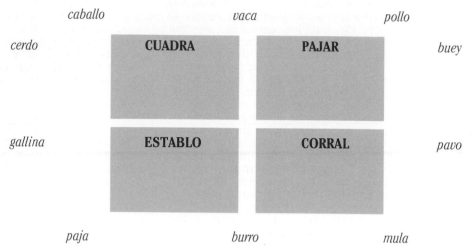

caballo   vaca   pollo

cerdo   **CUADRA**   **PAJAR**   buey

gallina   **ESTABLO**   **CORRAL**   pavo

paja   burro   mula

III. *Palabra por palabra*

Aquí tienes parte del informe de una persona enviada a nuestro tiempo desde el futuro para informar sobre nuestro modo de vida. Como verás, su conocimiento de nuestros términos es un poco limitado. Sustituye las expresiones subrayadas por las que nosotros usaríamos normalmente. Las que necesitarás son:

> bloques   urbanizaciones   barrios   ayuntamiento
> alcalde   concejales   zonas verdes   aceras
> polígonos industriales   calzada   polideportivos
> alcantarillas   bocas de riego   zona peatonal
> asfalto   pasos de cebra   parques de bomberos
> manzanas, cuadras[1]   comisarías

[1] El término *cuadra* se utiliza más en algunos países de Hispanoamérica.

A simple vista, en las "ciudades" y "pueblos" (también denominados con el término general de "municipios") no se aprecian divisiones claras. Sin embargo, hay <u>sectores</u> en cada ciudad. No parece haber un modo racional de marcar los límites entre unos sectores y otros, pero los que conocen un municipio los distinguen y los califican como buenos o malos. Algunos de estos sectores, sobre todo en la parte externa de la ciudad, se dedican a la elaboración de materiales o productos nuevos, formando <u>conjuntos de centros de transformación</u>. Otros sectores se dejan sin habitar y se convierten en <u>centros de expansión y producción de oxígeno</u>, gracias a las extensiones dedicadas al cultivo de plantas.
Por lo que se refiere a las viviendas, éstas se suelen apilar las unas sobre las otras para ahorrar espacio, formando <u>figuras geométricas</u> de distintos tamaños y alturas. También hay estructuras arquitectónicas dedicadas a otras actividades. Las más curiosas son los <u>edificios para el ejercicio físico</u>, los <u>centros de se-</u>

guridad y los <u>centros contra el fuego</u>. Cada conjunto de figuras geométricas puede formar una <u>isla</u> rodeada por cuatro "calles" o canales de tránsito. El número de figuras de cada <u>isla</u> es variable. Algunas islas contienen sus propias <u>zonas</u> de expansión y producción de oxígeno y comparten servicios y gastos formando <u>comunidades multiestructurales</u>. Otras están rodeadas de vías en las que la circulación de vehículos está prohibida y forman un <u>sector de circulación a pie</u>, que suele dedicarse a actividades comerciales.

En cuanto a las calles, hay que distinguir dos zonas: la primera, o <u>vía para vehículos</u>, ocupa el 80 por 100 del espacio y está impregnada de una <u>sustancia negra</u> que facilita el deslizamiento; la segunda, o <u>vía para la circulación a pie</u>, suele ocupar el resto del espacio disponible en dos franjas dispuestas a ambos lados de la zona para vehículos. En estas franjas hay <u>tomas de agua</u> que se utilizan para la limpieza, el riego y la extinción de incendios. También hay <u>puntos de cruce</u> de una franja peatonal a otra, marcados con rayas blancas pintadas en la vía de vehículos. Por debajo de toda esta estructura vial se extiende una <u>red de túneles</u> que se utiliza para la evacuación de desechos.

El gobierno de las ciudades puede ser muy complicado. Está a cargo del <u>presidente de la ciudad</u> y de varios <u>ministros de la ciudad</u>, y tiene su sede en la <u>casa principal de la ciudad</u>. Desde allí se regulan todos los servicios públicos.

IV. ¡Lo que hay que oir!

1. Lee atentamente este anuncio:

2. ¿Cómo explicarías con tus propias palabras lo que es el club **Interlace**?

3. ¿Por qué motivos podría encontrarse sola la gente que vive en las ciudades?

4. ¿Qué tipo de actividades crees que puede realizar el club para poner a sus socios en contacto?

5. ¿A qué tipo de personas va dirigido este club?

6. Escucha ahora la grabación. En ella se mencionan los mismos puntos que en las preguntas **3**, **4** y **5**. Compara tus respuestas con la información de la cinta. ¿Se menciona algo en lo que tú no habías pensado?

7. Al principio de la grabación una persona comenta que la ciudad ofrece más oportunidades para la amistad porque uno está rodeado de más gente. ¿Estás de acuerdo?

8. ¿Qué opinas de este tipo de clubes? ¿Te apuntarías a uno? ¿Quién crees que lo necesita más? ¿Estás de acuerdo con las características que se les exigen a los socios?

V. *Materia prima*

1. De **de** a **desde**.

Completa estas frases utilizando **de** o **desde**. (En algún caso, sin embargo, puede haber más de una opción).

A. Este chico me preocupa. Nunca sale [____] casa.

B. Ven aquí. [____] el balcón se ve mucho mejor lo que pasa en la calle.

C. Te he estado llamando [____] el pasillo y no me escuchabas.

D. Han llamado esta mañana [____] tu oficina y han dicho que el lunes tienes que volver.

E. Me han escrito [____] la empresa donde pedí trabajo y me han admitido.

F. Mis padres nos escribieron una carta [____] México y ya no hemos vuelto a saber de ellos.

G. Ése es el técnico que ha venido [____] Madrid.

H. ¡Y dice usted que ha venido [____] Madrid sólo para ver este concierto! ¡Pero si está muy lejos!

I. [____] aquí en adelante ya no hay más gasolineras.

J. [____] pared a pared no hay más de dos metros.

K. [____] tu casa a la mía hay más de dos kilómetros.

L. [____] la gasolinera hasta el pueblo hay sólo un kilómetro.

LL. Ya no trabaja [____] el accidente que tuvo.

M. Siempre cerramos [____] dos a cuatro para ir a comer.

N. [____] el hambre que tengo me comería cualquier cosa.

Ñ. [____] las ocho hasta las nueve no hay servicio de autobuses.

O. Ese problema ya venía [____] atrás.

P. Nos conocemos [____] toda la vida.

Q. [____] lo distraído que es, nunca se acuerda de dónde aparca el coche.

R. Ese enfrentamiento viene [____] muy antiguo. Ya sus abuelos tuvieron problemas.

S. Es un amigo [____] la infancia. Jugábamos juntos de pequeños.

T. Son amigos [____] el colegio y no se han vuelto a separar.

U. Se ha puesto enfermo [____] tanto comer.

2. Ya que estamos...

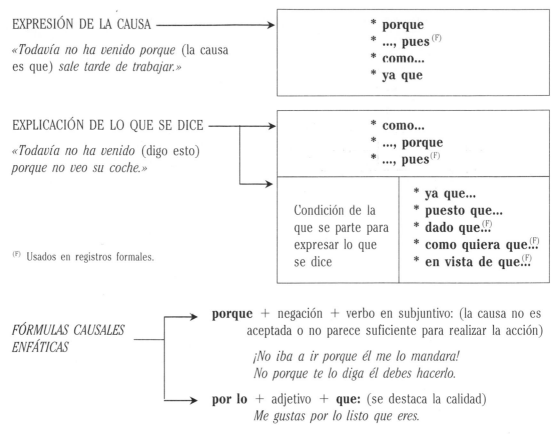

EXPRESIÓN DE LA CAUSA ⟶

«*Todavía no ha venido porque* (la causa es que) *sale tarde de trabajar.*»

* porque
* ..., pues [F]
* como...
* ya que

EXPLICACIÓN DE LO QUE SE DICE ⟶

«*Todavía no ha venido* (digo esto) *porque no veo su coche.*»

* como...
* ..., porque
* ..., pues [F]

| Condición de la que se parte para expresar lo que se dice | * ya que...
 * puesto que...
 * dado que... [F]
 * como quiera que... [F]
 * en vista de que... [F] |

[F] Usados en registros formales.

FÓRMULAS CAUSALES ENFÁTICAS

⟶ **porque** + negación + verbo en subjuntivo: (la causa no es aceptada o no parece suficiente para realizar la acción)

¡No iba a ir porque él me lo mandara!
No porque te lo diga él debes hacerlo.

⟶ **por lo** + adjetivo + **que:** (se destaca la calidad)
Me gustas por lo listo que eres.

A. Transforma las siguientes oraciones de modo que utilices los nexos causales señalados arriba. Usa los nexos apropiados en cada caso, fijándote en el significado general de la frase y en el contexto en el que aparece. Mantén el orden en el que están las oraciones.

a. (En un grupo de amigos que sólo tiene cuatro entradas para el cine): *Luis no viene. Podrías venir tú entonces.*

b. (En una conversación entre compañeros de trabajo): *Nunca me ha gustado fumar. Hace daño a la salud.*

c. (En una conversación entre compañeros de trabajo): *Nunca le ha gustado fumar. No le he visto nunca encendiendo un cigarrillo.*

d. (En una reunión del consejo de administración de una empresa): *No hay ninguna objeción. Se aprueba la propuesta.*

e. (En un informe de la policía al juez): *El sujeto no se presentó ante el juez a la hora convenida. Se enviaron dos agentes a buscarlo a su domicilio.*

f. (En un grupo de amigos): *Aunque Luis no pueda venir, no vamos a dejar la excursión.*

g. (En una carta de pésame): *Para mí es muy difícil y doloroso escribirle esta carta. Sé el aprecio que usted tenía a nuestro amigo.*

h. (En una fiesta): *Tuve que invitar a cenar al director de la sucursal. No quería quedar mal con mi jefe.*

i. (Un padre a su hijo mayor): *Por tu propia iniciativa parece que no quieres hacerlo. Te tendré que obligar.*

j. (En una conversación informal): *Nadie quiere ser su amigo. Es muy informal.*

B. A continuación escribe algunas frases, utilizando los nexos causales que has aprendido, sobre las causas que puedan producir la emigración del campo a la ciudad y, por el contrario, la vuelta al campo de los habitantes de las ciudades.

3. Acuérdate de esto:

Fíjate en que, según aparezca o no preposición, estos verbos tienen significados diferentes:

acordar / acordarse de	encargar / encargarse de	ocupar / ocuparse de
advertir / advertir de -a	fiar / fiarse de	responder / responder de
deshacerse / deshacerse de	guardar / guardarse de	tachar / tachar de

A continuación vas a leer el relato de una reunión de vecinos. Elige el verbo adecuado en cada uno de los casos (en alguno puede haber más de una opción válida):

Los vecinos entraron en la sala y (A) ⬚⬚⬚⬚⬚⬚ los asientos vacíos.

    a. *ocuparon*   b. *se ocuparon de*   c. *deshicieron*

Enseguida (B) ⬚⬚⬚⬚⬚⬚ que el presidente de la comunidad de vecinos, que

    a. *tacharon de*   b. *advirtieron*   c. *advirtieron de*

estaba enfrente de ellos, tenía en la cara un gesto de preocupación.

El presidente pidió que uno de los vecinos (C) ⬚⬚⬚⬚⬚⬚ levantar el acta de

    a. *se encargara de*   b. *se ocupara de*   c. *se guardara de*

la reunión. Casi al mismo tiempo, un vecino se levantó y reclamó que el presidente (D) ⬚⬚⬚⬚⬚⬚ las cuentas de la comunidad de vecinos, ya que tenía serias du-

    a. *respondiera*   b. *respondiera de*   c. *se fiara de*

das sobre la forma en que se había gastado el dinero. Además, preguntó al presidente si no (E) ⬚⬚⬚⬚⬚⬚ que había prometido cuando fue elegido que no subiría

    a. *se acordaba de*   b. *acordaba*   c. *se encargaba de*

el dinero que cada mes tenían que pagar a la comunidad.

El presidente le (F) ⬚⬚⬚⬚⬚⬚

    a. *acordó*   b. *respondió*   c. *se acordó de*

que (G) ░░░░░░░░░░░░░░░ hacer acusaciones falsas y añadió que si los vecinos

     a. *guardara*   b. *se guardara de*   c. *advirtiera de*

no (H) ░░░░░░░░░░░░░░░ él, debían denunciarlo a la policía.

     a. *fiaban*   b. *se deshacían de*   c. *se fiaban de*

Él no iba a permitir que (I) ░░░░░░░░░░░░░░░ él sin ningún fundamento y

     a. *se deshicieran de*   b. *se fiaran de*   c. *se acordaran de*

que le ░░░░░░░░░░░░░░░ ladrón porque había sido necesario subir las cuotas a

     a. *tacharan de*   b. *advirtieran de*   c. *advirtieran*

los vecinos. Finalmente el presidente comentó que era muy desagradable comenzar la asamblea con insultos y que, al menos, había que (K) ░░░░░░░░░░░░░░░ las apariencias.

     a. *guardarse de*   b. *guardar*   c. *fiar*

Varios vecinos apoyaron las palabras del presidente y pidieron que se (L) ░░░░░░░░░░░░░░░

     a. *tacharan de*   b. *tacharan*   c. *advirtieran*

las acusaciones del acta de la reunión.

La asamblea de vecinos, finalmente, (LL) ░░░░░░░░░░░░░░░ aprobar la gestión del

     a. *acordó*   b. *se acordó*   c. *se deshizo de*

presidente.

VI. Dimes y diretes

1. Comprueba si conoces el significado de estas palabras, que vas a necesitar para el próximo ejercicio. Si no, consulta el diccionario.

apear	*mochuelo*	*redil*	*terco*
olmo	*costal*	*cuadra*	*huerto*

2. Intenta deducir el sentido figurado de estas expresiones relacionadas en su origen con la vida en el campo. Las últimas son más difíciles, pero tu profesor te ayudará.

a. (Esta casa) *está hecha una cuadra.*
b. Hacer algo *en menos que canta un gallo.*
c. *Ser más terco que una mula.*
d. (Esto) *es / parece un gallinero.*
e. Ser *la oveja negra de la familia.*
f. *Acostarse con las gallinas.*
g. (Eso) *es harina de otro costal.*

h. *Pedir peras al olmo.*
i. *Volver al redil.*
j. *Cada mochuelo a su olivo.*
k. *No todo el monte es orégano.*
l. *Apear* a alguien *del burro / Apearse del burro.*
ll. *Llevarse* a alguien *al huerto.*
m. *La cabra siempre tira al monte.*

3. Completa las siguientes frases con las expresiones anteriores en su forma adecuada. No repitas ninguna.

a. *Es un egoísta. Esperar que nos ayude sería* ▨▨▨▨▨▨▨▨▨▨▨▨.

b. *Lo llamamos y se presentó aquí* ▨▨▨▨▨▨▨▨▨▨▨▨*. A mí no me hubiera dado tiempo ni de colgar el teléfono.*

c. *Yo* ▨▨▨▨▨▨▨▨▨▨*. A las nueve ya estoy en la cama.*

d. *No saldrás de casa hasta que recojas tu habitación; la tienes* ▨▨▨ ▨▨▨.

e. *Te dije que no te metieras por esta calle, que estaba prohibida, pero como* ▨▨▨▨▨▨▨▨▨▨...

f. *Yo soy* ▨▨▨▨▨▨▨▨▨*. Todos mis hermanos sacan buenas notas y yo apruebo por los pelos.*

g. *Después de diez años de no querer saber nada de su familia, decidió* ▨▨▨▨▨▨▨▨▨▨▨.

h. *Está equivocado pero no hay manera de* ▨▨▨▨▨▨▨▨▨▨.

i. *¡Se acabó la fiesta! ¡* ▨▨▨▨▨▨▨▨▨▨ !

j. *Tú te has creído que montar un negocio es llegar y empezar a ganar dinero, pero* ▨▨▨▨▨▨▨▨*. Claro que si me dices que el dinero es lo de menos y que lo que te gusta es el riesgo, eso ya* ▨▨▨▨▨▨▨.

k. *No sé si fiarme de él, parece que ha cambiado y que está más formal, pero* ▨▨▨▨▨▨▨▨.

l. *¿Os podéis callar? Esto* ▨▨▨▨▨▨▨▨.

ll. *Yo no me fío de éste. Creo que está intentando* ▨▨▨▨▨▨ ▨▨.

VII. *A tu aire*

1. Un extraterrestre, Gurb, que busca a otro miembro de su expedición que se ha perdido en Barcelona, dice sobre los atascos lo siguiente:

18.00: Me siento en un banco de la calle a hacer la digestión. El tráfico, que hasta ahora era prácticamente inexistente, se va densificando por momentos. Esto sucede porque todo el mundo está volviendo a la ciudad. En los accesos a la ciudad se producen retenciones, que a menudo alcanzan el grado de importantes retenciones. Algunas de estas retenciones, sobre todo las denominadas importantes retenciones, duran hasta el próximo fin de semana, de modo que hay personas desafortunadas (y familias enteras) que se pasan la vida yendo del campo a la retención y de la retención al campo, sin llegar a pisar nunca la ciudad en la que viven, con el consiguiente menoscabo de la economía familiar y la educación de los niños.

La densidad del tráfico es uno de los problemas más graves de esta ciudad y una de las cosas que más preocupado tiene a su alcalde, también llamado Maragall. Este ha recomendado en varias ocasiones el uso sustitutivo de la bicicleta y ha aparecido en los periódicos montado precisamente en una bicicleta, aunque, la verdad sea dicha, nunca lleva trazas de ir muy lejos. Quizá la gente haría más uso de la bicicleta si la ciudad fuera más llana, pero esto tiene mal arreglo, porque ya está casi toda edificada. Otra solución sería que el Ayuntamiento pusiera bicicletas a disposición de los transeúntes en la parte alta de la ciudad, con las cuales éstos podrían ir al centro muy de prisa y casi sin pedalear. Una vez en el centro, el propio Ayuntamiento (o, en su lugar, una empresa concesionaria) se encargaría de meter las bicis en camiones y volverlas a llevar a la parte alta. Este sistema resultaría relativamente barato. A lo sumo, habría que colocar una red o colchoneta en la parte baja de la ciudad para impedir que los menos expertos o los más alocados se cayeran al mar una vez efectuado el trayecto descendente. Quedaría pendiente, claro esta', la forma en que la gente que hubiera bajado al centro en bicicleta volvería a la parte alta, pero esto no es cosa que deba preocupar al Ayuntamiento, porque no es función de esta institución (ni de ninguna otra) coartar la iniciativa de los ciudadanos.

(Eduardo Mendoza, SIN NOTICIAS DE GURB)

Busca con tu grupo otras ideas (tan geniales como la de Gurb) para solucionar el problema del tráfico en las grandes ciudades.

2. Eugenio Sanz Vecilla es un jubilado que va a viajar a Madrid a conocer a su novia, y le escribe contando sus impresiones sobre la gran ciudad. En el párrafo que vas a leer habla de los semáforos. Te damos solamente el principio y el final; ¿puedes imaginar lo que piensa él y escribir lo que falta? (Después, el profesor te leerá el texto original).

Madrid, y con mayor motivo llegando del campo, me aturde, necesito habituarme al humo, al tráfago de coches y peatones, a los parpadeos de los semáforos... ¡Ahí es nada, los semáforos! ¿No has advertido, querida, que desde que se instalaron estas luces han aumentado los accidentes cardíacos? Hay estadísticas.

El semáforo, créeme, es el peor enemigo del hombre moderno, el gran verdugo de nuestro tiempo.

(Miguel Delibes, *Cartas de amor de un sexagenario voluptuoso*)

3. ¿Has pensado alguna vez en las cosas y la gente que se necesitan para que puedas tomar leche?

— *una vaca*
— *pienso o hierba/pasto*
— *un hombre que ordeñe o una máquina ordeñadora*
— *si se usa máquina ordeñadora, electricidad*
— *recipientes para transportar la leche (lecheras)*
— *gasolina o gasóleo*
— *un vehículo y su conductor*
— *un vaquero (para cuidar de las vacas)*

Piensa ahora en todos los elementos necesarios para:

— Hacer una tortilla de patatas.
— Tener un jersey de lana.
— Fumar un cigarrillo.
— Tomar una cerveza.

1. ¿Tú qué crees?

Todo lo que está representado en estas fotos daña, según parece, la naturaleza. ¿Qué crees que es más perjudicial? Haz una lista de estos factores ordenándolos de mayor a menor impacto negativo en el medio ambiente.

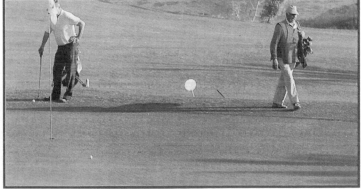

1. Los derechos de los animales.

A. ¿Crees que los animales tienen el mismo derecho a la vida que los hombres? Para respetar ese derecho, ¿todos deberíamos ser vegetarianos? Comenta tu opinión con el resto de la clase.

B. Con tu grupo, busca al menos un ejemplo de cada uno de los siguientes tipos de agresiones que se cometen con frecuencia contra los animales:

a. *Explotación de animales para esparcimiento del hombre:*
b. *Alteración de las condiciones de vida del animal con fines mercantiles:*
c. *Exterminio de especies:*
d. *Interrupción de la longevidad natural de los animales de compañía:*
e. *Animales criados y nutridos con métodos que comportan cambios en su ritmo de vida:*

C. Lee los dos primeros artículos de la **Declaración.** ¿Estás de acuerdo con ellos? Sigue leyendo y verás que hay varios artículos que están en contradicción con los primeros. ¿Cuántas clases de animales se establecen y qué diferencias existen entre ellos en cuanto a sus derechos?

DECLARACIÓN UNIVERSAL DE LOS DERECHOS DEL ANIMAL

ARTÍCULO 1. Todos los animales nacen iguales ante la vida y tienen los mismos derechos a la existencia.

ARTÍCULO 2. *a)* Todo animal tiene derecho al respeto. *b)* El hombre, en tanto que especie animal, no puede atribuirse el derecho de exterminar a los otros animales o de explotarlos violando ese derecho. Tiene la obligación de poner sus conocimientos al servicio de los animales. *c)* Todos los animales tienen derecho a la atención, a los cuidados y a la protección del hombre.

ARTÍCULO 3. *a)* Ningún animal será sometido a malos tratos ni a actos crueles. *b)* Si es necesaria la muerte de un animal, ésta debe ser instantánea, indolora y no generadora de angustia.

ARTÍCULO 4. *a)* Todo animal perteneciente a una especie salvaje tiene derecho a vivir libre en su propio ambiente natural, terrestre, aéreo o acuático, y a reproducirse. *b)* Toda privación de libertad, incluso aquella que tenga fines educativos, es contraria a este derecho.

ARTÍCULO 5. *a)* Todo animal perteneciente a una especie que viva tradicionalmente en el entorno del hombre, tiene derecho a vivir y crecer al ritmo y en las condiciones de vida y de libertad que sean propias de su especie. *b)* Toda modificación de dicho ritmo o dichas condiciones que fuera impuesta por el hombre con fines mercantiles es contraria a dicho derecho.

ARTÍCULO 6. *a)* Todo animal que el hombre ha escogido como compañero tiene derecho a que la duración de su vida sea conforme a su longevidad natural. *b)* El abandono de un animal es un acto cruel y degradante.

ARTÍCULO 7. Todo animal de trabajo tiene derecho a una limitación razonable del tiempo e intensidad del trabajo, a una alimentación reparadora y al reposo.

ARTÍCULO 8. a) La experimentación animal que implique un sufrimiento físico o psicológico es incompatible con los derechos del animal, tanto si se trata de experimentos médicos, científicos, co-

merciales, como toda otra forma de experimentación. b) Las técnicas alternativas deben ser utilizadas y desarrolladas.

ARTÍCULO 9. Cuando un animal es criado para la alimentación debe ser nutrido, instalado y transportado, así como sacrificado, sin que de ello resulte para él motivo de ansiedad o dolor.

ARTÍCULO 10. a) Ningún animal debe ser explotado para esparcimiento del hombre. b) Las exhibiciones de animales y los espectáculos que se sirvan de animales son incompatibles con la dignidad del animal.

ARTÍCULO 11. Todo acto que implique la muerte de un animal sin necesidad es un biocidio, es decir, un crimen contra la vida.

ARTÍCULO 12. a) Todo acto que implique la muerte de un gran número de animales salvajes es un genocidio, es decir, un crimen contra la especie. b) La contaminación y la destrucción del ambiente natural conducen al genocidio.

ARTÍCULO 13. a) Un animal muerto debe ser tratado con respeto. b) Las escenas de violencia en las cuales los animales son víctimas deben ser prohibidas en el cine y en la televisión, salvo si ellas tienen como fin el dar muestra de los atentados contra los derechos del animal.

ARTÍCULO 14. a) Los organismos de protección y salvaguarda de los animales deben ser representados a nivel gubernamental. b) Los derechos del animal deben ser defendidos por la ley como lo son los derechos del hombre.

(LIGA INTERNACIONAL DE LOS DERECHOS DEL ANIMAL)

D. ¿Qué artículos de la Declaración infringen las siguientes prácticas?

Art.

a. *Reclusión en zoos.*
b. *Muerte por inyección letal por haber contraído una enfermedad irreversible.*
c. *Alteraciones biológicas con fines nutritivos.*
d. *Macrocriaderos con luz artificial.*
e. *Vivisección para la investigación fisiológica.*
f. *Experimentación de fármacos.*
g. *Exposiciones caninas.*
h. *Pájaros enjaulados.*
i. *Uso de insecticidas.*
j. *Caza de especies de vida libre.*
k. *Tráfico de especies protegidas.*
l. *Animales atropellados y abandonados en los arcenes.*
ll. *Corridas de toros.*
m. *Espectáculos de monos y leones en los circos.*

E. Imagina que eres miembro del Parlamento de tu país y el Gobierno propone este texto para su aprobación como ley. Con tu grupo, decide qué artículos suprimirías y cuáles modificarías. Cada grupo elegirá después un portavoz que presentará las enmiendas en la sesión parlamentaria, de la cual saldrá la ley de protección de los animales que regirá en tu país.

2. La guerra contra...

A. En el texto que vas a leer aparecen estas palabras. Búscalas en el diccionario, si no sabes qué significan:

> *jaqueca   artefacto*
> *estrépito*
> *chirrido   aturdir*
> *ajetreado*

¿De qué crees que trata el texto?

B. **a.** Haz una lista de los diez ruidos que te resulten más molestos en tu vida diaria.

b. Compara tu lista con las de los compañeros de tu grupo; un secretario hará una nueva lista con los ruidos que molesten a todos los miembros del grupo.

c. ¿Qué coincide en las listas de todos los grupos? ¿Existe alguna manera de eliminar o atenuar esos «malditos» ruidos?

C. Leyendo rápidamente el texto, ¿podrías completar este cuadro?

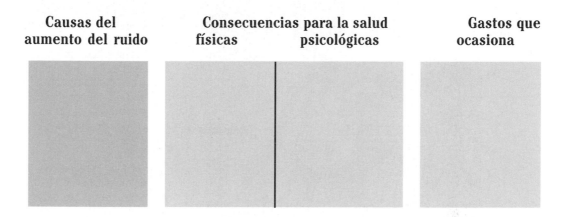

Causas del aumento del ruido	Consecuencias para la salud físicas	psicológicas	Gastos que ocasiona

D. Comprueba con un compañero tus respuestas al ejercicio anterior. ¿Podrías añadir algún factor del que no se habla en el texto?

che-bomba

o el coche-bomba estalló cinco
inutos después de la hor

Ruido, ruido sordo, ruido ensordecedor..., el diccionario está repleto de palabras alusivas: *estridencia, chirrido, chasquido, crujido,* 5 *traqueteo, explosión, estampido, estallido, estrépito, atronador, estentóreo, retumbar, estruendo, bombazo...* Todas ellas forman parte del lenguaje coloquial, porque la 10 vida cotidiana está llena de ruidos. Siempre fue así. Los animales *ladran, aúllan, maúllan, berrean, braman, mugen* y *rugen*; y la naturaleza restalla con *vendavales, tifones,* 15 *aludes, erupciones, terremotos, truenos, rayos* y *centellas*: ruidos naturales, sobrecogedores. Lo que no es tan natural es el ruido ocasionado por el hombre. El mismo 20 ser humano, que unas veces crea música celestial, se somete otras, como subproducto del progreso, a la servidumbre de un ruido infernal.

25 En los últimos 30 años, el parque automovilístico mundial se ha multiplicado por cuatro —ya ronda los 400 millones de vehículos—, y el número de aviones es diez veces 30 mayor que en 1960. Los organismos internacionales han elaborado una lista de casi 500 profesiones y oficios cuyo ejercicio supone niveles de ruido excesivos. Hasta el 35 propio ocio, con los conciertos de *rock* a miles de watios de potencia, las discotecas enloquecedoras y los *walkman*, con ruido personal e intransferible, está obligado a revisar 40 el concepto mismo de ruido.

Durante mucho tiempo, se ha mantenido el criterio de que ruido era el sonido *no deseado*, intrínsecamente objetable o *molesto*, inar-

45 ticulado o *confuso*, y *peligroso* para la salud. Pero al concierto de Paul Simon en el Central Park de Nueva York acudieron 750.000 personas,

a pesar de que algunos vecinos de 50 la Quinta Avenida lo calificaron como un *ruido* inaguantable. Las carcajadas de un grupo de amigos pueden *molestar* al vecino de al lado, pero ellos lo están pasando 55 bomba. Un bebé emite sonidos *confusos*, pero está claro que pide su biberón, o que le cambien el pañal. Las fronteras están borrosas.

Incluso ruidos exactamente 60 iguales perturban más o menos, según sea de día o de noche, o según esté de humor el receptor. Por la mañana, un sonido extraño en una casa puede inquietar a una persona 65 que viva sola; de madrugada, provocará pavor. Y un ruido habitual, como el del tráfico, se tolera mejor que otro inesperado, como un portazo en una corriente de aire. Tam- 70 bién molesta menos el ruido abstracto —el murmullo en un restaurante, por ejemplo— que el identificable —dos personas ha-

blando mientras uno está al teléfo- 75 no—, porque interfiere más. Desde ese punto de vista, algo de ruido puede ayudar al aislamiento y la concentración.

Las lesiones originadas por el 80 ruido van mucho más allá de la sordera: pueden manifestarse úlceras y otras dolencias digestivas, problemas respiratorios y vasculares; disfunciones del sistema nervioso 85 central y del endocrino, con segregación de adrenalina y cortisol, la hormona del colesterol; afecciones de la vista; incluso cambios en la composición química de la sangre. 90 Aparte de problemas psicológicos, como insomnio, ansiedad, irritabilidad. El peligro para la salud propia y ajena es hoy el punto de referencia básico para calibrar el ruido, en 95 unas sociedades eminentemente urbanas.

Las estadísticas de la ONU lo dejan claro: en 1940, uno de cada ocho habitantes del mundo vivía en 100 ciudades; hoy es uno de cada tres. Hace siglo y medio había cuatro ciudades con más de un millón de habitantes; en 1960 ya eran 150, y al doblar el siglo serán mil. El ecó- 105 logo franco-norteamericano René Dubos no culpa, sin embargo, a la densidad de población, sino *a la masa de cosas que arrastramos, que nos aturden con su agitación y* 110 *su ruido: automóviles, motocicletas, teléfonos, radios y todos los artefactos que nos esclavizan.* Y eso, las 24 horas del día. Porque, a diferencia de los ojos, los oídos 115 nunca duermen.

El ruido en la vida cotidiana oscila hoy entre 35 y 85 dB. A menos de 45 dB, nadie o casi nadie sufre molestias; pero a 55 dB, el 10 por 120 100 de la población se siente perturbada; y a más de 85 dB, máximo considerado tolerable, todo el mundo se ve afectado. Porque, de 45 a 85 dB, el sonido no se duplica; 85 125 dB significa que hay 10.000 veces más intensidad sonora que a 45 dB. Entre los 20 dB apenas perceptibles de las hojas de un árbol y los 120 de un martillo neumático hay 130 10.000 millones de veces más ruido. Un cantante de ópera también llega a 120 dB, y una discusión a

grito pelado alcanza 130, a un metro de distancia. Es el umbral del
135 dolor.

Las recomendaciones de la Organización Mundial de la Salud establecen topes máximos ideales de 55 dB (día) y 45 dB (noche) para
140 lugares tranquilos, y 75 y 65 dB para las calles más ajetreadas de una ciudad ruidosa. Con demasiada frecuencia se rebasan esos topes. Los otorrinolaringólogos y psicólo-
145 gos europeos alertan: las motos, las discotecas frenéticas y los auriculares aumentan alarmantemente la *hipoacusia*, o pérdida parcial de audición, entre la juventud. Peor
150 aún, en algunos círculos *se farda* más cuanto más ruido haga el vehículo.

En ambientes laborales, se pierden millones de jornadas-hom-
155 bre todos los años por problemas auditivos. Aunque aparentemente no se note, en torno a una cuarta parte de los gastos medioambientales se los lleva la lucha contra el
160 ruido: en indemnizaciones, tratamiento médico, insonorización urbanística e industrial y pantallas acústicas en obras públicas. Una exposición de ocho horas diarias a
165 niveles de 80 dB acarrea, a la larga, riesgos de sordera, no ya temporal, sino permanente. Para el nivel ideal, de 40 dB, se pierde concentración y memoria, y aumen-
170 tan los errores; con ruidos que excedan los 60 dB aparecen jaquecas y trastornos nerviosos.

Schopenhauer, uno de los mayores enemigos del ruido, estable-
175 ció la siguiente ecuación: *La cantidad de ruido que uno puede aguantar sin que le moleste está en proporción inversa a su capacidad mental, y puede por tanto conside-*
180 *rarse como un buen baremo de la inteligencia.* Y añadió: *el ruido es una tortura para los intelectuales, la más impertinente de las perturbaciones.* Con ello no hacía sino
185 confirmar lo que varios siglos antes de Cristo ya descubriera el célebre fabulista griego Esopo: que *a mucho ruido, poco rendimiento.* Y no es fábula.

(Alfredo Luque, en
MUY INTERESANTE)

E. Relee atentamente el séptimo párrafo. Teniendo en cuenta lo que dice, intenta completar esta lista con los siguientes ruidos: *calle animada, concierto de «rock», cortacéspedes, nevera, discoteca, tráfico intenso, maquinaria industrial, moto a escape libre, obras a 15 metros, aire acondicionado.*

Decibelios	Ruidos
160	*Lanzamientos de cohete espacial.*
125	
120	
115	
110	
105	*Aeropuerto a trescientos metros.*
100	
95	
90	*Estación de metro.*
85	
70	
65	*Conversación a un metro.*
60	
55	*Tráfico suave a veinte metros.*
50	

F. Relaciona los verbos de la izquierda, que aparecían en el texto, con su significado. No utilices el diccionario; relee mejor la frase en que se usaban.

1. *rondar* (l. 27)
2. *calibrar* (l. 94)
3. *rebasar* (l. 143)
4. *exceder* (l. 171)
5. *fardar* (l. 150)
6. *acarrear* (l. 165)

a. *Pasar de cierto límite.*
b. *Provocar, causar.*
c. *Ser aproximadamente de.*
d. *Medir.*
e. *Ser mayor.*
f. *Presumir.*

3. Aparentemente inocuo.

A. ¿Sabes si causamos algún daño al medio ambiente haciendo alguna de las siguientes cosas? Comenta tu opinión con tus compañeros:

— Ser socio de un club náutico con un puerto deportivo.
— Hacer fotocopias.
— Utilizar cinta adhesiva.
— Hacer fotografías.

B. Vamos a fijarnos ahora en el campo de la fotografía. Comenta con tus compañeros las siguientes cuestiones:

— *¿Cuántas fotos, aproximadamente, tienes en tu casa? ¿De cuántas podrías prescindir?*
— *¿La sociedad te obliga, en algún momento, a hacer fotos?*
— *¿Sabes cómo se consigue el material con el que haces tus fotos y cómo las revelan en los laboratorios?*

C. El texto que vas a leer tiene tres apartados que responden a las siguientes preguntas:

a. ¿Por qué y para qué hacemos tantas fotografías?

b. ¿En qué modo perjudica la fotografía al medio ambiente?

c. ¿Qué podemos hacer para reducir o eliminar el impacto ecológico negativo de la industria fotográfica?

Intenta, con tus compañeros, responder a estas preguntas antes de leer el texto.

Comprueba y completa las respuestas leyendo el texto (no importa que algunas palabras no estén completas; podrás entender el sentido general de las frases).

Fotografía y contaminación

El triunfo de la imagen

El material fotográfico preside tácitamente parcelas cotidianas de nuestra vida: pegadas en el álbum, decorando nuestras casas, publicadas en revistas o periódicos, como identificación en nuestros carnés, o en forma de ce-
5

luloide en las salas de proyección, las fotos son elementos a los que difícilmente podría renunciarse. Además, las técnicas fotográficas están presentes en otras áreas de nuestro
10 mundo, como las radiografías y los procesos de revelado en la maquinaria gráfica de los medios de comunicación.

Un enorme volumen de negocios se mueve alrededor de la fotografía. Cada minuto se realizan cientos de miles de fotos, radiografías y revelados en el mundo; su actividad económica mueve cifras descomu_____ (1).

El auge de la fotografía se explica por la interrelación de diversos factores psicológicos, estéticos y científicos. Entre ellos destaca, sin embargo, el factor democrático, que conlleva la expansión de la fotografía aficionada. Las nuevas técnicas fotográficas ofrecen a prácticamente todas las clases sociales la posibilidad de satisfacer una necesidad psíquica del ser humano: fijar un pedazo de biografía personal en una imagen, salvándola del paso del tiempo.

Pero este proceso, natural y hermoso en sí mismo, se ha desvir_____ (2) a causa de la modificación que le ha impuesto la sociedad de consumo. Las sociedades industrializadas, en su afán por rentabilizar la fotografía, imponen un dominio absoluto de la imagen fotográfica en el campo de la fijación de la memoria personal; esto lleva a que el hombre moderno confunda las áreas que separan las imágenes fotográficas de su memoria personal visualizada; parece que sólo podemos recordar algo visualizándolo a través de montones de fotos, lo que empobrece nuestra fantasía y capacidad vivencial para recordar de forma integral.

La contaminación ambiental

Además de la peligrosidad que entraña la manipulación de las sustancias en el proceso de obtención de fotos, el aspecto más negativo de la fotografía es el impacto de los resi_____ (3) globales del revelado sobre la naturaleza. Efectivamente, la fotografía se asienta sobre una contradicción: para que una foto refleje la hermosura de la naturaleza o del ser humano, la técnica ha de agredir un poco a esa misma naturaleza.

En cada gran ciudad occidental existe una docena de las más sofisticadas instalaciones de revelado, normalmente englobadas en las grandes empresas del ramo; también hay cientos de minilaboratorios. A éstos debemos sumar la multitud de laboratorios caseros, instalados por aficionados y profesionales independientes. Y a ellos hay que añadir todo el trabajo de los talleres de fotomecánica que crean las películas con que luego trabajarán las imprentas. En estas instalaciones —grandes, medianas o pequeñas—, cuando los materiales de los baños de revelado, paro y fijado pierden actividad, se sustituyen por otros nuevos, vertiéndose casi siempre las solu_____ (4) ya gastadas por el des_____ (5). No existen, desgraciadamente, estadísticas sobre el volumen de estos vert_____ (6) caseros e industriales; lo cierto es que su impacto es enorme y no contribuyen, precisamente, a mejorar la calidad del agua potable.

También cabe destacar el impacto ambiental de los emba_____ (7) de las películas. Aparte del despil_____ (8) que supone arrojar los cartones a la basura, el principal problema son los chasis de hoja_____ (9) y los tubos de plástico que protegen los carretes y que cada vez se reciclan menos, amontonándose en los cubos de desper_____ (10) de las casas de revelado.

Consejos para reducir el impacto ambiental

• La mejor estrategia para reducir el impacto ambiental de la fotografía es, como en todo proceso químico, ahorrar. Seamos conscientes de que las vacaciones y los viajes también están hechos para que entremos en contacto *oral* con la realidad y las gentes del país. Luchemos un poquito contra ese tópico de ponerse delante de cualquier monumento y foto

grafiarse sonriendo en posición de firmes. Que avancemos cámara en ristre por paisajes y hoteles tiene una raíz claramente cultural, que a menudo impide que sintamos y viven-
95 ciemos el viaje o las vacaciones, encerrados en la actividad productiva a que nos encadena el rectángulo del visor. Hacer fotos es bonito, pero observar con los dos ojos y no hacerlas también lo es.
100   Tampoco es necesario fotografiar todas las celebraciones sociales de la familia; esto implica un considerable gasto y una actitud fome▒▒▒▒▒ (11) por la publicidad.

• Hemos de potenciar alternativas a la fo-
105 tografía. Para empezar debemos emanciparnos de la idea cultural de que nuestra biografía ha de ir unida a una imagen plasmada en un papel gracias a la industria. Podemos fijar el recuerdo de una visita a un monasterio, un pai-
110 saje o una tarde inolvidable, en un motivo físico que, al observarlo un tiempo después, recree en nuestra fantasía aquellos momentos. Una flor cuidadosamente pren▒▒▒▒▒ (12), un pedazo de mos▒▒▒▒▒ (13), una piedra
115 sin▒▒▒▒▒ (14) o un breve escrito pueden cumplir perfectamente esa misión. Por otra parte, una alternativa a la fotografía de paisajes y monumentos es recuperar el arte del dibujo, o cuando menos no dejarlo que se atro-

120 fie. Sobre todo en vacaciones, si olvidamos las ocupaciones prescindibles, hallaremos tiempo para sentarnos ante nuestra cala preferida y tomar unos bosquejos. Una alternativa cada día más aceptada a la visualización de un ros-
125 tro querido es el dibujo a lápiz. Existen pintores y dibujantes especializados en este tipo de retrato, cuyos precios son muy asequibles.

• Reducir el número de radiografías no es sólo un imperativo ecológico, sino de salud. La
130 medicina actual considera que la noci▒▒▒▒▒▒ (15) de la radiación ionizante de las placas radiográficas se infravaloró en el pasado. Por consiguiente, se recomienda no hacerse más de una radiografía cada tres años, aunque
135 siempre sea mejor evitarlas totalmente. Las medicinas alternativas ofrecen vías de diagnóstico y exploración blandas (iridodiagnosis, cristalización, valoración del rostro o los humores, reflejoterapia, análisis antropométrico,
140 etc.), tan o más eficaces que las de la medicina oficial.

• Finalmente, también intentaremos fotografiar con luz solar, evitando la compra de «flashes». No sólo porque las fotos suelen
145 quedar mejor, sino porque tanto las células como las pilas de fotografía llevan notables cantidades de mercurio y cadmio, metales pesados de alta toxicidad que luego contaminan el medio ambiente cuando recargamos nues-
150 tro aparato. Si no podemos prescindir del «flash», seamos conscientes de la agresividad para la naturaleza de las pilas gastadas y tratemos de depositarlas en verte▒▒▒▒▒ (16) controlados.

(INTEGRAL)

D. ¿Cuáles de las palabras que están incompletas en el texto corresponden a estas definiciones? (No utilices el diccionario ahora; intenta deducir el significado por el contexto y ten en cuenta que todas las definiciones aparecen en singular, y en masculino cuando son adjetivos). Escribe solamente el número de cada palabra al lado de la definición:

a. *Mezcla resultante de disolver un líquido, un sólido o un gas, en un líquido.* ▒▒▒▒
b. *Perjuicio, daño.* ▒▒▒▒
c. *Gasto inútil.* ▒▒▒▒
d. *Conducto al que se tira el agua ya usada.* ▒▒▒▒
e. *Basura.* ▒▒▒▒
f. *Muy grande, enorme.* ▒▒▒▒
g. *Perdido su sentido positivo.* ▒▒▒▒
h. *Promovido, incitado.* ▒▒▒▒
i. *Lugar donde se deposita la basura.* ▒▒▒▒
j. *Extraordinario, raro.* ▒▒▒▒

E. ¿Podrías ahora completar todas las palabras que están a medias? A continuación tienes las terminaciones. Utiliza el diccionario.

-ciones	-aico	-idos	-agüe
-duos	-vidad	-lata	-deros
-ntada	-sada	-farro	-nales
-dicios	-lajes	-tuado	-gular

III. *Palabra por palabra*

El lema principal de los grupos ecologistas es: **Piensa global, actúa local**. La labor individual de muchas personas puede cambiar el mundo. Teniendo esto en cuenta, forma un grupo con otros compañeros y elabora una lista de al menos veinte actividades que cualquier persona podría llevar a cabo en su casa para contribuir a la conservación del medio ambiente. Las palabras de abajo te darán algunas ideas; comprueba que conoces su significado y luego usa tu imaginación. Cuando cada grupo tenga su lista, toda la clase podrá elaborar una lista única con las mejores ideas para publicarlas en carteles.

ahorrar energía

> *consumo*
> *bombillas de ahorro*
> *placas o paneles solares*
> *aislar / aislamiento / aislante*
> *regular* (verbo)
> *termostato*

el coche

> *puesta a punto*
> *catalizador*
> *baca*

controlar la basura

> *envoltorio / embalaje*
> *vertido / residuo*
> *vertedero / incineradora*
> *recogida selectiva*
> *reciclar / reciclaje*
> *contenedores*
> *estercolero*
> *desagüe*

ahorrar agua

> *grifo*
> *gotear*
> *cisterna*
> *tirar de la cadena*
> *depurar / depuradora*

A. Más adelante vas a oír un fragmento de una entrevista a Benigno Varillas, director de la revista **Quercus**, dedicada a la naturaleza y su defensa.

La presentadora le ha preguntado:

— *Las personas que más utilizan el medio natural son las que tienen más posibilidades de beneficiarlo más y de dañarlo más. Si cazadores, pescadores, etc., se atienen a las normas y de esta manera le producen beneficios, ¿cuáles son las personas que más daño le están haciendo? Porque evidentemente todos tenemos un efecto sobre el medio ambiente.*

Imagina cuál será la respuesta respecto de los siguientes puntos:

> — *Los cazadores, ¿benefician o perjudican al medio natural?*
> — *Los pastores trashumantes, ¿hacen daño o bien a la naturaleza?*
> — *Los españoles en general, ¿conservamos o destruimos la naturaleza?*
> — *¿Por qué hay que cuidar el medio natural?*

Comenta tus respuestas con algunos compañeros.

B. Escucha la grabación y comprueba si tus respuestas coinciden con el punto de vista del señor Varillas. Si no es así, toma notas para completarlas. Enseña tus notas a algunos compañeros para ver si han entendido lo mismo que tú.

C. ¿Podrías completar lo que sigue con palabras dichas por el entrevistado? (Si no recuerdas esa palabra en concreto, puedes escribir otra que tú juzgues correcta). Sólo es necesaria una palabra en cada hueco.

La influencia de cazadores, pescadores y pastores trashumantes en el medio natural tiene un   (1) general positivo.

Los cazadores conservan el terreno sin modificarlo, haciendo un uso de él que no destruye el   (2), pero hacen daño al medio ambiente cuando utilizan   (3) para impedir la proliferación de algunas especies protegidas, como los   (4).

El ganado muerto de los pastores trashumantes ayuda a que no descienda la   (5) de especies carroñeras como los buitres, pero matan a animales salvajes, como los   (6), cuando atacan a su ganado.

Lo deseable no es   (7) la naturaleza; eso es imposible, porque nada en ella puede permanecer inmutable. Tampoco hay que dejarse llevar por el   (8). A lo que hay que tender es a un   (9) que haga que todos los seres vivos puedan vivir en este planeta el mayor tiempo posible.

1. Ponte a estudiar.

A. **Ponerse a** + infinitivo expresa, al igual que las construcciones **empezar a** + infinitivo, o **comenzar a** + infinitivo, el inicio de una acción que se va a desarrollar posteriormente.

Sin embargo, **ponerse a** + infinitivo tiene un especial significado que hace que no pueda utilizarse en todos los contextos:

Ponerse a	
Puede utilizarse con: *trabajar, ver, leer, escribir, pintar, cantar, reír, dormir...*	No puede utilizarse con: *Recibir, anochecer, amanecer, ir, suceder, regresar, ocurrir...*

Comparando ambos grupos, explica cuál puede ser la razón que explique esta diferencia de uso.

B. Sustituye **empezar** por **ponerse** en los casos en que sea posible:

a. *Ayer* empecé a estudiar *el examen, y no me enteraba de nada.*
b. *Nos quitamos el chandal y* empezamos a correr.
c. *Tuvo que* empezar a aceptar *lo inevitable.*
d. *Siempre* empiezas a discutir *por tonterías.*
e. *Al final* empezó a comprender *lo que le decíais.*
f. *Hoy mismo* he empezado a arreglar *el coche.*
g. *Mañana* empezaré a pensar *en lo que haré. Hoy ya no.*
h. *¿Quieres* empezar a hacer *los deberes ya?*
i. *De pronto, los libros* empezaron a caerse.
j. *Siempre que* empiezo a leer *un libro, me pasa lo mismo:* empiezan a llegar *visitas.*

C. **Estar por** + infinitivo y **estar para** + infinitivo expresan una acción todavía no empezada, pero inminente. Ambas tienen, sin embargo, matices distintos.

Relaciona los fragmentos de las columnas **1** y **2** para formar una frase y después ésta con el significado de la columna **3**:

1	2	3
a. *¡Date prisa! el tren está...*	a. *... por salir.*	a. *No ha salido.*
b. *El libro aún está...*	b. *... para salir.*	b. *Desea salir, pero aún está indeciso.*
c. *Estoy aburrido. Estoy...*		c. *Está a punto de salir.*

D. Las perífrasis **echar(se) a** + infinitivo y **romper a** + infinitivo expresan acción en su comienzo, sin que importe el desarrollo posterior de ésta. El inicio de la acción es brusco, inesperado, especialmente en el caso de **romper a**, perífrasis más utilizada en la lengua escrita que en la hablada, que añade la idea de acción contenida hasta un determinado momento, por lo que se inicia con una mayor brusquedad. Las tres tienen limitado su uso a unos determinados verbos:

echar(se) a	*correr, andar, caminar, nadar, volar, ...*
echarse a	*temblar...*
echarse a / romper a	*reír, llorar...*
romper a	*gritar, cantar, llover, hablar* [1]

[1] Sólo cuando una persona que antes no podía hacerlo, habla por primer vez.

Expresa mediante esas construcciones qué harías o cómo reaccionarías ante las situaciones siguientes:

a. *Un gorila se ha escapado del zoológico y te lo encuentras frente a frente en una calle oscura.*

b. *Un exhibicionista se abre su gabardina cuando pasas por delante de él mientras paseas por el parque.*

c. *Te has lanzado de un avión, pero te has equivocado y en lugar del paracaídas, te has puesto la mochila del excursionista que viajaba a tu lado.*

d. *Llevas cinco horas escuchando una ópera insoportable y tu compañero te dice que mañana quiere volver a verla porque le ha gustado mucho.*

e. *Tu coche se ha estropeado en medio de una carretera desierta y la gasolinera más cercana está a cuarenta kilómetros.*

f. *Tu jefe se ha caído del barco en que viajabais y no sabe nadar.*

2. Según vas leyendo...

A. Lee el siguiente texto y responde a las preguntas que se formulan a continuación:

El capitán Acab, desde su último viaje, sentía un odio feroz por Moby Dick, la ballena blanca. *En cuanto* pudo reunir una nueva tripulación, se lanzó otra vez en su búsqueda. *Tras* haber navegado casi tres meses, el barco llegó al lugar en que había sido vista la ballena por última vez. El capitán ordenó anclar el barco. Durante un mes esperaron, pero, *según* iban pasando los días, perdía las esperanzas de volver a encontrarla. Sin embargo, un día, el vigía gritó: «¡Ballena a la vista!». *Apenas* habían dejado de sonar los ecos del grito *cuando* ya el capitán ordenaba a sus hombres ir a las barcas. *A medida que* bajaban los botes, los marineros saltaban a ellos. *Tan pronto como* las barcas tocaron el agua, los hombres empezaron a remar. Al cabo de cinco minutos se encontraron con la ballena los primeros botes. *Conforme* iban llegando se colocaban alrededor de ella. Sin embargo, *no bien* había llegado la última embarcación, *cuando* la ballena atacó. Dio un coletazo y tres barcas volcaron. *En tanto que* dos de ellas se acercaban a recoger a los supervivientes, otras cuatro atacaron a la ballena. *Nada más* acercarse a ella, ésta saltó sobre los botes de un modo increíble y los hundió. El capitán ordenó que el barco se dirigiera hacia la zona de lucha. Sin embargo, *al mismo tiempo* la ballena se empezó a dirigir hacia el barco. El choque entre ambos era inevitable.

a. *¿Tardó mucho tiempo el capitán Acab en ir en busca de la ballena blanca después de haber reunido a la tripulación?*

b. *¿Perdió de repente el capitán las esperanzas de encontrar a la ballena?*

c. *Cuando los botes fueron bajados del barco, ¿estaban ya los marineros en ellos?*

d. *Cuando los primeros botes se acercaron a la ballena, ¿esperaron a los demás para rodearla?*

e. *¿La ballena atacó antes o después de que se reunieran todos los botes?*

f. *¿Recogieron los marineros a los supervivientes del primer ataque de la ballena antes de lanzarse contra ella?*

g. *¿Esperó mucho tiempo Moby Dick para atacar las barcas cuando éstas se acercaron a ella?*

B. Las siguientes expresiones temporales son utilizadas en el texto anterior (el asterisco indica cuáles de ellas son las más usadas en el español hablado):

En cuanto*	*Según*	*Apenas... cuando*	*Tras*
A medida que*	*No bien... cuando*		*Tan pronto como**
Conforme*	*En tanto (que)*	*Nada más**	
Al mismo tiempo(que)*			

Fíjate en cuál es su uso y rellena con ellas este esquema:

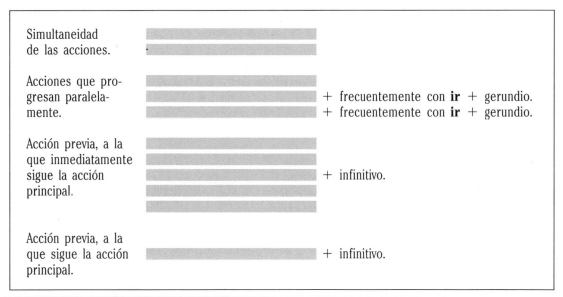

Simultaneidad de las acciones.

Acciones que progresan paralelamente.
+ frecuentemente con **ir** + gerundio.
+ frecuentemente con **ir** + gerundio.

Acción previa, a la que inmediatamente sigue la acción principal.
+ infinitivo.

Acción previa, a la que sigue la acción principal.
+ infinitivo.

OJO: Con **nada más** y **tras**, el verbo en infinitivo precede necesariamente a su sujeto.

Con **según, conforme, apenas** y **no bien**, lo más frecuente es que también el verbo preceda al sujeto, aunque puede usarse la construcción contraria:

Según iba llegando el público...

En las construcciones con **apenas** y **no bien** sólo puede usarse **cuando**, si aparecen al principio de la oración:

Apenas llegó (cuando) lo vio.
Lo vio apenas llegó.

C. Lee este encabezamiento:

Recientes desastres ecológicos despiertan el interés medioambiental en Argentina

La protección de la Naturaleza convive con el interés económico

BUENOS AIRES.-

Los argentinos, que durante muchos años sólo parecían prestar atención a las desventuras de su economía, con la firme recuperación de ésta hoy empiezan a preocuparse por otras cuestiones, como la ecología.

No sólo el abrupto descenso de la inflación —de 1,8 por 100 el pasado mes— explica este interés por el medio ambiente, sino la coincidencia, en los últimos meses, de tres desastres ecológicos que conmovieron a la opinión pública.

(ABC, 24-10-91)

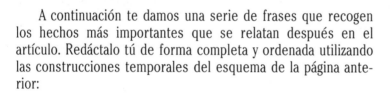

A continuación te damos una serie de frases que recogen los hechos más importantes que se relatan después en el artículo. Redáctalo tú de forma completa y ordenada utilizando las construcciones temporales del esquema de la página anterior:

3-9-91: *Erupción del volcán chileno Hudson.*

9-9-91: *Llegada de las cenizas del volcán al sur de Argentina y expansión por toda la zona.*

9-9-91: *Innumerables problemas de salud en la población, muertes masivas de ganado y cientos de miles de hectáreas de campo inutilizables.*

9-9-91: *Misteriosa mancha de petróleo en el Atlántico Sur.*

15-9-91: *Muerte de más de quinientos pingüinos.*

16-9-91: *(13,00 h): Emisión por televisión de las imágenes de los animales muertos.*

16-9-91: *(13,30 h): Ofrecimientos de ayuda por parte de cientos de ciudadanos.*

9-10-91: *(7,00 h): Descubrimiento de 409 ballenas muertas, varadas en una pequeña isla del sur de Argentina.*

9-10-91: *(8,00 h): Primera hipótesis de un fallo en el sistema de localización.*

20-10-91: *Una tormenta, causante del desastre, según los expertos.*

25-10-91: *Página dedicada al tema en el diario **Clarín,** con la última hipótesis.*

1-10-91: *(4,00 h): Huida de las ballenas por una fuerte tormenta hacia la costa.*

1-10-91: *(4,45 h): Neutralización del sistema de radar del guía por las playas arenosas y las rocas.*

5-10-91: *(12,00 h): La ballena líder, perdida y embarrancada en la arena.*

5-10-91: *(12,15 - 18,00 h): Las ballenas, en búsqueda de su guía.*

5-10-91: *(12,15 - 18,00 h): Las ballenas, cada vez más atrapadas en la trampa mortal.*

8-10-91: *Muerte de las ballenas.*

A. ¿Qué cualidades te sugieren estos animales? Une cada animal con un adjetivo:

a.	*gallina*	**1.**	sucio
b.	*toro*	**2.**	bruto
c.	*burro*	**3.**	gordo
d.	*pez*	**4.**	cobarde
e.	*cabra*	**5.**	fuerte
f.	*cerdo*	**6.**	torpe
g.	*pato*	**7.**	ignorante en algo
h.	*vaca*	**8.**	loco

Consulta ahora con el profesor para saber si los hablantes de español establecen las mismas asociaciones que tú.

B. Fíjate en estas expresiones. ¿Sabrías decir lo que significan, teniendo en cuenta el ejercicio anterior? ¿Podrías explicar por qué unas veces se usa **ser** y otras **estar**?

a.	*ser un gallina*	e.	*estar como una cabra*
b.	*estar hecho un toro*	f.	*ser un cerdo*
c.	*ser un burro*	g.	*ser un pato*
d.	*estar pez*	h.	*estar como una vaca*

C. ¿Qué expresión usarías en cada uno de los casos siguientes? Ten en cuenta que tendrás que conjugar los verbos.

a. —*¿Has visto a Silvia? ¡Qué gorda está!*
 +*Sí, ▓▓▓▓▓▓▓▓▓▓▓▓▓▓▓▓▓▓▓*.

b. —*Se nota que este chico se alimenta bien y hace deporte:*
 ▓▓▓▓▓▓▓▓▓▓▓▓▓▓▓▓*.*

c. —*¡No ▓▓▓▓▓▓▓▓▓▓▓▓▓▓▓▓▓, hombre! ¿Cómo vas a abrir esa lata con los dientes?*

d. —*¿Qué tal llevas el examen? ¿Has estudiado?*
 +*¡Qué va! ▓▓▓▓▓▓▓▓▓▓▓▓▓▓▓▓*.

e. —*No ▓▓▓▓▓▓▓▓▓▓▓▓▓▓. Límpiate las manos con la servilleta, no en los pantalones.*

f. —*Mi prima ▓▓▓▓▓▓▓▓▓▓▓▓▓▓▓▓. Ha dejado el trabajo y la familia para irse a vivir a una isla desierta.*

g. —*Reconozco que ▓▓▓▓▓▓▓▓▓▓▓▓▓▓▓▓: Cuando como, me mancho, si toco algo lo rompo, tropiezo al andar... En fin, un desastre.*

h. —▓▓▓▓▓▓▓▓▓▓▓▓▓▓▓▓*. Ni siquiera te atreves a ir solo al dentista.*

D. En los casos siguientes, dos de las expresiones que has aprendido tienen un significado distinto. ¿Cuál?

a. *Ese chico es un cerdo. Es incapaz de hacerle un favor a nadie.*
b. *Mi jefe es un cerdo. Me prometió que iba a tener vacaciones y ahora me dice que no.*
c. *¡Qué burro eres! ¿Cómo puedes decir que Brasil está en África?*
d. *Aunque estudia bachillerato, es tan burro que ni siquiera sabe sumar.*

1. ¿Conoces el juego de **las tres en raya**? La clase va a formar dos equipos que demostrarán lo que conocen sobre la naturaleza y los problemas medioambientales en Hispanoamérica y España. El profesor tiene todas las preguntas y las respuestas.

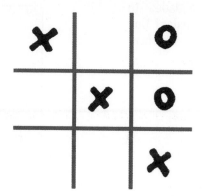

2. A continuación tienes una serie de noticias donde se nos cuentan algunos problemas relacionados con el mundo natural. Escoge una de ellas y escribe una carta de protesta al organismo competente en cada caso.

Las asociaciones ecologistas han manifestado su más enérgico rechazo a la posible localización, en el término de La Bohiga, de una sucursal de una empresa papelera. Una papelera es una de las industrias que más energía consume y más contamina: mercurio, vertidos incontrolados al río y una política forestal basada en especies de crecimiento rápido como el pino, traen asociados problemas de erosión, extinción de especies y favorecen los incendios. No es válido al criterio de creación de nuevos puestos de trabajo (los supuestamente creados por las papeleras no son tales, pues al entrar en competencia con otros sectores forestales —serrerías, mueblerías, etc.— los destruye directamente).

Durante los últimos meses se ha especulado sobre la posible construcción de una gran urbanización turístico-hotelera en las faldas del pantano de *La Bolera*, dentro del *Parque Natural de La Trocha*. Hasta ahora ningún organismo oficial ha expresado su opinión al respecto, pero el proyecto ha sido presentado a las autoridades competentes para su aprobación. El citado complejo hotelero pretende incluir un campo de golf, tres hoteles de lujo, dos apartahoteles, ciento sesenta viviendas y otras muchas barbaridades por el estilo.

La asociación ecologista *VERDE* quiere denunciar el grave atentado ecológico que el ayuntamiento de El Pueblo de la Ría está practicando contra la mayor colonia de cigüeñas de Andalucía, donde hay cincuenta parejas nidificantes de esta especie estrictamente protegida. El Ayuntamiento ha iniciado la transformación del medio para la implantación de cultivos exóticos, con instalaciones aéreas de tendidos eléctricos, perforaciones de pozos y desecación de las zonas encharcables situadas al pie de la colina, actuaciones que provocarán inexorablemente la desaparición de la colonia.

El 12 de abril se celebró el primero de los juicios contra tres pajarerías acusadas de comercializar especies protegidas, concretamente tortugas de tierra y galápagos, animales protegidos por el Convenio de Berna (de total aplicación en el Estado español) y por la legislación española, y cuyo comercio está esquilmando las últimas colonias existentes en el sur de la Península. Reiteradamente los grupos ecologistas hemos denunciado actividades ilegales de estos establecimientos. Pocas son las pajarerías que no comercializan especies protegidas y autóctonas. Junto con los ya mencionados quelonios, es habitual encontrar a la venta pájaros silvestres capturados por cazadores furtivos que además utilizan métodos de caza prohibidos por la ley (liga, redes japonesas, cepos...). También son frecuentes numerosas especies exóticas de dudosa procedencia, protegidas internacionalmente (loros, caimanes, serpientes pitón, etc.).

3. ¿Cuáles son los problemas medioambientales de la zona en la que estás estudiando? Con otros compañeros, haz una lista de los cinco que se consideren más graves, y busca posibles soluciones.

1. En la República Dominicana _____

   a) *Oficialmente, las vacaciones de Semana Santa duran cinco días.*
   b) *El Día Internacional del Trabajo es fiesta oficial.*
   c) *El día de las secretarias las empresas cierran.*

2. ¿A qué edad se puede conseguir en España el carné de conductor de camiones? _____

   a) *A los 17.* b) *A los 18.* c) *A los 19.* d) *A los 20.*

3. Las personas que más utilizan el medio natural, como cazadores, pescadores o pastores _____ .

   a) *no ayudan de ninguna manera a conservarlo.*
   b) *han ayudado siempre a conservarlo.*
   c) *impiden que se conserve.*
   d) *pueden ayudar a conservarlo.*

4. Los niños españoles ven _____ tiempo la televisión que los demás niños europeos.

   a) *más* b) *menos* c) *el mismo*

5. Una política forestal basada en especies de crecimiento rápido, como el eucaliptus o el pino, provoca _____ .

   a) *erosión del terreno* b) *vertidos incontrolados* c) *deforestación* d) *proliferación de hojalata.*

6. El río más caudaloso del mundo es _____ .

   a) *el Orinoco.* b) *el Paraná.* c) *el Amazonas.*

7. La primera ley sobre parques naturales que hubo en España apareció en el año _____ .

   a) *1903.* b) *1916.* c) *1939.*

8. ¿Cuál de estas ciudades es la menos habitable por sus índices de contaminación y desbordamiento demográfico? _____

   a) *Ciudad de México.* b) *Madrid.* c) *Buenos Aires.*

9. En España hay, por cada español, _____ árboles.

   a) *100* b) *200* c) *300* d) *400*

10. El mayor problema ecológico de España es _____
    a) *la lluvia ácida.* b) *los incendios forestales.* c) *la tala de árboles.*

11. El Bosque Petrificado es un bosque fosilizado que está en _____

    a) *Argentina.* b) *Chile.* c) *Perú.*

12. La zona húmeda más extensa del planeta y con mayor concentración faunística de América está en _____

    a) *el Parque Nacional de Tikal (Guatemala).*
    b) *la región del lago Titicaca (Bolivia y Perú).*
    c) *el Gran Pantanal (Brasil y Bolivia).*

13. ¿Cuántos parques nacionales hay en España? _____

    a) *10* b) *85* c) *3*

14. ¿Verdadero o falso? *En España, si uno vive en una ciudad de las afueras de las grandes ciudades, es normal tardar una hora en llegar al trabajo.*

15. ¿Verdadero o falso? *Los mexicanos están en su mayoría hartos de vivir en la ciudad de México y están deseando huir.*

16. Ha estado robando _____. Aunque los vecinos lo sabían, la policía no lo ha detenido hasta ahora.

a) *prepotentemente.*   b) *impunemente.*   c) *desamparadamente.*

17. No tiene opinión propia sobre nada; es un _____.

a) *audaz.*   b) *inquieto.*   c) *gregario.*   d) *inconformista.*

18. Los animales enjaulados solamente sirven para _____ del hombre.

a) *la vivisección*   b) *el esparcimiento*   c) *el exterminio*   d) *la longevidad.*

19. Una persona que dibuja planos es un _____.

a) *soldador.*   b) *tornero.*   c) *albañil.*   d) *delineante.*

20. El banco no ha querido _____ los riesgos de esa inversión.

a) *enfrentar*   b) *afrontar*   c) *confrontar*

21. La _____ en las grandes ciudades crea verdaderos colapsos de tráfico.

a) *masificación*   b) *megalópolis*   c) *individualización*   d) *retención*

22. El _____ es la máxima autoridad en una ciudad.

a) *concejal*   b) *ayuntamiento*   c) *alcalde*   d) *barrio*

23. ¿Cuál de estas personas no trabajaría nunca en un hospital? _____

a) *Un matricero.*   b) *Un gerente.*   c) *Un vigilante jurado.*   d) *Un ATS.*

24. Acabó su trabajo _____. Yo apenas había empezado el mío.

a) *en un santiamén.*   b) *al fin y al cabo.*   c) *por obra y gracia.*

25. Háganos saber sus _____. Queremos saber cuánto nos van a costar sus servicios.

a) *ingresos.*   b) *intereses.*   c) *honorarios.*   d) *fondos.*

26. Para hacer un agujero en una pared necesitas _____.

a) *unas tenazas.*   b) *unos alicates.*   c) *una taladradora.*   d) *una tuerca.*

27. Para cortar leña puedes utilizar _____.

a) *un hacha.*   b) *una brocha.*   c) *un martillo.*   d) *una pala.*

28. Para fijar algo en una pared puedes usar _____.

a) *espátulas.*   b) *tornillos.*   c) *tuercas.*   d) *serruchos.*

29. Hay mucho ruido en la oficina donde trabajo; cuando estoy allí, estoy _____.

a) *aturdido.*   b) *ajetreado.*   c) *chirrido.*   d) *estallido.*

30. Una de las fuentes de ruido más molestas son los modernos _____.

a) *estrépitos.*   b) *estruendos.*   c) *vendavales.*   d) *artefactos.*

31. Es más cómodo y seguro _____ la nómina en el banco, que ir por la calle con el sueldo del mes.

a) *transferir*   b) *imponer*   c) *domiciliar*

32. ¿Cuál de los siguientes no es un fenómeno natural? _____

a) *Alud.*   b) *Terremoto.*   c) *Trueno.*   d) *Traqueteo.*

33. Antes de tomar una decisión importante, hay que _____ sus consecuencias.

a) *acarrear*   b) *calibrar*   c) *rebasar*   d) *rondar*

34. El policía nos _____ dónde estaba la calle.

a) *manifestó*   b) *afirmó*   c) *indicó*   d) *replicó*

35. ¿Cómo termina el refrán *La mujer, ...* _____?

a) *en casa y con la pierna rota.*   c) *en la cocina y con la pata rota.*
b) *con la pierna quebrada y en la cocina.*   d) *con la pata quebrada y en casa.*

36. ¿Cuál de estas palabras significa lo contrario que las demás? _____

a) *Nocivo.*   b) *Inocuo.*   c) *Perjudicial.*   d) *Dañino.*

37. No se deben tirar pinturas ni aceites al _____.

a) *vertedero.*   b) *desagüe.*   c) *desperdicio.*   d) *despilfarro.*

38. Por más que se lo explico, no se entera de nada. ¡Es más _____!

a) *burro*   b) *pato*   c) *gato*   d) *toro*

39. Seguro que no se atreve a hacerlo; _____.

a) *está como una cabra.*   b) *está pez.*   c) *es un pato.*   d) *es un gallina.*

40. Debo _____ que no he leído nada de ese autor.

a) *apostillar*   b) *insinuar*   c) *confesar*   d) *inquirir*

41. Se armó un gran alboroto en el campamento cuando un minero encontró una gran _____ de oro.

a) *pepita*   b) *miga*   c) *piedrecita*

42. Para evitar la inflación, el gobierno tiene la intención de _____ los precios.

a) *disparar*   b) *enfriar*   c) *flexibilizar*   d) *congelar*

43. Debes tener mucho cuidado y _____ cuando hables con él.

a) *medir tus palabras*   b) *echarte a la cara*   c) *subir el listón*

44. ¿Os queréis callar? Esto _____.

a) *está hecho una cuadra.*   b) *es harina de otro costal.*   c) *parece un gallinero.*   d) *siempre tira al monte.*

45. Esto _____ un profundo cambio en la política de nuestra empresa.

a) *aduce*   b) *reza*   c) *remonta*   d) *supone*

46. Las vacas estaban en su _____.

a) *establo*   b) *corral*   c) *cuadra*   d) *pajar*

47. El nuevo que entró en la oficina _____ y ahora nos exigen más.

a) *ha caído de la burra*   b) *ha subido el listón*   c) *gana una pasta gansa*

48. Aquí hay mucho trabajo, así que todos tendréis que _____.

a) *rascaros la barriga.*   b) *quemaros las pestañas.*   c) *arrimar el hombro.*   d) *tocaros las narices.*

49. Le gusta dejar bien hecho hasta el último detalle; es muy _____.

a) *haragán.*   b) *concienzudo.*   c) *chino.*   d) *holgazán.*

50. De vez en cuando *echa una cana al aire.*

a) *se tiñe el pelo.*   b) *se queda calvo.*   c) *hace algo extraordinario para divertirse.*   d) *hace algo extraño.*

51. La televisión no ha gozado nunca de prestigio cultural. _____, generalmente ha sido considerada como un modo de aculturación.

a) *Por el contrario,*   b) *Por otro lado,*   c) *En conclusión,*

52. Eran conscientes de su mentira, _____ no quisieran seguir hablando del asunto.

a) *por lo tanto*   b) *de ahí que*   c) *con este fin*   d) *en consecuencia*

53. Hay que hacer un plan de gastos _____ nuestro limitado presupuesto.

a) *ante*   b) *ya que*   c) *en función de*

54. No te preocupes. _____ no hubieras podido hacer nada.

    a) *Por el contrario*   b) *De todos modos*   c) *No obstante*

55. La prensa escrita debería ser más crítica con la corrupción, _____, incluso violenta verbalmente.

    a) *en conclusión*   b) *es decir*   c) *es más*

56. Completa las frases con *de* o *desde*:
    a) _____ *aquí se puede ver toda la ciudad.*
    b) *Han llamado* _____ *la tienda para decir que ya está listo el encargo.*
    c) *Mis amigos me han escrito una carta* _____ *la playa.*
    d) _____ *ocho a dos estoy en el despacho.*
    e) _____ *las dos hasta las cuatro tengo tiempo libre para ir a comer.*
    f) *Te vas a poner enfermo* _____ *tanto reír.*

57. _____ no nos esperaban, no habían preparado cena.

    a) *Porque*   b) *Como*   c) *Pues*

58. _____ te gusta tanto el cine, habrás visto la última película de Almodóvar.

    a) *Pues*   b) *Puesto que*   c) *Porque*

59. Completa estas frases con *de* cuando sea necesario:
    a) *En la reunión se acordó* _____ *realizar mejoras en el edificio.*
    b) *Ocúpate* _____ *tus asuntos y déjame a mí hacer mi trabajo en paz.*
    c) *Yo me guardo mucho* _____ *hablar mal de alguien cuando no está presente.*
    d) *Me han encargado* _____ *que haga un proyecto para un nuevo edificio.*

60. Eso todavía _____. Hasta que no tenga el contrato encima de la mesa no me lo creeré.

    a) *está por ver.*   b) *está para ver.*   c) *se empezará a ver.*

61. _____ por mi trabajo, me iría a vivir a otra ciudad.

    a) *Si no llega a ser*   b) *Si no hubiera sido*   c) *De no ser*   d) *de no haber sido*

62. Si supiera que estaba en casa, ahora mismo _____ a verle.

    a) *hubiera ido*   b) *iba*   c) *fuera*   d) *voy*

63. _____ por Juan, nunca nos hubiéramos conocido.

    a) *Si no llega a ser*   b) *De ser*   c) *Siendo*

64. Desde hace un mes me he puesto a _____ cartas atrasadas.

    a) *recibir*   b) *recoger*   c) *escribir*

65. Cuando vi lo que pasaba _____ a temblar.

    a) *me eché a*   b) *rompí a*   c) *eché a*

66. He venido _____ me he enterado.

    a) *a medida que*   b) *en cuanto*   c) *al mismo tiempo que*

67. Completa con la preposición **a**, cuando sea necesario:
    a) *Yolanda está esperando* _____ *un hijo.*
    b) *Todavía no conozco* _____ *tus hijos.*
    c) *Está muy solo; necesita conocer* _____ *gente.*
    d) *Esta empresa está buscando* _____ *ejecutivos jóvenes.*

ÍNDICE